Michael Fröhlich, Klaus Langebeck,
Eberhard Ritz

Was auf uns zukommt
Von Situationen und Denkabenteuern

Tübinger Phänomenologische Bibliothek

Herausgegeben von
Dietmar Koch

Die Tübinger Phänomenologische Bibliothek umfasst sowohl wissenschaftliche wie essayistische Monographien als auch thematisch geschlossene Sammelbände. In ihnen soll das Verhältnis der Phänomenologie zu anderen philosophischen Ansätzen sowie zur Kunst, zur Religion und zu den positiven Wissenschaften eigens bestimmt werden. Die Buchreihe will in ihrer Offenheit ein Forum sein für phänomenologische Arbeiten und Arbeiten zur Phänomenologie. Lassen Werke aus anderen Denktraditionen und -richtungen Fruchtbares für das phänomenologische Sachgespräch erwarten, finden auch sie Aufnahme in der Reihe.

Michael Fröhlich, Klaus Langebeck,
Eberhard Ritz

**Was auf uns zukommt
Von Situationen und Denkabenteuern**

Liebe Ellen, lieber Markus,
hier ein eher locker-feuille-
tonistisches Buch, auch gerade
erschienen.

Michael, im September '20

Impressum

Bibliografische Information
der Deutschen Nationalbibliothek
Die Deutsche Nationalbibliothek verzeichnet diese
Publikation in der Deutschen Nationalbibliografie;
detaillierte bibliografische Daten sind im Internet über
http://dnb.ddb.de abrufbar.

© 2020 Morphé-Verlag Tübingen
Alle Rechte vorbehalten

Umschlagbild
Paul Klee
Revolution des Viaductes, 1937

Werk abgebildet auf S. 213
Fontana, Lucio: Concetto spaziale attese, 1964
© Lucio Fontana by SIAE/VG Bild-Kunst, Bonn 2020

Herstellung
Jana Ermantraut, Tübingen (Buchsatz)
Jörg F. Hagenlocher, Tübingen (Umschlaggestaltung)
Difo-Druck GmbH

Gedruckt auf säurefreiem und alterungsbeständigem Papier

ISBN 978-3-96235-014-7

Inhalt

Alles ist trivial,

wenn das Universum nicht in einem metaphysischen Abenteuer inbegriffen ist.

Nicolás Gómez *Dávila*

Am Abend, nachdem ich ihr vorgelesen hatte, sagte unsere jüngste Tochter plötzlich: „Essen, schlafen, sterben. So ist das Leben." ... Sie war sieben Jahre alt, und ich wusste, dass sie die Worte aus einem Film kannte, der im Wohnzimmer lag. Er hieß *Essen, schlafen, sterben*. Aber dass damit das Leben aufsummiert würde, hatte sie sich selbst überlegt. Ich wurde traurig, denn ich wollte nicht, dass sie glaubte, sterben zu müssen. Aber es machte mich auch glücklich, denn es lag so viel Leben in diesen Gedanken, so viel Kraft, und sie hatte ganz allein in ihrem Bett gelegen und an die Decke geblickt, als sie sich überlegte, wie alles zusammenhängt.

Karl Ove Knausgård

Visitenkarte

Mancher Autor verspricht einen sicheren Weg zum Glück und dann dessen ungestörten Genuss. Bevor Sie dieses Buch derart irritiert aus der Hand legen, sei festgehalten: Ein derartiges Versprechen geben wir, die Autoren, nicht. Oder vielmehr doch? Wir könnten schon gute Gründe dafür anführen, dass unser Buch auch als Glückswegweiser taugt. Mit Camus kann man sich sogar Sisyphos als einen glücklichen Menschen vorstellen, der tagtäglich seinen schweren Stein den ewig gleichen Berg hinaufrollt. Allerdings kann es nur für das Unglück der Menschen allgemeine Rezepte geben; doch sind wir alle Individuen, auf unsere unterschiedlichen Lebensumstände müssen wir individuell reagieren. Allgemein gültig scheint nur, dass es immer wieder Situationen gibt, in denen jemand feststellt: es geht nicht mehr weiter, ich bin nicht nur physisch gestolpert, sondern auch im übertragenen Sinne. Ein Ereignis hat meinen täglichen Lebensweg unverhofft unterbrochen, und ich muss innehalten. Zu welchen Anlässen wir Menschen stolpern, das mag uns zunächst zufällig scheinen, doch in dem Moment, da wir über das Unerwartete nachdenken, können wir uns fragen: war das wirklich nur ein Zufall? Wir können nach Gründen suchen, wir können uns fragen, ob wir aufmerksam genug auf unseren (Lebens-)Weg geachtet oder etwas übersehen haben. Was, können wir uns außerdem fragen, hat das Ereignis, das uns zwang, innezuhalten, möglicherweise mit allgemein menschlichen Lebenssituationen zu tun? Und konkreter: was hat es mit mir zu tun? Wohlmöglich bin ich an einer Stelle gestolpert, die andere problemlos bewältigt haben. Immer, wenn wir auf das aufmerken, über welches wir stolpern oder staunen, wird unser Ereignis zu einer bedenkenswerten Situation, sei es, dass wir irritiert sind, da wir über unseren Eigensinn oder unsere mangelnde Wahrnehmung und Beachtung der Welt oder sogar über unsere Abschottung von ihr gestolpert sind, sei es, dass der Eigensinn der Dinge uns überrollt hat, was von alleine auf uns zugekommen ist.

Wir gehen von konkreten Lebenssituationen aus. Fasziniert sehen wir einen Film, dessen Inhalt uns längst bekannt ist – und fragen uns: warum? –, wir warten ungeduldig an einer Kasse, wir verlieben uns oder lernen jemanden kennen, wir blicken plötzlich erstaunt auf einen Baum. Wir stolpern darüber, dass heutzutage alle Menschen ‚gewertschätzt‘ und ‚anerkannt‘ werden wollen, wir fragen uns, wie das eigentlich geht: sich ‚selbstzubestimmen‘, ob ‚Takt‘ heutzutage nicht mehr gefragt ist, oder ob ‚das Böse‘ aus den Köpfen von Menschen verschwunden ist. Wir fragen anhand konkreter Situationen nach menschlicher Demut, nach dem Tod und nach Gott. Was beunruhigt daran, worin kann das Glück in kleinen und in zentralen Lebenssituationen bestehen, welche Art von Wahrnehmung, die irritiert, bereichert oder beglückt, kann in diesen Situationen liegen? Wir prüfen: welchen üblichen Orientierungen und Deutungen folgen diejenigen, die in diesen Ereignissen stecken? Welche Annahmen und Begriffe leiten sie? Von welchen Perspektiven aus beobachten sie sie? Wie tragfähig sind die Lebensauffassungen, die darin verborgen liegen? Indem wir Autoren das tun, stolpern wir abermals: über zentrale Begriffe unserer heutigen Zeit wie z.B. Moral, Freiheit, Selbstbestimmung, Leben und Tod. Wie tragfähig, wollen wir weiter fragen, sind unsere modernen Konzepte von Selbstverwirklichung, Autonomie, Moral, Freiheit und Tod? Wie sehr ermöglichen sie ein glückliches oder wahrnehmungsreiches Leben mit anderen zusammen, oder wie weit entfernen sie uns von einem solchen? Wir Autoren hinterfragen unsere modernen Lebenskonzepte und zeigen Grenzen ihrer Orientierungskraft auf, ja, wir zeigen angesichts der Betrachtung konkreter Situationen, wie verworren einige moderne Konzepte sind, die uns doch im Handeln so klar vor Augen zu liegen und somit selbstverständlich zu sein scheinen.

Wir Autoren können uns vorstellen, dass solches bei der einen Leserin oder dem anderen Leser Irritationen hervorruft. Dazu können wir nur feststellen: Genau das ist unser Ziel! Wir laden Leserinnen und Leser dazu ein, sich in einem ersten Schritt auf unsere Situationsanalyse einzulassen, um sie in einem zweiten Schritt dann vor dem Hintergrund eigener biographischer Erfahrungen zu prüfen. Wir möchten einen Prozess anstoßen, der mit einem sich Einfinden und Einhausen zunächst beginnt, um dann dazu überzuleiten, unsere Darstellung distanziert zu prüfen und zu korrigieren. Im fortgesetzten Zweifel und dem Gelesenen widersprechend formuliert man eine eigene, vorläufige Position aus. In diesem Sinne können wir uns alle Lesenden als glückliche Menschen vorstellen, da (und falls) sie sich in aller Vorläufigkeit ihre individuellen Wegweiser erarbeitet haben.

1. Liebesgrüße aus Hamburg: Der Spion den ich liebte

Warum bloß sehe ich mir immer wieder den Anfang von James-Bond-Filmen an? Und warum mit so viel Genuss?

Entspannt vor dem Fernseher sitzend bin ich bereit, Spannung genießend zu konsumieren. Dafür greife ich, wenn das Fernsehprogramm es anbietet, gern zu den Anfangssequenzen von James-Bond-Filmen. In der Regel sehe ich da Roger Moore, Sean Connery oder Pierce Brosnan, die James Bond darstellen. Habe ich eingeschaltet, weiß ich schon, dass ich den ganzen Film nicht ansehen werde; ich weiß, wer siegen wird, weiß um unzählige gleichartige brutale Konfrontationen, aufgelockert durch (ebenfalls vergleichbare) erotische Sonnenuntergangsszenarien. Der ganze Film spricht mich nicht an.

Aber die Einleitung! Jeder Fan weiß es: Vor dem Eigentlichen - dem formalen Beginn mit Regisseur usw. – gibt es einen Action-Vorspann, in dem James Bond in eine Gefahrensituation gerät, deren Bedeutung sich erst im weiteren Verlauf enthüllt. Dieser Action-Vorspann, und nur er, entfaltet eine für mich eigentümlich-faszinierende Attraktion.

Bond wird von mehreren gejagt. Offensichtlich ist: Er hat keine Chance zu entkommen, seine Lage ist – eigentlich – aussichtslos. Allein, in einer furiosen Abfolge überraschender Wendungen mit atemberaubenden Stunts und dem Einsatz ungewöhnlicher technischer Mittel – dies besonders auf Seiten Bonds – gelingt es ihm, die Verfolger auszuschalten, vulgo zu töten, dabei äußerst cool zu bleiben und selber zu entkommen, nicht ohne sich im Anschluss wie ein Lackaffe die Krawatte zurecht zu rücken und noch einmal snobistisch in die Kamera zu blicken.

Nach diesem Eingang folgen die üblichen Informationen zum Film, und Bond taucht erst wieder in einer entspannt-ironisch gebrochenen Situation auf.

Die Faszination durch die gewählten Orte kann es kaum sein, die mich reizt, wiederholungsbedingt kenne ich sie und finde sie allenfalls ungewöhnlich. Gleiches gilt für das Arrangement und die Gags zu den Kampfkonstellationen, nämlich Bonds geschickte Finten oder sein Einsatz häufig nur für ihn entwickelter technischer Innovationen, mit deren Hilfe es ihm gelingt, einen Haken zu schlagen. Was also ist es?

Zunächst einmal ist klar: Bond ist mein Held! Er nimmt, um nur ein Beispiel zu nennen, sehr genau wahr. Immer weiß er, was um ihn herum passiert, immer sieht er in Sekundenbruchteilen Möglichkeiten, Auswege, wo ich nur sein sicheres Ende wahrnehmen kann. Und noch nicht einmal das füllt ihn aus. Denn selbst in einem Kampfjet sitzend (oder auf ihm stehend), findet er Zeit, noch anderes zu tun, zu winken, sein von Q ausgedachtes Spielzeug umzufunktionieren, die Technik, noch nicht in der Postmoderne angekommen, zu überlisten, oder eine hübsche junge Dame anzulächeln. Immer also wird die Wahrnehmung der Situation und Bonds Situation in ihr wieder gebrochen.

Eine schnelle Abfolge von Gegensätzen, die mir im Leben langsamer begegnen, die ich jedoch kenne und denen ich nicht so begegnen kann wie Bond. Auf jeden Fall, das genieße ich. Bond ist nicht nur schneller als die Realität, lebt nicht nur in einem dauernden flow und in der upper class (und steht über ihr), nicht nur genießt er als ästhetischer Dandy, geschüttelt und nicht gerührt, gelangweilt Damen wie Kulinarisches. Bond kennt die Genüsse der Welt, oder umgangssprachlich formuliert, er kennt »Wein, Weib und Gesang«, aber nicht in dieser umgangssprachlich nur angedeuteten ordinär-vulgären Weise, sondern als Mitglied der englischen high society, zwar selber nicht von Adel, aber in Kenntnis aller Konventionen, wo immer er auch sein mag. Und nicht zu vergessen: seine körperliche Fitness harmoniert mit seinen Kenntnissen in Technik und Bildung.

Bond ist in all diesen Angelegenheiten top und scheint in seinem Tun aufzugehen, gleichzeitig steht er außerhalb aller dieser Welten. Er verfügt über gleichsam übernatürliche Kräfte, wie man sie sich als Kind tagträumend wünschen mag: Alles spielerisch elegant beherrschend, immer auf der Seite der Guten stehend, aller finanzieller Sorgen ledig, sich alles sofort nehmen könnend. Niemals räumt Bond irgendein Zimmer auf, das er verwüstet hat, höchstens ordnet er es noch in den Raum rufend an, bevor er geht. Er selber schafft keine Alltagsordnung – das ist zu wenig, das müssen andere machen – er ordnet die Welt. Alle anderen Protagonisten sind verstrickt in ihre egoistischen oder beschränkten Ziele, immer geht es um solche Bösen, die sofort zu erkennen sind, aus niederen Motiven handelnd, mit ebensolchen (sehr starken) Lakaien, nur in seltenen Fällen um Misanthropen, die meinen, es wäre besser für diese Welt, wäre sie erst einmal ausgelöscht.

Das wäre Bonds Lebensform in Kürze: In ironisch wissender Gelassenheit ein aufregendes Leben zu führen – angenehm ergänzt durch ein gehobenes gesellschaftliches Umfeld. Das wiederholt sich immer wieder, und daher muss ich den ganzen Film nicht sehen.

Erste Antworten also: Bond fasziniert mich, weil ich beim Zusehen eindeutig auf der Seite der Guten stehen kann. Weil Gut und Böse klar verteilt sind. Weil Bond ein ewiges Kind ist, wie ich es immer noch gerne wäre. Weil Bond so viel kann. Weil das Böse sich des technisch Machbaren bedient, die Technik aber nicht über mich bestimmen darf. Weil niedere Motive nicht die Überhand gewinnen dürfen. Weil es besser ist, über den Dingen zu stehen. Weil ich es mir auch wünsche, mich nur dann aus dem Sessel erheben und arbeiten zu müssen, wenn es gälte, die Welt zu retten.

Der Kern von Bonds Situation ist, zweite Antwort, die entschlossen-kämpferische Konfrontation mit dem Risiko, im wissenden Standhalten, es könnte, theoretisch, auch tödlich enden. Das entspräche dem spezifisch extraordinären staatlichen Auftrag und Bonds Befugnissen, seiner Lizenz zu töten. Bond kennt und lebt die Konsequenz. Er kennt wohl auch mich, denn seine Entspannung gratifiziert mein Gefühl: Cool bleiben, selbst jetzt, kurz vor dem Ende, das ist absolut angemessen.

Meine beiden Antwortversuche irritieren mich, denn: Wofür kämpft Bond eigentlich? Der ganze Aktionismus, alles, was als Spiel daherkommt, überspielt die entscheidende Frage, nämlich die nach dem Ziel und der Legitimation seines Einsatzes.

Bond kämpft nicht gegen alltägliche Gesetzesübertreter, sein Ziel übersteigt das Normalmaß des Menschlichen: Er rettet die Welt vor den Bösen, vor ihrer Geld- oder Machtgier. Die Welt vor dieser Bedrohung zu retten, erfordert eine sich selbst riskierende Lebensform und gebietet die außerordentliche – durch den Staat legitimierte – Selbstermächtigung ohne Gerichtsverfahren, Herr über Leben und Tod anderer zu sein. Wer gegen jemanden antritt, der sich selbst so absolut setzt, dass er das Böse schlechthin verkörpert, der muss selbst mit dem Absoluten kokettieren.

In der Lebensform des Bösen werden nur die eigenen Ziele verfolgt. Bond hingegen lebt ziellos (wenn er nicht gerade durch das, was er sieht, oder durch einen Auftrag aus seinem Dahintreiben herausgerissen wird); am ehesten ist es ein Akt der Höflichkeit, dass er die Welt rettet – man hat ja schließlich sonst nichts vor.

Bond bietet sich also als mein Held an, das kann ich mir erklären. Aber ist er deshalb auch mein Vorbild? Meine Identifikation wird in diesen

Anfangssequenzen regelmäßig durchgeschüttelt. Denn immer wieder tauchen Gegensätze auf. Bond zelebriert Gegensätze und ironisiert sie. Da ist zunächst einmal der Gegensatz zwischen Nihilismus und Patriotismus. Ein Nihilist im Auftrag der Majestät, ein Untertan, für den nur seine eigenen Gesetze gelten. Der Gutes tut und doch immer Gesetze bricht. (Offenbar eine Erfahrung, die ich aus dem Leben kenne: Könnte ich doch nur dieses eine Mal diese rote Ampel ignorieren, ich habe doch wirklich Wichtiges zu tun.) Der kaltblütig tötet und, anders als seine Gegenspieler, doch in Extremsituationen nie aggressiv, sondern stets gelassen bleibt.

Vielleicht ist das mein Vorbild? Die Mäßigung der Affekte in schwierigen Zeiten. Ja, inspirierender ist die Haltung, in der er seine ungewöhnlichen Lebenslagen bewältigt. Bond (ich möchte schon James sagen, wie er es bereits als Begrüßung anbietet) kämpft zwar entschlossen, dabei aber überlegt-gelassen, während seine Verfolger verbissen in der scheinbaren Gewissheit ihres Erfolges agieren und sich auch nicht durch Verluste auf ihrer Seite entmutigen lassen. Seine Verfolger repräsentieren vielfach nur Typen; der attraktive Glanz des Individuellen liegt bei Bond.

Vor diesem Hintergrund gewinnt James Bonds Lebensform weitere Prägnanz; Bond führt mir einige Dilemmasituationen vor Augen: Es existiert kein richtiges Leben im Falschen. Wenn es darauf ankommt, gilt es, entschlossen zu handeln, aber sich nicht gefangen nehmen zu lassen von dem Ereignis. Es existiert aber auch kein falsches Leben im Richtigen. Denn wenn Bond einmal Pause macht, dann ist alles erlaubt. Genuss pur, auch jetzt gilt es, keine Einschränkungen in Kauf zu nehmen. Bond ist gewissermaßen immer falsch. Nur zum Schluss wird Bond ernst, das versöhnt mich mit ihm. Hält er beispielsweise die Frauenfiguren anfangs im Muster *Hure und Heilige*, dann entwickelt er zum Schluss des Films doch plötzlich Gefühle (die man ihm gar nicht zugetraut hätte). Er rettet *die eine*, während er die anderen vorher gebrauchte. (Offenbar sonst im Modus der Enttäuschung dahin treibend, zeigt er jetzt seinen weichen Kern.) So will ich den nächsten Film sehen.

All das, Weltrettung, Abenteuer, Dramatik und Tod genieße ich faul vor dem Fernseher. (Sonst könnte ich es wohl gar nicht aushalten.) Nein, tauschen möchte ich nicht mit Bond. Dort unerträgliche Spannung, hier Chips und Tee.

Es ist der Traum des Teufels und des radikal Bösen, sich absolut zu setzen. Bond setzt sich mit seiner Lizenz zum Töten absolut, er versteht sich autonom und ist daher niemandem Rechenschaft schuldig. Allerdings: Dem Zuschauer wird suggeriert, er kämpfe für ihn; Bond kämpft für mich. Es will mir nicht recht in den Sinn fallen, angesichts des Todes und des Bösen eine solche nur heroische Lebensform zu wählen. Möglicherweise genieße ich Bond, weil ich mich von ihm distanziere. Er ist gleichzeitig mein Held *und* ich möchte niemals so sein wie er, ein merkwürdiger Befund, Vorbild und Identifikation verdrehen sich; niemals würde ich selber so leben wollen. Gehe ich mit diesen Gedanken in eine innere Distanz zu Bonds Lebensform, drängt sich mir ein anderes Bild auf: Dürers Kupferstich »Ritter, Tod und Teufel«. Wie anders wirkt dieser Holzschnitt auf mich ein!

Dürers Ritter präsentiert ebenfalls eine sich riskierende Lebensform. Er reitet – Tod und Teufel nicht achtend, doch um sie wissend – beharrlich geradeaus blickend und entschlossen (gegen die erwartete Richtung nach links) dahin, zwar – drohend? – begleitet vom Tod mit Stundenglas, aber unerschrocken nimmt er seinen Weg ins Ungewisse. Eine feste Burg steht wehrhaft und trutzig auf der Bergspitze.

Was den Ritter bedrängen mag, wird nach außen projiziert; wie er es 'innen' verarbeitet, deuten sein entschiedener Blick sowie die Burg an. Für Dürers Reiter ist das Böse Teil seines Lebens. Er weiß darum, und geht seinen Weg. Wie er dies bewältigt? Ich wüsste es gern. Das ist nicht Bonds Lebensform, eher ihr Gegenteil. Bond erledigt als upper-class-Saubermann ein schmutziges Geschäft; aber was ihn innerlich bedrängt, erfahre ich nicht. Die Lebensform des Dürerschen Ritters gab und wird es wohl zu allen Zeiten geben, und mit dem, was am Ritter typisch menschlich ist, identifiziere ich mich sofort, auch wenn ich nicht weiß, ob ich so mutig sein kann. Dürers Ritter könnte mein Held *und* mein Vorbild sein; Bonds Lebensform repräsentiert illusionär anregende Unterhaltung und gibt mir vielleicht zu dieser späten Abendstunde das Gefühl: So tapfer wie der Ritter muss ich nicht sein, so wie Bond – das würde genügen. Bond kokettiert mit dem Absoluten, und er verfehlt es.

Vielleicht überzeichnet der Dürersche Ritter alltägliche Lebensanforderungen, aber ein illusionsloser Blick auf menschliches Leben wird sich der Einsicht nicht verschließen können, dass das von Dürer Symbolisierte, Tod und Böses, den Lebensweg des Menschen auch dort begleitet, wo er sich ihm nicht stellt.

Bond, wird mir im Vergleich mit Dürers Ritter deutlich, repräsentiert einen Umgang mit unserer typisch modernen Lebensweise, abgeschottet von Tod und Teufel. Wenn Bond Tod und Teufel nicht achtet, dann heißt das: Er stellt sich über sie. Auch insofern ist Bond der Prototyp einer sich autonom verstehenden und (be-)gründenden modernen Existenz, die im wesentlichen Tod und Böses ausklammert und zu ignorieren versucht. Wer keine Maßstäbe außer den eigenen hat, glaubt, er könne ein voraussetzungsloses Leben führen. Lässt sich Dürers Ritter als in einer existenziellen Situation befindlich charakterisieren, so Bond nur in einer spielerischen. (Nebenbei: Es ist unwahrscheinlich, dass Bond am Ende dieser Lebensform alt und lebenssatt sterben wird.) Damit gerät aber auch das, was angesichts von Tod und Teufel als Absolutes (und als Gegengewicht) gelten könnte, außer acht. Bond kennt keine Maßstäbe, er setzt sich selber absolut, er lebt in einem der Situation halber angebrachten Größenwahnsinn.

Allerdings gilt das nicht mehr für die neueren Bondfilme; Daniel Craig spielt einen Bond, der eine Geschichte bekommen hat. In diesen Filmen verschwimmen die Zusammenhänge zwischen Gut und Böse teilweise, die Welt scheint brüchiger, weniger eindeutig, Bond ist hier nicht mehr nur die Zusammenfassung aus Größenwahnsinn und Nihilismus.

Das Böse bei Bond deutet einen Zivilisationsbruch an, dessen Bedrohung uns, heute vielleicht noch stärker, gegenwärtig ist. An den Sieg über das Böse vermögen wir Heutigen nicht mehr zu glauben, resignierend genießen wir im Film dennoch und gerade deswegen den im 'wirklichen' Leben vergeblichen Kampf als Spiel. Das Illusionäre einer derartigen Vorstellung ist offensichtlich. Wir wissen es, das Böse ist Teil unserer Wirklichkeit; es kann und wird nie besiegt werden; es ist Teil der conditio humana. Auch Bonds Lebensform ist durch nichts zu legitimieren und daher nicht hinnehmbar, und meine entspannt-genießerische Animation der Bond-Eingangsszenen überspielt und flüchtet vor dieser Einsicht, während nur eine Ahnung bleibt, dass es im Leben doch ein Böses gibt. Ich werde verführt zu glauben, dass Bond mit dem letzten Bösen auch das Böse selbst bekämpft hat und dass das Böse besiegt ist. In der modernen Welt setzen Menschen sich kaum mit dem Bösen auseinander; allein, schon Mephisto wusste, dass man die Bösen los sein kann, dass aber das Böse bleibt. (Und daher braucht es auch einen weiteren Bond-Film.) Wird diese riskante Lebensform im Vorspann wie in einem Fokus zusammengefasst? Identifiziere ich mich mit dem Ziel, das Böse in der Welt chirurgisch sauber zu bekämpfen, es zu eliminieren?

Sowohl Bond als auch Dürers Ritter repräsentieren sich selbst riskierende Lebensformen. Der Reiter weiß um die Versuchungen des Teufels, weiß, dass er nicht immer moralisch 'gut handeln' wird, und er weiß, dass er sterben muss. Mit diesem Wissen blickt er nicht direkt auf Tod und Teufel. Macht ihn das frei für seinen überschaubar-endlichen Weg? Und zwar nicht frei im Sinne Bonds Autonomieanspruchs, aber frei, auch riskante Möglichkeiten zu erkunden, die sich ihm auf seinem Lebensweg eröffnen? Die Freiheit ist die Begleiterin des Bösen, aber die Einsicht in die eigene Verfassung kann auch frei zum Bekenntnis für die eigene Bescheidenheit machen.

Religiös betrachtet ist der Mensch selber nicht das Absolute, auch wenn Menschen im Namen des Glaubens versucht haben, sich absolut zu setzen. Wir Heutigen oder unsere Vorfahren haben es erfahren: Alle

Versuche, sich absolut zu setzen, scheitern – vielfach unter großen Menschenopfern. Die Gewissheit einer absoluten Position verschafft einem das Wissen des Richtigen und Guten, und für das 'gute Ziel' sei es erlaubt, Menschen zu opfern. Der Versuch, die Welt von außen zu betrachten, ist Hybris.

Vielleicht gibt es ein Absolutes, aber ich verehre es als etwas, das *nicht* menschlich ist. Angesichts von etwas Höherem zu leben ist eine religiöse Erfahrung, die Bond nicht machen kann. Bond kennt weder Gott noch Tod. Und ganz verehren – als gewissermaßen Letztes verehren – kann ich Bond nicht.

Dürer ignoriert Tod und Teufel im Wissen um Höheres. Bond ignoriert Höheres, in gewissem Sinn ist er sich selbst das Höchste, er ist der einzige, der als Weltenretter noch bleibt. Im unvollendeten Nihilismus steht die Welt als Ganzes auf dem Spiel, sie taumelt, und gleichzeitig kann ein ästhetischer Nihilist das nicht richten. Bond, das ist eine bleibende Attraktion, zeigt in dieser kurzen Eingangsszene unsere Welt, wie sie ist, ohne dass ich das merke; er aber hat bereits die ganze Zeit so auf die Welt geblickt.

Mit Dürers Ritter verglichen beurteile ich jetzt auch Bonds Distanz und sein Verhältnis zur Wirklichkeit kritischer. Bond lebt zwar distanziert, aber er reflektiert sein Leben nicht. Dass er aussteigen könnte, dieser Gedanke taucht erst in neueren Verfilmungen auf, bonduntypisch. Bond wird ewig in dieser oberflächlichen upper-class zurecht kommen müssen, auch wenn er sie verabscheuen mag und mit ihr spielt. Die Lebensform der Ironie wird vielleicht heutzutage gerade durch eine des Humors abgelöst. Humorvoll lache ich über mich selbst, ich bin beteiligt und Teil dieser Welt, über die ich gerade lache; ironisch erhebe ich mich über sie und bin – einsam und - scheinbar überlegen. Ein bisschen Anachronismus schadet ja nicht, das ironische 20. Jahrhundert enthielt eben auch in dieser Weise Genuss. Ironie ist ebenso wie ein Sich-über-Situationen-Stellen ein lustvoll-melancholisches Schweben im Wissen um die Offenheit und das Unentschiedene der Wirklichkeit. Ironisch nehme ich Abstand und distanziere ich mich – auch von mir selbst und meinem Wirklichkeitsverständnis, anders als in humorvoller Einstellung, in der ich immer noch 'dabei' bin. Humor akzeptiert; Ironie distanziert. Bond kann kein Teilnehmer dieser Welt werden.

Bond nimmt zwar die Aspekte der Wirklichkeit sehr genau wahr, die zum Überleben notwendig sind, aber in größerer Fülle nimmt er die Wirklichkeit nicht wahr. Werden ihm Menschen wirklich? Beispielsweise ist es ihm offenkundig gleichgültig, ob ein anderer leidet. Bond lebt in einer Scheinwelt, ich aber nicht. Darüber kann ich mich freuen. Bonds Eingangsszene macht aus der Verhinderung von Erkenntnis ein Rauscherlebnis. Hier wird eiskalt getötet, und zwar mit Lizenz - der Stachel des Gewissens wird umgebogen. Bond erscheint mir plötzlich als ein besinnungslos Handelnder. Im ganzen Scheinleben der Bondfilme geht es um: Funktionalität, Technik, Egoismus, Interessen, Lakaien, Gier – und in der Mitte um kurze Phasen der Erotik. Die reale Welt kann gar nicht aufscheinen.

Und doch – das ist das reale Leben: Gier, Egoismus usw., all dies wird hier nur zusammengefasst. Diese Scheinwelt ist sogar realer als meine eigene (Chips vor dem Fernseher, ich erinnere mich einmal wieder daran, bevor ich allzu moralisch über Bond urteile), es geht ja im Film um alles, dort wird nicht ausgesessen, verharmlost, verdrängt usw. Plötzlich verdreht sich die Perspektive: Ich lebe in der gleichen Welt wie Bond, mit einem klitzekleinen Unterschied: Er darf diese verlorene Welt retten, ich nicht. Wir Menschen leben alle in einer Scheinwelt, wir alle haben uns arrangiert mit einer Welt aus Gier, Verrat und Kleinmut. Wir selber hängen an unseren Scheinwelten: niemals würden wir die Welt retten wollen.

Wie könnte ich unsere Welt reflektieren, wie könnte ich aus meinen Scheinwelten ausbrechen, in denen ich täglich ignoriere, was an Bösem sichtbar wird, was an Ignoranz anderen gegenüber offenkundig wird? Wenn ich morgens einkaufen gehe und die Verkäuferin an der Wursttheke ihre Assistentin unfreundlich herumkommandiert, dann warte ich einfach ab, um meine Wurst zu bekommen. Ich sehe kaum hin und bemerke die Schikane so nur am Rande. Aus dem Augenwinkel blitzt es auf, aber ich betrüge mich um mein Wissen, in meiner Scheinwelt bin ich einfach einkaufen gegangen und habe, wie immer, Wurst gekauft. Mein Leben muss keine Scheinwelt sein, aber es ist brüchig, wenn ich nur meinen Absichten folge, ich entwickle keine Nähe zu den Gedanken, die ich im Leben habe. Wie könnte ich reflektieren, um meine Wirklichkeit besser wahrzunehmen?

Mir drängt sich ein neues Bild auf, das Bild des Höhlengleichnisses. Menschen sitzen vor einer Wand, in ihrem Rücken erleuchtet ein Feuer Kunstgebilde, die Schatten an die Wand vor den Menschen werfen. Es sind die Schatten, die die Menschen für wahr halten. Und wir alle sind diese Menschen. In unseren Absichten *zwängen wir die Dinge in unsere Perspektive ein und beschneiden sie dadurch;* wir verschatten Dinge; überall dort, wo wir uns hinbewegen, sehen wir das Gegenteil von Licht

– wir vertauschen Schatten und Licht. Der moderne Mensch setzt sich absolut, baut seinen eigenen Scheinwerfer und meint selber zu leuchten. Immer sieht er nur den Umkreis der Dinge, die er beleuchtet hat; er bleibt im Zentrum, alles außerhalb von ihm wird irrelevant. Sein Blick 'beleuchtet' die Dinge, gibt ihnen dadurch aber eine einseitig-verengende Bedeutung, in der die Fülle der Wirklichkeit aufgesplittert wird.

Und das gilt erst recht für die Bösen: Sie unterwerfen die ganze Welt ihren eigenen Absichten. Ohne ein Licht, das unabhängig von ihnen die Wirklichkeit beleuchtet, können sie keine Außenperspektive zum Leben erlangen, bleiben sie gefangen in ihren Intentionen, ja, aus sich heraus könnten sie das Leben selbst nicht als Wandel und Entwicklung irgendwo in einer Mitte verstehen, nach der ein Übergang stattfinde. Je mehr ich darüber nachdenke, umso mehr beneide ich Dürers Ritter. Bei Bond finde ich stattdessen: ewige Wiederkehr.

Und umgekehrt gilt: Eine Außenperspektive auf das Leben ist nicht zu haben. Denke ich Reflexion über das Leben als distanzierte Betrachtung, wird sie unmöglich, und auch das Andere einer Lebensführung, die sich im Zusammenhang eines Größeren begreift, wird nicht verständlich, denn dann habe ich den Graben zwischen meiner Welt hier und einer so genannten eigentlichen viel zu groß gebaut. Das Größere – für religiöse Menschen Gott – liegt schließlich komplett außerhalb dieser Welt. Dieses Denken, das Gott irgendwo ganz woanders, aber nicht hier im Leben sucht, ist Ausdruck moderner Ansichten.

Unsere Welt ist keine Scheinwelt – ich leide nur an eingeschränkter Ausleuchtung –, sie erscheint allenfalls dort so, wo ich im Nachhinein meine Beschränktheit bemerke. Und in meiner Welt habe ich immer schon Distanz zu Aspekten meines Lebens, sonst wäre ich gar kein Mensch. Das wahre Leben finde ich nicht außerhalb und erst recht nicht durch bloße Distanz. Im Gegenteil, denke ich wieder an die Wursttheke, fehlt es mir hier ja gerade an Nähe, zum Beispiel zur Assistentin. Wer reflektiert, sucht vielleicht eher eine andere Art von Nähe zu seiner Wirklichkeit. Daher zeigt sich eine religiöse Lebensführung auch nicht unbedingt in einem großartig veränderten Handeln. Sie zeigt sich vielleicht eher darin, banale Kleinigkeiten zu verändern, nicht alles. Ein religiöser Mensch muss nicht die Welt retten, er muss auch nicht ständig irgendetwas verändern wollen. Er wird sich wahrscheinlich nicht von der FARC anheuern lassen und fanatisch werden. Er weiß, dass er in seinem Kreis handelt und dass die Welt, nun ja, immer schon gerettet ist oder dass dies jedenfalls einen Menschen – überfordert.

Wieder lässt mich Bond ambivalent zurück. Die Weltrettung scheint mir jetzt geradezu absurd, und ich sympathisiere damit, dass Bond nur aufsteht, wenn er gerufen wird. Ich stelle mir vor, ich darf seelenruhig im Gartenstuhl liegen und Mittagspause abhalten; aufstehen werde ich nur, wenn mich jemand ruft. Bond bietet das Identifikationsangebot einer illusionären Scheinwelt mit der Lebensform ‚Jumpe Springing': Riskiere etwas, aber gesichert! Erfahre deine Grenzen, aber mit einem Scheinrisiko. Du darfst sitzen bleiben.

Wenn ich keine der beiden Lebensformen, Dürers Ritter oder Bond, wählte, welche andere wähle ich angesichts dieser Einsicht? Oder muss ich ganz anders fragen: Kann man überhaupt eine Lebensform wählen, hat man je die Wahl (gehabt)? Wissend um den illusionären Charakter des Films erlaube ich es mir, in die Wonnen der Gewöhnlichkeit zu regredieren. Entweder ist mir klar, dass die Bond-Lebensform letztlich amoralisch und damit in keiner Weise erstrebenswert ist oder ich weiß, dass es für mich sowieso unmöglich wäre, eine derartig riskante Lebensform zu leben; dieses Leben überforderte mich. (Im Dunkel des Kinos und des Wohnzimmers sieht mich niemand und ich kann unerkannt und gewöhnlich genießen.) Aber durchspielen, tun so als ob, wissend um den ironischen Ansatz, man wird doch mal träumen dürfen … darf man? Oder habe ich zu viel Angst davor, überhaupt zu erwägen, ein anderes Leben als meines zu führen?

Bond kennt keine Angst. Ich habe Angst, Bond nicht. Vermag ich der realitätsnäheren, geerdeten Dürer-Variante Stand zu halten? Hätte ich Kraft und Entschlossenheit, sie zu wählen? Ich erfahre mich in der Abgrenzung und im Ausschluss von anderen Lebensformen. Aber ich erfahre nur ein »So nicht, das kann ich nicht. Ich habe Angst.«, aber kein »Dies ist mein Weg«.

Angst heißt offenbar, von einem Leben überwältigt zu sein, das ich nicht in den Griff kriege. Wieder ist diese Angst Ausdruck einer bloß reinen Immanenz. Ich habe mich behaglich eingerichtet und mir ein hübsches kleines System von allem gebaut, in dem ich gemütlich zuhause sein möchte. Habe ich ganz gerne Angst bzw. mich in ihrer Vermeidung recht behaglich eingerichtet? Oder - anders - zeigt sie sich nur, weil ich mein Leben und meine Ansichten von ihm in einer Art Kontrollzwang domestiziert habe? Es ist wohl kein Zufall, dass Heidegger, der eine ganz auf das Irdische abgezweckte Philosophie verfasst hat, der Angst eine Art Zentralstelle in einem solchen Leben zuwies. Seine Philosophie ist Ausdruck der Seinsvergessenheit, die er später angeprangert hat. ‚Wir sind immer schon in der Welt' heißt wohl heutzutage, wir haben immer schon unsere Lebensart konstruiert und sind daher in Distanz getreten zu dem, was wir an uns und an anderen Menschen sonst noch wahrnehmen könnten. Psychologisch gesagt ist Angst der Wunsch, womöglich auszubrechen, oder täusche ich mich, und es gilt nach Kästner, wer da keine Angst hat, der hat keine Phantasie? Wieder habe ich es mit Gegensätzen zu tun. Ich bin nicht recht zufrieden in meiner alltäglichen Gewöhnlichkeit, aber ich kann mich auch nicht recht aufraffen und anstrengen, anders zu leben, und ich kann nicht recht begreifen, wie ich vor dem Tod keine Angst mehr haben soll. Etwas Besseres als der Tod erwartet mich überall. Und immer fürchte ich das Leben.

Es bleibt am Ende offen, wer in einer Scheinwelt lebt. Aber spannend war es! Gute Reise ins Nichts, Bond!

2. Abgerechnet wird zum Schluss!

Ich habe eingekauft und bewege mich in Richtung der Kasse. Eben noch beschwingt, verändert sich meine Laune, denn – wir alle haben es im Supermarkt wohl schon erlebt – jeder späht nach der kürzesten Schlange. Erblicke ich eine Reihe mit einer geringeren Anzahl Wartender, beschleunige ich meine Schritte, um mich einzureihen: Wer diesen Wettkampf gewinnt, darf als erster bezahlen! Welchen Gewinn haben die Schnellen: Zeitgewinn!

Habe ich mich in die Schlange eingereiht, gilt es, geduldig zu warten und mich an den Rhythmus der vor mir Wartenden anzupassen. Warten ist erzwungener Stillstand bei weiter verfließender Zeit, es zwingt mich zu einem unfreiwilligen Einhalten, und das widerstrebt mir. Ich laufe Gefahr, mich zu ärgern, weil es nicht schneller geht. Mir auferlegtes Warten ist deprimierend! „Neue Kasse, bitte!" könnte ich rufen, finde das aber (noch) aufdringlich. Vielleicht meinen Nachbarn ansprechen, schon mal den Blick suchen. „Früher ging's schneller, oder?" „Der Kassierer ist neu, was?"

War ich vorher aktiv, bin ich in der Schlange stehend so lange zur Passivität verurteilt, bis ich an der Reihe bin. War ich vorher der Umworbene, so muss ich mich nunmehr als Teil eines Systemzusammenhangs ein- und anpassen. Alle zuvor als individuell angesprochenen Käufer sind gleich, alle erfahren ihre auf den Bezahlvorgang reduzierte Funktionalisierung: Ware aufs Band, Trennabschnitt hinlegen, Geld bereithalten. Der individuelle Spielraum ist zwar nicht verschwunden, aber arg reduziert. Und das besonders, wenn ich an einer Kasse bin, an der ich – fortschrittlich von einer Sprecherin geleitet – alles selber einscannen muss.

Unfreiwillig einhaltend erinnere ich mich an die Zeit, als es noch keine Selbstbedienungsläden gab. In dieser schon historisch zu nennenden Zeit gab es den meist kleinen Laden in der Nachbarschaft. In so einem Tante-Emma-Laden gestaltete sich Einkaufen ganz anders.

Da alle in der Nachbarschaft wohnten, waren alle mehr oder weniger miteinander bekannt; ja, sie konnten sich teilweise auch mit dem Namen ansprechen. Man wusste beispielsweise von der Erkrankung des Ehepartners, wusste vage um die Schulleistungen der Kinder und deren Berufsvorstellungen nach dem Schulabschluss.

Im Tante-Emma-Laden gingen Menschen aus der Nachbarschaft kaufen, tratschen, plauschen, allgemein: ein Sich-dem-Anderen-Zuwenden, Kaufen und Bezahlen gingen diffus ineinander über. Es sei nicht unterschlagen, damit war auch eine soziale Kontrolle verbunden, aber es gab eine locker verbundene Gemeinschaft der Kaufenden, die im Viertel wohnten. Wer wollte, konnte Ansprache und Unterstützung finden, denn viele kannten sich persönlich. Kunden waren nicht nur Kunden, sie waren Person. Jetzt bin ich ein anonym-wartender Warenerwerber unter beliebig vielen anderen, der durch geschickte Anordnung der Waren in den Regalen zum Warenerwerb ‘verführt‘ werden soll.

Früher im Tante-Emma-Laden hat es bestimmt länger gedauert; aufs Ganze gesehen geht‘s jetzt schneller und billiger.

Welchen Preis bezahle ich für den niedrigeren Preis? Ich mache, was früher Mitarbeiter erledigten. Rückblickend wird mir deutlich: In mehreren schleichend unbemerkten Phasen bin ich aus der Rolle des Kunden indirekt in die Rolle eines Mitarbeiters avanciert, der sich in den kontrollierenden Abrechnungsmechanismus einpasst. Ich bin Teil eines Ablaufs, der der Kostenminimierung dient - die wiederum mir zu dienen scheint. Die diffuse Multifunktionalität der Tante-Emma-Läden fiel einer ökonomischen Rationalitätsprüfung zum Opfer. Paradox: Was mir dienen sollte, dem diene ich; die Ökonomisierung des Kaufvorgangs und des Preises ‘bezahle‘ ich mit meiner funktionalen – aber dem System geschuldeten – Isolierung; denn die Dominanz der ökonomischen Rationalität entfernt mich tendenziell der Sozialität: Aus einer Gemeinschaft der Kaufenden werden funktionsgetaktete Subjekte. Als Kunde war ich Person und nicht – wie jetzt – aktiv-passives Element eines Funktionszusammenhangs.

Mich könnte stören, in ein stahlhartes Gehäuse eingepasst zu werden, das mir zwar ökonomisch entgegenkommt, dessen Starrheit es mir aber nicht erlaubt, mich in ihm als schützendem Mantel zu finden und das ich daher als Verhängnis erfahre. Sehe ich strikt auf die Funktionen, ist für strikt zielorientierte Menschen das Warten nur Zeitvergeudung.

Warten ist unausgefüllte, leere Zeit, und wie jeder weiß, *Zeit ist Geld*. Nicht die Zeit ist unausgefüllt, sondern „meine" Zeit wird vom System in Anspruch genommen. Die bloße Zeitdauer selbst kann es nicht sein, die mir Unbehagen verursacht. „Ich will doch heute noch das und das erledigen!" *Erledigen*, selbst das Wort scheint mir plötzlich aufdringlich;

aller Sachen will ich heute ledig sein, ich will sie loswerden, schon das Einkaufen habe ich mir weiß Gott nicht selbst ausgesucht!

Ich erlebe Warten als Zeitverlust, aber auf was warte ich eigentlich? *Media in vita in morte sumus* ist heute keine überzeugende Antwort mehr. Eher wohl die Empfindung, man könnte etwas verpassen; nur was?

Vielleicht sollte ich eine Wendung meines Denkens versuchen und Warten neu denken. Wie könnte und sollte ich mich neu und anders positionieren?

Warten unterbricht einen alltäglichen Ablauf; ich nehme Warten als Hemmnis und nicht als Freiraum für mich selbst wahr, sondern als leeren Raum. Verbunden damit ist der Gedanke: Was könnte ich jetzt nicht alles ‚erledigen'?

Vielleicht sollte ich Warten als unverhofften Zeit-Freiraum entdecken und Warten als *Verweilen-Können* wahrnehmen.

Spiele ich einmal mit dem Gedanken, ich würde einfach nur: Warten. Warten als bewusste Handlungsverzögerung; Verlangsamung macht mich freier von der zeitgetakteten Zweckorientierung.

Wenn ich warte, scheinen statt der Reduktion meiner Wahrnehmung darauf, wann ich endlich „dran" bin und hier herauskomme, eine Fülle an Wahrnehmungen auf: Hier findet Wandel und Übergang statt, dort sehe ich kleine Familienszenen, Gesichter, in denen sich Lebensgeschichten und Lebensstile spiegeln und zu mir sprechen. Und ich versinke in Gedanken, stelle mir Bilder vor, wie Kinder, die in der Schulstunde aus dem Fenster träumen.

Das wäre, sich auf eine Situation einlassen zu können, ein *Los-Lassen-Können* verstanden als ein sich Einpassen in ein Geschehen, dessen Ablauf sich meinem steuern wollenden Eigenwillen entzieht.

Ich möchte dieses verweilende Warten mit einer erweiterten Art der Erkenntnis vergleichen. Vielleicht ist es eine Vorbedingung zu ihr: Erst wenn ich nicht mehr von Zweck zu Zweck eile, mich selbst also nicht mehr auf Zwecke reduziere, kann ich wahrnehmen und erkennen, was um mich herum geschieht. Insofern gibt es Ähnlichkeiten zwischen der Situation im Supermarkt und der Situation der Langeweile: Erst bewerte ich sie immer negativ, weil ich ja nicht tun kann, was ich will; oder aber ich weiß gar nicht, was ich will. Ich bin zur Passivität verurteilt, Langeweile ist gewissermaßen eine künstliche Form von Stockung, Kinder mögen daher Langeweile nie, sie widerspricht ihrem Betätigungsdrang. Dann aber, mit regelmäßiger Sicherheit, verdreht sich die Bewertung: Einmal akzeptiert, entsteht aus Langeweile Vieles und Neues. Kinder

erfinden kreative Spiele, Erwachsene lassen ihre Gedanken treiben und
führen, ungeplant, die interessantesten Gespräche mit Menschen, denen
sie sonst vielleicht nie begegnet wären. Warten ermöglicht Kontakt. Ich
kann alleine nicht weiter meine Absichten verfolgen, also spreche ich mit
anderen. Begrenzte Ressourcen erzwingen das Warten, das Teilen. Die
Begrenzung der Möglichkeiten, meine Absichten zu verfolgen, wirkt se-
gensreich.

Erkennen vollzieht sich nunmehr nicht nur in einer, nämlich meiner
(Zweck-)Perspektive, sondern ist der – wahrscheinlich scheiternde –
Versuch, in ästhetischer Wahrnehmung sich auf ein 'Ganzes' einzulassen.

Bin ich auf dem Weg zum schnellen Bezahlen also in meine Absichten
eingeschlossen, und Verlangsamen wäre dann Befreiung und Erkennen
ein Sich-Öffnen?

Neben meiner durch die Kasse vernichteten Selbstermächtigung als
freiem Käufer bereitet mir, im Nachhinein betrachtet, die Effizienz der
Situationsbewältigung Verdruss. Effizienz ist ja mehr als Effektivität,
denn in effizienter Steuerung werden selbst auch noch die aufgewende-
ten Mittel optimiert. Und an den Kassen ist alles optimiert, es gibt nur
wenige, alles muss schnell gehen, denn: Gäbe es mehr Verkäufer, wäre
mein Käse teurer. Hier ist der Ärger über den Mitkäufer und den zu
langsamen Verkäufer dann doppelt groß: Nur seinetwegen muss ich so
lange warten!

Dabei werde ich unbemerkt zum Teil dieser ganzen Maschinerie.

Ist der Supermarkt effizient eingerichtet, versuche auch ich, möglichst
effektiv aus der Sache heraus zu kommen. Ich definiere mich selbst als
Käufer und verdränge in meiner Wahrnehmung Andere und Anderes der
Wirklichkeit. Ich bin bereit, eine unglückliche Verkäuferin zu ignorieren,
weil ich etwas kaufen will. Wenn wirklich einmal eine unerträgliche Situation im öffentlichen Alltagsleben entsteht, hätte ich dann genügend
Selbstsicherheit und Courage, außerhalb des Funktional-Zweckgemäßen
zu handeln? Dann wird es wirklich ernst. Ernst zeigt sich dann nämlich in meinem Engagement, auch andere in den von mir zu bedenken-
den Verantwortungshorizont einzubeziehen. Manchmal ereilt mich im
Nachhinein ein Gefühl der verpassten Aufmerksamkeit, also des Mangels an Wahrnehmung. Ich möchte *eigentlich* nicht gleichgültig an Menschen vorbeilaufen, damit meine Zwecke erfüllt werden!

Begebe ich mich in einen moralfreien Raum, wenn ich mich in funktio-
nale Zusammenhänge einpasse? Kann ich mir ernsthaft eine zweckfreie
Welt vorstellen? Das freie Spiel der Einbildungskraft ermöglicht vieles.

Zunächst scheint die Situation an der Kasse deswegen *ernst* zu sein, weil alle Beteiligten ihre Zwecke verfolgen. Funktionalität ist immer ernsthaft. Aber ich *bin* nicht die Funktion, die ich erfülle und nicht nur der Zweck, den ich verfolge. Ich erfahre (bisweilen) Freiheit gegenüber Funktionszwängen.

Ich könnte die eilige (Warte-)Situation als Spiel ansehen und deswegen manchmal Spielverderber sein, indem ich mit den anderen in der Warteschlange ein Gespräch beginne, also eine Gemeinschaft der Kaufenden wieder aufleben lassen. Oder mich mit der Verkäuferin unterhalten. Wollen meine Mitmenschen die Situation auch spielerisch auffassen? Lässt sich der stählerne Mantel durch einen guten Willen unterlaufen?

Wir Menschen leben oft in Funktionszusammenhängen, und es ist wohl ein Klischee, diesem Leben ein „eigentliches" Leben gegenüberzustellen, in dem das „Wichtige" geschieht (sei es im Privaten, in der sogenannten „Selbstverwirklichung" in Hobbys oder in dem, was jemand „wirklich" will). Dennoch: Menschen leben zwar in vorgegebenen Zusammenhängen, begeben sich aber bisweilen aus ihnen heraus, vornehmlich dann, wenn sie sie reflektieren und über sie nachdenken, wenn sie in Krisen geraten oder auf ihr Leben versuchen zu blicken. Sie werden dann gewissermaßen zu Abenteurern, die mit ihrem Leben auf leichte Art und distanziert spielen; sehen sie auf ihr Leben als Ganzes, werden sie gar zu metaphysischen Abenteurern.

Schweres und Leichtes ermöglichen, in Begriffen zu leben und sie zu reflektieren. Es gilt, die Balance zu wahren, um weder borniert noch handlungsunfähig zu werden. Ein Mensch braucht überdies das Schwere und das Leichte, um in den Ereignissen und Abläufen, in denen er routiniert lebt, bisweilen aufzumerken und wachsam zu werden. Nur so werden für ihn Ereignisse zu Situationen. Borniert übergeht man sie oder lebt im Handlungstrott der Ereignisse; handlungsunfähig erlebt man nichts, das man dann betrachten könnte. Spiel, Humor, Ironie und Leichtigkeit hingegen sind das Spielbein des metaphysischen Abenteurers, der zugleich mit seinem Standbein im Leben verwurzelt ist.

„Die Ironie ist eine Scham, die sich, um das Geheimnis zu dämpfen, eines Vorhanges aus Scherzen bedient. Sie weiß, dass die Liebe eine Angelegenheit mit großer Konsequenz ist; daher ist das zu einfache Bewusstsein, das vor Liebe erstarrt und sich über sich selbst begeistert und sich mit ihrer Ehrlichkeit drapiert, oft das flatterhafteste. Es gibt Wörter, die man selten aussprechen darf, andere, die man nur einmal im Leben sagt: Der Ironiker weiß dies, der über die Werte Scherze macht, weil er an die Werte glaubt."[1]

Wenn man jedoch in einer Situation ist, wie zum Beispiel der, dass man das Warten an der Kasse akzeptiert hat, dann ist Ironie fehl am Platze. War sie zuvor möglicherweise dem Übergang dienlich, Entfernung von Zweckmäßigkeit zu etablieren, Leichtigkeit gegenüber den eigenen ernsten, bisweilen verbissenen Anstrengungen und allzu engen Lebensweisen aufzubringen, wäre sie nun zynisch. Sie bedeutete, sich auch noch distanziert gegenüber den nun eröffnenden Begegnungen einzustellen – und wäre entweder Gleichgültigkeit (und ließe gleichgültig) oder zersetzend.

„Er sah immer so verschlagen aus, als hätte er etwas gegen die Leute in der Hand, mit denen er sprach, und war schwierig einzuschätzen; sein halbes Lächeln konnte ebenso gut ironisch wie liebenswürdig oder auch unsicher sein. Hätte er einen markanten oder starken Charakter gehabt, hätte mir das möglicherweise Sorgen gemacht, aber er war auf eine vage oder willenlose Art schwach, und was er meinen oder denken mochte, kümmerte mich nicht weiter."[2]

Wenn jemand in eine *Situation* geraten ist, das heißt, aufmerksam, staunend oder irritiert auf Ereignisse blickt, könnte er, denke ich, eine Haltung der Zugewandtheit haben. Wer das somit mögliche Zusammensein jetzt noch ironisiert, der zerstört Mitmenschlichkeit, er zerstört sich selbst als einen verlässlichen beständigen Ansprechpartner – während er zuvor durch Ironie dazu beitragen konnte, dass seine Mitmenschen aus ihrem Trott herausgelangen -, er zerstört, was Menschen wichtig und angelegen sein kann. Er gleicht dann dem Menschen, den Nietzsche in „Menschliches, Allzumenschliches" kritisiert:

„Die Gewöhnung an Ironie ebenso wie die an Sarkasmus, verdirbt übrigens den Charakter. Sie verleiht allmählich die Eigenschaft einer schadenfrohen Überlegenheit: Man ist zuletzt einem bissigen Hunde gleich, der noch das Lachen gelernt hat außer dem Beißen."[3]

[1]   Vladimir Jankélévitch: Die Ironie. Suhrkamp Berlin 2012, S. 167.
[2]   Karl Ove Knausgård: Min Kamp2 (2009). Dt.: Lieben. München 2012, S. 34.
[3]   Friedrich Nietzsche: Menschliches, Allzumenschliches. Sechstes Hauptstück. Der Mensch im Verkehr. Aphorismus 372. In: F.N.: Sämtliche Werke. Kritische Studienausgabe in 15 Bänden. Hrsg. G. Colli / M. Montinari, Bd.2, München (dtv/ de Gruyter) 1980, S. 260.

Allerdings: Ernst und Spiel verdrehen und verknoten sich in dieser Betrachtungsweise plötzlich. Denn jetzt kann ich den Funktionszusammenhang als Spiel deuten (das mit mir gespielt wird), das ich aber mit den vorgegebenen Spielregeln nicht mitzuspielen brauche, weil ich mich distanziert habe. Indem ich Distanz nehme, halte ich ein; ich halte die Zeit nicht an, aber verlangsame sie. Es verschiebt sich die Gewichtung dessen, was mir wirklich ernst und wichtig ist.

Ernst kann ich doppelt verstehen: einerseits innerhalb eines effizienten Funktionszusammenhangs und andererseits im Leben insgesamt, denn dann steht mein Leben im Ernst auf dem Spiel (wohl dem, der dies bisweilen zu unterscheiden vermag). Humor und Ironie erlauben mir einen Perspektivwechsel, und der erlaubt es mir, Menschen vollständiger wahrzunehmen.

Es drängt sich die Frage auf, welche Art des Umgangs zwischen Menschen *gut* ist. Anlässlich der Situation vor der Kasse finde ich gleich mehrere Antworten. Offenbar ist der Umgang effektiv und richtig, wenn ich mich in den Ablauf einpasse, also wenn ich funktioniere. Das garantiert immerhin auch zivilisiertes Verhalten – gäbe es keine Regeln, gäbe es wohl zahlreiche Schlägereien in Supermärkten; unter der dünnen Schicht des Funktionszusammenhangs lauert Archaisches.

Aus der Sicht des zweckorientierten Käufers: Der Funktionszusammenhang ist regelbestimmt, aber moralfrei. Es geht um Regelkonformität, und die Zwecke heiligen und regulieren schließlich alle Mittel. Was nicht regelhaft ist, wird regelhaft gestaltet oder ausgeschieden; es stört. Überdies darf ich in diesem Zusammenhang nicht mein Eigeninteresse vernachlässigen. Auch mein Eigeninteresse ist nicht moralisierbar, ja, gerade und überhaupt der Grund dafür, dass ich jetzt hier in dieser langen Schlange stehe, es ist wohl kaum mit Mitteln der Moral sinnvoll zu beurteilen.

Die Entscheidung, moralisch zu handeln, taucht in einer konkreten Situation auf; Regeln aufzustellen und als moralisch anzusehen könnte überhaupt zu einem trügerischen Moralverständnis verführen, auch wenn sie das Alltagsleben erleichtern sollten. Das 'Du-*sollst*-regelhaft-handeln!' könnte eine Ökonomie des Umgangs mit Handlungen oder eine Zweckorientierung einführen, in der ich die Situationsspezifik nicht mehr angemessen wahrnehmen kann.

Passte das Wort: *ein offenes Herz* für die Mitmenschen haben? Wäre das jetzt gut, und keine lieblose, aber prinzipienbewusste, blutleere Moral? Das wäre etwas anderes als zu sagen: Erreiche diesen Zweck, er ist moralisch – du sollst ihn erreichen – der immer gerade jetzt nicht erreicht ist! Streng dich dafür an! Vielleicht kann ich auch anders sagen: Sei wahrnehmend-wach? Also: Öffne dich der Situation und den sich in ihr darbietenden Wahrnehmungen. Nimm die Fülle der Bedeutungen wahr! Dies wäre eher ein Aufruf zur Amplifikation als zur Reduktion seiner selbst und anderer. Andere sind immer mehr als das, was du von ihnen wahrnimmst – oder wahrnehmen willst! Gleichwie bist du selber immer mehr als der Zweck, den du jetzt verfolgst!

Dagegen steht aber, dass jede Fokussierung auf Wichtiges eine Einengung des Blicks mit sich zieht. Es wäre zu prüfen, ob es zwei Arten von Moral gibt: Einerseits eine 'Sollens'-Moral des Handelns (gemäß definierter Grundsätze, Ziele und Zwecke sowie gemäß eigener Interpretationen der Maßstäbe des Guten) und andererseits eine 'Wechselbeziehungs'-Moral (als Begegnung mit anderen eigensinnigen Menschen, die in meine Wahrnehmung und in meinen Blick geraten, welchen sie als andere erwidern).

Könnte es uns Menschen in der zweiten Art der Wahrnehmung gelingen, den Hauch eines Augenblicks lang unser wechselseitig Gutes als *situatives Sein* zu erleben – das jedoch schon vorbei ist, wenn wir es uns begrifflich verdeutlichten?

Sitze ich mit diesen Überlegungen nicht einer langsam angestaubten Form konservativer Kulturkritik auf? Mit der Vorstellung einer sozialen Gemeinschaft der Kaufenden, die im Viertel wohnten, geht das Bild einer mäßig temperierten, leidlichen homogenisierten und überschaubaren Gesellschaft einher. Neue Unübersichtlichkeit hat das, was man früher einmal nivellierte Mittelstandsgesellschaft genannt hat, kräftig durchgeschüttelt; es gilt nach vorne zu schauen!

Solches bedenkend packe ich zu Hause meinen Einkauf aus. Dabei erinnere ich mich, gehört zu haben, dass Wochenmärkte in letzter Zeit viel Zulauf haben. Warum wohl? Lassen sie ein wenig die Tante-Emma-Laden-Kultur wieder aufleben? Bei vielen Ständen nimmt man sich noch Zeit; die Kunden werden wiedererkannt und – weil als Person bekannt – mit dem Namen angesprochen, und manchmal kennt man sich in der Warteschlange. Hier ist 'Leben' noch Leben und nicht reduziert auf maschinell getaktetes Verhalten.

Vielleicht werde ich beschließen, demnächst auf dem Markt einzukaufen, *denn hier bin ich Mensch, hier darf ich's sein.*

3. Situationen sind Prinzipienschredder

Jeder kennt das: Menschen werfen in einer bedrängenden Situation Prinzipien über Bord. Sie genießen in einer verführerischen Situation Kulinarisches, das sie ansonsten, weil beispielsweise nicht artgerecht hergestellt, kategorisch ablehnen würden. Für eine häusliche Dienstleistung zahlen sie den Lohn des Haushandwerkers in bar, weil beide einen Vorteil davon haben – ansonsten aber ist Steuerhinterziehung selbstverständlich für sie tabu. In der Not lügen manche; unter Druck gesetzt, verleugnen sie Freunde oder reden plötzlich schlecht über sie. Manche glauben auch an Wunderheilungen, die naturwissenschaftlichen Einsichten widersprechen. Wir Menschen sind mit unseren Prinzipien und Begriffen in unser Leben verwoben; wir kennen zum Beispiel den Kategorischen Imperativ und wissen gleichzeitig ‚Keine Regel ohne Ausnahme!' Daher wird in solchen Situationen ... ‚eine Ausnahme gemacht'. Es zeigt sich, dass das scheinbare Prinzip nur aus dem Lehnsessel heraus propagiert wurde und gar nicht in der Person und ihrer Lebensform verankert ist. So gesehen kann man Menschen in Situationen erkennen, und Situationen sind Prinzipienfresser, denn sie testen die Prinzipientreue. Aber -, gibt es Umstände, sich von Normen zu beurlauben, die den Handlungen, die wir vollziehen, Struktur geben, sei diese moralisch oder erkenntnisleitend? Am Anfang nicht nur unseres, sondern jedes Denkens und Handelns setzen wir grundlegende Regeln, Grundsätze oder Grundnormen des Erkennens und Handelns voraus. In der Reflexion auf solche Voraussetzungen - in Situationen - prüfen wir diese prinzipiellen Vorannahmen auf ihre Tragfähigkeit.

Bei einem neuen Ereignis fragen wir uns, ob das von uns bisher vertretene Prinzip noch Bestand hat, d.h. wir reflektieren: Gibt es (für mich) Grenzen, mein Denken und Handeln an Prinzipien zu orientieren? Wer bisher der Meinung war, man solle keine in großem Maße den Menschen verändernden medizinischen Eingriffe vornehmen, sei es aus ästhetischen oder anderen Gründen, der sieht sich vielleicht unerwartet mit der Situation konfrontiert, dass ein nahe stehender Mensch ohne einen solchen Eingriff entsetzlich leidet. In einem solchen Fall kann eine

Person ihre Auffassung revidieren oder überarbeiten. Die Situation hat das Prinzip geschreddert. Es ist differenziert worden und liegt in vielen Einzelteilen vor der Person, gewissermaßen durch den Wolf gedreht. Situationen guillotinieren Prinzipien, um eine Formulierung von Dávila abzuwandeln.[1]

Prinzipienreiter sind Menschen, die die Regel „Rechts vor Links" noch auf menschenleeren Wegen durchzusetzen versuchen. Indem sie Prinzipien situationsenthoben und nicht lebensprall und liebevoll umsetzen, nehmen sie Situationen im Lichte von (als solchen verstandenen) Prinzipien nur ungenau wahr. Mitmenschen können sich in derartigen Situationen missbilligt sehen, ohne zu wissen warum.

In der Nachbarschaft von Prinzipienreitern (die man nicht immer leicht aus dem Sattel heben oder samt und sonders umwerfen kann) mag es Menschen geben, die auf Prinzipien generell nichts geben. Sie mögen einen enttäuschen, weil man sich nicht auf sie verlassen kann; jede Situation ist für sie ein Anlass, das zu tun, was ihnen gerade vor Augen liegt. Vielleicht gibt es solche Menschen nicht in einem absoluten Sinn, das heißt, möglicherweise haben auch sie Prinzipien, die sie sich mehr oder weniger eingestehen, vielleicht begegnen sie Situationen nur strategisch und verfolgen den Grundsatz „Hole alles aus den dir zur Verfügung stehenden Begebenheiten heraus!" Vielleicht handeln sie auch reflektiert und betonen in ihrer Lebensführung Heraklits Grundsatz des Wandels aller Dinge. Für sie gibt es dann keine ‚allgemeingültigen' Regeln.

Die eben skizzierten Beispiele rücken einen Zusammenhang in den Fokus: zwischen unseren Annahmen über das, was gut ist bzw. was gilt, und unserer Wahrnehmung und Einschätzung dessen, was uns umgibt. Sie machen auf die Tücke unserer Urteile aufmerksam. In Urteilen gehen wir von Allgemeinheiten aus, von Prinzipien, Begriffen und/oder Normen, und beurteilen Besonderes. Nun kann das Besondere, das wir erleben, als zutreffender oder unzutreffender Fall unserer Annahmen ausgewiesen werden – dann ist die Urteilskraft bestimmend –, die vorliegende Situation kann in unser Prinzip hineingezwängt werden – dann ist die Urteilskraft sozusagen bloß subsumierend, denn die Person erkennt nicht, wann ihr Prinzip nicht zutrifft –, und schließlich kann die Urteilskraft reflektierend sein, das heißt, die Person denkt ausgehend von einer

---

[1] „Das Leben ist die Guillotine der Wahrheiten." (Nicolás Gómez Dávila: Notas – Unzeitgemäße Gedanken. Aus dem Spanischen von Ulrich Kunzmann. Berlin (Matthes & Seitz) 2005, S. 63)

Situation über die ihr zugrundeliegenden Bedingungen nach. In diesem letzten Fall werden vielleicht neue Prinzipien erkannt.

Zwar lässt sich mit reflektierender Urteilskraft gut erklären, wie Menschen sich vor der Gefahr wappnen können, immer nur das zu sehen, was ihre Begriffe ihnen zu sehen erlauben. Gleichwohl können in einem solchen Konzept reflektierender Urteilskraft zwei Fehlvorstellungen verborgen liegen. Zum einen sind Begriffe nämlich nicht nur die wohldefiniert den einzelnen Menschen leitenden Erschließungskategorien und –aspekte, sie sind vielmehr in weiten und ungenauen Begriffsverwendungen tradiert. Das heißt, sie sind weder wohldefiniert noch liegen sie in nur einer Person. Zum anderen werden in der Rede von *Urteilskraft* die zwei Elemente voneinander getrennt, die dann aufeinander bezogen werden: der Mensch und sein Denken einerseits und die Welt andererseits. Diese Trennung ist eine analytische und darf vielleicht nicht vorausgesetzt werden, d.h. sie liefert keine gute Beschreibung der Situation, in der einem Menschen eine Situation aufgeht. Hannah Arendt nimmt solche Fehlvorstellungen von reflektierender Urteilskraft zum Anlass, von *Urteilsvermögen* zu sprechen, dem Vermögen, ohne feste Prinzipien zu urteilen. Gilbert Ryle hat dargelegt, dass Handeln und Können von Menschen kein Regelwissen zugrunde liegt. Da ist kein „Gespenst in der Maschine", das Regeln anwendet, wenn es handelt.[2]

Wenn es sich so verhält, dann heißt In-der-Welt-Leben und gleichzeitig fehlbar handelnd mit Prinzipien und Begriffen vor Situationen gestellt zu sein: In der Situation kommt etwas zum Ausdruck, das erst in diesem Gewebe der Praxis und der Bezüge, welche sich in ihr auftun, seine Berechtigung und seine Eigenheiten entfaltet. Die Reflexion, in der mir ein Ereignis zur Situation wird, ist nicht so zu verstehen, dass ich mir hier meiner Annahmen bewusst werde - das *auch* -, doch sie ist viel mehr im Kern *generativ*: Meine Annahmen bilden sich erst und kontextualisieren sich neu. Menschen, die etwas können, handeln auf eine gewisse, kontextreiche Art und Weise. Diese Art und Weise können sie sich verdeutlichen; sie hat dem Handeln ebenso zugrundegelegen, wie sie sich im Laufe der Zeit verschoben hat und erst durch Reflexion neu eröffnet. Wahrscheinlich ist es sinnvoll, zum Verständnis von Situationen an das

---

[2] Hannah Arendt, Lectures on Kant's Political Philosophy, Chicago 1982, dt. Das Urteilen. Texte zu Kants politischer Philosophie. München 1985, posthum erstmals veröffentlicht. Gylbert Ryle, The Concept of Mind, Chicago, 1949, dt. Der Begriff des Geistes (1969), Stuttgart 1986.

Konzept impliziten Wissens von Michel Polanyi anzuschließen.[3] Implizites Wissen kann ebensowohl blind und reich sein, explizites ebenso aufschlussreich wie leer und träge. Erst in kontextualisierender Deutung und situativer Reflexion wird Implizites und Explizites zugleich reichhaltig und klar.

Man kann daher wohl weder Situationen noch Prinzipien den Vorrang für sein Leben einräumen (vielleicht ist dies das einzig gültige Prinzip). Das liegt schon daran, dass ich nur manches als Situationen in meinem Leben bemerke. Eine Situation enthält eine Art und Weise, ein Ereignis zu betrachten – einen spezifischen Zugriff. Nicht alles, was mir widerfährt und was ich tue oder erleide oder wahrnehme, wird mir zur Situation. Indem ich eine Situation als Situation wahrnehme, sondere ich sie aus dem alltäglichen Lebenslauf als Ganzem aus und erlebe sie als ein bedeutsames Moment.

Ereignisse sind schon im Vorhinein gedeutet. Gedankenlos, sozusagen im Modus des Autopiloten, hat die Person etwas getan und, was ihr widerfuhr, mit den Mitteln der eigenen Vorstellungen und Grundsätze wahrgenommen und entsprechend gehandelt. In dem Moment, in dem sie sich vor eine Situation gestellt sieht, merkt sie auf: etwas war irritierend und wirkte wie ein Stachel, etwas wurde allererst, vielleicht zum ersten Mal überhaupt wahrgenommen, und die Person wird sich unter Umständen ihrer Grundsätze und des Erlebten allererst bewusst. Damit stoße ich auf das Grundproblem aller Philosophien: Menschliche Fokussierungen und Annahmen, die mentalen Modelle von Personen können die Wahrnehmung der Wirklichkeit eröffnen und zugleich von ihr abschotten (es gibt keinen archimedischen Punkt, von dem aus jemand sozusagen neutral wahrnehmen könnte).

Inwiefern aus meinen Prinzipien die Beschränkungen meiner Lebensführung erwachsen, kann ich mir klar machen, wenn ich mir zu verdeutlichen versuche, was ich bei den bisherigen Überlegungen unter einem „Prinzip" verstanden haben. Ein Prinzip ist eine Einheitsvorstellung, die die Tiefenstruktur meines Denkens, Erkennens und Handelns fundiert. Prinzipien formulieren Normenvorstellungen, allgemeine Grundsätze, Regeln, um Einzelnes überhaupt artikulieren zu können. Dass Menschen

---

[3]   Michael Polanyi, The tacit dimension, Chicago 1966, dt. Implizites Wissen, Frankfurt am Main 1985. Vgl. Georg Hans Neuweg, Könnerschaft und implizites Wissen. Zur lehr-lerntheoretischen Bedeutung der Erkenntnis- und Wissenstheorie Michael Polanyis. Münster 1999, S. 263ff., S. 376ff.

im Laufe ihres Lebens derartige Normenvorstellungen entwickeln, belegt ein überzeugender Text aus dem Talmud:

Achte auf Deine Gedanken, denn sie werden Worte.
Achte auf Deine Worte, denn sie werden Handlungen.
Achte auf Deine Handlungen, denn sie werden Gewohnheiten.
Achte auf Deine Gewohnheiten, denn sie werden Dein Charakter.
Achte auf Deinen Charakter, denn er wird Dein Schicksal.

Situationen werden zu Prinzipienschreddern, weil ‚Achten' bedeutet ‚In-Distanz-zu-etwas-Gehen'. Mit der Normerkennung beginnt die Möglichkeit, so könnte ich (wäre das Wort heute nicht bereits so abgegriffen) formulieren, ‚achtsam' werden, und es beginnt eine Normdurchbrechung.

Wer in Ereignisse eingebunden ist, achtet gerade nicht auf deren normative Rahmenbedingungen; Heidegger folgend lebt er in der Welt des Man und kennt damit nicht die ihn bestimmenden – durch die Tradition geformten kulturellen und gesellschaftlichen – Verhaltensweisen. Normen erkennen, bedeutet, sie zu befragen und vielleicht als veränderbar zu erkennen.

‚Prinzip' fasse ich in dieser Weise nicht nur als Bedingendes, als sozial zu favorisierendes oder erkenntnismäßig Bestand habendes Gesetz auf, sondern als Anfangsgrund, mit den strukturelle und handlungsleitende Ordnungen aufgespannt werden. Denn, die Gültigkeit vorausgesetzt, kann mir das Prinzip einerseits so zur Gewohnheit werden, dass ich nicht mehr wahrnehme, was ich sehe. Darüber hinaus befinden sich in meinem Kopf Maximen, von denen ich nur glaube, sie seien gültig; ich habe sie aufgrund meiner besonderen Erfahrungen und aufgrund von Traditionen verallgemeinert, erlernt, und dabei habe ich Vorurteile übernommen, die bisher recht praktikabel schienen. Mitunter bin ich durch meine voreiligen Annahmen gewissermaßen in meinem Kopf so eingeschlossen oder so sehr mit Scheuklappen beschlagen, dass ich nicht aufmerksam wahrnehmen kann.

Andererseits: Menschen in Ereignissen und Lebensformen bedürfen der Tradition und ihrer Prinzipien, um überhaupt zusammen leben zu können. Sie nutzen die Prinzipien und müssen sich vom Prinzipiellen verabschieden, im Wissen, dass sie diesen Abschied nur mit Hilfe des Prinzipiellen formulieren können. Denn: Alles Verflüssigen geht nicht, man braucht Festes; aber wer nur Festes kennt, erstarrt.

Was können Menschen tun, um das zu vermeiden? Eine bewegliche Lebensform als Mittelweg zwischen 'Situationen-Hopping' und dem 'Man des Immergleichen' praktizieren und dabei Verlässlichkeit und Überraschung ausbalancieren? Niemand kann auf seine leitenden Grundsätze verzichten, jeder kann diese aber angesichts von Situationen hinterfragen und überprüfen. Tut jemand das, handelt er gleichsam *interaktionistisch*: Er tritt in Interaktion mit seiner Umwelt, er lässt dem, was sich situativ zeigt, relativen Raum zu seiner Entfaltung, er hört anderen einstweilen zu und setzt seine Ansichten dabei an den Rand der Aufmerksamkeit. In dem angesichts von Situationen sich einstellenden Weg der reflektierenden Überprüfung der eigenen Auffassungen entdeckt er neue Annahmen, die er machte und die ihm bisher noch nicht klar waren, er gelangt unter Umständen zu neuen Prinzipien oder die alten werden differenziert bzw. destruiert. Der Prinzipien-Denkraum wird geschreddert, weil die Beschreibung der Situation (oder genauer: der Ereignisse?) mit Hilfe von Prinzipien, Begriffen und Normen die Situation nie ganz erfasst. Einheit einer Lebensform und die Einmaligkeit jeder Situation sind nie bruchlos zu haben, denn Situationen fügen sich keinem Prinzip, keiner übergeordneten Gesetzmäßigkeit.

Mithin ergibt sich die altbekannte Situation: Man ist mit dem Schiff auf See und baut es während der Fahrt um. Daher kann nicht alles verworfen werden, will man nicht untergehen. Auf See sein, Schifffahrt, als Bild für einen unabschließbaren Prozess; oder anders: Ich bin immer auf einem Weg mit diffusem Ziel, weil ich gar nicht sagen kann, was das ,gute Leben' ist. Da ich das Ende nicht kenne, kenne ich nie die Folgen meines Handelns und bin daher hinsichtlich von Gut und Böse und von Wahr und Falsch auf meinen guten Willen und Vermutungen angewiesen.

Ich denke mit Geschreddertem etwas Neues, um das recycelt Erneuerte im nächsten Schritt wieder zu verschreddern. Gleichzeitig weiß oder spüre ich, dass ich nicht in der Lage bin oder die Kraft habe, damit aufzuhören.

Endet also alles im Schweigen? Es könnte hilfreich sein, reflektiertes Schweigen in Lernen durch ein Gespräch mit Anderen zu überführen, um sich reflexiv über ,unsere' Situation zu verständigen.

Menschen, die *im Wechselspiel zwischen Prinzipien und Situationen* ihr Urteilsvermögen entwickeln, *lernen*. In einem tieferen Sinn begreifen sie sich als Nichtwissende im Sinne von Sokrates, denn sie haben es zu ihrer Gewohnheit gemacht, angesichts jeder neuen Situation stets neu zu urteilen.

Die entstehenden Erfahrungen sind in keinem Prinzipienraum zusammen zu denken. Es ist ein Prozess des Hin und Her, des Reflektierens anlässlich vorläufig wahrgenommener Wirklichkeit und Prinzipien. Ich bin dadurch im Gewebe des Lebens mit anderem und mit Anderen. Vielleicht ist dies eine treffliche Grundlage für Moral, vielleicht auch für Erkenntnis. Vielleicht ergeben sich daraus Einsichten in eine Tiefenstruktur meines Denkens, Erkennens und Handelns. Ich werde dabei nicht auf Selbstbestimmung verzichten, weil ich denke, ich müsste mich nur von dem inspirieren lassen, was sich zeigt. Meine Freiheit wird sich zwischen Bestimmen und Bestimmt-Werden zeigen, zwischen sich Einlassen, Zulassen, Abstoßen sowie Abschied nehmen von den eigenen Plänen, Trauer und Aufgeben gehören dazu. Möglicherweise stoße ich in solchem Hin und Her zwischen Situationen und Prinzipien auf etwas, das mir ganz und gar einmalig erscheint und das ich als Einmaliges wahrnehme.

Inwiefern beeinflusst meine Art des Reflektierens meine Zugänge zur Wirklichkeit? Wenngleich ich in Reflexionen Begriffe analysiere und dekonstruiere sowie manche von ihnen als Prinzipien erkenne, die nicht auf alle Situationen passen, so benutze ich dabei doch wiederum auch Begriffe. Manche dieser Begriffe drücken meine Art des Reflektierens aus. Kant nannte bekanntermaßen solche Begriffe Reflexionsbegriffe und erkannte ihnen einen bloß subjektiven Status zu. Wenn ich mit Hilfe einiger Reflexionsbegriffe auf Verhältnisse stoße, in denen ich zur Wirklichkeit stehe, dann sprengen diese meine Prinzipien, andere handlungsleitenden Begriffe sowie Theorien; in dieser Weise kann es sein, dass sie Zugänge zur Wirklichkeit und Prozesse eröffnen, in denen ich in der Wirklichkeit bin, statt dass sie nur meinen Zustand als Reflektierenden deklarieren. Vier solcher Begriffe betrachte ich.

Die Reflexion der Beschränkungen, denen ich täglich unterliege, kann mir ihnen gegenüber eine *Freiheit* eröffnen. Merke ich auf, dass ich bisweilen rein zweckorientiert vorgehe oder von etwas gefangen genommen bin, nehme ich gegenüber der Gefangenschaft eine andere Position ein und werde frei(er).

Die Reflexion der Götzen, denen ich anhänge, handle es sich um Geld, Ruhm oder anderes, kann mich auf einen höheren Sinn stoßen, dem ich den Namen *Gott* geben kann.

Die Reflexion auf mein Nichtwissen, das Wissen des Nichtwissens angesichts von etwas, das ich betrachte, kann mich zum Staunen über dieses Etwas führen und damit zur Schau dieses Etwas, der *Wirklichkeit*, zu einer Erkenntnis, die sich eher als Erkenntnis eines Geheimnisses denn als strukturierbare Erkenntnis formulieren lässt.

Die Reflexion der Zuschreibungen, die ich täglich an anderen vorneh-me, der Reduktionen und einschachtelnden, etikettierenden Bewertun-gen anderer, des „Ich-kenne-dich-schon" kann mich zu einem achtsame-ren Aufmerken auf andere führen. Solchem Aufmerken auf andere kann ich den Namen ‚*Liebe*' geben.

Freiheit, Gott, Wirklichkeit, Liebe, das sind Reflexionsbegriffe, sie entstehen aus dem Nachdenken über Situationen und Begriffe. In ihnen werde ich mir des Verhältnisses bewusst, in dem ich in der Welt stehe. Dieses Bewusstsein erweitert meinen Spielraum, innerhalb dessen ich auf die Welt blicke, es hilft, die Grenzen meines Deutungsrahmens wahrzu-nehmen; es öffnet daher für andere, und es öffnet für die Wirklichkeit, in der ich lebe.

Philosophieren als Tätigkeit, Unterscheidungen zu treffen und zu er-proben, kann den Schritt in eine veränderte, neue Lebensform eröffnen. Indem ich eine Situation anders deute, kann ich mich neu im Leben und neu in der Welt positionieren. Werden Unterscheidungen (Begriffe) nach einiger Zeit 'abgelegt' und im Begriffs- und Prinzipienschredder verar-beitet, sind sie als Geschredderte keineswegs verloren, sondern werden als recycelt-umgedeutete erneut verwendet. Leben wird zum offenen Prozess: *Leben* mit geschreddert-recycelten Begriffen in einer ständig neu zu deutenden *Welt*.

Der Zusammenhang ‚Welt-Leben-Denken' stellt sich als Reflexionsan-lass nur ein, wenn man nicht mehr ‚normalen' Alltagstrott lebt, sondern gestolpert ist und sich in einer prekären Situation befindet. Stolpern kann man aber aus Not und weil man sich Stolpersteine als Denkanstöße auf den Lebensweg legt. Der spezifische Zugriff auf ein Ereignis kann sich als Zufall in zweierlei Gestalt darstellen, als (a) Widerfahrnis (Lottoge-winn, Krankheit) oder (b) als Abenteuer, als eine sich zufällig – in Teilen auch bewusst herbei geführte oder erspähte – Möglichkeit, abweichend zu handeln oder wahrzunehmen. Im zweiten Fall liegt eher eine auf Frei-heit beruhende Entscheidung vor, im Abenteuer stelle ich mich bewusst einer offenen Situation: Das ereignet sich beispielsweise beim Reisen und beim Karneval[4].

[4]   Karneval bedeutet, sich bewusst in eine zeitlich begrenzte offene Situa-tion möglicher Normendurchbrechung begeben, um Ereignisse zu ermöglichen (wenn nicht zu provozieren), um Neues zu wagen und Verborgenes in sich selbst zu entdecken. Dazu: Christoph Hennig: Reiselust. Touristen, Tourismus und

Wer sich verändern will – oder anspruchsvoller: wer ein Anderer werden will – dem wird das in den meisten Fällen durch einen Umzug nicht gelingen. Im Allgemeinen bleibt man seinem Ereignismuster, seiner Struktur verhaftet. Man bleibt in seinen Ereignissen, seiner Geschichte (als Abfolge von Geschichten) verstrickt, auch sogar in seinen Situationen.

Das wäre gewissermaßen fatal, drückte aber andererseits nur die Begrenztheit eines jeden Lebens aus: Denn zwar merkte eine Person in gewissen Situationen immer wieder auf – d.h., sie lebte nicht nur gewohnheitsmäßig -, aber diese Situationen wären immer von einer gewissen Art. Die Person fände in einem tieferen Sinne immer nur das wieder, was ihre Lebensform auszeichnet. Aber dann gibt es wohl auch in jedem menschlichen Leben typische Situationen, die unabhängig von der spezifischen Lebensform auftauchen, Grenzsituationen existenzieller Art.

Urlaubskultur. Frankfurt Insel Verlag1997. S. 74 ff. Vgl. auch *Richard III*: "Mich selbst vergessen, um ich selbst zu sein,".

4. Kennen lernen heißt unbekannt lassen

Einen gelungenen Abend verbringen zu dürfen, das kann zu geselligen Anlässen eine Frage der Sitzordnung sein. Man fühlt sich zu einigen Personen hingezogen, auf manchmal rätselhafte Art und Weise, andere sind einem gleichgültig, und wenige stoßen einen sogar ab. Man weiß an einem solchen Abend sofort, wo man hin möchte. Ingeborg Holm, so schreibt Thomas Mann in *Tonio Kröger*, stand in einem besonderen Licht. Sie *erschien* einem sofort; man weiß nur nicht, ob das Folge einer besonderen Erscheinung war oder einer besonderen Projektion des Betrachters entsprang. Verpasst man die Chance, mit dieser Person in Kontakt zu kommen, so denkt man hinterher bisweilen: oh, wie schade! Während man bei anderen Personen, die einem aufgrund ihrer Biographie oder ihrer Äußerungen nicht minder interessant erscheinen dürften, nur denkt: Warum passiert da nichts? Warum ergibt sich kein fruchtbarer Gesprächsfaden, warum weiß ich mit diesem Menschen nichts Gescheites oder Albernes zu reden?

Die Chemie stimmt nicht, oder man nennt es Zufall, auf wen man stößt. ‚Zufall' ist möglicherweise aber nur das, was einem an sich selbst verschlossen bleibt. Wie kann ich das auffassen, was sich dahinter verbirgt, jemanden kennen zu lernen?

Es gibt wohl immer ein Vorher. Bevor ich mich entscheide, irgendwohin zu gehen, jemanden anzusprechen oder dessen Nähe zu suchen, gibt es Zeichen, die ausgesandt werden, die Person ist in die Aufmerksamkeit gelangt, lange bevor der Weg zur Bewusstseinsschwelle überschritten ist; die Person erinnert einen an irgend etwas, die Stimme vibriert auf besondere Art, Blicke treffen sich und bleiben eine Zehntelsekunde länger stehen. Man deutet diese Zeichen im Nachhinein als etwas Besonderes und erinnert sich ihrer, als hätte man sie gleich schon bemerkt (und man hat sie ja auch gegeben), aber zunächst vernimmt man nur plötzlich: Da ist jemand Interessantes! Vor dem Wunsch nach Kontakt hat sich viel ereignet, ohne dass man einen Begriff dafür hat.

Wen man kennen lernt, das sagt viel über einen selbst aus. Jemanden kennen lernen heißt, sich selber kennen lernen. Man lernt sich in anderen kennen, und man lernt den anderen in sich kennen. Was man so in der Analyse als wechselseitiges Austarieren von Bekanntem und Unbekanntem trennen kann, geschieht in Wirklichkeit mit Hilfe vieler Üblichkeiten, ohne die ein Kennenlernen unmöglich ist, und in denen beide Personen ruhen, die sich gerade kennen lernen. Mit jemandem zu reden heißt, an dessen und eigenen Üblichkeiten teilzuhaben, die sich wie in einer Geschichte entfalten und neu kontextualisieren. Üblichkeiten tragen ein Gespräch und die an ihm teilnehmenden Personen. Das Übliche wird variiert, in den Sätzen des anderen schimmert es neu auf, erscheint verfremdet, es findet ein Verstehen, Neubetrachten oder unverständiges Fremdwerden des Eigenen statt, das man aber wiederum nur bemerkt, wenn man im Gespräch gerade darauf reflektiert. Man sieht eine andere Person, so scheint es, immer auf eine bestimmte Weise, aber sie erscheint überraschend häufig anders, auch wenn man sie längst schon kannte und sich beim Wiedersehen zu ihr hingezogen fühlt. In der Variation von Üblichkeiten erscheint die Person anders, und während man die gleiche, gemeinsame Üblichkeit vermerkt und so der Person verbunden ist, erscheint einem das Übliche neu.

Wie anders ist es dagegen, wenn es in Gesprächen nicht sprudelt und zwei Menschen geradezu spröde zueinander sind! Die andere Person erscheint einem dann immer gleich, und man selbst erscheint sich auch als immer der Gleiche, der nicht aus seiner Haut kann und will, der verschlossen ist, gerade in der Wiederholung und Monotonie, der sich selbst (wird man nicht arrogant) fremd ist und der keinen Kontakt hat.

Man kennt den anderen schon, denkt man! Das ist die Grundfigur, aus der Langeweile entsteht. Es zehrt an den Nerven, wenn man das Gefühl hat, man wisse schon, was der andere gleich sagen werde. Oder eine Abwehrhaltung entsteht, in der etwas in mir verschlossen bleibt. Ich stelle fest, er ist mir zum Objekt geworden. Im Glauben, die Situation bereits zu kennen, ereignet sich eine Subjekt-Objekt-Trennung als Problem. Denn in gelingendem Kennenlernen erscheint der Wechsel zwischen Subjekt und Objekt fließender.

Warum passiert bei so vielen Menschen, mit denen ich rede, nichts? Ich fühle mich schuldig, so zu denken, denn in gewisser Weise habe ich die andere Person abgeschrieben. Beides ist traurig, die Tatsache und die Schuld, die ich empfinde. Denn in beidem taucht der Gedanke auf: SIND das schon die anderen? Könnte sich nicht mehr ereignen? Habe ich durch meine oberflächliche Art, die andere Person zu betrachten, beigetragen, habe ich die Möglichkeit versäumt, einen Weg zu einer tieferen Schicht des Gegenübers zu eröffnen?

Aber es gibt nicht nur entweder ein sprudelndes Kennenlernen oder Sich-Unterhalten oder eine komplette Abwehr. Es findet immer beides statt, Aufeinanderzugehen und Abgrenzung, in Nuancen verteilt, hin und her. Ich bin für den anderen immer eine negative Instanz und er für mich ebenso, und dann spinnen wir immer wieder, positiv, gemeinsame Gesprächsfäden. Wir befinden uns in einem Prozess der Entwicklung, der Einlassung, Abgrenzung und Erkenntnis. In solchem Hin und Her spinnen sich Anerkennungsverhältnisse.

Wir pendeln dabei ständig Nähe und Distanz ein. Wir bewerten auch, und doch ist das eine Bewertung im Fluss, die sich ständig verändert, die Offenheit im Gespräch heißt: Ich bin bereit, ein anderer zu werden, und erst hinterher erfolgt eine sozusagen endgültige Bewertung. Das Erkennen, während man noch im Gespräch miteinander ist, ist ein Erkennen als Staunen, eines Geheimnisses.

Langeweile gibt es leider nicht nur am Anfang, sondern auch als Ende von Beziehungen, nach längerem Kennenlernen. Wann sagt man: Ich habe dich erkannt? Wenn ich mir ein fertiges Bild von dir gemacht habe! (*Ich habe dich durchschaut*, sagt mancher auch.)

Solche Langeweile kann schließlich häufig bei geplantem und absichtsvollem Kennenlernen entstehen. Es gibt die vorweggenommene Abgeschlossenheit und Diskretion, in der der andere betrachtet wird, gleich zu Beginn: nämlich bei Affären. Dort wird von vorne herein aufs Ende geschaut, und irgendwann hat man den anderen lange genug angeschaut: *Ich habe durch dich hindurch geschaut!* Kurz jemanden entdecken, dann weiter. *Sieh bloß nie genauer in den Spiegel*, mag man von außen denken und der Person raten! (Und umgekehrt: Wer sich solchermaßen einen Plan vom Leben mit anderen macht, der glaubt, sich zu kennen. Aber wer sich kennt, kennt sich nicht, er hat sich vielmehr auf bestimmte Weise reduziert.)

Die juristische Form der Affäre ist der Ehevertrag, in dem man den Partner letztlich zum Objekt macht. Die Objektivierung einer anderen Person wird besonders sinnfällig bei Onlineportalen, in denen Menschen versuchen, einen Partner zu finden. Da findet eine regelrecht kriteriologische Aufarbeitung der Person statt. Die Menschen sollen durch Kriterienübereinstimmung zueinander: passen. Das Kennenlernen ist kategoriengeleitet. Mit Kategorienlisten aber gelangt man nie vor etwas oder hinter sich; die wissenschaftliche Betrachtung des anderen (und seiner selbst) führt zu seiner Destruktion als Person, zu seiner Vergegenständlichung. In Clubs und mit Hilfe von Suchmaschinen findet man *Typen*. Dass Sympathie begrifflich nicht erschöpfend dargestellt werden kann, zeigt schon die Tatsache, dass die Freunde unserer Freunde sich bisweilen nicht besonders gut verstehen. Sympathie ist nicht transitiv, Ähnlichkeit begrifflicher Merkmale wäre es hingegen doch.

Aber dann redet man vielleicht doch und lernt sich kennen. Ohne Gespräch gibt es kein Stelldichein, und Gespräche können alles verändern. Solche Tendenzen wie beispielsweise solche, die sich beim Auswählen von Partnern durch Kriterienlisten hindurch mittels eines Internetportals zeigen, dürfen nämlich natürlich nicht dazu führen, eine konkrete Situation des Internetdatings abzuwerten. Denn eine solche eröffnet viele Vorteile: Man kann Menschen finden, die gleiche Interessen haben, man kann überhaupt Menschen kennen lernen, die einen Partner suchen, ein Vorzug, der sich besonders in eng umgrenzten Lebensbereichen, auf dem Lande oder für introvertiertere Menschen zeigen mag.

5. Wer döst, nimmt wahr

Erschöpft von der Arbeit im Garten, setze ich mich in den Schatten meines Lieblingsbaumes, um mich auszuruhen. Zur Hälfte habe ich ein kleines Gartenhäuschen zusammengebaut; dabei galt es, viele Holzteile umsichtig ineinander zu fügen. Ich bin nur mäßig geschickt darin, und eine Pause ist mir sehr willkommen. Nun liege ich entspannt im Liegestuhl, Mittagspausenstimmung; ich lese, dann döse ich, betrachte ein paar Blumen, spüre den Wind, mein Blick fällt auf meinen Lieblingsbaum, die Winterlinde, die hier schon vor meiner Zeit stand, und plötzlich fällt mir ein: Auch aus ihm könnte man die für ein Gartenhäuschen erforderlichen Einzelteile herstellen. Unwillkürlich drängt sich mir der Gedanke auf: Aber das ist doch ‚mein' Baum, 'mein' Schattenspender. Und nicht nur das, an ihm hängt auch das Vogelhäuschen, in dem jedes Jahr zu meiner Freude Meisen brüten; daher ist er ein einzigartiger, ein besonderer Baum. In meinem Garten gehören wir beide zusammen; er ist ein Teil meiner Wohlfühl-Umwelt und meiner Wohn-Lebens-Kultur. Fehlte er, ich vermisste ihn. Mein Baum ist keinesfalls ein austauschbares Objekt, er kann und soll nicht als beliebiges Material für Was-auch-immer zweckentfremdet werden.

Dieser zwiespältige Einfall verwirrt mich. Wieso komme ich dazu, den einen Baum als 'meinen' Baum zu bezeichnen und anders zu betrachten als den Baum, aus dem mein Holzschuppen verfertigt ist? Gibt es unterschiedliche Betrachtungsweisen - und worin unterscheiden sie sich? Offensichtlich deute ich Bäume unterschiedlich und nehme sie in jeweils anderen Bedeutungsgeweben wahr. Betrachte ich Bäume mit Blick auf das aus ihnen gewinnbare Holz, nämlich hinsichtlich ihres für mich möglichen Verwendungszusammenhangs, dann ordne ich sie in die für mich gegenwärtigen Ziele und Absichten ein. Dominiert beim Holzschuppenbau zunächst der handwerklich-technische Aspekt, könnte ich diesen direkten Funktionszusammenhang erweitern und weiter nach den biologischen Voraussetzungen des Baumwuchses fragen. Schließlich will nicht nur ich Holz verwenden; andere Menschen fordern ebenfalls ihr Recht auf Holzverwendung ein. Menschen müssen nicht nur wissen, wie Holz handwerklich verarbeitet werden kann; Bäume müssen auch regelmäßig nachwachsen können, damit Holzbretter auf Dauer zur Verfügung gestellt werden können. In dieser Hinsicht gilt es, den Baum vor allem naturwissenschaftlich zu betrachten. Ich habe gelesen, da fließen Säfte in ihm, da findet Photosynthese statt, da wird Sauerstoff erzeugt, da fließt Wasser in die Wurzeln. Ich habe von seinen zellularen Strukturen vernommen und habe ihn biochemisch angesehen. Mit Hilfe solchen Wissens lässt sich Holzgewinnung optimieren (aber auch Umweltschutz und Nachforstung betreiben).

Das Erfahrungswissen eines Landschaftsgärtners oder Försters hingegen ist nur bedingt naturwissenschaftlich ausgerichtet. Es bildet sich im Vergleich mit vielen Bäumen, es ist kein Wissen außerhalb von Modellierungszusammenhängen, sondern, so scheint mir, unterhalb oder neben dieser Ebene. Es ist ein Wissen, das sich in Erfahrungssätzen und Expertise ausdrückt, in Intuitionen und vor allem in Faustregeln, es ist eher ein erfahrungsgesättigtes als ein theoretisch gegründetes Wissen. Kürzlich habe ich diesen Unterschied erlebt.

In der letzten Zeit schien die Winterlinde krank geworden, jedenfalls sah sie so aus, und neulich kam ein Landschaftsgärtner, um zu prüfen, ob sie gefällt werden müsste. Er wusste sofort vielfältigste Dinge über die Bäume im Garten zu sagen. An dieser Stelle habe es vor längerer Zeit gebrannt, man sehe es an der Astform, und da sehe man an der Dicke des Stammes ein trockenes Jahr. Ich habe keine Sekunde daran gezweifelt, dass der Mann wusste, wovon er redet, und das, was ich überprüfen konnte, stimmte haargenau. *Wenn der Hallimasch beim Baum steht*, sagte er, *dann stirbt der Baum, aber das ist hier nicht der Fall. Bisschen mehr Regen, vielleicht Dünger.* Und so fuhr er unverrichteter Dinge wieder fort.

Kürzlich sind zwei Bücher zum Bestseller geworden, in denen ein Förster Wissen über Pflanzen und Tiere zusammengetragen hat, das verträglich mit biologisch-chemischem Wissen ist, aber ebenso überraschend, weil es das, als was wir Laien einen Baum ansehen, erweitert. Bäume kooperieren untereinander, sie unterstützen Artgenossen, und sie warnen einander vor Fressfeinden.[1]

Halbwach und halb träumend drängt sich mir im Liegestuhl wieder die Frage auf, worin sich meine Form des Baum-Erkennens in der Wohl-

[1]　Peter Wohlleben: Das geheime Leben der Bäume. München 2015.

fühl-Stimmung einerseits von der naturwissenschaftlichen oder erfahrungsgesättigten Form andererseits unterscheidet.

In meiner entspannten Wohlfühl-Stimmung, in der ich eben noch las und in ästhetischer Einstellung verweilte, bin ich mit meiner Umgebung in einem unabschließbaren Bedeutungsgewebe verwoben. Bedeutungen sind wie Ereignisse in der Zeit flüchtig; wenn ich versuchte, sie festzuhalten, erstarrten sie – und ich. Versuche ich, in der Bedeutungsfülle etwas festzuhalten, greife ich auf Bestimmungen zurück und erhalte (m-) eine 'festgestellte' Wirklichkeit. Wiege ich mich damit in der Illusion, ich könnte den verändernden Fluss der Zeit anhalten, um Wirklichkeit erkennen zu können? Als ästhetisch gestimmter Betrachter bin ich stärker in mein Gartenensemble eingebunden und nicht so sehr getrennt von dem Baum wie in der naturwissenschaftlich betrachtenden Art.

Vor mich hindösend und nachdenkend vergleiche ich, ob meine abweichenden Zugänge zu Bäumen zu unterschiedlichen Arten von Erkenntnissen führen. Immerhin erinnere ich mich, dass ich alles, was ich sehe, zunächst verwoben in einem Gesamtzusammenhang und in einer Gesamtstimmung wahrnehme. Es ist dadurch mit meinen subjektiven Bedeutungen und mit den ästhetischen Umständen verknüpft. Wenn ich mehr Erfahrungen sammle, betrachte ich ein Ding zunehmend für sich, ich kann wiederkehrende Eigenschaften feststellen und dadurch Urteile bilden. Schließlich sehe ich Dinge im Lichte naturwissenschaftlicher Theorien noch prägnanter, eindeutiger, und sie scheinen mir dann, wenn ich mit meinem Wissen einigermaßen auf der Höhe der Zeit bin, erklärbar, ich meine besser zu verstehen, was im Baum und in Bäumen generell geschieht; das, was ich jeweils sehe, ist ein Etwas als „Typ von" etwas Bestimmtem, zum Beispiel eben ein Baum. (Die Eindeutigkeit dessen, was Dinge sind, scheint mir bei Naturobjekten größer zu sein als etwa bei Menschen.)

Im naturwissenschaftlichen Zugriff stehen mir Bäume im Plural als Objekte gegenüber, ästhetisch fokussiere ich einen besonderen Baum. Nehme ich 'meinen' Baum in gleicher Weise als Objekt wahr? Gelange ich zu einer gegenüber der naturwissenschaftlichen abweichenden Art von Erkenntnis, wenn ich eine distanzierende Subjekt-Objekt-Position zumindest partiell aufgebe? Inwiefern kann ich einen Baum erkennen (wollen), wenn ich ihn distanzierend aus seinem Wachstumsumfeld löse? Um es zuzuspitzen: Welche Art von Erkenntnissen gewinne ich, wenn ich einen Fisch aus seinem Lebensraum, dem Wasser, nehme? Durch fachgerechte Schnitte erkenne ich seine inneren Organe usw., aber erkenne ich ihn damit als Lebewesen? Genauso wenig kann ich 'meinen' Baum aus seinem – und meinem – Umfeld lösen. Ich verstehe dies als ein Erkennen der Erkenntnisgrenzen einer distanzierenden Objektivierung.

Irritiert stelle ich fest, ich rede, als hätte ich es mit einem Mitbewohner, mit einem Lebewesen zu tun - und dann merke ich, er ist ja tatsächlich in gewissem Sinne ein Lebewesen. In dieser Einstellung rede ich von 'gesunden' oder 'kranken' Bäumen und muss mich fragen: Ist es angängig, Nicht-Menschliches in dieser Sprechweise zu vermenschlichen? Wie geht das an, Bäume zu meinem Nutzen zu fällen, mithin meinem Verwendungszweck zuzuführen und andererseits Bäume in vermenschlichender Weise ansprechen?

Ich kann nicht bestimmen, was mir in meiner gelöst-wachen Stimmung widerfährt. Ordne ich den Baum in naturwissenschaftlicher Einstellung, also in begrifflich ausgewiesenen Funktionszusammenhängen, gerät über dem Allgemeinen das Besondere aus dem Blick, wird dagegen mein Baum Teil meines ästhetischen Erlebens, gerate ich in Verweisungszusammenhänge, in denen ich auf den Baum und der Baum auf mich verweist, und ich erfahre die Situation so, dass ich im Ganzen mit ihm eingebunden bin, jetzt beim ruhigen Verweilen oder Dahindämmern oder Lesen, in einer Form der schlicht hinnehmenden Offenheit und aufmerkenden Anerkennung dessen, was mich umgibt.

Dennoch will ich nicht gleich wieder in das Ereignis des halbwachen Dösens hinübergleiten, sondern bei einer Tasse Tee diesem unübersichtlichem Bedeutungsgewebe weiter nachspüren. Mit welchem der bisher genannten Verfahren, Bäume zu betrachten, naturwissenschaftlich, erfahrungsgesättigt oder ästhetisch, gelange ich eher zu dem, was den Namen Wirklichkeit verdient?

Ich bin gewohnt zu sagen, in dem ersten, aber: warum? Weil der Baum dabei mir und anderen eher als Objekt gegenübersteht? Ist das so? Offenbar als ein von uns spezifisch modelliertes Objekt. Aber in den anderen Arten steht er mir auch gegenüber, und zwar in der ästhetischen dann, wenn ich auf ihn aufmerke und insofern staune, dass er in einer spezifischen Weise für mich da ist. Die ästhetische Betrachtung ist mehr als nur eine flüchtige Wahrnehmung des Baumes; in ihr verknüpfen sich die situativen Momente der sich nie in gleicher Weise wiederholenden schwirrenden Spiegelungen des Sonnenlichtes mit dem Versuch, Einzelnes zu fixieren, ohne Besonderes und Ganzes aus dem Blick zu verlieren. Der Baum sieht so aus, denke ich besonders im Herbst, wie ein Expressionist ihn malen würde. Und im Betrachten der flüchtigen Erscheinungsweise kann manchmal etwas Typisches an einem Baum eingefangen werden, ebenso an einer Stimmung.

Doch ein Zweifel bleibt: Steht der Baum mir hier, in ästhetischer Einstellung, als Objekt meines Wissens gegenüber? Das ist ein anderes Gegenüber als in der naturwissenschaftlichen Einstellung. Ist es berechtigt, in ästhetischer Wahrnehmung noch von einem ‚Gegenüber', also von einem Objekt zu sprechen?

Das, was ich unter naturwissenschaftlichem Zugriff als objektives Wissen von der Welt verstehe, ist Ausdruck einer spezifischen *episteme*, d.h. einer gedanklichen Konfiguration dessen, was als Wissen begriffen wird. Es bleibt insofern stets offen, ob das, was ich von der Welt weiß, sich in anderen gedanklichen Konfigurationen auch als Wissen denken lässt. Mit der Epoche der Klassik, so rekonstruiert Michel Foucault, wird (feststellende) Bestimmtheit statt (unabschätzbarer Fülle der) Bedeutung in den Fokus gesetzt.[2] Damit werden die vielfältigen Verweisungszusammenhänge, in denen sich etwas als etwas Anderes ins Spiel bringt, nicht mehr in den Blickpunkt gerückt; vielmehr tritt an ihre Stelle das Augenmerk auf kriterienausgewiesene Gleichheit und Unterschiedlichkeit: Klassifikation durch Bestimmungen reduziert Bedeutungsfülle.

Wenn Erich Kästner im Gedicht *Besagter Lenz ist da* schreibt ‚Die Bäume räkeln sich', dann ist man geneigt zu sagen, nun, dies ist eine metaphorische Ausdrucksweise, die lebendiger schildert, was geschieht, nämlich, dass die Bäume grün werden, blühen oder die Äste sich im Wind bewegen; Menschen erleben das subjektiv und anthropomorph gefärbt. Aber die Metapher könnte auch die reale Beziehung zwischen Mensch und Natur im Frühling trefflich beschreiben, denn das Subjektive der menschlichen Frühlingsgefühle bildet sich an ihrem Naturerleben, und Bäume treiben nun mal im Frühjahr aus dem Winterbett der bereits im Winter gebildeten Knospen aus und strecken sich der Sonne entgegen und erwachen aus ihrer scheinbaren Winterruhe. Ästhetische Wahrnehmung, zumal in Metaphern, könnte *besonders auf diese Weise* zeigen, was ist. In poietischen Metaphern wird Wirklichkeitswahrnehmung erzeugt. Insofern könnte ästhetische Freiheit trefflich als Zugang zur Wirklichkeit aufgefasst werden; und diese wäre gerade nicht kausalgesetzlich geregelt.

So merkwürdig sich das anhört; ich habe im Ensemble des Gartens zusammen mit dem Baum das Gefühl, Teil eines Ganzen zu sein, eines

---

[2]   vgl. Michael Foucault: Les mots et les choses (1966), dt.: Die Ordnung der Dinge. Frankfurt/Main 1971, S. 175ff.

überbordenden Ganzen, das ich als Ganzes nicht überblicke. Dass in diesem Zusammensein eine gewisse Stimmung vorherrscht, die nur durch alles gemeinsam zustande kommt, das kommt mir ganz analog vor, wie es sich bei geselligen Abenden in größerer Runde ereignet. Ein Geist der Verbundenheit – beim Fußballspiel würde man sagen, der Mannschaftsgeist – scheint zu herrschen.

Wenn ich jetzt ein Ding in seinem Zusammenhang zu anderem ansehe, und zwar nicht im funktionalen Wirkungszusammenhang mit dem, was zu ihm gehört, sondern schlicht im Zusammenspiel mit dem, was ich sonst noch gerade wahrnehme, spreche ich plötzlich vom *Geist* einer Gelegenheit.

Was ist damit gemeint? Offenbar nicht das, was als Geist eines Menschen bezeichnet werden kann, denn der Geist eines Gesprächs, einer Gemeinschaft oder einer Mittagspausenstimmung entsteht ja nur durch ein Zusammenspiel (oder kann ein Mensch auch als ein Zusammenspiel gedacht werden?). Noch einmal in merkwürdiger Analogie verknüpft: Für den Gläubigen verbindet der heilige Geist verschiedene Menschen, und sie können plötzlich verschiedene Sprachen sprechen, ihre Barrieren sind überwunden. „Geist" ist ein Zusammenspiel von mehreren, dem eine mysteriöse Verbundenheit zugrunde liegt.

Meine ästhetische Einstellung zum Baum kann ich noch einmal mit dem vergleichen, was ich über ästhetische Wahrnehmungen gelesen habe: sie sind dem Nutzen entraten, sie spiegeln eine Freude, die *verdankt* ist (das ästhetische Gegenüber gibt und schenkt mir etwas, es begegnet um seiner selbst willen), die Wahrnehmung ist aus Grenzen bildenden Verstrickungen des Interesses freigesetzt, ich erlebe gelöstes zeitloses Wohlgefallen.

Kann ästhetische Wahrnehmung, kann Kunst eine zeitlich begrenzte zeitlose Erfahrung ermöglichen? Naturwissenschaftliches Erkennen zielt auf Erkenntnis eines Dings als begrifflich durch uns Menschen bestimmtes Etwas, ästhetisches Erkennen zielt auf die (Mit-)Wahrnehmung eines Ganzen. Vernehme ich in der ästhetischen Wahrnehmung Licht von einer anderen Seite? Vielleicht erfasst Literatur, erfassen die Künste lebensweltliche Situationen genauer.

Ein wenig verunsichert greife ich die mich beunruhigende Frage wieder auf, was den Namen Wirklichkeit verdient. Übernehme ich mich damit? Und was ist Wissen? Den verschiedenen Erkenntnisweisen oder -methoden entsprechen unterschiedliche Formen der Verlässlichkeit; situationsgegründetes Erfahrungswissen hat eine andere Zuverlässigkeit als Wissen, das methodisch ausgewiesen und überprüfbar anerkannt wird.

Wann nehme ich nun den Baum besonders gut wahr? Und wann habe ich ein stärkeres Gefühl, dass ich hier bin, mit einem Baum? Wann fühle ich mich stärker ‚in der Wirklichkeit lebend'? Möglicherweise ist die Antwort auf die erste Frage eine andere als auf die beiden folgenden. Stimmt etwas mit meiner Intentionalität nicht? Und, wenn ich schon nicht gut formulieren kann, was *Erkennen* hier genau heißt, gibt es nicht auch einen Unterschied hinsichtlich dessen, wann ich den Baum besonders *anerkenne?*

Lassen sich die Arten verallgemeinern, in denen ich versucht habe, etwas aufzufassen, wahrzunehmen und zu erkennen? Vielleicht so:

(1) Ästhetisch kann ein Mensch sich klarmachen, was und wie er wahrnimmt und etwas in seinen Wirkungen anerkennt. Die Wahrnehmung kann dabei eine anschauende sein, die sich etwa in literarischen Beschreibungen oder in Darstellungen der Bildenden Kunst ausdrückt. Und sie kann auf entstehende Bedeutungen referieren, die Menschen in den Sinn kommen, wenn sie etwas wahrnehmen. Ein Mensch kann im Wahrnehmen von etwas feststellen, dass es sich von ihm unterscheidet. In der Begegnung solcher Unterschiede könnte es gelten, die Momente der Überraschung zu kultivieren. Fragen stellen, sich eingedenk zu sein, Nichtwissender zu sein und ein reflexives Wissen vom Nichtwissen zu haben gehören hierher, und da die Wirklichkeit hierbei als etwas prinzipiell Eigensinniges verstanden wird, ein Wissen um das Geheimnis der Wirklichkeit, in der wir Menschen leben.

(2) Ein Mensch kann, so wie ein Landschaftsgärtner oder Biologe das bei einem Baum tut, eigene Wahrnehmungen und erforschte Erkenntnisse zur Geltung bringen, er kann so die Wirklichkeit auf vielfältige Art bestimmen, im Wissen um die Paradigmenabhängigkeit und Fallibilität der jeweiligen episteme und Wissenschaft. Er kann besser verstehen, welche Wirkzusammenhänge in Bäumen bestehen und wie Bäume leben.

(3) Insofern er denken kann, sieht ein Mensch sich zwar immer der Wirklichkeit gegenüber. Aber er sieht sich in seinen Beziehungen zu anderen immer auch eingebettet in die Welt. Zugänge zur Wirklichkeit entstehen in Stimmungen, in Gefühlen, unter Berücksichtigung seiner Leiblichkeit.

(4) Noch grundlegender lässt sich formulieren, dass der Wahrnehmung und Anerkennung der Relationen zu anderen und zur Wirklichkeit eine Bereitschaft zur Gemeinschaft und zur Teilnahme an der Lebens-Wirklichkeit anderer vorausliegt. Somit greift die Art und Weise, wie ich etwas auffasse, auf meine Handlungen über. Die Ernstnahme des Gefühls, mit dem Baum und dem, was mich insgesamt umgibt, eingebettet zu sein in eine gemeinsame Welt, ermöglicht so etwas wie Achtsamkeit für meine Handlungen gegenüber meiner Umgebung.

Habe ich meinen Baum nun erkannt? Nein, aber vielleicht geht es gar nicht ums Erkennen, sondern einfach um ein Dasein als ein Leben im Vollzug einer Stimmung. Eines aber ist mir gewiss: Wenn das Wetter angenehm ist, werde ich wieder in der Liege dösen, denn ich weiß, es tut mir gut. Ich kann dies Wissen nicht verallgemeinern, aber für mich gilt es. Gleichwohl hinterlassen mich diese Gedanken irritiert, und mir bleibt ein Zweifel, denn all dies ist ein Ergebnis eines Selbstgesprächs. Wollte ich mich an Sokrates orientieren, müsste ich nicht das Gespräch mit anderen suchen, um Klarheit zu erlangen? Was tun?
Ich gehe ins Haus.

6. Staunen kann man nur durch Fenster

Jetzt, von drinnen durch das Fenster betrachtet, entferne ich mich von dem Baum. Durch diese Entfernung kann er mir nah und fern werden. Schon dem Aufmerken aus dem Dösen in der Mittagspausenstimmung lag ein Staunen zugrunde. Ich staunte plötzlich über den Baum, über die Tatsache, dass ich hier unter einem Baum saß. Das Zusammenspiel, das sich dort, in leichtem Wind, kleinen Biegungen der Anemonen und Lichtspielen ereignete, erscheint mir jetzt ebenfalls staunenswert, ja, dass es diesen Baum überhaupt gibt.

Gibt es unterschiedliche Arten des Staunens, die im Zusammenhang mit den Arten stehen, einen Baum zu betrachten? In naturwissenschaftlicher Einstellung staune ich darüber, dass das, was der Baum in den Modellierungen ist, die ich vornehme, so wunderbar zusammenstimmt, so wohlgefügt ist, zum Beispiel darüber, dass die Anemone mit ihren wirklich dünnen Blütenstielen sich so biegen kann und nicht durchbricht, oder ich staune darüber, dass er „mehr" ist als das durch mich Modellierte, weil ich die Grenzen meiner Erkenntnisse entdecken kann; ich staune dann darüber, dass sich etwas Abweichendes an ihm wahrnehmen lässt. Staunen ist hier gewissermaßen die Erfahrung mit der Ästhetik der Modellierung oder mit ihrer Begrenztheit.

Dabei ist wichtig, naturwissenschaftliches Denken nicht mit den Ergebnissen solchen Denkens zu identifizieren. Die Ergebnisse, zumal solche, die zusammengefasst in Schulbüchern stehen, legen abgeschlossene Modelle nahe, in denen etwas Wirkliches gedacht wird. *Sie* sind es auch, die einen Zusammenhang von Wissen und Macht nahe legen, denn technische Anwendungen, in denen ein wirkliches Objekt als Mittel für beliebige Zwecke gebraucht wird, wenden immer etwas bereits Erforschtes, Feststehendes an. In naturwissenschaftlicher Erkenntnisgewinnung hingegen spielen offene Forschungsprozesse eine stärkere Rolle, dort sind sich die beteiligten Forscher im Klaren darüber, mit welchen Unsicherheiten das benutzte Wissen behaftet ist und in welchen Bereichen Unwissenheit herrscht; dort ist dem Staunen ein dauernder Platz gewidmet.

Betrachte ich den Baum in der Art eines Försters oder Landschafts-gärtners, dann staune ich über seine Individualität, seine Geschichte, sein Gewordensein, und zugleich staune ich über ein gewisses Vertrautsein mit ihm, das durch Erfahrungen entstanden ist, über eine Umgangsver-trautheit.

In der ästhetischen Art spielt Vertrautheit ebenfalls eine Rolle: Der Baum ist mir hier in einer in Bestimmungen nicht aufgehenden Weise vertraut; ich bin mit ihm zusammen in eine Geschichte verstrickt. Und wenn ich auf ihn aufmerke, ihn wahrnehme, dann erscheint er mir über-raschend einmalig, es ist ein Wunder, dass er da steht, ein mystisches Wunder. Diese Überraschung kann sich vermengen mit meinem Wissen über den Baum und über die Wirklichkeit: Er ist geworden und steht da am Ende einer langen Entwicklungskette, die ich mir in Teilen erklären kann. Umso mehr erscheint es als Wunder, dass er da so vor mir stehen kann; dass dies hier das Ende einer unvorstellbar langen Entwicklung ist, ja, dass es überhaupt so weit kommen konnte, dass ich ihn jetzt betrach-ten kann. In solchem Staunen wird mir der Baum als ein Einziger gewahr.

Jeder Maler weiß, dass der Baum im Malen sozusagen seine Geistigkeit erweist, sein mitteilbares Besonderssein. „Ich glaube, allmählich verstehe ich etwas davon", soll Renoir an seinem letzten Lebenstage gesagt haben, an dem er Anemonen malte.

Die Bedeutungsfülle, in der mir der Baum gewahr wird, übersteigt die Zeit als eine Ordnungskette, in die ich ihn einsortiere. Dieses Jetzt liegt außerhalb von Bestimmungen, oder jedenfalls reichen meine Bestim-mungsmöglichkeiten nicht für ihn und diesen Situationsmoment aus. Ich kann auch sagen: Der Baum ist mir und wird mir unbekannt, er ist eben-so Geheimnis wie Geist.

Vor dem Hintergrund meines bisherigen Wissens widerfährt mir das Staunen als ein Erkennen von Unerwartetem. Ich bemerke es als ein Auf-merksam werden auf Bestimmungen, die überschritten werden. In die-sem Überschreiten erhasche ich Bedeutungszipfel, die mir gerade und eben nur dann offenbar werden, wenn ich döse und staune. Das wahr-nehmend-erkennende Staunen verweist auf ein Nichtwissen; eben weil mir die Begrenztheit meines Wissens offenbar wird, entsteht Bewunde-rung für ein Wirkliches. Die Richtungen vertauschen sich plötzlich, mer-ke ich: Nicht ich erkenne den Baum, der Baum gibt sich vielmehr mir zu erkennen, er gibt mir das Miteinander, in dem ich behaglich liege. Und er verweist nicht nur auf mich, sondern auch auf das Umfeld, in dem sich Zusammenleben vollzieht.

Der Eindruck der Bewunderung ergibt sich interessanterweise nicht, wenn Bäume in meiner Umgebung so von Menschen gartengestalterisch zurecht gestutzt werden, dass ich sofort erkenne, wozu sie dienen: Ihnen ist, so rutscht es in mein Blickfeld, gewissermaßen die Individualität abhanden gekommen – oder, ist es besser zusagen: ihre Geschichtlichkeit, ihre Komplexität, die Vielschichtigkeit der Wege, in denen Krummes zu einem (für Menschen) wohlgeformten Ganzen geworden ist. Viele Menschen empfinden die rationale Geometrie französischer Gartenkultur als steril. Der begrifflich-architektonische Zuschnitt reduziert Bedeutungen; diese können sich beim Anblick gerader Linien schwerer entfalten und schwerer unabschließbar sein. Der Kontakt zur Wirklichkeit ist weniger vorhanden, weil die Bäume selbst isoliert und nutzvoll am Wegrand stehen.

Das Staunen über den Baum kann zur Freude an der Wirklichkeit führen, durch das Spiel der Erweiterung von Bedeutungen sowie der Überschreitung von Bestimmungen, die sich mit meinen Erkenntnisversuchen ereignen, es kann geradezu in der Wahrnehmung von Wirklichkeit kulminieren. Grundlage und Fähigkeit dieser Freude ergeben sich aus meinem Nichtwissen, dessen ich mir innewerde; etwas erkennen heißt, es unbekannt werden zu lassen. Parallel damit schält sich ein Wahrnehmen eines Einzelfalls, eines Einmaligen heraus, wenn ich etwas nicht als Platzhalter von Allgemeinheiten denke, auch wenn ich es so betrachten kann.

Indem ich mich in dieser Weise trotz der Trennung vom Garten durch das Wohnzimmerfenster wieder dösend beglückt von meinen Gedanken vorangetrieben fühle, spüre ich, wie sich in mir ein diffuser innerer Widerstand verstärkt. Praktiziere ich an der Stelle vernünftigen Nachdenkens ein diffus-unkontrolliertes Wunschdenken, und träume ich mich hinein in eine Art romantisch-ozeanisches Gefühlsgewoge? Ich befürchte, die *condition humaine* aus dem Blick zu verlieren. Denn ich könnte mich über mich selbst täuschen, wenn ich mich stimmungserfüllt einem Staunen hingebe, das doch bei einem kleinen Schritt seitwärts im Bedeutungsgewebe genauso gut als Neugier bezeichnet werden kann. Staunen erlebe ich vor dem Hintergrund abweichender gewohnheitsmäßiger Erwartung meines bisherigen Wissens und mache die beglückende Erfahrung, wie etwas so Unwahrscheinliches, Unerwartetes sein kann. Geschieht etwas Unerwartetes, kann ich aber auch neugierig fragen, wie das sein könnte, denn ich möchte erkennen, warum und wie das Geschehen abläuft. Abläufe kausal erkennen, bedeutet: ich kann sie nachmachen. Ich kann den filigranen Bau eines Spinnennetzes bewundern, aber wenn ich weiß, wie die Spinne ihr Netz herstellt, kann ich versuchen, ein vergleichbares Material herzustellen. Während Staunen in der Bewunderung gipfelt, zielt Neugier auf herstellendes Funktionswissen.

Im Mittelalter wurde Neugier vielfach der *curiositas* zugeordnet. Neugier galt als ein Streben, sich um Dinge zu kümmern und zu bemühen, die zu einem gelingenden Leben nichts beitragen könnten. Denn, lebe ich glücklicher, wenn ich weiß, dass es Gravitationswellen gibt und wie sie sich ausbreiten? "Das Wissen macht uns weder besser, noch glücklicher." schreibt Kleist am 28./29. Juli 1801 in einem Brief an Adolphine von Werdeck. Das klingt aphoristisch gut, aber führt es mich weiter? Vielleicht stimmt mich der Bau meines Holzschuppens nicht glücklich, aber das fertige Werk stimmt mich zufrieden, denn meine Geräte zur Gartenpflege sind geschützt, und ich kann mit ihnen meinen Garten pflegen und hegen.

Mir drängt sich eine Erinnerung an eine Textstelle Hölderlins auf: *„ bin so ausgeworfen aus dem Garten der Natur".* In der Tat lese ich im zweiten Brief *Hyperion an Bellarmin:*

> *Eines zu sein mit Allem, was lebt, in seliger Selbstvergessenheit wiederzukehren ins All der Natur, das ist der Gipfel der Gedanken und Freuden, das ist die heilige Bergeshöhe, der Ort der ewigen Ruhe, wo der Mittag seine Schwüle und der Donner seine Stimme verliert und das kochende Meer der Woge des Kornfelds gleicht.*
> *[…] und alle Gedanken schwinden vor dem Bilde der ewigeinigen Welt, wie die Regeln des ringenden Künstlers vor seiner Urania, und das eherne Schicksal entsagt der Herrschaft, und aus dem Bunde der Wesen schwindet der Tod, und Unzertrennlichkeit und ewige Jugend beseliget, verschönert die Welt.*
> *[…] Aber ein Moment des Besinnens wirft mich herab. Ich denke nach […]; die Natur verschließt die Arme, und ich stehe, wie ein Fremdling, vor ihr, und verstehe sie nicht.*
> *[…]. Die Wissenschaft, der ich in den Schacht hinunter folgte, von der ich, jugendlich töricht, die Bestätigung meiner reinen Freude erwartete, die hat mir alles verdorben.*
> *Ich bin bei euch so recht vernünftig geworden, habe gründlich mich unterscheiden gelernt von dem, was mich umgibt, bin nun vereinzelt in der schönen Welt, bin so ausgeworfen aus dem Garten der Natur, wo ich wuchs und blühte, und vertrockne an der Mittagssonne.*[1]

---

[1]   Friedrich Hölderlin: Sämtliche Werke und Briefe. München, Wien (Hanser Verlag) 1992, Bd. I, S. 615.

Beschreiben einige dieser Worte nicht genau meine ästhetische Gestimmtheit eingehüllt in eine (vorgebliche) Ganzheit? Dabei ist mir deutlich, wenn ich meine Stimmung bemerke und sie zu artikulieren versuche, hat sich die Stimmung schon wieder verflüchtigt. Meine Stimmung
hat keine Stimme, sie ist unaussprechlich, und daher kann ich sie in ihrer
Fülle niemandem mitteilen – auch mir selbst nicht. Daher muss ich mich
fragen, ob ich nicht auf unverbindliche und vernunft-gefährdende Abwege gerate, wenn ich von 'Geist der Verbundenheit', von 'mysteriöser
Verbundenheit' von ‚Eines zu sein mit Allem, was lebt' spreche. Sind
das nicht Träumereien bei stillgestellter Vernunft? Ich bin versucht, mich
auf Sokrates zu berufen. Als dieser von Phaidros aus der Stadt heraus zu
einem schattigen Platz in der Natur geführt wird, findet Sokrates den
Ort zwar lieblich und angenehm, kann aber Phaidros' Naturbewunde-
rung nicht folgen und konstatiert: *"Ich bin eben lernlustig. Die Felder
und die Bäume nun wollen mich nichts lehren, wohl aber die Menschen
in der Stadt."*[2] Kann Natur mich und andere etwas lehren? Ist Erkennen
nicht ein gemeinsam von mehreren Menschen im Gespräch betriebenes
Verfahren? Auf der anderen Seite kann ich nicht umhin festzustellen und
mich dessen zu vergewissern, dass ich diese Stimmung glaube erlebt zu
haben, und ich bin nicht bereit zu akzeptieren, alles seien nur Gehirn-
gespinste gewesen. Und darüber will ich nicht vergessen, auch andere
Menschen erzählen mir von vergleichbaren Erlebnissen.

---

[2]   Platon: Phaidros. 230e. In: Platon: Sämtliche Werke 4. In der Übersetzung
von Friedrich Schleiermacher hrsg. V. Walter F. Otto, Ernesto Grassi, Gert Plamböck. Reinbek (RK396) 4.-70. Tsd. 1965, S.13.

7. Gnadenlos wertschätzen

Draußen regnet es, und inzwischen haben wir in der Familie Besuch. Ein Kind, dem wir verbunden sind, es ist Teil der Familie, die ebenfalls da ist. Wir mögen das Kind, jedoch, seien wir ehrlich, bisweilen mehr aus der Entfernung, in nahem Kontakt stört es manchmal. Hier kann ich es aussprechen: Es führt sich gelegentlich wie ein ausgemachter Rotzlöffel auf, dessen Verhalten seine Eltern regelmäßig schönreden.

Während der Junge unser Wohnzimmer auseinander nimmt, ohne dass Vater oder Mutter einschreiten, frage ich mich, ob das Verhalten der Eltern zum heutigen Zeitgeist gehört: Während früher viel an anderen kritisiert wurde – *tu das nicht, lass jenes, denk' an die anderen* -, wird heute überwiegend gelobt – *toll machst du das, fein, großartig, klasse, wunderbar.* In E-Mails werden *herzliche Grüße* an alle versendet, wird sich für jede Leistung *außerordentlich* bedankt. Ich verstehe: Ehemals praktizierte Kritik gilt inzwischen als ,defizitorientiert', heutiger Umgang hingegen als ,stärken-' oder ,ressourcenorientiert'. Dieses letztere Wort ruft mir am Loben allerdings einen schlechten Beigeschmack hervor, denn das Gegenüber könnte als Rohstofflager (als ,Humankapital') angesehen werden, das möglichst geschickt beinahe so wie eine Kuh ,gemolken' oder ,ausgeschlachtet' werden müsse. Ressourcenorientierung könnte eine besonders perfide Form effizienter Einwirkung auf ein Gegenüber darstellen. Der ehemalige Lerncoach Max Woodtli empfiehlt, man solle ,gnadenlos wertschätzen', und er hebt damit hervor, man könne für jemanden gar nicht genug Gutes äußern, denn dadurch werde die Möglichkeit erhöht, dass das Gegenüber aus sich selbst heraus zu Lösungen für seine Probleme gelange. Heute jedoch, so Roswitha Lehmann-Rommel in einem Vortrag in Oldenburg, herrschen in Mitarbeiter-Vorgesetzten-Gesprächen Kommunikationssituationen vor, die von ,rhetorischer Wertschätzung bei gleichzeitiger Wahrnehmung einer Unterwerfungslogik durch die Ausgebildeten gekennzeichnet sind.'[1] Das heißt, die gute

---

[1] Vgl. Roswitha Lehmann-Rommel, Reflexion und Kritik – eine professionstheoretische Bilanzierung (2015). In: BAK (Hrsg.), Reflexion und Kritik in der 2. Phase der Lehrerbildung. Hohengehren 2016, S. 41; vgl. dies., Partizipation,

Idee, ein Gegenüber zu stärken, wird von diesem wiederum nicht immer gewertschätzt; das Gegenüber könnte zur Erfahrung gelangen: Hier ist jemand ‚wertschätzend gnadenlos‘, mir wird nur Gutes gesagt; das, worum es in Wirklichkeit geht, und die Aspekte, in denen jemand meine Arbeit kritisiert, werden aber verschwiegen, dezent ausgespart und rhetorisch verschleiert – oder es wird gar gelogen, weil alle sich verordnen, Kritik nicht beim Namen zu nennen.

Ich kann die heutige Stärkenorientierung auch anders deuten: Es wird gelobt, weil Eltern keine normativen Erwartungen gegenüber ihren Kindern vorgeben, sondern sie zu eigener Lebensführung erziehen wollen. Ist das aber möglich? Sollen Eltern *alles* anerkennen, was ihr Kind tut? Das würde bedeuten: alles, was man am Verhalten des Kindes erkennt, solle man positiv beurteilen. (Und will ich das Verhalten unseres Gastkindes weiter tolerieren oder sollte ich einschreiten? *Misch dich nicht in die Angelegenheiten anderer Leute ein*, hieß es früher.)

Weitere Probleme eröffnen sich mir, wenn ich daran denke, welch hohen Wert *Anerkennung* heutzutage hat. Für Axel Honneth fundiert Anerkennung gar das, was das Eigene des Menschen ausmacht. Ist das so? Jedenfalls suchen viele Menschen Bestätigung; sie wollen, dass ihr Verhalten gutgeheißen wird. Anerkennung scheint *das* hohe Gut zwischen Menschen; vielleicht hängt das mit der westlichen Betonung von Menschenrechten zusammen – jeder ist etwas ‚wert‘ –, vielleicht auch mit der Verabschiedung von Lebensentwürfen in starren Regeln, in denen menschliches Verhalten oft gerade nicht anerkannt wurde. Oder fehlt es heute gerade an Anerkennung und deshalb wird sie so betont?

Ich frage einfacher: Wie geht das, jemanden anzuerkennen? Zunächst scheint Anerkennung in *Wertschätzung* zu bestehen. Ich beurteile etwas vor dem Hintergrund meiner Normen positiv – Wertschätzung ist das Aussprechen eines Werturteils. Artikuliert wird solches Wertschätzen in der Regel in Form von Lob.

Wer gelobt wird, kann sich gut fühlen; aber Lob kann abhängig machen. Es ist ein Bewertungsakt. Weil es nicht zur Selbständigkeit führt, erkennen manche Pädagogen Lob nicht als gute Handlung an. Und es ist klar: Wenn ich etwas lobe (bisweilen auch, wenn ich mich immer für gewisse Dinge bedanke), dann ist damit ausgemacht, dass ich gegentei-

Selbstreflexion und Rückmeldung: gouvernementale Regierungspraktiken im Feld Schulentwicklung. In: Norbert Ricken, Markus Rieger-Ladich (Hg.), Michael Foucault: Pädagogische Lektüren. Wiesbaden 2004, S. 265.

liges Verhalten nicht loben würde. Andernfalls, würde also alles gelobt, wäre das Lob nichts wert, es wäre nicht ein Etwas, das gelobt wird. Das durchschaut der Belobigte schnell, wenn die Wertschätzung keinen Wert schätzt und folgenlos bleibt. Wertschätzender Anerkennung ist Aberkennung begrifflich eingeschrieben. Wo etwas wertgeschätzt wird, wird anderes aberkannt, verworfen, verurteilt, abgelehnt. Dem Loben ist daher der Tadel eingebrannt; Lob und Tadel gehören in eine Reihe, das eine ist ohne das andere nicht zu haben. Damit hängt zusammen: Loben ist ein asymmetrischer Akt der Aneignung von oben herab. In einem Urteilsakt wertschätzender Anerkennung lege ich kriterienorientiert offen, dass etwas für mich gut ist, Gegenteiliges hingegen schlecht. Zum Wertschätzen gehört eine Grenze.

Das wiederum ist nicht schlecht, sondern sogar zu begrüßen, um zu erziehen und in eine Kultur hinein zu führen, es soll ja in eine wohldefinierte Welt hinein geprägt werden: Es formt, es füllt, es konstituiert, es führt zur Menschwerdung. Dass heute eher gelobt als (offen) kritisiert wird, scheint da nur eine motivierende Art der Wertschätzung bestimmter Handlungsweisen darzustellen. Wertschätzen statuiert und bringt eine Identität hervor.

Wer *Wertschätzung* empfängt, reagiert mit Dank(barkeit) oder im Falle ausbleibender Wertschätzung mit Scham, er fühlt sich erniedrigt oder gedemütigt, er bittet vielleicht um Verzeihung oder Vergebung. Wer in wertschätzenden Urteilen anerkennt oder aberkennt, erlebt Mitleid oder Bemächtigung, er handelt aus Freundlichkeit, Güte, Gerechtigkeit oder im Bewusstsein eines Eigentums, bzw. er missachtet, verachtet, foltert, verletzt, quält oder übt Terror aus.

Ist Wertschätzung die Hauptbedeutung von Anerkennung? Ich überlege: Lege ich Wert darauf, *von allen* im Sinne eines Wertschätzens anerkannt zu werden, und bin ich zur Wertschätzung jedes Anderen verpflichtet? Ich könnte mir vorstellen, wenn ich auf die Wertschätzung bestimmter Anderer keinen Wert legte, sie vielmehr sogar ablehnte, wehrte ich etwas mir Fremd-Unheimliches ab, etwas, das meine Identität, mein Selbstverständnis bedroht.

Ein Beispiel: Da Wertschätzung stets die Wertschätzung eines status quo ist, gibt es immer wieder Anerkennungskämpfe von Individuen, Gruppen und Staaten, vornehmlich von solchen, die nicht in ihrem Wert, ihrem Normenkosmos anerkannt sind; Wertschätzen zeigt sich als ständig wandelnder Prozess. Was bringt Menschen dazu, sich gegen herrschende Anerkennungsordnungen immer wieder aufzulehnen? Wie soll das Abweichende, das Widerständige im einzelnen Subjekt begrifflich erfasst werden? Offenbar wünschen sich Menschen nicht nur, Normen gemäß betrachtet zu werden; sie wünschen sich ebenso, gewissermaßen ‚als sie selbst‘, als diese Besonderen, die sie sind, anerkannt zu werden.

Ich denke noch einmal an die Eltern des Kindes. Die Eltern schätzen jedes Verhalten als wertvoll ein. Aber ich kann es ihnen nicht übelnehmen; sie ‚stehen zu ihrem Kind‘, wie man sagt, sie bekennen sich zu ihm.

In diesem Verhalten liegen zwei verschiedene Bedeutungen von Anerkennung und zwei dementsprechende Einstellungen ineinander verquickt: alle Handlungen des Kindes *in Urteilen anzuerkennen, d.h. wertzuschätzen* versus das Kind *als Besonderen anzuerkennen*, d.h. sich zum Kind zu *bekennen* (beispielhaft im juristischen Bekenntnis: *ich erkenne dieses Kind als meines an*). Offenbar ist die erste Bedeutung von Anerkennung – Anerkennung als Wertschätzen – nur eine Deutungsmöglichkeit, eine zweite ist das Bekennen zu etwas oder jemandem.

Menschen wünschen sich, gewertschätzt zu werden, und sie wünschen sich, dass jemand sich zu ihnen bekennt. Es kann sein, dass diese beiden Wünsche verwechselt werden: Wer nach Wertschätzung strebt, wünscht sich vielleicht heimlich jemanden in seiner Nähe, als Beistand oder heimatlich Verbundenen. Man kann sich Wertschätzung wünschen und dabei Zuwendung ersehnen. So mag es einem Befehle empfangenden Untertan ergehen, der alle Befehle möglichst gut ausführen will. So kann es einem sich schuldig fühlenden Trennungskind ergehen, das, wird es nicht genügend durch ein Elternteil gelobt, denkt, dieses bekennte sich nicht mehr zu ihm. In begrifflicher Verwirrung steckt auch das Kind, das das Gefühl hat, nicht mehr ‚lieb gehabt zu werden‘, wenn es seinen Willen nicht bekommt, d.h. dieser aktuell nicht gutgeheißen wird.

Besonders schwer ist es, sein Bekenntnis in dem Fall aufrecht zu erhalten, dass das eigene Kind zu einem Mörder geworden ist; man kann dann geneigt sein, die Tat zu leugnen und auf andere Umstände zu verweisen, um die Wertschätzung aufrecht zu erhalten, wie z.B. im Falle des Vaters des Piloten Andreas Lubitz, oder das Bekenntnis wegen der fehlenden Wertschätzung zu entziehen.

Umgekehrt: Wer danach strebt, dass jemand bei ihm bleibt, will vielleicht in Wirklichkeit nur gesagt bekommen, dass er gut macht, was er tut. Wer seine Bekenntnisse immer nur auf Wertschätzung gründet, der ist wohl kein gläubiger Mensch und kein Freund und kein Liebender – denn niemand heißt alles an seinen Freunden gut, sondern steht als Freund zu ihnen auch und gerade dann, wenn sie Schuld auf sich geladen haben oder Fehler begangen haben. Und wer sich *nicht* zu jemandem bekennt, zum Beispiel, weil er ihn als nicht in „unser" Land Gehörenden abweist und ihn *daher nicht* anerkennt, ihm zum Beispiel mindere Qualitäten zuschreibt, der ist wohl fremdenfeindlich.

Im Verhältnis zu eigenen Kindern ist Bekennen umfassender und eine Voraussetzung für die Wirkung wertschätzender Äußerungen - *Ja zum Kind zu sagen,* es anzunehmen. Diese Zuwendung entsteht aus einem liebenden - aber nicht blinden - Bekenntnis. Anerkennung als Akt der wertschätzenden Beurteilung hingegen ist kriteriengeleitet und normengeprägt.

Bekennen und wertschätzende Beurteilung dürfen in ihren Zuständigkeitsbereichen nicht gegeneinander ausgespielt werden. Zu bedauern sind die Eltern, die an ihren Kindern immer alles gutheißen, was diese an Verhaltensweisen gerade an den Tag legen, weil es sich ja immerhin um ihre Kinder handelte, die in voller Liebe, so heißt es, aufwachsen sollten. Neben der Tatsache, dass die Eltern sich so Sonderrechte für ihre Kinder herausnehmen, erziehen und prägen sie sie auch nur unzulänglich. Solchen Eltern sei empfohlen, wie folgt zu sprechen: *Gerade weil ich dich achte und mich zu dir bekenne und will, dass du gut lebst und dein Leben führst und dich entfaltest, sage ich dir, was du jetzt zu tun hast und was ich an deinem Verhalten ablehne.*

Bekennen wird in den genannten Beispielen zur Grundlage und zum Rahmen für wertschätzende Urteile. Bekennen heißt, Unterstützung und Vertrauen zu geben, dabei ist ein Behaupten nicht nötig. Das Ja-Sagen zum anderen ist auch nicht als Urteilsakt begreifbar zu machen, es ist eine Hinwendung. Die bedingungslose Zu- und Hinwendung Anderer, deren voraussetzungslose Begleitung mich erst zu einem Subjekt macht, gehört vor die beurteilende Anerkennung, d.h. die Wertschätzung. Nicht ohne Grund lässt Goethe *Hatem* mit Blick auf *Suleika* sagen: *hätte sie sich weggewendet, augenblicks verlör' ich mich.*[2] Vor diesem Hintergrund enthüllt sich monologische Selbstbehauptung des modernen Subjekts wohl als bloße Allmachtsphantasie; erst die voraussetzungslose bekennende Zuwendung Anderer kann mich frei machen, z.B. auch darin, dass ich meine Irrtümer anerkennen kann. Psychologisch ausgedrückt: Wer Zuwendung erfahren hat, muss vielleicht nicht um Wertschätzung buhlen.

---

[2] Johann Wolfgang Goethe: Sämtliche Werke nach Epochen seines Schaffens. München, Wien (Hanser Verlag) 1998, Münchner Ausgabe, Bd. 11.1.2, S. 77.

Und man muss nicht sonderlich ichbezogen sein, um auch als Erwachsener Situationen zu erleben, in denen man sich als Person einfach und fraglos als besonders und einmalig erleben können möchte. *Verglichen werden*, das kann als belastend empfunden werden, denn man wird neben einen überindividuellen Maßstab gestellt.

Wer sich *bekennt*, erlebt Mitgefühl, er handelt wohlwollend und aus Interesse am Wohlergehen anderer. Wer sich nicht bekennt oder bekennen kann, der marginalisiert und ihm erschließt sich ein weites Feld an Verhaltensmöglichkeiten, bestehend aus Gleichgültigkeit, Neid oder Bosheit; sich steigernd kann er gegen die, zu denen er sich nicht bekennt, Krieg führen, sie zerstören und morden. Wer erfährt, dass sich jemand zu ihm bekennt, erlebt Loyalität und Treue.

Häufig liegt es nicht in meiner Verfügungsmacht, zu wem ich mich bekenne. Wen ich nicht ausstehen kann, zu dem bekenne ich mich zwar nicht, mit dem möchte ich aber auch nicht bekannt sein und mich mit ihm gemein machen. Weit häufiger (als etwa bei einer Hochzeit, bei der ich das Gefühl habe: Ob diese Person zu den Meinen zählen wird, das liegt jetzt nur bei mir) aber finden Bekenntnisse nachträglich gegenüber Menschen statt, mit denen jemand schon lange auf ungewollte Art verbunden ist.

Weil es heutzutage weniger vorgängige Rahmen, Religionen und Verbände gibt, weil die Frage, ob jemand bedingungslos zu mir hält, je neu, nach subjektiven Vernunftgründen, je nach Lebens- und Anerkennungsspezifik ausgehandelt wird, bekennen Menschen möglicherweise heute weniger als früher (und erleben sich auch als weniger gewollt und als austauschbarer als zu früheren Zeiten?): Das Drama heutiger Menschen, die immer wertgeschätzt werden wollen, das wahlweise als außengeleiteter Charakter (David Riesman[3]) oder Narzissmus aufgegriffen wird, könnte eben das meinen: In einer Zeit fehlender Bekenntnisse zu dauerhaften Gemeinschaften fehlen den Menschen die sie statuierenden *institutionellen* Außenhalte, die sie *als Wert oder Norm* zurück wünschen, eben im fehlbegriffenen und fehlzugeordneten Wunsch: anerkannt zu werden.

Und umgekehrt ist die heutige Befindlichkeit von Menschen aus einer bestimmten gesellschaftlichen Situation entstanden, wie sie zum Beispiel in den muffigen 1950er Jahren herrschte. Die Bekenntnisse zu den Mitmenschen waren zuhauf damit verquickt, ihnen in dem, was sie sein soll-

---

[3]   David Riesman: Die einsame Masse. Mit einer Einführung von Helmut Schelsky. Reinbeck 1958 (= rowohlts deutsche enzyklopädie /2/ /3).

ten und wie sie zu leben hätten, Lebensformen aufzunötigen und ihnen nur wenig Freiheit zu lassen, sie also: durch Werturteile anzuerkennen.

Wo Grenzen setzende Rahmungen angenommen und gelebt, aber nicht aufgenötigt werden, wird eine Person gehalten und unabhängig von der Bewertung durch andere angenommen. Musterbeispiele hierfür sind die Familie, das heißt, die eigenen Kinder, Eltern, Partner, darüber hinaus Institutionen, Gemeinschaften und Gesellschaften. (Je genauer ich darüber nachdenke: Ich wollte als Kind eigentlich nicht, dass mich jemand lobt, ich wollte, dass jemand bei mir ist, zu mir hält und mir sagt, was sie oder er denkt. Jedenfalls habe ich das so empfunden, seit ich mich erinnern kann, und das heißt hier, einigermaßen klar selbst denken konnte.)

Innerhalb des Verständnisses von Anerkennung als Bekennen lässt sich allerdings eine wichtige Unterscheidung treffen: Ich kann mein Bekenntnis nämlich von Herzen geben oder es als Bürde erleben. Im ersten Fall liegt wie bei der Wertschätzung auch eine positive Bewertung vor, allerdings eine, die sich nicht an Kriterien bemisst, sondern eine Person willkommen heißt. Im letzten Fall ringe ich mich zu meinem Bekenntnis durch oder nehme sogar nur hin – als factum brutum –, dass sich etwas in meiner Nähe befindet. Das ist vielleicht beispielsweise in unglücklichen oder arg asymmetrischen Partnerschaften unvermeidlich, wünscht man aber niemandem.

In diesem Zusammenhang ist das Buch von Joachim Fest „Ich nicht" aufschlussreich. Sein Vater hat sich im Dritten Reich an die Maxime des „Sich-Nicht-Anpassen-Wollens" gehalten, trotz der Widerstände seiner Familie, die vielleicht nach gemäßigter Wertschätzung strebte, weil sie leidlich am gesellschaftlichen Leben teilnehmen wollte.

Fests Vater hat die Ideologie der Nazis abgelehnt und damit sich (und seine Familie) gegen die Nazis positioniert. Er musste diese Ideologie als etwas, das einfach ‚da' war, hinnehmend anerkennen, auch wenn er sie nicht wertschätzte, denn die Machtverhältnisse waren eindeutig, weil sie die Lebensform seiner Familie bestimmten. Daher musste diese Ideologie nach außen hin in diffuser Weise ‚anerkannt' werden, sollte das Leben aller nicht gefährdet werden. „Anerkennen" kann folglich die belastende Einsicht bedeuten, dass ich zwar für mich persönlich einigen geltenden Normen (und den Menschen, die ihnen folgen) die Geltung absprechen und aberkennen kann, aber dann abzuwägen habe, in welchem Umfang ich öffentlich widerstehen kann. „Anerkennen" kann in diesem Fall auch heißen „Hinnehmen", wenn ich meinen individuellen Widerstand als folgenlos einschätze. Einem aktiven Widerstand der Familie wären

Verhaftung und eine nicht einzuschätzende Bestrafung gefolgt; dieser Gefahr wollte Fest seiner Familie nicht aussetzen. Es gibt offenbar Situationen, in denen das hingenommen werden muss, was man ablehnt, denn ich kann in meinem Leben nicht alles steuern; Widerfahrnisse sind hinzunehmen. Fest nahm seine Situation hin, er fand sich in ihr als seiner Heimat, gleichwohl lehnte er sie ab, er schätze sie nicht wert. Er *bekannte* sich zu ihr in einem nicht werthaft positiven Sinn.

Ist jemand – sei es positiv oder negativ – ein relevanter Faktor in meinem Leben, muss ich ihn als Faktum anerkennen, weil er für meine Lebensführung bedeutsam ist, z.B. als Gegner, aber ich muss ihn nur hinnehmend, nicht wertschätzend anerkennen.

Das Beispiel von Joachim Fest legt nahe, dass Honneth nicht Recht hat, wenn Anerkennung als Wertschätzung verstanden wird. Denn wenn das Eigene nur Produkt von Wertschätzung wäre, dann bedeutete das in einer allzu platten Lesart, alle Menschen im Dritten Reich, deren Eltern nationalsozialistisch denken, würden automatisch so werden müssen wie das Regime, in dem sie aufwachsen. Jeder, der als Kind durch Judenfeindlichkeit infiltriert wurde, müsste zum Antisemiten heranwachsen. Das könnte nahegelegt sein, also einen Wahrheitskern enthalten, scheint aber nicht zwangsläufig: Jemand könnte sich auch gerade von den Positionen und Werturteilen seiner Umgebung abgrenzen und darüber seine Identität gewinnen. Mir scheint darüber hinaus fraglich, ob die Judenfeindlichkeit dann das ‚Eigene' wäre.

Ich schaue erneut auf den Jungen, dessen Verhalten ich beurteilt habe, den ich auch hingenommen habe, zu dem ich mich aber emotional vielleicht stärker bekennen könnte, der inzwischen zwar immer noch vieles durcheinander bringt, aber wohl doch eine Struktur anstrebt. Vielleicht war es richtig, nicht zu früh einzugreifen und ihn nach elterlichen Normen zu formen.

Wieder stutze ich, denn erneut bin ich mit meinen Deutungen an ihn herangetreten. Er hingegen könnte sowohl dem (wertschätzenden) Erziehungsansinnen nachdrücklich entgegenhalten *Lasst mich werden, der ich bin…*, als auch jedem Versuch, ihn in meine Art zu denken, einzugemeinden – ich könnte nämlich den Wunsch danach, als jemand Besonderer anerkannt zu werden, noch deutlicher interpretieren: *Lasst mich werden, der ich als dieser Besondere bin… -*, weil dasjenige, um das es mir geht, wenn ich Zuwendung erfahren möchte, die Zuwendung zu mir als Einmaligem und Besonderem ist. Und wenn ich wertgeschätzt werden möchte, gilt das Gleiche: Ich möchte als dieser Besondere im Wert geschätzt werden. Beiden bisherigen Deutungen von Anerkennung, als wertschätzender Anerkennung und als Bekennen, fehlt vielleicht: eine Wahrnehmung für das am Gegenüber, das ich nicht kenne – und d.h. vielleicht insgesamt: eine Wahrnehmung.

Wird der Mitmensch beim Bekennen so wie beim bewertenden Urteilen von meiner Warte aus betrachtet? Wertschätzen stützt sich auf Werturteile, sie erfolgt gemäß meiner Urteilsmaßstäbe. Ein Bekenntnis stützt sich auf die Bekanntschaft mit jemandem, dem ich in bleibender Nähe verbunden bin, zu dem ich „stehe". In beiden Fällen könnte ich denken: Ich weiß, wie der andere ist. Bekennen fixiert ein bestimmtes Gegenüber, ich bekenne mich zu jemandem Konkreten. Dort, wo man sich zu einem Kind bekennt in dem Sinn, auf es zu setzen, kann das mit der Ambivalenz fixierender Erwartung - zu Gunst und Tücken der Entwicklung - geschehen.

Zwar scheitere ich bei jedem Versuch, Bekennen mit Hilfe von Kriterien zu erfassen – sonst wäre es Wertschätzung. Bekennen zu jemandem Besonderen kann aber eine nicht an Kriterien ausgewiesene fraglose und sich öffnend-liebende Hinwendung an einen einmaligen Menschen sein, den ich gleichwohl implizit mit meinen Erwartungen überschütte: Ich freue mich immer an bestimmten Handlungen, andere sind mir gleichgültig, ich schenke zu Weihnachten Pakete, in denen meine gewünschten Verhaltensweisen oder die bisher am Anderen mir bedeutsamen Eigenschaften zur Geltung kommen. Insofern kann beim Bekennen, ebenso wie beim Wertschätzen, außer Acht geraten, jemanden *als jemand anderes* anzunehmen und wertzuschätzen. In beiden Fällen kann mein Gegenüber in die Perspektive von jemand Bekanntem rutschen, der mir nicht als Anderer begegnet.

Bekenne ich mich hingegen zu jemandem und bleibe dabei aufmerksam, können sich aus der lebendigen Wandelbarkeit des Anderen überraschende Erlebnisse ergeben. Ich bemerke dann in der Subjekt-Objekt-Perspektive, dass meine Stimmung sich verändert, denn ich erkenne irritiert und überrascht etwas von den Scheinsicherheiten meiner Erwartung Abweichendes.

Sich zu jemandem bekennen, den ich gleichwohl nicht etikettiere und in meinen Auffassungen von ihm reduziere, setzt hoffendes Vertrauen voraus. Das Kind kann dieses Vertrauen erwarten, denn den Weg „Lasst mich werden, der ich bin..." kann es nur auf der Grundlage eines Vertrauens gehen, das nicht auf explizit ausgewiesenen Gründen beruht und nicht mit Normen ‚gepflastert' ist. Jeder Mensch ist ein eigensinniges, unglaubliches Wunder, und insofern ist zwar die Intention, heutzutage alles ‚wunderbar' zu finden, nachvollziehbar; sie entwertet aber genau das, was sie belobigt.

Ich sollte „Anerkennen" über die bisherigen beiden Deutungsarten hinaus noch einmal anders denken, als An-Nahme eines Andersseins einer Person im Sinne einer Ermöglichung von Erweiterungen. Und zwar dergestalt, dass ich mich dabei erweitern kann, mein Gegenüber erweitert ansehe und ihm die Chance gebe, sich weiter zu entfalten. Das wäre eine Art der Anerkennung, die über Wertschätzung und zugewandtes Bekennen hinausginge. In dieser Wahrnehmung fiele es mir leichter, dem Kind vieles zuzulassen und es zu begleiten auf seinem erprobungsoffenen Weg „Lasst mich werden, der ich bin...".

In der Urteils-Anerkennung und im Bekennen kann der andere als eigensinniger verloren gehen. Das aber kann ich erkennen: Der andere ist jenseits meiner Anerkennungsmaßstäbe. Das zu bemerken kann eine Chance sein, meine Begrenzung zu erfahren, mich selbst kennen zu lernen und überhaupt zu lernen. Erst im Gespräch werde ich meiner selbst gewahr, und es mag Mut erfordern, sich zum Wahrgenommenen bekennen zu müssen. Anerkennung von Andersheit heißt im Vergleich mit anerkennendem Beurteilen, aber auch im Vergleich mit Bekennen, in stärkerem Maße Fremdes an mir und anderen zu entdecken und sie frei zu lassen - Andersheit ‚zuzulassen'.

Schelling verwendet diesen Begriff der *Zulassung*. In ihm – das greift Wolfram Hogrebe auf[4] – denkt er das Wirkenlassen eines unabhängigen Grundes. Der andere wird unabhängig von Formen angesehen; er wird mehr und kann mehr sein (und „ist" es) als das, als was jemand ihn bewertet, reduziert und begrifflich bestimmt denkt; wer einen anderen zu-lässt, lässt ihn in „sanfter Freiheit" gewähren, die offenbar nicht als Selbstbestimmung gedacht ist, *aber Eigenes formt*. Gegen ein Verständnis von Anerkennung bloß als Wertschätzung und Bekennen formuliert Hogrebe: „Das Eigene kann nicht Produkt einer Anerkennung sein."[5] Derart erweiternd oder eröffnend auf andere Menschen zu schauen rückt die oben bereits beim Personsein angelegte Frage in den Mittelpunkt, wer wir Menschen sind bzw. was das Ureigene in uns ist. Goethe folgend ist

---

[4]   Wolfram Hogrebe, *Der implizite Mensch*. Berlin 2013, 45ff., 111 ff.) Friedrich Wilhelm Joseph Schelling: Philosophische Untersuchungen über das Wesen der menschlichen Freiheit. ed. Thomas Buchheim, Hamburg 1997. S. 47.

[5]   Hogrebe, ebd., S. 43ff.

die Antwort uns Menschen entzogen, wir gehören zu den Entsagenden.[6] Gleichsam können wir Menschen nur asketisch auf uns zeigen, taktvoll wie mit Fingerspitzen. Das Ureigene wirkt, kann selber aber nicht bestimmt werden; es lässt sich in einem altmodischen Wort als ‚Seele' ansprechen.[7] Wenn der andere mir gegenüber immer als ein Mehr wirken kann, dann kann ich über mein Verhältnis zu ihm nicht alles bestimmen, auch das Verhältnis bleibt mir entzogen.

Anerkennung als Blick auf jemanden in Teilen Unbekannten, d.h. *Zulassen* geht mit Großmut, Demut und der Fähigkeit einher, Kompromis-

[6] „Unser physisches sowohl als geselliges Leben, Sitten, Gewohnheiten, Weltklugheit, Philosophie, Religion, ja so manches zufällige Ereignis, alles ruft uns zu, daß wir entsagen sollen. So manches, was uns innerlich eigenst angehört, sollen wir nicht nach außen hervorbilden; was wir von außen zu Ergänzung unsres Wesens bedürfen, wird uns entzogen, dagegen aber so vieles aufgedrungen, das uns so fremd als lästig ist. Man beraubt uns des mühsam Erworbenen, des freundlich Gestatteten, und ehe wir hierüber recht ins Klare sind, finden wir uns genötigt, unsere Persönlichkeit erst stückweis und dann völlig aufzugeben." Johann Wolfgang Goethe: Sämtliche Werke nach Epochen seines Schaffens. München, Wien 1985, Münchner Ausgabe, Bd. 16, S. 713.

[7] Die Intuition, gutes Miteinander eher als Zulassung denn als Anerkennung zu verstehen, rückt etwas Undefinierbares – die ‚Seele' - in den Mittelpunkt, um das moderne Philosophen gerne einen Bogen machen. „Die Seele ist also zu einem Residualbegriff geworden, wird allenfalls defensiv […] erwähnt, um einen sensiblen Unterbau unserer Empfindungen wachzuhalten, dessen Realität man nicht gut leugnen kann, den man aber nicht thematisieren möchte. Diese Thematisierungsscheu ist Teil einer Scham, das Eigenste zu benennen. Auch Philosophen sind bedauerlicherweise Kombattanten dieser neuen Verschämung geworden. Sie reduzieren die sensible Zwischenmenschlichkeit gerne auf Anerkennungsverhältnisse, denn diese lassen sich in soziologischen Formaten noch quasi objektivierbar, d.h. öffentlichkeitsfähig, darstellen. So ist für Axel Honneth das Individuelle auch nur ein Anerkennungsphänomen, d.h. „expressive Bekundung einer individuellen Dezentrierung, die wir angesichts des Wertes einer Person vollziehen: Wir geben durch die entsprechenden Gesten und Gebärden öffentlich zu erkennen, daß wir jener anderen Person aufgrund ihres Wertes eine moralische Autorität über uns einräumen". Wer hätte das gedacht? Aber Anerkennung, so beliebt sie im Anschluß an Hegel bei Philosophen dieser Tage auch ist, reicht nicht, um die implizite Tiefendimension des Eigensten jedes Menschen in seinen oszillierenden und empathischen Zuwendungen und Erwartungsbedürfnissen thematisch einzufangen oder zumindest zu umkreisen. Schon Schelling hatte dieses Defizit erkannt. Das Eigene kann nicht Produkt einer Anerkennung sein." Wolfram Hogrebe, *Der implizite Mensch*. Berlin 2013, S. 43ff. Trotz aller Anerkennung erfahre ich mich im Umgang mit Anderen nie vollständig, ich bleibe für andere und sie für mich ein Geheimnis

se zu schließen, bzw. jemand wird, wo er sich als eingemeindet erlebt, überwältigt, manipuliert, funktionalisiert, hinterhältig behandelt; wo eingemeindet wird, kann Eitelkeit folgen.

Nun ist die Aussage *Du bist für mich mehr als ...* gerade die Aussage Verliebter. Gerade dadurch, dass Menschen einander und sich selbst als ‚Mehr' anreden können, dass sie sich und andere, wie Hogrebe mit Bezug auf Paul Valéry formuliert, als entzogenen Urgrund zulassen, gebe es solche elementaren Brückenschläge wie die Liebe; deren Geheimnis liege darin, dass sie solche verbinde, deren jedes für sich sein könnte und doch nicht ist. Tiefe Verbundenheit, möglicherweise auch tiefe Bekenntnisse, entstehen durch Zulassen von Erweiterungen, die darauf ruhen, sich und andere als Entzogene zu sehen, besser: wirken zu lassen. So gesehen entsteht Nähe durch Distanz und Distanz durch Nähe, Gemeinsamkeit durch Unterschiede und Unterschiede durch Gemeinsamkeiten. Das Verständnis von ‚Seele', das so aufscheint, ist keines der Einheit einer Person, eines Subjekts oder einer begrifflich-bestimmt erzwungenen Einheit: Ich richte mich ja nur darauf aus, beispielsweise in Tänzen, in denen ich mich versammle, sowie in expressiver Kreativität. (Ich verordne mir selbst, den bei uns spielenden Jungen vielfältiger anzublicken; er hat ein freundliches, reflektiertes und schalkhaftes, schelmisches Gesicht; mal sehen, was ich an ihm entdecken kann. Er blickt mich sehr kurz an.)

Ein Leben, in dem ich mich auf ein Wirken von Seelen ausrichte und mich von ihnen inspirieren lasse oder in dem ich meine Seele und die anderer als Grund auffasse, gibt mir in gewisser Weise eine Verbundenheit über Grenzen hinweg und eine Orientierung an etwas Unbestimmtem, so dass Hogrebe folgend die Philosophie einen natürlichen Anspruch hat, Herrin des letzten Worts zu sein.[8] Aber eines letzten Worts, dessen sich niemand bemächtigt, das nicht „behalten" wird. Die Unverfügbarkeit des Menschen, die zu wünschende Tatsache, dass jeder ihn als ein Wer und nicht als ein Was anredet und behandelt, die in Deutschland in Artikel 1 des Grundgesetzes angesprochen wird, könnte so eher auf dem Begriff der Seele gründen als auf dem der Person. Denn zwar ist der Begriff der Person in einem moralischen Sinn für die Zurechenbarkeit des Menschen essentiell, aber wenn es um die Ganzheit des Menschen und um das geht, was es zu schützen gilt, dann sind das nicht nur die moralischen Komponenten. Zu schützen im Sinne der Unverfügbarkeit ist die Welt, die als von uns Menschen unabhängig wahrgenommen und dar-

---

[8]   vgl. ebd., S. 35.

gestellt werden kann – etwas, das Künstler, lassen sie ihre Seele sprechen, wohl tun – und es ist das bei uns Menschen, was uns und anderen entzogen ist und sich beispielsweise in Humor, Anarchie und Mystik zeigt.[9]

Das anerkennende Urteil, aber ebenso das bloße Bekennen von etwas Fixem sind so besehen in einer Weise der Abschied von Seinsfülle. So wie vorhin das Ja-Sagen beim Bekennen kein Urteilsakt war, so ist Sein hier kein Prädikat, sondern ein ,ontisches Vernehmen' oder Poiesis; eigentlich will ich aber keinen Begriff dafür geben, jeder wäre schief.

Ich kann jedoch nicht nur seinsvoll leben: weil ich anerkennende Begrenzung brauche. Denn diese definiert mich. Das zu ignorieren ist ein Fehler der 1968er, mancher Esoteriker und romantisierend-alles-gutheißender heutiger Eltern.

Urteilen ergibt daher in anderer Weise Seinsfülle in Begrenzung, und durch sie. Grenzen kann ich, empört, erziehend oder auch selbstgewiss, als Hindernis und Gestaltungschance begreifen, ich kann ohnmächtig reagieren; ich kann sie aber auch als Vorgabe akzeptieren, ihnen gegenüber gelassen sein und schließlich: wahrnehmen, was auf der anderen Seite ist. Das ergibt eine Rückwendung zu mir.

„Seinsfülle", ein merkwürdiges Wort. Als könnte ich eine solche gleichsam mystisch erleben, ohne Sätze, die mich vom „Sein" abschnitten. Beinahe könnte man so wieder eine Zwei-Welten-Theorie etablieren; ich hier in meinen Bestimmungen und Erkenntnissen, die meine Vorstellungen sind, und dann ein Gemeinsam-Sein, das unbestimmt ist. Kant, für den sich alle Erkenntnis auf vorgestellte Objekte bezog, suchte Erkenntnisse zu retten und opferte dafür einen emphatischen Zugang zur Welt. Kant rettete, überspitzt formuliert, die Erkenntnis und opferte die Welt. (Um eine Formulierung von Friedhelm Schneider zu verwenden: Er fragte sich nur, wie man zu begründetem Wissen gelangen könne, und nicht mehr, was den Namen Wirklichkeit verdiente – bzw. die Wirklichkeit selbst verdiente ihn nicht.) Will ich in gewisser Weise die Welt retten, indem ich von Zulassen rede? Ich denke an Bond, da ich die Welt nicht retten kann, weil das meine Denk- und Handlungsfähigkeiten übersteigt. Bond rettet die Welt, indem er sich selbst absolut setzt. Ein absoluter Idealist.

(Mit dem Baum hat das alles nichts mehr zu tun. Oder? Ich bekenne mich nicht zu ihm, jedenfalls nicht in einem emphatischen Sinne, vielleicht erkenne ich ihn an, weil er mich mir wahrzunehmen gibt und da-

---

[9]   vgl. Hogrebe, ebd., S. 57.

mit bedeutsam ist. Aber viel eher ist es ein Eingestimmtsein mit ihm in etwas, in dem er und ich zusammen sind und in dem ich Stimmungen und Wirkungen zulasse. Das ist möglicherweise eine gute Metapher auch für menschliches Zusammenleben.)

Ein letzter Gedanke zu diesem komplexen Thema: Ich vermute, dass die ästhetische Erweiterung der Wirklichkeitsbezüge etwas mit *Glauben* zu tun hat, bin mir dessen aber nicht sicher. Ich will dabei ,an einen Menschen glauben' von ,an Gott glauben' unterscheiden.

Welche Art von Anerkennung drückt sich in dem Satz ,Ich glaube an dich' aus? Das ist ein Glaube im Sinne der Wertschätzung, des zugewandten Bekennens *und* der Zu-lassung. Ich kann nur an jemanden glauben, dessen Wert ich schätze, ganz unbegründet wird solches Vertrauen nicht ausgesprochen. An jemanden zu glauben drückt dann die Vertrautheit mit der Person und das Sich-zu-ihr-Bekennen aus. Und schließlich ist es ein Vorschuss an Vertrauen; durch den Glauben kann sich die Person dessen, woran geglaubt wird, würdig erweisen wollen, und die Person, die an jemanden glaubt, traut ihm ,noch mehr' zu, d.h. auch solches, dass sich bisher noch nicht gezeigt hat. Wohl den Eltern, die in diesem Sinne an ihre Kinder glauben können.

Glauben an Gott, denke ich, kann eher als Bekennen und kaum als urteilende Anerkennung verstanden werden. Die Frage danach, ob jemand glaubt, wird zwar oft so gestellt: ob die Person glaube, dass es Gott „gebe". Damit rückt die Frage in der Tat in die Perspektive der anerkennenden Beurteilung. Erkenne ich an, dass es Gott gibt, dass er „da" „ist"? Oder meine ich dann sogar: Erkenne ich Gott an? Ich kann mich schließlich auch über sein Verhalten oder vielmehr seine Untätigkeit beschweren.

So gesehen wäre jemand, der vor der Entscheidung steht zu glauben oder nicht, der *selbsternannte und selbstbestimmende* Richter, an dessen Vernunft sich bemesse, ob Gott sei und ob er vollkommen gut sei. Welche Urteile lassen sich bilden? Gott zeigt sich kaum, er ist vollkommen, er spricht nicht mit mir usw. Der Wissensstatus solcher Urteile ist völlig dunkel.[10]

---

[10] Meister Eckhart: „So sage ich denn auch, dass Gott das Sein nicht zukommt, und dass er kein Seiendes ist, sondern er ist etwas Höheres als das Seiende." Meister Eckhart: Predigten. Texte und Übersetzungen von Josef Quint. Herausgegeben und kommentiert von Niklaus Largier. In: Bibliothek des Mittelalters. Bd. 20, Deutsche Werke I. Meister Eckhart Werke I. Frankfurt/ M. (Deutscher Klassiker Verlag) 1993, S. 33ff..

Und auch in der Entstehung und in der Einstellung des religiösen Glaubens ist das Bild der urteilenden Anerkennung als zentralen Glaubenszuges unpassend. Menschen werden nicht durch einen Akt urteilender Entscheidung zu Gläubigen, das verfehlt Wege zum Glauben sowohl zeitlich als auch in der Tiefendimension. Zu Gott bekenne ich mich eher, als dass ich ihn anerkenne. Bekennen heißt, *Ja* zu sagen, Bekennen und anerkennendes Beurteilen sind in dieser Weise so wie Annehmen und Behaupten radikal voneinander verschieden.

Was mich an der Vorstellung zweifeln lässt, Glauben sei als Bekennen zu deuten, wenngleich noch weniger als Urteilsakt der Anerkennung, ist etwas, das schon sprachlich einen Unterschied macht. *Ich bekenne mich zu Gott,* das würde ich nicht sagen, zu Menschen hingegen schon. Ich glaube an Gott – im Sinn des Glaubensbekenntnisses, jedoch auch im Sinn des sich Angesprochen-Findens von Gott. *Ich bekenne Gott,* würde ich eher sagen. Mich *zu* Gott zu bekennen und ihn anzuerkennen hieße, ihn als bekanntes Gegenüber zu fokussieren.

Abgesehen davon, dass fraglich ist, wer ein solches Von-Angesicht-zu-Angesicht aushalten würde, ist das Gott bekennende Verhältnis eines, in dem ich in einen Bezug hineingehe. Gott zu bekennen könnte als Gegenüber eher mich oder meine Mitmenschen in den Fokus setzen. Ich bekenne Gott, d.h., ich richte mich in Wort und Gedanke und Tat auf ihn aus, mich vertrauend, hineinbegebend, bangend, betend, hoffend. Darin ist Gott als eine Seite einer mehrstelligen Relation unbekannt.

Das spricht dafür, den Bezug, in dem ein Glaubender steht, eher als Zulassen anzusehen, als etwas, das sich in Freiheit ausdrückt und in ihr erweitert und in ihr seine Realität erzeugt. ,Es *kann* sein', sagt der Gläubige, und insofern könnte die Differenzfähigkeit postmoderner Denker, und eines Denkens, das auf Erweiterung realer Möglichkeiten aus ist, eine treffliche Voraussetzung zur Religion sein.

Ich möchte zusammenfassen. Wertschätzung, Bekennen und Zulassen sind unterschiedliche Bedeutungen von Anerkennung. In diesen unterschiedlichen Konzipierungen entstehen unterschiedliche Perspektiven, unter denen ich Mitmenschen betrachte, und es geraten je unterschiedliche ihrer Komponenten in den Blick, bzw. im Fall der Zulassung neue Facetten. Anerkennung als Oberbegriff ist erstens Wertschätzung – dann wird dem Erkannten ein positiver Wert beigemessen -, zweitens Bekennen – dann liegt die Zuwendung und das aller Bewertung vorgängige Annehmen eines anderen vor, der andere wird als an und bei mir seiend gesetzt, er wird in meiner Nähe ,gesehen' – und drittens Zulassung – dem anderen wird ein Freiheitsspielraum eröffnet, ich sehe ihn[11] und mich als in Teilen unbekannten Anderen an. Jeder Mensch, der anerkannt sein möchte, will wohl das Gefühl haben, in irgendeiner Weise gut zu handeln, gut und das heißt, willkommen zu sein und dabei ebenso frei von Eingemeindungen; er möchte *gewürdigt* werden, und dass ich hierfür ein Wort verwende, das ebenso den Konjunktiv von *Sein* meint, passt zu dieser dritten Bedeutung von Anerkennung.

Tzvetan Todorov verwendet in Bezug darauf, wie Menschen überhaupt zu anderen eingestellt sein können, genau diese drei Bedeutungen. Er unterscheidet drei Achsen, auf denen Beziehungen zu anderen angeordnet werden können.

„Auf der ersten haben wir das Werturteil (eine axiologische Ebene): Der andere ist gut oder böse [...], er ist mir ebenbürtig oder er ist mir untergeordnet [...]. Auf der zweiten haben wir die aktive Annäherung an den anderen, bzw. die Distanzierung von ihm (eine praxeologische Ebene) [...]. Drittens kann ich die Identität des anderen kennen oder nicht kennen (das wäre die epistemologische Ebene)".[12]

Die heutige inflationär betriebene Wertschätzung der Handlungen von Personen könnte eher im Sinne eines fehlbegriffenen richtigen Anliegens bestehen. Es könnte wohlverstanden die Intention ausdrücken: Ich bekenne mich zu dir, ich gebe dir Zuwendung, ich lasse dich zu, ich etikettiere dich nicht. In solcher Einstellung zu anderen könnte dann wieder auch deutliche Kritik aushaltbar werden, und beschönigende Belobigungen müssten nicht stattfinden. Honneths Diktum - Das Eigene ist Produkt einer Anerkennung – scheint mir falsch oder genauer: nur bedingt gültig, wenn Anerkennung als Wertschätzung begriffen wird. Hingegen werden Menschen sie selbst (verstanden als unabschließbaren, den Menschen erweiternden Prozess), wenn sich jemand zu ihnen bekennt und ihnen eine Erweiterung zutraut.

---

[11] Vgl. dazu die Rezension von Christoph Hennig „Axel Honneth: Das Ich im Wir Studien zur Anerkennungstheorie. Berlin 2010. Suhrkamp." in Philosophische Rundschau Bd. 58, Heft 1 2011. S. 66-71. C. Henning geht auf unterschiedliche Theorien der Anerkennung ein; u.a. das Buch von Jessica Benjamin: Die Fesseln der Liebe. Psychoanalyse, Feminismus und das Problem der Macht. Frankfurt/ M. 1990.

[12] Vgl. Tzvetan Todorov, Die Eroberung Amerikas. Das Problem des Anderen (1982). Frankfurt/M 1985, S. 221.

Dass Phänomene nicht nur zu genau einer der drei Deutungen von Anerkennung passen, lässt sich noch einmal an ihren Zusammenhängen begreiflich machen; über den Zusammenhang von Wertschätzung und Bekennen ist dabei bereits genügend gesagt worden. Anerkennen als Zulassen kann dazu führen, den Urteilen des Gegenübers, also seinen Deutungen mehr Raum zu lassen. Diese Urteile können in die eigenen Deutungen einfließen. Sich zu jemandem zu bekennen kann Folge davon sein, diesen Menschen als immer wieder überraschend und unbekannt anzusehen. Und ich kann jemandes Anderssein annehmen, vielleicht sogar bereitwilliger, wenn ich mich zu ihm bekenne. Zulassen setzt nämlich Einlassen voraus, Einlassen Bekennen. Eine Basis für wertschätzende Anerkennung im Sinne der möglichst wohlwollenden Interpretation von Äußerungen ist der Versuch, jemanden von innen zu verstehen, wofür man sich wiederum einlassen muss.

Wer etwas *erkennt*, ist frei, welche Erkenntnismittel er benutzt, d.h. es herrscht Methodenfreiheit. Auch in den drei Bedeutungen von *Anerkennung* sind jeweils unterschiedliche Freiheitsperspektiven enthalten. Und zwar hat, wer etwas *wertschätzt*, die Wahl der moralischen Prinzipien (Werte, Sitten, Freiheitsgesetze oder Urteilsgrundlagen). Wer sich zu etwas *bekennt*, hat die Freiheit der Zugehörigkeit, heute vornehmlich die Freiheit verstanden als Selbstbestimmung. Wer an anderen und sich etwas *zu-lässt*, praktiziert schließlich die oben erwähnte sanfte Freiheit, d.h. im Zwischenverhältnis und im Selbstverhältnis der Menschen das Freilassen und die ästhetische Freiheit, etwas immer mehr sein zu lassen und ihm einen poietischen Eigensinn zu lassen, über den ich nicht verfüge. So gesehen begegnen mir Menschen in ihrer Freiheit immer auch als Unbekannte, über die ich nicht aussagen kann, woher sie ihre Impulse zum Handeln nehmen. Das Nichtwissen ist hier konstitutiv für ein Menschenbild. Die Frage, woher die Freiheit kommt, könnte man sagen, ist Gott sei Dank unbeantwortbar, und sie ist falsch gestellt: Wäre sie beantwortbar, handelte es sich nicht um Freiheit. (Die jeweiligen Freiheiten können natürlich auch und gerade jeweils: fehlen.)

Viel wichtiger als all diese Fragen ist aber, wie ich mit dem konkreten Kind vor mir zusammenlebe.

8. Bin ich ein Typ?

Neulich hörte ich, wie ein mir in Sympathie vertrauter Freund über den Umgang mit Menschen fremder Kulturen sprach. Interkulturelle Begegnung könne Respekt und Wahrnehmung verschiedener Kulturen befördern, aber sie laufe Gefahr, die Vorurteile gegenüber anderen Kulturen zu verfestigen. Denn die Begegnung könne bloß folkloristisch sein – wenn Menschen verschiedener Kulturen einander ihre nationalen Speisen oder Riten zeigen und an ihnen teilnehmen -, und sie könne diskriminieren – indem das Interesse am Gegenüber, das aus einer anderen Kultur stammt, auf dieses kulturelle Anderssein gerichtet wird. Dadurch werde der Andere hauptsächlich oder nur als spezifisch kulturgeprägter Anderer in den Blick genommen und auf dieses sein Anderssein reduziert; er werde zum typischen Mitglied einer anderen Kultur.

Mein Freund, ein Türke, fühlte sich in Deutschland regelmäßig ausgeschlossen, wenn seine Freunde und andere deutsche Bekannte über ihn als Türken sprechen wollten. Sie zementierten dadurch seine Identität als Türke, durch welche Zuschreibung er, der sich ansonsten als „normaler Deutscher" begriff, sich außerdem als minderwertig fühlte; so sei die Zuschreibung jeweils auch erfolgt. Er fühlte sich als Typ „Türke" klassifiziert und reduziert und in seiner Identität nicht wahrgenommen. Worin besteht - frage ich mich - die Identität eines Menschen? Sinnbildlich gesprochen glaubte er, in Gesprächen mit Deutschen stets und als erstes erklären zu müssen, dass er nicht frauen- und demokratiefeindlich eingestellt sei.

Besser, sagte er, sei in interkulturellen Begegnungen der Ansatz der „diversity". Dieser Ansatz beruhe darauf, jeden Menschen in seiner individuellen Besonderheit anzuschauen und ihn demzufolge nicht auf seine kulturellen Identitätsmerkmale zu reduzieren.

Was ist davon zu halten? Vieles spricht dafür: Die Einzigkeit und Individualität der Person wird so viel stärker in den Blick genommen, jedes Gegenüber wird nicht als Mitglied der Kultur X, als Typ von Y oder als Fall von Z aufgefasst, sondern vielschichtiger, eben: individuell aufgefasst. Es scheint viel stärker den individuellen Merkmalen und der individuellen Prägung zu entsprechen, jemanden als gekennzeichnet durch viele Identitätsmerkmale und als frei gegenüber Prägungen aufzufassen und anzusprechen, als ihn auf seine kulturellen Merkmale zu reduzieren. Wie viele muslimische Migranten sind weitaus stärker geprägt durch die Sozialisation in Deutschland, durch die individuelle Erziehung in ihrem Heimatland, durch regionale oder familiäre Besonderheiten, durch Freunde usw. als durch das bloße Merkmal „Das ist ein Moslem" (als wäre diese Eigenschaft charakterbildend). Durch eine Betrachtung des anderen als individuell Besonderen erhält jeder die Chance auf Entfaltung und auf vollständigere Wahrnehmung.

Als ich über diese Bereicherung der zwischenmenschlichen Begegnung durch ein verändertes Konzept nachdachte – diversity statt Interkulturalität – mischten sich jedoch auch Zweifel in meine Zustimmung.[1] Als erstes dachte ich darüber nach, ob die Zuschreibung „Hier sieht mich jemand (nur) als Türke an" nicht auch andersherum vorliegen könne. Wenn jemand einen Türken als Türken anspricht und so Interesse an dessen Lebenssituation oder Herkunft bezeugt, dann kann der so Angesprochene dieses Interesse als Stigmatisierung deuten – „aha, der reduziert mich auf mein Türkisch-Sein und wertet mich ab" -, während dem Interesse selbst vielleicht keine Zuschreibung zugrunde lag, sondern Interesse an der besonderen Situation als Türke. Wenn ich Interesse an einem Rollstuhlfahrer habe und ihn deshalb befrage, wie seine Situation ist, oder, um ein Klischee zu bemühen, frage, ob ich ihm in einer bestimmten Situation behilflich sein kann, dann fällt natürlich die Tatsache, dass er im Rollstuhl sitzt, in meine Aufmerksamkeit, aber daraus folgt nicht, dass ich ihn auf dieses Merkmal reduziere.

Wenn Situationen zwischen Menschen immer deutbar sind und diese Deutungen wechselseitig die zwischenmenschliche Begegnung beeinflussen (und beeinträchtigen) können, dann lässt sich allgemein wohl nur weniges zur Gestaltung der Situation als Ratschlag formulieren: Lass dich nicht von den Deutungen, mit denen dein Gegenüber dich überzieht, in Bann ziehen. Reduziere dein Gegenüber nicht auf das Merkmal, das dir ins Auge fällt. Dementsprechend sind im Umgang zwischen Menschen Mut und Takt erforderlich, der Mut, das ins Auge fallende Merkmal anzusprechen und im Handeln zu berücksichtigen, und der

---

[1] Der Begriff der ‚diversity' wird hier in Anspruch genommen als Verständnis vom Menschen, das ihn als Besonderen jenseits von Kategorien begreift, und als durch *viele* Merkmale und nicht nur durch ‚typische' geprägt.

Takt, zurückhaltend mit eigenen Deutungen des anderen zu operieren und ihn nicht auf das ins Auge Fallende zu beschränken – das Geltendmachen der Wahrnehmung und die Fokussierung nicht auf ein Merkmal.

Interessant ist in dem Zusammenhang, dass Kinder sich bisweilen in ihrer Wahrnehmung nicht auf ein spezifisches Merkmal fokussieren. Indem sie andere ausgehend von ihrer Handlungssituation und ihren Interessen ansprechen, ist ihnen der kulturelle Status eines Mitschülers, Nachbarn usw. irrelevant. Chong, Mylene und weitere Mitschüler waren für mich als Schüler nicht Migranten, sondern meine Freunde, Mitschüler und Kameraden.

Aber ist die kulturelle Herkunft meines Gegenübers, so dachte ich als zweites, in Wirklichkeit irrelevant? Kulturen prägen, sie bedingen auf einer tiefen Ebene, wer jemand ist, und das gilt generell, gleichgültig, ob jemand – als Türke oder Deutscher -, erlebt hat, dass seine Mutter nicht gleichberechtigt ist, ob es sich um kulturelle Gewohnheiten oder Mentalitäten handelt oder ob jemand in einer Mischkultur aufgewachsen ist.

Für die deutsche Kultur gilt kulturelle Prägung beispielsweise bezogen auf die Frauenrolle der Mütter, die typisch war bis vielleicht 1990, z.T. heute noch, und es kann geraten sein, sich als Erwachsener mit ihr auseinanderzusetzen. Es gilt ebenso für die nationalsozialistische Vergangenheit: Wir Deutsche sind geprägt durch diese Vergangenheit, was nicht automatisch heißt, dass wir Nationalsozialisten sind, aber wir oder unsere Eltern sind mit gewissem Gedankengut und bestimmten emotionalen Konstellationen konfrontiert oder infiltriert wurden, zum Beispiel seitens der Großeltern. Wie Sabine Bode und andere herausgearbeitet haben, können wir selbst über mehrere Generationen hinweg traumatisiert sein.[2]

Als drittes habe ich gedacht: Wir Deutsche sind erst dadurch ein so wunderbares Land geworden, dass wir uns unserer kollektiven Prägung und Schuld innegeworden sind und damit der ständigen Rückversicherung über unsere aus dieser Schuld im Besonderen erwachsene Verpflichtung als Deutsche, Fremde nicht zu stigmatisieren. Und zwar gerade auch dann, wenn es anstrengend, belastend und seitens anderer stigmatisierend war, uns mit dieser Vergangenheit immer wieder, auf sie angesprochen, auseinandersetzen zu müssen. Es gibt sehr wohl kulturell relevante Eigenschaften, und der diversity-Ansatz blendet aus, wer wir in

---

[2]   Sabine Bode, Die vergessene Generation. Die Kriegskinder brechen ihr Schweigen. Stuttgart 2004.

Wirklichkeit sind. Und setzt stattdessen eine blasse Wir-sind-alle-so-individuell-Mentalität, die den Tatsachen nicht genügend Rechnung trägt und uns nicht genügend stark damit in Auseinandersetzung bringt, wer wir sind und wie wir geworden sind – und etabliert stattdessen eine oberflächlich-korrekte Sprachregelung der Toleranz? Ist nicht zwischenmenschliche Begegnung immer auch Durchgang durch die Prägungen als Mensch mit bestimmten, typischen Erfahrungen? Erfahrungen, in denen Erinnern und Vergessen aufeinander verweisen? Bestimmte Prägungen entstehen, weil etwas erinnert und anderes vergessen wird. Zu Recht wird in der Erinnerung an das Dritte Reich die Erinnerung an die Einzigartigkeit der deutschen Schuld hervorgehoben; sie war und ist belastend und prägt, aufgearbeitet, wer wir Deutsche sind und sein wollen. Andere Erinnerungen an die Zeit zwischen 1939 und 1945, der Stolz auf die eigenen Grandiositätsgefühle etwa, können ebenfalls aufgearbeitet werden, liegen aber eher vergessen in der Vergangenheit und werden der eigenen Identität nicht als maßgeblich zugrundegelegt.

Wer ich bin, bin ich nicht in einem statischen Sinn, aber infolge von gestalteten Prägungen, die kulturell, in Subkulturen, durch Medien und in einer Nation entstanden sind. Es gibt besondere nationale Prägungen, in Deutschland beispielsweise die des vorsichtigen, weltoffenen Patriotismus, sichtbar erstmalig bei der Fußballweltmeisterschaft 2006, die der Verantwortung für die Weiterentwicklung der Zusammengehörigkeit europäischer Länder, das besondere Verhältnis zu Israel als Vermächtnis des Holocaust und nicht zuletzt die kulturellen Zugehörigkeiten, die sich aus der Tradition ergeben, die sich mit den Namen Luther, Kant, Bach, Beethoven, Goethe und Schiller ergeben, um nur einige zu nennen.

Natürlich überschneiden sich solche Identitätslinien mit solchen, die ebenso für Dänemark wie Frankreich gelten, wie beispielsweise die Achtung der Menschenrechte, der Demokratie, die Aufnahme der Tradition politisch-liberaler Gedankengänge. Und sie überschneiden sich mit übernationalen Identitätslinien, die islamischen und christlich geprägten Ländern gemeinsam sind: beispielsweise die Prägung durch die Antike und durch das Alte Testament sowie durch zahlreiche intellektuelle Begegnungen von Künstlern, Politikern und Wissenschaftlern des Okzidents und des Orients.[3] Nebenbei bemerkt, eröffnet die Auseinandersetzung mit solchen Identitätslinien, die bei Individuen immer jeweils

---

[3]   vgl. Interview mit Th. de Maiziere, 1.9.2016, in „Der STERN", S. 101 f. Vgl. Mathias Énard, Kompass (2015). München 2016.

unterschiedlich prägend waren, auch Horizonte für Gemeinsamkeiten, nicht nur für (individuelle) Unterschiede.

Insbesondere die nationale Identität, natürlich nicht verstanden als grobes gleichmacherisches Konzept einer Identität für alle, ist hilfreich, um an die Verantwortung zu erinnern, die damit vermacht ist, ein in einem Gemeinwesen und durch es geprägter Mensch zu sein, der gegenüber den anderen Mitbürgern auch Lasten zu tragen hat, die aus seiner nationalen Zugehörigkeit erwachsen.

Nationale Identität, damit kann nämlich die verzweifelte Suche nach etwas gemeint sein, die jemanden auszeichnet, der nicht stabil ist und sich von Fremden abgrenzen möchte. Es können, allgemeiner gesprochen, die kulturellen Außenhalte sein, die jeder Mensch braucht, um in einer Gemeinschaft ein Ich zu werden, es kann aber auch die ehrliche Bestandsaufnahme einer individuell je unterschiedlich konfigurierten Prägung durch eine Heimat sein, die alle Menschen in sich tragen. Schließlich ist eine Nation nun einmal ein organisatorisch und rechtlich so und so verfasstes Gebilde, das den einzelnen ihre Verfassung gibt und eine Verantwortung für ein Gemeinwesen, das dann, in einem zweiten Schritt, in eine Verantwortung gegenüber Menschen unabhängig von ihrer Nationalität münden kann.

Nationalstolz kann dazu führen, andere Nationen geringer zu achten, er kann dazu führen, sich spielerisch in einen Austausch mit anderen zu begeben, wie es etwa bei nationalsportlichen Auseinandersetzungen der Fall ist; er kann die Reflexion auf diejenigen Merkmale des eigenen Landes sein, auf die stolz zu sein jemand Grund zu haben findet. Wahrscheinlich benötigen westliche Gesellschaften heutzutage einen aufgeklärten Patriotismus als ein Stück ebenso begründbaren Stolzes wie begründbarer Demut und Scham; wenn wir alle das Feld des Patriotismus' nicht in einem aufgeklärten Sinn besetzen, berücksichtigen wir unsere Herkunft nicht und werden andere es in einem unqualifizierten und dumpf fremdenfeindlichen Sinn tun.

Wenn die Fortschrittlichkeit des diversity-Ansatzes in Frage steht, dann nicht nur dort, wo der interkulturelle Ansatz aufrichtiger ist, sondern auch, weil beiden Ansätzen eine Ausblendung jeglicher moralischer Bewertung von Eigenschaften, Einstellungen und Verhaltensweisen zu eigen ist. Denn die bisherigen Beispiele aus der heutigen Zeit sind im moralischen Sinn harmlos, es gibt aber andere. Jemand kann geprägt sein durch eine Kultur der Herabwürdigung der Frauen und der Weiblichkeit oder durch eine Kultur der Missachtung von Menschenrechten.

Dann macht es Sinn, ein ethisches Gespräch über solche Prägungen zu führen, sei es im privaten Bereich oder im öffentlichen, beispielsweise in der Schule. Sicher, eine solche moralische Betrachtung kann Gefahr laufen, die Wahrnehmung des anderen hinsichtlich anderer Eigenschaften auszublenden, insofern er nach Maßstäben bewertet wird und ihnen getreu eingeschätzt wird oder insofern im Gespräch auf die moralisch relevanten Aspekte fokussiert wird, die gerade reflektiert werden. Aber eine Ausblendung von Moralität reduziert das Problembewusstsein bezüglich mitmenschlichen Verhaltens – niemand wird wohl gegenüber einem IS-Kämpfer behaupten, dass Unterschiedlichkeit normal und Unterschiede immer bereichernd seien: nicht jede kulturelle oder individuelle Eigenschaft ist darum schon gut. Eine Ausklammerung moralischer Fragen blendet Chancen von Weiterentwicklung aus.

Wann ist der Übergang von einer Unterhaltung in einen moralischen Diskurs oder in ein moralreflexives Gespräch über Wertunterschiede angezeigt? Ich vermute, dass das nicht schon bei allen moralischen oder sittlichen Fragen der Fall ist. Denn moralische Fragen im engeren Sinn (im Unterschied zu rechtlichen) betreffen die Lebensführung eines Menschen für sich genommen, die eigenen Zielsetzungen, Prioritäten und Grundsätze. Geht es um die Weiterentwicklung solcher Moralitäten, so ist ein verstehendes oder beratendes Gespräch angezeigter. In einem solchen gelten unterschiedliche moralische Auffassungen als im Prinzip gleichwertig, es lässt sich aber nachfragen, was eine andere Person bewogen hat, gerade das und das als wichtig zu erachten. Bei sittlichen Fragen, hier verstanden als solchen Gebräuchen, in denen tradierte spezielle Auffassungen im Zentrum liegen, die moralisch irrelevant sind – fragt sich nur, ob man sie als solche erkennt –, ist das beschreibende Gespräch über die Unterschiedlichkeiten hilfreich, um nicht vorschnell zu urteilen. Beispielsweise gilt es in Japan als anstößig, sich die Nase zu putzen und auszuschnauben, während „Hochziehen" das Mittel der Wahl ist. (Und man kann sich sofort Situationen unzähliger Missverständnisse und Abwertungen der jeweils anderen Kultur vorstellen.)

Wahrscheinlich ist nur dort ein normativer Diskurs angezeigt, wo allgemein Fremdmissachtung und speziell Menschenrechtsverletzungen wahrgenommen werden. Wird ein normativer Diskurs geführt, wird um die Rechtmäßigkeit von Positionen, Verhaltensweisen und Einstellungen auf der Basis von Rechtfertigungen und Begründungen eigener Maßstäbe gestritten. Ein solcher Diskurs sollte um ein Gespräch erweitert werden, in dem im Geist der Zugewandtheit um gemeinsame Wahrheiten gerungen, nach Gründen für Annahmen gesucht wird, in dem reflektiert und nachgefragt wird, in dem Unterschiede gemacht werden und der Wunsch herrscht, verstehen zu wollen, wie das Gegenüber denkt.

Wann ist der Übergang aus einem moralischen Diskurs in ein kulturrelatives und/oder diversity-relatives Gespräch angezeigt? Wenn die Verständigung blockiert ist, wenn unaufhebbare Differenzen auftauchen oder ein scheinbarer argumentativer Zwang herrscht, der entweder andere in die Enge treibt oder nicht als scheinbarer erkannt wird. Wahrscheinlich ist in aufwändigeren Verstehens- und Überzeugungsprozessen ein Hin und Her zwischen verschiedenen Gesprächsarten sinnvoll. Unaufhebbare Differenzen liegen manchmal in einem Bezug zu Religionen vor, die Glaubensannahmen sind dann subtil und intim und sie zeichnen das Selbstverständnis aus. Sie sind aber durch Nachfragen und den Versuch, sich selber mittels Reflexion besser zu verstehen, ausdifferenzierbar. Und sie können ausdifferenzierungsnotwendig sein: In Werbevideos für islamistische Selbstmordattentäter werden üblicherweise keine Morde oder Bluttaten gezeigt, sondern erwartungsfrohe Landschaftsaufnahmen mit hoffnungserheischenden Bergaufnahmen, Lichtmetaphoriken und mantraartigen gesprochenen Hoffnungsperspektiven, Allah zu begegnen.

Daneben darf eines nicht vergessen werden: Die Stärke des diversity-Ansatzes liegt zwar nicht in seiner beschreibenden Kraft, wie eben sichtbar geworden ist, sie liegt aber in der Kraft, dem anderen zuzutrauen, sich aus seinen Prägungen zu lösen und sich ihnen gegenüber nicht als verfallen anzusehen; sie liegt in der Zulassung seiner Erweiterung und der sanften Freiheit, die wir Menschen anderen gegenüber erweisen. Die Entwicklung selbst erfolgt dann durch Reflexion und normengeprägtes, achtendes, sich zum Anderen oder Fremden bekennendes Zusammenleben, Anerkennung und gemeinsames Gespräch.

9. Takt oder Wahrheit: Jemanden beraten

Ich berate eine Person. Sie erzählt mir etwas, ich höre zu. Sie spricht schnell, springt von Detail zu Detail, involviert und wie eine Wühlmaus in ihre Geschichte verstrickt. Beraten heißt, auf Bedeutungen zu reagieren. Nur, welche Bedeutungen? Beratungssituationen sind wegen ihres bedrängenden Charakters von einer überbordenden Fülle von Bedeutungen geprägt. Um dies leisten zu können, bedarf es vielleicht sechs Tugenden:

Zum ersten braucht es eine gewisse Sättigung der Erfahrungen im Umgang damit, anderen zu helfen. Handelt es sich um eine professionelle Beratung, werden diese Erfahrungen möglicherweise als Regelwissen über Beratungen weitergegeben, auch wenn die Erfahrungen nicht mit einem Regelwissen gleichzusetzen sind. Der Berater kann auf ein Repertoire von Strukturen zurückgreifen, er kann eine gewisse Schrittfolge einhalten, er verfügt über Impulse, an denen er sich orientiert, beispielsweise: Was hast du bisher getan, um dein Problem zu lösen? Was könntest du dir als andere Art der Problemlösung noch vorstellen? Wenn heute Nacht ein Wunder geschieht und dein Problem gelöst wäre, woran würdest du das erkennen? Usw.

Zweitens sollte der Berater mitempfinden können, wodurch die Situation für den Betroffenen emotional gekennzeichnet ist. Tugenden der Nähe und der Einfühlung, der Wahrnehmung einer grundlegenden Gemeinsamkeit stellen wohl eine gelungene Basis dafür dar, dass das Gegenüber angenommen und verstanden wird und sich daher auch so fühlen kann. Insofern Empathie als stellvertretende Einfühlung gekennzeichnet werden kann, liegt in ihr Nähe, aber auch Distanz beschlossen, die ausbalanciert werden sollten. Das Versinken in den Gefühlswelten oder gar in ihrer Hoffnungslosigkeit ist nicht zu empfehlen. Eine Beratungssituation ist eine Situation *in statu nascendi*; jeweils ist aktuell offen, was sich ereignen wird und zu welchem Ergebnis man gelangt. Am besten begreift der Berater sich und die andere Person als in Entwicklung befindlich, es handelt sich um eine Situation des „Wir lernen gerade, wir versuchen gerade zu verstehen ...". Das mitempfindende Verstehen ist nicht abgeschlossen; es ist ein offenes gefühlsbegleitetes Suchen.

In der Ausbalancierung von Nähe und Distanz entwickeln sich Personen aneinander und durcheinander; insofern entwickelt sich auch die Individualität der Personen, in einer Notsituation besonders die des Ratsuchenden in der Gemeinschaft mit dem Berater, vielleicht auch durch diese Gemeinschaft. So verstandene Empathie zeigt sich nicht zuletzt in den Blicken, die ein Berater aussendet; sie signalisieren ebenso Nähe und Distanz: ‚Ich könnte mir vorstellen, dass die geschilderte Situation von den und den Gefühlen begleitet gewesen ist; jetzt schauen wir auf diese Gefühle mit einem in Verbindung zu ihnen stehenden Abstand.'

Zum dritten benötigt der Berater Tugenden der Aufmerksamkeit. Er muss wahrnehmen können, vielleicht muss er auf feine Zeichen achten, die ihm Winke darstellen, die in gewisse, noch unbemerkte Richtungen zeigen. Handeln heißt insofern, auf angesonnene Bedeutungen zu reagieren. Dafür ist notwendig, die Situation als freie und einzigartige aufzufassen. Um aufmerksam sein zu können, muss der Berater Äußerungen und Aspekte stehen lassen können. Er muss sie einklammern und als eingeklammerte betrachten können. Frei schwebende Aufmerksamkeit wird diese Tugend in der Sprache der Psychoanalyse genannt.

Viertens ist eine gewisse Tugend der Differenzfähigkeit essentiell. Nicht nur dass Unerwartetes geschehen darf, der Berater muss Unerwartetes begrüßen können. Manchmal erscheint ihm die Situation wohl deutbar, aber dann wieder geschieht Überraschendes oder eine Wahrnehmung verfeinert sich, schwenkt in eine ganz andere Richtung des Verständnisses. So bemerkt der Berater Unterschiede zwischen seinen Wahrnehmungen und Deutungen, und er bemerkt Unterschiede zwischen sich und dem Ratsuchenden. Die Tugend der Nähe entspricht im Verlauf des Gesprächs der Fähigkeit, mitgehen und assoziieren zu können, wohingegen die Tugend der Differenz der Fähigkeit entspricht, dissoziieren zu können, abzurücken von Vorstellungswelten, verfremden zu können und einen naiven Außenblick einzunehmen.

Mit dem Einpendeln von Nähe und Distanz geht die Tugend des Taktes einher. Im Takt wird besonders die Sensibilität im Umgang mit anderen Mitmenschen deutlich, er ist die Tugend par excellence des Zwischenverhältnisses zwischen Menschen, die Tugend der Wechselbeziehung, Takt räumt dem anderen sanfte Freiheit ein.

Takt könnte man als Be-Hut-samkeit definieren, das heißt als Tugend, etwas zu hüten, zu behüten und zu umsorgen. Das Bild des Hutes verdeutlicht, dass Menschen in Gesprächen in gewisser Weise ebenso einen Rollenabstand wahren - sie „tragen einen Hut" - wie „unter einem Hut" stecken, und dass nicht jeweils alles gesagt werden muss, sondern manches gut bewahrt in ihm bleiben soll. Es wird dann wie ein Geheimnis bewahrt und gewahrt, die taktvolle Person gewährt der anderen einen Spielraum und einen Eigensinn; Schweigen zu können gehört da mit hinein. Insofern zwei Menschen einander nie vollständig erkennen können, wahrt eine taktvolle Person im Wissen um wechselseitiges Vertrauen gewissermaßen die Treuhandschaft für ein Unverfügbares. Die hierbei benutzte Metapher der Wahrheit überstrapazierend könnte man sagen: Wahr ist nur ein Geheimnis, bzw. wahr wird ein anderer mir nur als ein Geheimnis.

Takt ist Rhythmus, d.h. die Fähigkeit, den Rhythmus des Gespräches zu beachten und dem Rhythmus des Gegenübers zu folgen, ihn aufzugreifen, zu akzentuieren und zu formen. Insofern ist Takt Fingerspitzengefühl (tactus, der Tastsinn, von lat. tangere, berühren) als Wahrnehmung einer Situationen, in der ein Übergang zu einer anderen Gesprächsart unpassend wäre, ja vielleicht überhaupt als das Vermögen, ein Gefühl dafür zu entwickeln, wann eine Gesprächsart oder –richtung gewechselt werden kann.

Als Rhythmusempfinden bedeutet taktvoll zu handeln keineswegs, darauf zu verzichten, die eigenen Gedanken deutlich zu äußern. „Darin liegt die Schwierigkeit und manchmal das Verhängnis des Takts. Vor lauter Vornehmheit versagt man sich das direkte Wort. Vor lauter Einfühlungsvermögen vermeidet man... den offenen Zugang."[1]

Bei Takt geht es nicht primär um die Entscheidung für das Schweigen, weil eine Äußerung jemanden verletzen oder stellen würde, sondern für die richtige Formulierung angesichts dieses Wissens. Wenn Menschen gemeinsam musizieren, ist nicht einer immer passiv und passt sich dem Rhythmus der anderen an; jeder gestaltet das Stück vielmehr aktiv und setzt Akzente. Das gilt auch beim musikalischen Begleiten.

Bisweilen erscheint eine taktvoll-einfühlsame Äußerung sogar als taktlos. Der Rhythmus in einem Gespräch und in einem Menschen kann gestört sein, es stolpert und holpert, der eine fühlt sich von einer mitfühlenden Äußerung vor den Kopf gestoßen, fühlt sich gestellt und konfrontiert und kann sich dabei nur nicht durch den anderen erkennen

---

[1] Martin Seel, 111 Tugenden. 111 Laster. Eine philosophische Revue. Frankfurt 2012, S. 26.

lassen. (Die Person wollte nicht im Takt bleiben.) Aber eine solche Situation ist der Schlüssel zum tieferen Verstehen; wo es wehtut, kann die Wahrheit gesucht werden bzw. der Knoten, der zum Problem geführt hat. (Der als unsensibel geltende Elefant kann sich auch fragen, wieso man ihn dorthin gestellt hat, wo so viel Porzellan ist. Beziehungsweise, man kann jemanden auch so mit Porzellan einbauen, dass er zum Elefanten werden muss. Beispielsweise liegt es nahe, dass jemand im Tonfall deutlicher wird, wenn seine Teamkollegen Absprachen nicht einhalten oder wenn seine WG-Genossen ihn dauerhaft mit alltäglichen Aufgaben alleinlassen. Wer in allen Situationen Takt übt bzw. taktvoll sein will, gerät selbst aus dem Takt.)

Takt erweist sich sodann im behutsamen Prüfen der Zusammenhänge von Deutungen und Begriffen mit der konkreten Situation – der Herbartsche pädagogische Takt, der es einem Menschen erlaubt, eine Situation als besonders zu erleben und sie nicht gemäß vorab erfolgter Deutungen zurecht zu schneiden.[2] „Könnte es sein, dass…?" „Prüfen Sie bitte, ob …" „Ich bin unsicher, könnte mir aber aufgrund Ihrer eben getätigten Äußerung vorstellen, dass …" könnten in dieser Weise taktvolle Äußerungen sein. Aber Takt ist noch mehr: Er ist, wie Plessner formuliert, das „Vermögen der Wahrnehmung unaufhebbarer Differenzen"[3] und damit die Tugend der Differenz schlechthin. Takt kann – insofern – als die Tugend entfaltet werden, die aus der Philosophie der Postmoderne geschlussfolgert werden kann.

Die Tugend der Differenz gänzlich missverstehen hieße es, zu glauben, der Ratsuchende müsse die Lösung für sein Problem allein aus sich schöpfen, weil es keine absolute Wahrheit gebe und Ratschläge den anderen entmündigen würden. *Ratschläge sind auch Schläge*, so kann man diese Auffassung pointiert formuliert finden. Ein derart heute populäres Coaching ohne Einfließen eigener Auffassungen ist als Gegenbewegung gegen freiheitsignorantes Austeilen von Ratschlägen verständlich, die als

---

[2]   Für Gadamer wird die Anwendung moralischer Prinzipien auf Einzelfälle nicht gemäß einer Regel vollzogen, sondern mit Hilfe des Taktes. Vgl. Hans-Georg Gadamer, Wahrheit und Methode (1960). 4. Aufl. Tübingen 1975. Takt ruht auf der Fähigkeit, Situationen wahrzunehmen: „Wir verstehen unter Takt eine bestimmte Empfindlichkeit und Empfindungsfähigkeit für Situationen und das Verhalten in ihnen, für die wir kein Wissen aus allgemeinen Prinzipien besitzen." Ebd., S. 13

[3]   Helmuth Plessner, Grenzen der Gemeinschaft (1924), in: Ders., Gesammelte Schriften V, Frankfurt/M. 1981, S. 107

allgemeingültig hingestellt werden – *du musst das und das tun, so macht man das!* Aber bei dem Verzicht auf eigene Deutungen und Vorschläge wird das Potential der Tradition verscherbelt und die Möglichkeit, von anderen zu lernen. Es ist wiederum die Aufgabe des Taktes, Phasen der Darstellung eigener Rahmungen und Gestaltungen von Phasen der Ermittlung der Vorschläge des Ratsuchenden zu trennen und sie behutsam aufeinander zu beziehen.

Fünftens gehört zu dem, was ein Berater benötigt, eine Haltung, nämlich des Interesses an der anderen Person und an ihrer Selbständigkeit. Erst durch dieses Interesse entsteht eine Beratung auf Augenhöhe und eine Begegnung und vielleicht das, was als das Wahrnehmen eines Subjektes oder Antlitzes formuliert werden kann. Wenngleich ein Berater seine eigenen Annahmen, Deutungen und Handlungsoptionen einfließen lässt, so wird er doch nicht versuchen, diese dem Ratsuchenden anzudienen. Er wird vielmehr ein Interesse daran haben, dass die ratsuchende Person auf der Grundlage ihrer eigenen Annahmen zu einer eigenständigen Lösung findet. Diese Annahmen können sich im Lauf des Beratungsgesprächs allerdings verändern.

Die sechste Tugend ist die der gemeinsamen Wahrheitssuche, des Auf-etwas-Höheres-aus-Seins.

'Takt' als Auspendeln von Nähe und Distanz kann bei diesen sechs Tugenden auch als die übergeordnete Hintergrundfolie angesehen werden, vor der die anderen Tugenden entfaltet werden. Dabei ist er in altertümlicher Sprache als 'Herzenstakt', als Takt des Herzens zu verstehen; als Sensibilität im Umgang mit Menschen, eine Sensibilität, die nicht einer abstrakten, blutleeren Gerechtigkeitsvorstellung folgt. Takt ist dann Rhythmus des Gesprächs, Wahrnehmung der Situation. Mit Plessner formuliert: „Takt ist der ewig wache Respekt vor der anderen Seele und damit die erste und letzte Tugend des menschlichen Herzens".[4]

Möglicherweise lassen sich die in Beratungen auffindbaren Tugenden als Typen moralischer Haltungen oder sogar als Typen von Ethiken rekonstruieren. Dabei würde Moral primär verstanden als etwas, das auf das Wechselverhältnis zu anderen zielt, nicht so sehr als etwas, das im Kopf eines einzelnen ausgeprägt wird.

Um das zu verdeutlichen, betrachte ich den so genannten ethischen Relativismus. Der Relativismus besagt, dass jede Moral relativ ist, relativ

---

[4]   Helmuth Plessner, Grenzen der Gemeinschaft (1924), in: Ders., Gesammelte Schriften V, Frankfurt/M. 1981, S. 107.

zum Subjekt, für das etwas als geboten erscheint oder relativ zur Kultur, in der sie gilt. Dieser Befund kann als das Ende einer Ethik angesehen werden, wenn man eine Ethik sucht, die Handlungsgrundsätze enthält, die *für alle* gelten – etwa wie sie in den Ethiken eines konsequenzialistischen oder deontologischen (kantischen) Typs repräsentiert sind. Gelten sie nämlich nur relativ und lässt sich nichts anderes begründen, so ist die Idee eines alle bindenden Sollens obsolet geworden.

Aber die Relativität ist unabhängig von der Frage der normativen Allgemeingültigkeit auch ein (deskriptiver) empirischer Befund, der sich explizieren lässt. Menschen stehen in Relationen, so kann ich umformulieren, und wer sich fragt, wie er handeln solle, der denkt über diese Relationen nach. Er rückt von vornherein die Beziehungen in den Mittelpunkt: zu anderen, zur Kultur, zur Welt, zu sich selbst. Die Anerkennung dieser Relationen und das Bekenntnis zu ihnen kann leitend sein, um eine Ethik aufzuspüren und zu explizieren, die möglicherweise den moralischen Kern aller Ethiken enthält. Wer über die Relationen nachdenkt und sich fragt, wie er gut handeln soll, *bekennt sich zu anderen, wertschätzt sie und erkennt sie auf diese Art an.* (Vielleicht lässt er keine erweiternde Sicht auf sie zu.)

In Beratungssituationen spielt die Gestaltung des Verhältnisses der beiden Personen eine zentrale Rolle. Moral spielt eine Rolle als Wechsel-Beziehung freier Menschen. Wie begreifen sich hier die beteiligten Personen? Als reflektierende. Als in Gemeinschaft lebende (in Relationen). Als bestimmt durch eine Kultur der Achtung anderer. Als andere Menschen in ihre Überlegungen einbeziehend. Als andere als unverfügbar denkend. Als sich als frei begreifend.

Ein Gedankenexperiment. Betrachte ich die freien Wechselbeziehungen zwischen Mensch und Wirklichkeit als Grundlage einer Ethik, dann kann es Tugenden geben, die sich wie folgt gruppieren lassen:

(1) Ein moralischer Mensch kann andere und anderes auf sich wirken lassen: Tugenden der Anerkennung, Wahrnehmung und Berücksichtigung anderer lassen sich so finden. Zu solchen Tugenden gehören beispielsweise Takt, als Fingerspitzengefühl verstanden, d.h. ein solches Handeln, das andere beim Handeln vorsichtig, die jeweilige Situation wahrnehmend, berührt. Ebenso gehören hierher Tugenden des Zuhörenkönnens, des Verstehenwollens, der Empathie, der Achtung und Wahrnehmungen anderer als solcher, die einen Status der Unverfügbarkeit

gegenüber meinem Willen haben. Als maßgebend in meinen Handlungen wird hier schlicht mein Gegenüber angesehen.

(2) Ein moralischer Mensch kann im Wahrnehmen anderer feststellen, dass andere sich von ihm unterscheiden. Handelnder und andere begegnen hier als zwei *verschiedene* Pole. Wer das kann, verfügt über Tugenden der Berücksichtigung des Unterschieds, er kann interpersonale oder interkulturelle Unterschiede feststellen und andere als gleichsam Fremde wahrnehmen; er weiß, dass es mehrere Maßstäbe gibt, über deren Gewichtung im Gespräch zu befinden ist. Er verfügt unter anderem über die Fähigkeit, Unterschiede zu artikulieren, und über Takt, verstanden als Berücksichtigung der Wahrnehmung unwägbarer Verschiedenheiten. Wahrscheinlich verfügt er auch über Humor und Gelassenheit. Maßgebend in diesen Tugenden ist die Berücksichtigung des Unterschieds zwischen Menschen sowie die Akzeptanz dieser Unterschiede.

(3) Ein moralischer Mensch verfügt über Tugenden der situativen Geltendmachung eigener Wahrnehmungen und Maßstäbe, und über Wahrnehmungen darüber, in welchen Situationen jemand nicht anerkannt wird. Diese Tugenden entsprechen am ehesten denen, die sich mit Hilfe der Ethiken von Mill und Kant auffinden lassen. Für andere mitdenken zu können, tun, was für andere, gemessen an den eigenen Einschätzungen, das Beste ist, unter Berücksichtigung der eigenen Vorstellungen von deren Interessen. In der Selbstreflexion, und als solche enthält hauptsächlich die kantische Ethik einen richtigen und zentralen Punkt, lautet hier die kritische Prüffrage: Wo setze ich mich als Ausnahme der von mir verfolgten Maßstäbe?

(4) Ein moralischer Mensch sieht sich zwar immer der ‚Welt‘ gegenüber, insofern er denken kann. Aber er sieht sich in seinen Beziehungen zu anderen immer auch eingebettet in der ‚Welt‘. Die richtige Intuition Heideggers, dass es keine alleinige Trennung zwischen mir und anderen gibt, sondern dass dieser eine Gemeinsamkeit zugrunde liegt, kann in Tugenden ausgedrückt werden, in solchen der Anteilnahme, Empathie, der Sympathie, des Vertrauens und der Sorge um Mitmenschen.

(5) Noch grundlegender lässt sich formulieren, dass der Wahrnehmung und Anerkennung der Relationen zu anderen eine Bereitschaft zur Gemeinsamkeit und zur Teilnahme an der Lebens-Wirklichkeit anderer vorausliegt. Diese Bereitschaft enthält die Tugend, sich von anderen an

die Hand nehmen zu lassen und andere Menschen als konstitutiv für das eigene Leben mit anderen anzusehen, ebenso die Bereitschaft, eine Gesellschaft mitzugestalten.

In der Zusammennahme dieser Tugenden entsteht ein Bild moralischer Menschen, die das Gespräch suchen, die sich erzählen, was sie für richtig halten, anhand von Situationen, Erinnerungen und Vorbildern, die argumentieren und die behutsam miteinander umgehen.

Warum kann die hier skizzierte Moral in Form von Tugenden beschrieben werden? Gemeinsam mit einer antiken Moralvorstellung ist, dass es um charakterliche, aber schulbare Dispositionen, um ein Können, um Tauglichkeiten geht. Menschen sollen sich, so versteht es Aristoteles, als tauglich dafür erweisen, glücklich zu sein. Allgemeiner kann ich reformulieren: als tauglich dafür, ein menschliches Leben zu führen, das auf eine bestimmte Art gekennzeichnet ist. In den hier formulierten Weisen, moralisch zu sein, geht es auch um Fähigkeiten und Tauglichkeiten: sich als tauglich zu erweisen, den Relationen zwischen freien Menschen Genüge zu tragen. Tauglichkeit meint hier also nicht einen bestimmten Zweck des menschlichen Lebens, sondern die Eignung dafür, Verhältnisse und andere anzuerkennen.

Blickt man von der aus Beratungssituationen entwickelten Moral auf moderne Ethiken, zeigt sich, dass diese zwei Intuitionen verwechseln: die Intuition, dass Moral mit Anerkennung oder genauer: Bejahung zu tun hat, wird mit der Intuition verwechselt, dass das, worauf sich ein moralischer Mensch konzentriert, in einem *Prüfverfahren* gefunden werden müsse, das einer *allgemeingültigen Richtlinie* folgt. Diese Richtlinie besagt, was das entscheidende Kriterium in einer Moral ist: in einer utilitaristischen Ethik die Konsequenzen einer Handlung, das resultierende Glück und die Beachtung des Mehrheitsprinzips, in einer Immanuel Kant folgenden Ethik die Gesetzmäßigkeit bzw. die Verallgemeinerungsfähigkeit des Grundsatzes, aus dem heraus jemand handelt.

Auffällig ist, dass diese heute vorherrschenden Ethiken ein Regelwissen in den Mittelpunkt rücken, das in den eben beschriebenen Tugenden nur den Anfang, gewissermaßen das Hineingleiten in eine Situation markierte.

In den beiden wichtigsten Ethiken neuerer Zeit, utilitaristisch und universalistisch, soll sich der Mensch, der sich fragt, wie er gut handelt, zurückziehen und Prüffragen beantworten. Das allein ist bereits ein erstaunlicher Befund. Es gilt eine so entstehende Moral nur dann als argumentativ abgesichert, weil Argumentieren offenbar als dieses Prüfen verstanden wird.

Moral *als Prüfverfahren des Einzelnen*. Der Mensch in seinem Kopf prüft und entscheidet, wie das Verhältnis zu Mitmenschen, zur Welt und zu sich selbst aussehen soll. Selbstbestimmung und Handlungsbestimmung als Bestimmung durch das Selbst. Das Verhältnis zwischen Menschen soll nicht zwischen Menschen, sondern *prospektiv* im einzelnen gefunden werden. Die Vorstellung eines *reditus in se ipsum* ist als Nachdenklichkeit und als Reflexion bestehender Praxis berechtigt, und in dramatischen Situationen ist es wohl auch geboten, dass sich mehrere Menschen aus einer Situation herausziehen und Zeit gewinnen, in der sie, alleine oder in einer Gruppe, darüber nachdenken, was in dieser Situation zu tun gut ist. Möglicherweise lassen sich daraus auch Handlungsleitlinien entwickeln, die für mehrere Situationen gelten. In einer konsequenzialistischen und kantischen Ethik aber wird der Rückzug des einzelnen aus der gemeinschaftlichen Praxis von dieser Praxis gelöst. Stattdessen wird eine neue Praxis aus der Taufe gehoben. Daran ist berechtigt: Manche Regelungen, beispielsweise im rechtlichen Bereich, bedürfen der verallgemeinernden Kodifizierung. Auch die Vorstellung einer Richtschnur für moralisches Verhalten – im Unterschied zur faktischen Legitimation des Geltenden – ist plausibel. Aber die Selbstüberschätzung, im Vorhinein für alle Situationen gemäß einer Regel urteilen zu wollen, was zu tun für andere gut sei, lässt eben diese anderen aus dem Blickfeld verschwinden und etabliert eine Art Zwei-Welten-Lehre, der zufolge es, getreu der Rede vom sogenannten naturalistischen Fehlschluss, etwas gibt, das ist, und etwas anderes, das sein soll. Die Wirklichkeit und die bestehende Praxis im Zusammenleben mit anderen werden so in ihrer Bedeutung und in ihrer sittlichen Qualität herabgemindert und im eigentlichen Sinn des Worts entwertet. Stattdessen überhebt sich ein autonomes Subjekt, das sich erkenntnistheoretisch bereits als Maß aller Dinge aufgeschwungen hat, zum Weltenrichter, bar aller Sozialität, auch wenn es vorgibt, eine eben solche begründen zu wollen. Wie in einer mentalistischen Philosophie wird der Mensch von seiner Wirklichkeit getrennt.

Für Robert Spaemann besteht das Wesen des Sittlichen „im Wirklichwerden eines Wirklichen".[5] Das heißt, moralisch handelt, wem ein an-

---

[5]   vgl. Robert Spaemann, Glück und Wohlwollen. Ein Versuch über Ethik. Stuttgart 1989, S. 157ff.

derer Mensch wirklich wird, oder, in einem anderen großen Wort gesagt, wer die Beziehung zu einem anderen Menschen wahr werden lässt.
Es könnte sein, dass eine Tugendethik und eine Ethik, die die sittliche
Qualität menschlicher Beziehungen in den Mittelpunkt rückt, sich den
untersuchten Aspekten nach von derjenigen unterscheidet, in der ein
verantwortbarer Umgang damit gesucht wird, das Zusammenleben zu
bestimmen und Entscheidungen zu fällen, in denen *mehrere* Menschen
zu berücksichtigen sind. Dann kann es gelten, Verfahren, Regeln und
Prinzipien zu finden, zum Beispiel das Beste für *die meisten* zu finden.
Die kantische Moral enthält beide Aspekte: die Universalisierbarkeit betrifft die widerspruchsfreie Wünschbarkeit und die Verallgemeinerbar-
keit für *alle* Menschen. Außerdem wird die Qualität zwischenmenschlicher Beziehungen dahingehend beurteilt, ob Menschen nicht nur als
Mittel behandelt werden. In einer konsequenzialistischen Ethik, könnte
man denken, geht es ebenfalls um die Qualität, nämlich die des Achtens
auf das Wohlbefinden des und der anderen. Aber dies ist keine Qualität
der *Beziehung*, d.h. etwas, in dem die Bezogenheit als Begegnung selbst
evaluiert wird. (Die Qualität zeigt sich konsequenzialistisch dann, wenn
jeder sich um das Wohlergehen der anderen kümmert und es sich selbst
wohl ergehen lässt, dafür braucht es keine Begegnung.) Das untersuchte
Kennzeichen der Moral, die in diesem Zusammenhang anhand der Situation eines Beratungsgesprächs entwickelt wird, ist die Intensität der Beziehung zwischen Menschen statt der Etablierung eines festen Maßstabs
zur Beurteilung ihrer Handlungen. Möglicherweise reicht diese Moral
auch nur so weit, wie die Situationen, in denen die zwischenmenschliche Qualität des Zusammenlebens und von Gesprächen entscheidend
ist: in denen also Empathie, Takt, Freimut, Teilhabe, Zuhören, Wahrnehmen, das Geltenlassen von Unterschieden, aber auch das Geltendmachen
eigener Maßstäbe, Vertrauen, Bereitschaft zur Gemeinschaft und das
Sich-in-sie-eingebettet-Finden eine zentrale Rolle spielen. Je intensiver
die Beziehung ist, desto eher bin ich möglicherweise bereit, meine Maßstäbe zu Gunsten des (geschätzten) Anderen zurückzustellen.

   Die Idee des *reditus in se ipsum* aber wird in einer konsequenzialistischen und deontologischen Ethik in jedem Fall ad absurdum geführt,
indem sie als dauerhaftes Moralkennzeichen perpetuiert wird[6]: Nicht
nur prüft der Mensch, wie er moralisch richtig handeln will und nicht

---

[6]   vgl. Walter Schulz, Moralität und Sittlichkeit. In: Ders., Philosophie in der
veränderten Welt. Tübingen 1972, S. 781-785.

nur reflektiert er das Zusammenleben mit anderen, nein, das Ergebnis der Prüfung lautet: Prüfe! Die gesuchte Moralität wird nicht im Prüfen gefunden, sie wird als Prüfen etabliert. Denn in diesem Prüfen, das nur heißt: Wie handle ich so, dass ich mich zu anderen bekenne, d.h. Ja zu ihnen sage? begegnet mir, was ich bejahe.

Wohlverstanden ist ein Rückzug in sich selbst ein *nachträgliches* Reflektieren und Explizieren, kein (allein) prospektives Suchen nach Grundsätzen für alle oder nach dem Glück für die meisten. Die Gegenidee zu einer Ethik, in der die Pflicht darin besteht, Handlungen oder Handlungsgrundsätze gemäß gewisser Maßstäbe zu prüfen, könnte eine sein, in der eine *Tugend der Wahrnehmung* im Mittelpunkt liegt. In ihrem Umkreis läge, eigenen Initiativen zu vertrauen und andere als ihr Maß gelten zu lassen und sich für sie und ihre Sicht zu öffnen.

Mithin betrachte ich noch einmal, wie andere Menschen in einer konsequenzialistischen oder deontologischen ,Prüfethik' begegnen: Wie geschieht das Prüfen in den beiden heute vorherrschenden Ethiken? Konsequenzialistisch prüft ein Mensch, welche Handlungen die besten Folgen für die meisten haben. Nach diesen Prüfungen folgen Handlungen. Der Prüfer konzentriert sich entweder, utilitaristisch, darauf, andere Menschen als Mittel zu benutzen, das dem Glück anderer dient, oder er interessiert sich, die andere Möglichkeit beim Utilitarismus, für das entstehende Glück des Gegenübers (bzw. vorgestellter anderer). Der moralisch Handelnde beachtet am anderen dessen Wohlbefinden (oder Vorteile) und richtet sein Handeln danach aus. (Kantisch betrachtet der Prüfer Prinzipien, Gesetze.)

Andere Menschen begegnen in diesen Ethiken so, wie es die Art des Prüfens verlangt. Zwar geht es in ihnen offenbar *irgendwie* darum, anderen Menschen Respekt zu zollen, sie zu achten, aber *worin* sie geachtet werden und was an anderen offenbar wird, das ist eben ihr Glück oder ihr Anteil an der Gesetzmäßigkeit. (Kants moralischer Mensch achtet nicht etwa Menschen, sondern das Gesetz.) Die Achtung wird erst auf dem Umwege des Prüfens sichtbar und verschiebt, was am anderen geachtet wird.

Für Kant ist die moralische Zentralkategorie die der Selbstbestimmung. Der Mensch legt sich legt sich selbst Gesetze vor und handelt insofern autonom. Damit ist das, was Kant als Freiheit bestimmt, anders ausgelegt als es hier in der Tugend beschrieben ist, eine Situation als einzig und besonders aufzufassen. Die Idee der Freiheit begreift Kant zunächst – in dem Buch *Die Kritik der reinen Vernunft* - noch als Fehlen von

Kausalität; dementsprechend ist sie, den Pfaden seiner Erkenntnistheorie folgend, dem Menschen - als Subjekt der Erfahrung und Erfahrungen Prägenden - denkmöglich. Als Objekt der Erfahrung unterliegt hingegen alles den Gesetzen der Kausalität; wirklich ist für Kant insgesamt, was nach Gesetzen gedacht ist.

Auf dieser Grundlage nivelliert Kant in seinen moralphilosophischen Schriften jedoch den Unterschied zwischen Kausalität und Freiheit, indem er Freiheit nämlich an Kausalität anlehnt: sie soll eine Kausalität *eigener Art* sein, nämlich eine orientiert an *eigenen* Gesetzen. Der Mensch *bestimmt sich an sich selber*, und weil die Bestimmungsgründe, sollen sie Selbstkausalität darstellen, Gesetzescharakter haben müssen – und Gesetze allgemeingültig sein müssen -, orientiert der Mensch sich selbstbestimmt an allgemeingültigen Gesetzen. (Auf dieser Grundlage ist ein Rückweg zu anderen Menschen geebnet, denn diese sind in der Allgemein*heit* enthalten, auf die die Allgemein*gültigkeit* Anwendung findet.)

Warum aber, ist man gedanklich erst einmal soweit gekommen wie Kant und stellt Freiheit in einen Kontext außerhalb von Kausalität, schlussfolgert er nicht, freies Handeln sei offenbar eines, in dem *Besonderes* zur Geltung kommen könne? Frei sei ein Verhalten, das den Einzelfall würdige? Freiheit könnte, und das beließe sie in einer negativen Form, die Fähigkeit sein, in besonderen Situationen handeln zu können. Kant hingegen lehnt Freiheit an Regelaufstellung und –befolgung an.

Damit werden zwei verschiedene Konzepte, nämlich die von Subjektivität und Individualität, ineinander vermengt. Die Idee der Subjektivität ist gerade eine, in der das Unverfügbare des Menschen gedacht werden kann (*sie* ist die eigentliche Grundlage für Menschenrechte). Den Menschen als frei anzusehen heißt, ihn als Subjekt aufzufassen. (Ich könnte hier in Analogie zum Kapitel über *Anerkennung* auch formulieren, ihn als *Seele* anzusehen, verwende aber das Wort *Subjekt*, um den Menschen von einem *Objekt* abzugrenzen.) Will man jedoch – wie Kant - den Menschen als jemanden ansehen, der sich selbst in seiner Einsamkeit, aber Gesetzesgebungskraft Gesetze gibt, dann sieht man ihn als Individuum, das von der Gemeinschaft herausgetrennt ist. In einem Akt der Selbstbezogenheit, des Rückzugs auf sich selbst, soll der Mensch gemäß Kant prüfen, ob die eigenen Maximen Gesetzescharakter haben können und ob er wollen kann, dass sie Gesetze werden. Damit werden wiederum zwei Intuitionen verwechselt, von Moral als Allgemeingültigkeit mit der von Moral als Perspektivwechsel. (Dieses Problem wird später Habermas beschäftigen, wenn er die ideale Diskursgemeinschaft oder die reale Diskursgemeinschaft in den Mittelpunkt der Diskursethik rückt.) Sowohl in einer konsequenzialistischen als auch in einer deontologischen Ethik werden moralische Prinzipien so verstanden, dass sie allgemeingültige Regeln für jeden Einzelfall liefern, damit wird das situative Moment jeder moralischen Handlung und jeder Begegnung zwischen Menschen unterbeleuchtet, ja, die Begegnung von Menschen wird auf etwas *im* einzelnen Menschen Liegendes zurückgeführt – beide modernen Ethiken lösen Intersubjektivität in Subjektivität auf. Das zeigt sich unter anderem an klassischen moralischen Dilemmata. Solche ausweglose Situationen zeigen, dass es nicht immer möglich ist, alle Beteiligten zu schützen; der Handelnde lädt in ihnen potentiell immer Schuld auf sich und kann das Gut der Achtung der Mitmenschen nicht vollständig realisieren, sei es in dramatischen Situationen, in denen nur wenige Menschen vor dem Tod gerettet werden können, sei es in Situationen konventionell unpassender Liebe, sei es in Situationen, in denen zeitlich restriktive Möglichkeiten die Zuwendung zu anderen Menschen erschweren. Manchmal können solche Situationen Entwicklungen bei Beteiligten auslösen, manchmal sind sie einfach nur tragisch.

Lässt sich die hier anlässlich von Beratungsgesprächen skizzierte Moral begründen? Das kommt drauf an, was ich darunter verstehe. Zunächst scheint es unargumentativ, so wie hier zu denken. Denn eine Moral *vom Menschen aus* zu begründen ist doppelsinnig: Der *Argumentierende*, der sich Rechenschaft über seine Handlungen ablegt, das muss jeweils ein einzelner sein. Der moralisch *Handelnde* hingegen ist immer eingebettet in Relationen mit anderen. Moralisches Argumentieren aber ist viel eher nachträgliche Reflexion als rein prospektive Vorüberlegung (diese folgt vielmehr erst aus der Reflexion).[7] Das heißt, die Gründe, die jemanden zu einem bestimmten Handeln veranlassen, beziehen sich auf

---

[7]   Kleist: Von der Überlegung. Eine Paradoxe: „Die Überlegung, wisse, findet ihren Zeitpunkt weit schicklicher nach, als vor der Tat. Wenn sie vorher, oder in dem Augenblick der Entscheidung selbst, ins Spiel tritt: so scheint sie nur die zum Handeln nötige Kraft, die aus dem herrlichen Gefühl quillt, zu verwirren, zu hemmen und zu unterdrücken; dagegen sich nachher, wenn die Handlung abgetan ist, der Gebrauch von ihr machen läßt, zu welchem sie dem Menschen eigentlich gegeben ist, nämlich sich dessen, was in dem Verfahren fehlerhaft und gebrechlich war, bewußt zu werden, und das Gefühl für andere künftige Fälle zu regulieren." Heinrich von Kleist: Erzählungen, Anekdoten, Gedichte, Schriften. Hrsg. von Klaus Müller-Saget. Deutscher Klassiker Verlag Frankfurt am Main 1990. Bd. 3, S. 554.

eben die Relationen, die dem Argumentieren voraus liegen. Auch in der Vorstellung, die Moral sei ein reditus in se ipsum, *zeigt* sich also eher der moderne Ansatz, als dass er *Begründungsfunktion* haben könnte. Ethik ist eher explikativ als begründend, sie ist Aufklärung über moralische Intuitionen und bezieht dabei die sprachlichen Intuitionen mit ein, in denen Menschen die Relationen zu anderen begreifen. Die Sprache ist dabei selber eine Relation. Wer spricht, befindet sich immer schon in einer Relation zu anderen, und sprachliche Argumente können nicht als im Individuum liegend verstanden werden.

Interessanterweise lässt sich der Gedanke, Moral als konkrete Wechselbeziehung anzusehen, im Vergleich mit einer Moral, die auf eine durch den einzelnen Menschen erfolgende Überprüfung von Folgen oder Maximen hinausläuft, auch unter dem Gesichtspunkt betrachten, in dem es in einer Moral um ein Wissen oder um ein Können geht. In der Expertenforschung lassen sich Stadien identifizieren: Novizen handeln auf der Grundlage von Regeln, während Könner solche Regeln nur selten anzugeben wissen – sie *können* eben taktvoll handeln – und sogar oft gegen sie verstoßen. Im Nachhinein lassen sich zwar – aus der Perspektive eines Beobachters – Regeln rekonstruieren, denen das Handeln eines Könners folgt, aber diese Regeln müssen dem Experten nicht innewohnen. Experten lassen sich auf Situationen ein, und der Kern ihres Könnens steckt daher in ihrem Urteilsvermögen, das aber nicht als Anwendung, sondern als Kontextualisierung und Einzelfallentscheidung ohne feste Prinzipien erfolgt.[8] Überträgt man diesen Gedanken auf moralische Handlungen, dann wäre die Moral eines Könners diejenige, in der er – gut aristotelisch – über phronesis (Klugheit) verfügt. Moral ist situativ.

---

[8]   Vgl. Hans Georg Neuweg, Könnerschaft und implizites Wissen. Zur lehr-lerntheoretischen Bedeutung der Erkenntnis- und Wissenstheorie Michael Polanyis. Münster 1999, S. 263ff.

10. Hirntot durch Deutschland

Ein Mensch liegt im Krankenwagen. Er wird über die Autobahn gefahren, weil er im Sterben liegt. Während der Fahrt wird sein Hirntod festgestellt. Er kommt jetzt als Organspender in Frage. Dürfen ihm Organe entnommen werden? Sie sind nur dann verwendbar, wenn sein Körper noch in entsprechendem Zustand ist.

Ich stelle mir die Situation anders vor. Ich liege im Krankenwagen. Ich werde über die Autobahn gefahren, weil ich im Sterben liege. Während der Fahrt wird mein Hirntod festgestellt. Ich komme jetzt als Organspender in Frage. Dürfen mir Organe entnommen werden? Sie sind nur dann verwendbar, wenn mein Körper noch in entsprechendem Zustand ist. Will ich, dass mir Organe entnommen werden? Warum habe ich bloß damals Ja gesagt? Ist dies die Tücke der Selbstbestimmung, später das zu bereuen, zu dem ich mich früher entschieden habe, weil ich nicht wusste, wie es sein wird?

Und noch einmal anders, ich stelle mir vor, dass es sich um einen geliebten Menschen handelt: Du liegst im Krankenwagen. Du wirst über die Autobahn gefahren, weil du im Sterben liegst. Während der Fahrt wird dein Hirntod festgestellt. Du kommst jetzt als Organspender in Frage. Dürfen dir Organe entnommen werden? Sie sind nur dann verwendbar, wenn dein Körper noch in entsprechendem Zustand ist. Will ich, dass man dir Organe entnimmt?

Die Beschreibungen der Situation, in der Perspektive der dritten, der der ersten und der zweiten Person, unterscheiden sich. Liegt in der äußeren Beobachtung ein zu geringes Maß an Informationen vor, so in den Angehörigen- und Teilnehmerperspektiven möglicherweise ein zu hohes und unangemessenes. In der Teilnehmerperspektive wird (jedenfalls wenn sie sprachlich rekonstruiert wird) vorausgesetzt, dass ich in der Situation des Sterbenden noch denken kann, obwohl gerade mein Hirntod festgestellt wird. Die Tücke liegt darin, dass niemand weiß, was hier an Innenperspektive vorliegt. Gibt es noch Empfindungen und Schmerzen oder Schmerzbewusstsein (die messbaren Daten legen nahe, dass im Körper Hirntoter die gleichen Empfindungen vorherrschen wie bei

Lebenden)? Was fühlt der Leib? Wer ist hier „Ich"? Gibt es das noch? (Oder sind meine Vorstellungen Ausdruck der mich selbst überschätzenden und egoistischen Angst, es könne mit mir zu Ende gehen und ich würde noch merken, wie ich, sozusagen wie ein Tier, „ausgeweidet" werde?)

Offenbar ist meine Auffassung darüber, ob der Hirntod mit dem Tod gleichzusetzen ist und eine Organentnahme rechtfertigt, von der Interpretation des Hirntodes abhängig bzw. von der Interpretation dessen, was ich unter „Leben" verstehe.[1] Nehme ich an, alles Bewusstsein und alles Empfinden sei an Prozesse des Gehirns gebunden und nehme ich den Hirntod als irreversibel an, dann wird dem Sterbenden durch eine Organentnahme kein Leid zugefügt. Nehme ich weiter an, dass das, was als eine Person bezeichnet wird (oder als ein Mensch) durch Hirnfunktionen bedingt ist, dann existiert hier keine Person mehr. (Es kann zwar sein, dass Angehörige durch eine Organentnahme finden, dass das Ansehen der sterbenden Person geschädigt wurde, aber dann werden die Angehörigen und nicht der Sterbende geschädigt.) Aufgrund dieser Annahmen ist die Situation in der Perspektive der ersten Person: durchzustreichen.

Als Lebender, der sich vorstellt, irgendwann einmal zu sterben, trage ich eine Vorstellung von dieser Situation in mir. In diese Vorstellung trage ich mein Ich und meine Empfindungen hinein. Ich kann mir wie Epikur nicht vorstellen, nicht zu sein und nicht zu empfinden. Und ich fühle, dass ich neben meinen Gedanken mein Leib bin (allerdings fühle ich dies mit einem funktionsfähigen Gehirn). Meinem Leib bin ich anheimgegeben, ich bin durch ihn definiert, ebenso wie durch meine Gedanken (die verwoben sind mit leiblichen Empfindungen). Weiß ich aber, was mein Darm fühlt? „Bin" ich auch mein Darm oder alle meine Organe – oder „nur" mein Hirn oder „nur" mein Herz? Sicher, dies sind zentrale Organe, die bedingenden Charakter für mein Leben haben. Aber vielleicht fühlt mein Darm auch dann etwas, wenn ich hirntot bin, so wie die Finger eines Klavierspielers sich beim Betrachten musikalischer Noten an Bewegungen und so wie Organe sich an vergangene Erlebnisse erinnern

---

[1] Wie definiert Wissenschaft ‚Leben'? DIE ZEIT 1.4.2015:"Sollte man nicht vermuten, dass die Biologie [...] zu sagen wüsste, was das Leben eigentlich ist? Doch genau das ist der wunde Punkt der Disziplin: Eine überzeugende Definition des Lebens gibt es bis heute nicht. Der französische Molekularbiologe und Nobelpreisträger François Jacob meinte sogar, >Leben< sei gar kein wissenschaftlicher Begriff, den man für die Forschung nützlich machen könne."

und der Rücken Sensationen kennt, die nicht so erlebt werden, als dass sie vom Gehirn stammen. Solches Wissen ist implizit, ich kann es nicht auf einen Begriff bringen.

(Wenn einem hirntoten Menschen aber Empfindungen im Sinne quasi leiblicher Gedanken zugeschrieben werden, die ein Verbot von Organentnahmen nach sich ziehen, dann gälte ein solches Verbot analog bei Tieren. Kaum ein Tier dürfte noch zwecks späteren Verzehrs so behandelt werden, wie es derzeit der Fall ist. Im Gegenteil, es ist oftmals ja nicht einmal hirntot, wenn es „bearbeitet" wird.)

Bin ich mehr als Herz und Hirn? Aber was? Hilft es zu sagen, eine geistig-körperliche Ganzheit? Oder bin ich gezwungen, ein esoterisches Menschenbild in Anspruch zu nehmen, wenn ich Todesdefinitionen, die auf Herz- oder Hirnfunktionen rekurrieren, als zu reduktionistisch auffasse? Meine Vorstellungen der Situation prägen meine Bewertung, und ich scheine nicht um eine Entscheidung der Art herum zu kommen, naturwissenschaftlich oder esoterisch zu argumentieren – der Mensch ist *nichts als* Herz und Hirn oder der Mensch ist *mehr als* alle meine Definitionen von ihm.

Aber, schließlich, kann und will ich auf meine Vorstellungen (und damit Symbolisierungen) der Situation verzichten? Oder sind es schlicht zu überwindende Fehlvorstellungen dessen, was wir Menschen uns unter „Leben" vorstellen, die es erschweren, anderer Leute Leben zu retten oder zu verbessern, nämlich das derjenigen, die Organe gespendet bekommen?

Aus der Teilnehmerperspektive (wenn das Wort hier angebracht ist), aber auch aus der Perspektive Angehöriger spielen Vorstellungen eine wichtige Rolle, Vorstellungen von sich selber und Vorstellungen von nahestehenden Menschen, mit denen im Leben, im Sterben und nach dem Tod etwas geschieht, was Angehörige nicht für richtig erachten. Wird beispielsweise über eine demente Angehörige in deren Beisein gesprochen, so sagen manche: ‚Sie merkt es doch nicht mehr, was wir reden' – und andere beleidigt, so etwas zu hören. Sie finden es ungehörig, dass die Person sozusagen ihres Subjektcharakters beraubt wird; sie finden, dass hier fehlende Achtung herrsche.

Angesichts des Todes kann die Wahrung von Symbolen und symbolischen Vorstellungen zum

Argument für oder gegen Praktiken werden, die am Sterbenden verübt werden. Denn solche Praktiken prägen die Vorstellungen vom Angehörigen in den letzten Stunden, Vorstellungen von Anfang und Ende

sind stets symbolisch verdichtet. (Wenn sich auch das Verständnis von
‚Leben' einer (immer sprachlichen) Definition entzieht, bleibt noch der
Weg, über Bilder und Wahrnehmungen Zugänge zu erhalten.)

Es ist denkbar, dass es nicht nur aus der Angehörigenperspektive (der
Du-Perspektive) unangemessen ist, direkt mit Eintreten des Hirntods
Organe zu entnehmen – möglicherweise ist das nämlich ebenso aus der
Teilnehmerperspektive der Fall. Ein Gedankenexperiment mit drei einfa-
chen Annahmen mag das verdeutlichen: Stellen wir uns vor, ein Mensch
stirbt zu einem gewissen Zeitpunkt. Seine Seele aber sei noch da, an den
Körper gebunden. Die Seele, das ist immerhin möglich und sei die zweite
Annahme, könnte sich erst später vom Leib trennen. Unter Umständen
wird das, dies die dritte Annahme, für die Seele schwerer, wenn Eingriffe am gerade gestorbenen Körper vorgenommen werden. (Vielleicht
hat diese Denkmöglichkeit etwas damit zu tun, dass Ärzte im Normalfall sieben Stunden warten müssen, bis sie den Tod feststellen dürfen.
Anthroposophen gehen sogar davon aus, dass die Seele sich über einen
Zeitraum von Tagen vom Körper löst.)

Folgt man den Annahmen des Gedankenexperiments, ergibt sich ein
interessantes Verständnis des menschlichen Leibs, der üblicherweise als
diejenige Einheit angesehen wird, als die wir uns erleben, wenn wir unsere Physis nicht als physikalisches Objekt (in der 3.-Person-Perspektive)
betrachten. Der Leib wäre hier jedoch darüber hinaus sogar *eine reale
Erweiterung* des Körpers - und nicht der Körper, *der nur anders (nämlich subjektiv) perspektiviert wird.* Wenn – den Annahmen des Gedankenexperiments folgend - kurz nach dem Tod ein Eingriff am Körper
vorgenommen wird, dann ist dies auch ein Eingriff am Leib, der mit der
Seele (noch) zusammenhängt. (Der Leib wäre dann der beseelte Körper.)
Daraus folgte, nicht nur in der Du-Perspektive könnte es Schaden anrichten, Eingriffe am Körper vorzunehmen.

Vorstellungen von der Situation des Sterbens liegen Zuschreibungen
zugrunde, die dem Sterbenden zugewiesen werden. Allerdings liegt
Zuschreibungen aus der Perspektive der dritten Person weniger Zugeschriebenes zugrunde – da ist jetzt *nichts mehr als ...* (ein toter, unbeseel-
ter Körper), da ist kein Mensch mehr -, *und aus diesem Weniger wird ein
Mehr an gerechtfertigten Praktiken gefolgert.* Lässt sich Personsein und
das, was einem Menschen Würde verleiht, anhand von Eigenschaften zuschreiben, deren Fehlen zum Verlust des Personseins führt? Peter Singer
hat diese These vertreten und damit für bestimmte Praktiken zum Le-
bensanfang und gegen Praktiken zur Behandlung von Tieren argumen-

tiert.[2] Lassen sich gar Kriterien formulieren, wann jemand als Person zu achten ist und wann nicht?

Ich wechsle die Betrachtung: Warum wird die Frage gestellt, ob der Hirntod den Tod definiert? Entstanden ist die Neudefinition anlässlich der ersten Herztransplantation, die Christiaan Barnard 1968 erfolgreich gelungen ist (dem Jahr, in dem die Idee der Selbstbestimmung des Menschen durch die 1968er-Generation noch einmal radikalisiert wurde). Zuvor galt jemand als tot, wenn sein Herz aufhörte zu schlagen. Während einer Herztransplantation aber wird die Funktion des Herzens außer Kraft gesetzt. Ein Mensch, der ein neues Herz eingepflanzt bekommt, war also – gemäß der Herztoddefinition – schon einmal tot; das gilt analog für Menschen mit Bypassoperationen. Und, genereller, wenn ein Mensch vor und nach einer Herztransplantation der gleiche sein soll, dann kann sein Herz nicht das Entscheidende an ihm sein. Kurz nach Barnards Transplantation setzte sich die deutsche Chirurgenkommission zusammen und empfahl die Veränderung der Definition des Todes: künftig solle der Hirntod das entscheidende Merkmal sein. Die Gesetzgebung ist dieser Empfehlung gefolgt.

Wenn nicht mehr das Herz, sondern das Gehirn das Entscheidende am Menschen ist, dann betrachten Menschen sich selbst und andere gemäß dieser neuen Vorstellung vom Menschsein. Das Gehirn beispielsweise gilt als der Vernunftteil des Menschen, das Herz als dasjenige, das in Verbindung mit anderen Menschen steht. (Und, noch altertümlicher, die Seele als das, was Menschen über das Körperliche hinaus auszeichnet). Hieraus wiederum könnte folgen, dass die Verletzung der Integrität des Leibes nicht nur Schaden für die Angehörigen und den Sterbenden anrichten kann; sie kann auch (in der 3. Perspektive) unser Bild vom Menschen und, ja, unsere Ontologie beeinflussen, d.h. unser Konzept dessen, was „ist" und sein kann. Jede medizinische Definition betrachtet den Menschen letztlich in der 3. Perspektive als spezifisch reduzierten Gegenstand, während es für ein umfassendes Bild vom Menschen geboten sein kann, die 3.Person-Perspektive nicht nur naturwissenschaftlich zu verstehen *und* die drei Perspektiven auf den Menschen wiederum *aufeinander* zu beziehen: nur in der Trias „Ich-Du-Er" existiert ein Mensch – und im Verhältnis dieser drei zueinander.

---

[2] Vgl. Peter Singer, Praktische Ethik (Practical Ethics, 1979). Stuttgart (3) 2013, S. 120, 196ff. Ders., Die Befreiung der Tiere (Animal Liberation, 1975). Hamburg (2) 1996, S. 41

Es stellt, genau betrachtet, eine gigantische Verdrehung dar, was in der Folge naturwissenschaftlich inspirierter Reduktionen des Menschenbilds geschehen ist. Denn, wer den Menschen (ausschließlich) naturwissenschaftlich betrachtet, kann jemandem, der behauptet, der Mensch habe eine Seele, die sich vom Leib lösen könne, vorwerfen, er überschreite seine Wissensmöglichkeiten und glaube an Dinge, die es nicht geben könne. Er schreibe dem Menschen in einer Art unangemessener Hypertrophie Wesenseigenschaften zu, wohingegen sich der Naturwissenschaftler bescheide, nur anzunehmen, was empirisch gesichert sei. Dabei kann in Vergessenheit geraten, dass ein Naturwissenschaftler, der so argumentiert, aus seiner sogenannten Bescheidenheit unter der Hand ein Weltbild errichtet hat, von dem aus er beurteilt, was überhaupt als seiend gedacht werden kann. Erst hat er den Menschen reduziert, um dann zu sagen, anderes als das Reduzierte könne es nicht geben. Und da die naturwissenschaftlich-empirische Reduktion erkenntnistheoretisch gesehen eine methodische ist – empirisch betrachtet werden kann nur, was von Menschen aus modelliert und in Experimenten überprüfbar ist -, existiert in solchem Denken immer ein unüberbrückbarer Abgrund zwischen unserem Weltbild und der Welt selbst. Daraus folgt, wer annimmt, es könne nur dasjenige geben (existieren), was von uns aus begrifflich bestimmt und perspektiviert wird, der lebt genau genommen in keiner Welt mehr, sondern nur in Weltbildern, er leidet unter Weltverlust. Überspitzt formuliert, könnte man sagen, der fährt „hirntot" durch Deutschland - genaugenommen „stumpf für die Welt", „seelentot" oder, wenn das ein sinnvolles Wort sein kann, „geistesungegenwärtig: „tot an Geist". (Es hieße einem verengten Vernunftbegriff zu folgen, allein Gehirn und Vernunft zusammen zu denken; es gibt auch eine ‚Vernunft des Herzens', die nicht im Verstandes- und Machtdenken gefangen ist, sondern sich der Welt in der Trias „Ich-Du-Er" der Welt öffnet. Neben verstandesorientiertem Denken hinge diese Vernunft mit Reflexion, Wahrnehmung und Einstimmung in Gespräche zusammen.)

Wird eine naturwissenschaftliche Perspektive dafür in Anspruch genommen, Maßstab zu sein für das, was „es in der Welt geben kann", dann gilt, von ihr aus betrachtet: Wer von „Welt" redet, dem kann man vorwerfen, er überschreite sein Weltbild. Jedoch ist die Auffassung, es sei unmöglich, außerhalb seiner Weltbilder zu gelangen, also die unüberwindbare Trennung zwischen „meiner" Welt und „der" Welt, selbst Ausdruck einer modernen Denkweise, in der das, was als „Welt" begriffen werden kann, als ein intersubjektiv konstituiertes und begrifflich bestimmtes – und auf diese Art "erkanntes" - *Ding* (ein Gegenstand) angesehen wird. Denkt man jedoch den Menschen in der Trias „Ich-Du-Er", gibt es keinen absoluten Gegensatz mehr zwischen Konstruktivismus und Realismus, denn das, was „Welt" sein kann, wird dann als nicht nur in einer Perspektive zugängliches angesehen, ohne dadurch als etwas erkanntes Gegenständliches gelten zu müssen. Nur, wer alles, was ist, naturwissenschaftlich reduziert, setzt statt „Welt": Macht.

Möglicherweise ist die Hirntoddefinition auch aus der Frage entstanden, wie man mit einer konkreten Art von Situationen umgehen solle. Es ist nämlich möglich geworden, hirntote Menschen mit Hilfe von Maschinen am Leben zu erhalten, die irreversibel im Koma liegen. Da stellt sich die Frage im Sinne der Humanität: Soll eine Maschine abgeschaltet werden, um einen würdigen Tod zu ermöglichen? Natürlich ermöglichte die Hirntoddefinition später eine leichtere Organentnahme: Im Vergleich zum Herztod sind Organe verwendungsfähiger.

In all den Fällen medizinischer Todesdefinitionen spielt die Verfügungsmöglichkeit der Menschen im Umkreis (oder meine eigene im Vorwege) eine zentrale Rolle. Menschen sehen sich zum Handeln aufgefordert, sei es zur Beendigung der durch Apparate erhaltenen Lebensfunktionen oder zur (Bereitschaft zur) Organentnahme. Der Tod (so wie auch die Geburt) stellt uns Menschen andererseits vor die Grenzen der Verfügbarkeit und aller Dinge, die Menschen verfügen können. Allerdings sind normative Grenzen des Verfügbaren nicht immer die Grenzen des Machbaren.

Kann es in solchen Situationen, die Menschen vor die Grenzen von Verfügbarkeiten stellen können, eine andere Orientierung geben als die einer bloß situativen? Sind dort die entscheidenden Leitlinien zum Handeln nicht in Kriterien und Eigenschaften zu suchen, sondern, auf Grundlage von Einschätzungen der Besonderheiten der Situation, in empathischen Betrachtungen zu suchen, in denen Fragen gestellt werden wie: Was geschähe im Sinne der Person? Was würde sie wollen? Da findet dann bestenfalls keine utilitaristische Verrechnung von Perspektiven statt, in der die Vorteile für Spendenempfänger gegen Nachteile für Spender aufgezählt werden. Da ist Wohlwollen geboten.

Eine situationsgerechte Orientierung, will ich eine solche nicht als Subsumtion eines Einzelfalles unter allgemeine Verfahrensregeln verstehen, führt zu einer neuen Reflexion über die Situation des Sterbens eines Menschen: Ist es wirklich so, wie ich bisher annahm, dass notwendiger-

weise mein Weltbild – mein Bild der Situation, meine Annahmen darüber, ob ich noch „da" bin, was der Tod ist, was danach geschieht, was
ein Mensch ist, was die Medizin vom Menschen weiß – die Bewertung
der Situation prägt? Kann es entgegen dieser Notwendigkeit von Annahmen vielleicht eine andere Betrachtung geben, in der auf ein solches
Menschen- und Weltbild verzichtet wird? Wie sähe das aus?

Vielleicht so: Der Mensch ist ein Geheimnis. Die Erfahrung der Eigensinnigkeit, der Freiheit des anderen erst lässt mich ihn als Mensch ansehen. Die Wahrnehmung: Hier setzt sich jemand selber, hier bestimmt
sich jemand selbst, allerdings in einer Weise, zu der andere keinen Zugang
haben. Was folgt aus diesem Nichtwissen vom anderen? Dass ich keine
allgemein geltenden Kriterien etablieren kann, wann jemand eine Person
ist. Ich nehme situativ unterschiedlich an und wahr. Annahmen sind hier
nicht als Hypothesen oder Voraussetzungen zu verstehen, sondern als
Ansinnungen und Anmutungen anderer. Es kann in diesem Sinne moralisch gut sein, keine Antwort darüber zu erhalten, welche Kriterien erfüllt sein sollen, damit jemand eine Person ist. Ermächtigungen durch
Kriterien sind für manche Handlungspraktiken und -situationen nötig,
für die Begegnung zwischen Menschen angesichts des Todes nicht. Begegnung wiederum kann nicht verrechnet werden gegen das Leid anderer Menschen, das entsteht, wenn Organe nicht gespendet werden. Das
ist eine tiefe Einsicht von Lawrence Kohlberg: Auf Stufe sechs der moralischen Entwicklung gibt es keine eindeutige Antwort im Sinne eines
Urteils, das genau eine Handlung nahe legt.[3] Situative Urteile können im
Einzelfall so oder so ausfallen; aus Prinzipien folgt keine Einzelfallaus-
blendung der Wahrnehmung von Menschen.

Die Frage zu stellen, ob ich mich bereit erkläre, im Falle meines Todes
als Organspender zur Verfügung zu stehen, kann als Aufforderung zur
Selbstbestimmung gelesen werden. Jede Entscheidung ist eine selbstbestimmte. Aber vielleicht ist die Vorstellung von Selbstbestimmung nur
tragfähig innerhalb der Grenzen eines vitalen Lebens. Vielleicht bin ich,
aufs Ganze eines tragfähigen Lebens gesehen, nicht nur mir selbst gegeben. Mein Leben ist verdankt, nicht nur angesichts der an seinem Anfang und Ende notwendigen Fürsorge, die andere für mich aufbringen.

---

[3]   Lawrence Kohlberg und Elliot Turiel: Moralische Erziehung und Moral-
entwicklung. In: Gerhard Portele Hrsg.: Sozialisation und Moral. Weinheim und
Basel 1978. S. 18f.

In religiöser Sprache ist es ein Geschenk, es muss abgegeben werden. Es ist eine Leihgabe.

Die Unverfügbarkeit von Situationen und der Abschied von Zwecken entsprechen zwei Grundintuitionen des Christentums. Erst durch sie, und nicht durch Selbstbestimmung, entsteht Freiheit in dem Sinne: Ich bin dem gegeben, der mich befreit hat. Ist das ein Weltbild oder ein Abschied von Weltbildern?

Vorstellungen von anderen als Personen sind geteilte kulturelle Praxis. In solcher Praxis erscheinen Menschen offenbar nicht nur als etwas Bestimmtes, sondern ebenso als etwas, das sich meinen Wissensmöglichkeiten entzieht. Die Würde von Menschen entsteht gerade aus solchem Verzicht auf Zuschreibung. Daher kann es keine eindeutige Antwort auf die Frage danach geben, was der Tod ist, und auch keine auf die Frage, ob im Fall eines hirntoten Menschen Organentnahmen gerechtfertigt sind. Die Frage führt in Aporien, sie scheint zu gut zu sein, um sie mit einer Antwort zu verderben (Robert Koch).

11. Ich will mich selbst bestimmen – wie mache ich das bloß?

„Das kann ich selbst."– So mag ein ganz junges Kind reagieren, wenn ein Erwachsener ihm beim Trinken helfen will, das Fleisch klein schneidet oder es beim Laufrad Fahren begleitet.

Lange genug hat man in der Selbstverständlichkeit gelebt, dass andere einen unterstützen und alltägliche Dinge erledigen, man hat darauf vertraut und ist es so gewohnt. Die Situation, die allen wohl bekannt ist und hierin einen Wendepunkt markiert, ist das Zubinden der eigenen Schnürsenkel. Endlich durfte man diesen komplizierten Akt wagen, man hatte ihn sich erkämpft oder wurde zu ihm ermuntert; er bestand in einer magischen Reihenfolge denkwürdiger Tätigkeiten, Bänder wurden übereinander gelegt, straff gezogen, dann galt es, den Finger auf die Stelle zu legen, an der sich die Bänder überkreuzten, aber mit den verbleibenden Fingern – ja, wie nur? – eine Schlaufe zu legen, diese wiederum festzuhalten, ein Band musste darum herum, dann noch eine Schlaufe legen und diese anschließend durch das Band fädeln, das um die Schlaufe gelegt wurde – besonders hierbei konnte man alles bisher Erreichte wieder verlieren!

Wenn das geschafft war – und ja nicht lockerlassen! – dann wurden beide Schlaufen strammgezogen, zügig genug, denn es galt dabei, den Finger zu ersetzen, der die gekreuzten ersten Bänder in Spannung hielt.

Heute können wir das alle.

Aber wir alle wissen nicht mehr, wie, und es fällt schwer, sich zu erinnern, welch gewaltiger Akt dies war, durch den wir imstande waren, selber auf die Straße zu gehen.

Ich ging dafür als Kind das Treppenhaus hinunter. Auf der Straße unter der Wohnung, vor der Haustür, versuchte ich mein Glück; hatte ich Erfolg, machte ich die Schnürsenkel wieder auf, um es mir erneut zu beweisen. Ich konnte darauf vertrauen, im Notfall den Klingelknopf zu drücken, dann kam meine Mutter und half mir. Sie ist ja da, wusste ich - und sie war wirklich da, gewissermaßen die ganze Zeit hinter mir! - aber mein Ziel bestand darin, von hier fort gehen zu können, eigenständige Schritte.

Etwas selber können, d.h. nicht abhängig sein von der Unterstützung anderer, mithin im verbreiteten Verständnis 'frei' entscheiden zu können, in welcher Weise man etwas macht, das sind Schritte auf dem Weg zur Selbstständigkeit. Werden einem Kind die erwünschten Tätigkeiten auf dem Weg selbständig zu werden, abgenommen oder verweigert, kann es das als Zurücksetzung empfinden; es fühlt sich in seinem (vermeintlichen) Können nicht ernst genommen, sondern unterschätzt und fremdbestimmt, denn es ist überzeugt, das von ihm Gewollte kann es. Wird es ermuntert, folgen der Stolz des Kindes und der Eltern wegen der sich entwickelnden Selbständigkeit.

Sich die Schnürsenkel zuzubinden, das ist ein Beispiel für selbstbestimmtes Handeln. Es ist der Versuch, zur Selbständigkeit zu kommen. Im Leben des einzelnen ist das von enormer Bedeutung: auf sich selbst vertrauen zu können und seine eigenen Impulse als wertvoll erachten zu können. Selbst wirksam sein zu können. Aus eigener Kraft etwas zu tun.

Da Erwachsenen die Fähigkeit, selbständig zu handeln, im mittleren Lebensalter so selbstverständlich erscheint, lohnt es, nicht nur einen Blick zurück, sondern auch in die Zeit danach zu werfen. Im höheren Alter mag sich die kindliche Perspektive umkehren: Es gilt, den erreichten Stand der zunächst körperorientierten Selbständigkeit aufrecht zu erhalten. Einschränkungen werden als Einschränkungen der Selbständigkeit und Selbstbestimmung wahrgenommen. Im Alter ist man vielfach froh, bestimmte Handlungen noch ohne Hilfe, also allein, bewältigen zu können. Was hilft beispielsweise alle formale und gedankliche Selbstbestimmung, wenn in ausweglosen Krankheitssituationen der selbstbestimmte Wunsch, zur Toilette zu gehen, nicht selbständig realisiert werden kann? Im Alter wird der Mensch zurückgeworfen auf die ursprüngliche Bedeutung der Selbstbestimmung: etwas körperlich aus eigener Kraft tun zu können. Ausgangspunkt jeder Rede von Selbstbestimmung ist die plausible Berechtigung des Subjekts, über Tun und Lassen zu entscheiden. Das Problem dabei ist dann die eigene Fähigkeit, in den Stand des Lebens als Individuum hineinzukommen oder diese Individualität aufrecht zu erhalten. Also das Problem der Selbständigkeit.

Es scheint unstrittig: Man möchte etwas selbst tun, selbst körperlichen Impulsen folgen können und selbst Wünschen nachgehen können. Und das bedeutet, weder fremdem Zwang noch dauernd nötiger Unterstützung ausgesetzt sein - negativ lässt sich leichter formulieren, was Selbstbestimmung ist, nämlich das Fehlen von Fremdbestimmung. Verstehe ich das Konzept der Selbstbestimmung als Gegensatz dazu, fremdem Zwang ausgesetzt zu sein, motiviert es mich, Selbstbestimmung in seinem politischen Denkraum zu betrachten. Im politischen Bereich lässt sich nämlich einigermaßen leicht verstehen, was Selbstbestimmung meint: die Aufrechterhaltung einer Ordnung, in der fremde Zwänge und Gewalt nicht maßgeblich für das Leben von Menschen sind. Die Gleichheit, Freiheit und die Rechte von Menschen werden in den Mittelpunkt gerückt, wo die einzelnen von fremder Gewalt möglichst freigehalten werden. Volker Gerhardt hat diesen Zusammenhang eindrücklich herausgestellt.[1]

Das politische Verständnis von Selbstbestimmung erzeugt einen Rahmen, der den Menschen ungeheure Möglichkeiten und Chancen bietet. Wir alle können Hochachtung vor diesem Rahmen haben, ebenso wie wir Hochachtung vor Eltern haben können, die ihren Kindern Mut machen und sie zu befähigen versuchen, sich die Schnürsenkel selbst zu binden.

Dort, wo Selbstbestimmung noch nicht erreicht ist, liegt es nahe, sie wie im folgenden Text von 1879 in Abgrenzung zu Fremdherrschaft als etwas Positives zu beschreiben:

> „Die Frau der neuen Gesellschaft ist sozial und ökonomisch vollkommen unabhängig, sie ist keinem Schein von Herrschaft und Ausbeutung mehr unterworfen, sie steht dem Manne als Freie, Gleiche gegenüber und ist Herrin ihrer Geschicke."[2]

Zugleich macht das politische Verständnis von Selbstbestimmung deutlich, dass der Begriff der Selbstbestimmung im Kern ex negativo definiert ist. Um das zu verdeutlichen, lohnt es, einen Blick auf eine große Errungenschaft zu werfen: den Unterschied zwischen Rechts- und Tugendpflichten zu setzen. In Rechtspflichten wird nur geregelt, was die Möglichkeit erzeugt, dass Menschen einigermaßen verträglich miteinander auskommen können. In Tugendpflichten hingegen geht es um das Selbstverhältnis des Menschen, die Art und Weise, wie er sich selbst Zwecke setzt, Ziele aussucht und Interessen verfolgt. Wenn durch ein

---

[1]   Volker Gerhardt: Selbstbestimmung: Zur Aktualität eines Begriffs. In: fi ph J O U R N A L. Nr. 8 September 2006. Forschungsinstitut für Philosophie Hannover. Martin Seel notiert im Buch »Sich bestimmen lassen« in Kapitel 16 »Sich bestimmen lassen. Ein revidierter Begriff von Selbstbestimmung«, S. 285, Anm. 8: »Einen extremen Autonomismus vertritt V.Gerhardt, Selbstbestimmung, Stuttgart 1999. Vgl. auch M. Seels Kritik: M. Seel, Aktive und passive Selbstbestimmung, in: Merkur 54/ 2000, 626-631.

[2]   August Bebel – „Die Frau und der Sozialismus" - 62. Auflage, Berlin/ DDR, 1973, S. 515. (Original veröffentlicht 1879).

politisches System nur Rechtspflichten geregelt werden und nur diese (im Zweifel) mit Gewalt durchgesetzt werden, dann scheint die Art des (tugendhaften) moralischen Zusammenlebens eher im Sinne des Taktes, von Gesprächen und Achtung vor der je individuellen Entscheidung geprägt sein zu können. Jeder, so denken vielleicht die Menschen einer solchen Gesellschaft, steht an seiner Stelle und muss von dieser aus seinen Weg gehen. Moralisch Zusammenleben heißt, den anderen nicht zu übertölpeln, zu manipulieren oder durch Gruppenzwang von der eigenen Auffassung von Glückseligkeit überzeugen zu wollen. Menschen, die so über das Miteinander denken, lassen anderen einen Schutzraum und bekennen sich des Nichtwissens bezüglich der Art und Weise, wie ein anderer sein Leben führt. Das Nichtwissen bezüglich des anderen ist die Bedingung seiner Freiheit. Dagegen glauben Menschen wohl in geschlossenen Gesellschaften, zu wissen, was der Mensch ist und was er braucht.

Das politische Konzept der Menschenrechte, fußend auf Selbstbestimmung, ist, wohlverstanden, auf einem Verzicht aufgebaut: dem Verzicht auf Machtansprüche gegen andere, dem Verzicht auf die Durchsetzbarkeit dessen und möglicherweise sogar Wahrheitsansprüche darüber, was für andere das Beste ist. Dieser Verzicht ermöglicht Freiheit. Freilich ist diese Freiheit notwendigerweise negativ – Freiheit *von* etwas -, und es bleibt fraglich, was das positive Äquivalent ist. Selbstbestimmung in der moralisch-politischen Bedeutung ist eine Idee aus der Perspektive der 2. Person. Selbstbestimmung in 2. Person-Perspektive – „du" - ist kein Akt der Zuschreibung. Möglicherweise resultieren aus der Verwechslung von *Selbstbestimmung als Verzicht* mit *Selbstbestimmung als Zuschreibung* einige Probleme des Selbstverständnisses von Menschen. Jemanden als selbstbestimmt anzusehen lässt sich nämlich als Akt des fragenden Ansehens von Menschen begreifbar machen, als Stehenbleiben vor anderen Menschen. *Wenn* Selbstbestimmung als Akt der Zuschreibung gedacht werden kann, dann als transformatorische, d.h. als eine, durch die Menschen in den Zustand der Freiheit versetzt werden und selber darauf aufmerken können, woran sie ihre Handlungen ausrichten (wollen). Man weiß, dass Impulse in geschlossenen Gesellschaften eher unterdrückt oder ignoriert werden, und das kann Unzufriedenheit erzeugen. Selbstbestimmung und darauf fußende Gesellschaften lassen sich demzufolge als Errungenschaft nach einer Entwicklung und nach einer Krise ansehen, und diese Errungenschaft führt zu einer Entwicklungsaufgabe jedes einzelnen Menschen.[3]

In der Perspektive der 1. Person – „ich" – stellt sich die Situation zunächst so dar: Erfahre ich mich als nicht mehr durch andere fremdbestimmt, so erfahre ich mich dadurch noch nicht als selbstbestimmt. Ich erfahre mich lediglich als frei von fremden Zwängen. Das Bild im Rahmen der gesellschaftlichen Beachtung der Individualität des einzelnen muss individuell gefüllt werden, und daher markiert es für die Frage der individuell selbstbestimmten Lebensgestaltung zunächst nur ein Loch, eine Stelle, die frei gehalten wird.[4] Was in der Perspektive der Mitmenschen zunächst als ein Mangel erscheint, nämlich als Fehlen fremder Bestimmungen, und als Aufforderung, diesem Mangel nicht durch äußeren Zwang abzuhelfen, muss vom Menschen selbst gefüllt werden. Faktisch geraten Menschen heutzutage häufig in Orientierungskrisen. Sie wissen dann nicht, woran sie sich bestimmen oder orientieren sollen, sie befinden sich in einer Sinnsuche, die auch durch das Fehlen fester tradierter Orientierungen entsteht. Folgt daraus ein Dilemma, nämlich, dass die Negativität – frei sein heißt, frei *von* etwas zu sein - zugleich die fehlende Selbstbestimmbarkeit, die fehlende Orientierung im individuellen Leben und fehlenden Sinn des Lebens einzelner markiert? Es lässt sich einigermaßen verstehen, wie das freie Zusammenleben von Menschen aussehen kann – wie Menschen einander betrachten und auf Zwang verzichten -, aber wie sich ein Mensch auf dieser Grundlage nun selbst bestimmt – wie er sich selbst betrachtet und „bestimmt", bleibt dabei offen. Wie soll er das aus sich schöpfen, was ihm früher andere gesagt haben? Welches Konzept von Selbstbestimmung kann dafür grundlegend sein?

---

[3]   Diese Aufgabe setzt die Fähigkeit des Individuums voraus und kann zugleich dessen Bürde sein. „Die Moderne ersetzt die heterogene Bestimmung im Rahmen der ständischen Ordnung durch die zwingende und obligatorische Selbstbestimmung. Das gilt für »Individualisierung« über die gesamte Ära der Moderne". Zygmunt Bauman: Flüchtige Moderne. Frankfurt am Main 2003 (=edition suhrkamp 2447), S. 43. Das, was früher ein gesellschaftliches Problem war, wird dem Subjekt als in seiner Biographie zu bewältigende Aufgabe zugeschoben.

[4]   Ulrich Beck: Risikogesellschaft. Auf dem Weg in eine andere Moderne. Frankfurt am Main 1991,(=edition suhrkamp 1365), S. 217. „In der individualisierten Gesellschaft muss der einzelne entsprechend bei Strafe seiner permanenten Benachteiligung lernen, sich selbst als Handlungszentrum, Planungsbüro [...] zu begreifen."

Woher kommt der Impuls zum selbständigen Handeln? Ich weiß es vorerst nicht.[5]

Es gilt, zunächst die Handlungsalternative zu erkennen – also im Beispiel der jungen Kinder nicht unbedingt sofort die Eltern zu fragen – und als zweiten Schritt sich zu entscheiden, eine Handlungsoption auch umzusetzen. Eine derartige Entscheidung ist nie risikolos: Wer selbst(bestimmt) etwas entscheidet, geht ein Risiko ein: Erfolg oder Scheitern; und damit übernimmt er gleichzeitig die Verantwortung für sein Handeln. Selbstbestimmung und Verantwortung sind untrennbar verbunden. Ich betrachte eine zweite Situation, um mir Klarheit zu verschaffen. In der U-Bahn sitzend und jüngere Menschen betrachtend frage ich mich bisweilen: Wie schaffen diese es bloß, heute zu leben? Fahre ich abends und sehe geschminkte und wohlgekleidete Jugendliche, die, so scheint es, irgendwo hin fahren, um sich auszuprobieren, so kommt mir sofort eben das Wort der Selbstbestimmung in den Sinn. Sie wollen selbstbestimmt leben, denke ich, aber sie wissen nicht recht, wie, und probieren daher verschiedene Möglichkeiten aus. Ehemalige Prägungen und Selbstbilder werden abgelegt, es herrscht eher eine negative Vorstellung der Freiheit vor als eine, die bereits Konturen gewonnen hat. Bisweilen werden meine Gedanken begleitet von Plakaten, die in mein Auge fallen: *Wann mein Körper altert, bestimme ich selbst. Bestimmen Sie selbst über Ihr Leben. Entscheiden Sie selbst, was Ihnen gut tut.* Und darunter erscheint der Name irgendeines Fitnessstudios, das beworben wird.

Ich kann den Akt der Selbstbestimmung als Ermächtigung deuten. Handelt es sich bei der Selbstbestimmung um einen Machtakt, dann bestimme ich aus mir selbst; das könnte mir zunächst gut gefallen. Mit den nötigen Mitteln ausgestattet, kann ich stets tun, was ich gerade entscheide. Das aber könnte nur eine Scheinlösung sein. Indem ich den Mitteln einen derartig großen Stellenwert zubillige, blende ich im Grundsatz die Anderen indirekt aus, denn was dann gemeinsam mit anderen geschieht, könnte jeweils nur zufällig harmonieren. Eine solche Art, Selbstbestimmung zu verstehen, könnte bald schal werden. Denn immer mehr müsste ich ‚irgendwie' aus mir herausholen. Das Loch, in dem sich individuelle Selbstbestimmung vollzieht, definiert eine Aufgabe, aber als Machtentschluss verstanden wäre die Aufgabe auch allzu schnell gelöst.

[5]   Möglicherweise bietet die Antwort auf diese Frage keine Lösung des Problems der Willensfreiheit, sondern liegt schlicht in der gestiegenen Befähigung des Aufwachsenden oder in seiner Unzufriedenheit mit der Unterstützung (oder Bevormundung) durch andere.

Selbstbestimmung lässt sich freilich nur in einer Außenperspektive als Ermächtigung rekonstruieren. In der Innenperspektive erscheint die faktische Bestimmung an den eigenen Impulsen ohne weitere Kriterien als Gestaltungschance, die nur dann, wenn ich sie unabhängig von anderen vollziehe, mich von anderen abkoppelt und dauerhaft zu Angst führt, der Angst vor dem Verlust der Macht, die wiederum nur das Bestreben nach Selbständigkeit ausdrückt.

Moment. Dadurch wird die Erklärung, Selbstbestimmung bestünde in der Tatsache, dass Ich der Bestimmer bin, allerdings zirkulär. Denn ich habe sie ja zuvor als Versuch etabliert, zu Selbständigkeit zu gelangen.

Und abgesehen davon, dass das Selbst in solcher puren Selbstsetzung innere Zwänge übersieht und zu einer bloßen Konstruktion seiner selbst gelangt, die in Wirklichkeit kulturell, medial oder erzieherisch übernommen wurde – es kann sich bei allem Bestimmen überfordern. Die Fehlvorstellung eines einsamen Individuums, das alles aus sich selbst schöpfen solle, hat zwischenzeitlich bereits gesellschaftliche Verbreitung gefunden, sei es in der Überbetonung der Individualisierung in der Pädagogik oder in der Schwierigkeit, aus individuell als gut erachteter Selbstbestimmung wieder zurück zur Gemeinschaft zu finden – die faktisch doch das Leben jedes einzelnen prägt. Überspitzt formuliert, lässt sich vielleicht sogar behaupten: Eine Gesellschaft, die es allein den einzelnen überlässt, sich zu orientieren, wird deren Innenleben eher verarmen als bereichern.

Zwar ist die Trennung zwischen der Perspektive der zweiten Person und der der ersten eine bloß analytische, und jeder Mensch wird versuchen, sich selber kongruent damit zu denken, wie andere ihn ansehen. Aber erst in einem gedanklichen Kurzschluss könnte ich glauben: Wenn andere und anderes mich nicht (fremd-)bestimmt, dann muss ich wohl selbst der Bestimmende sein. Möglicherweise liegt ein Hintergrund für diesen Kurzschluss in der *Begründung* des politischen Konzepts der Selbstbestimmung, nämlich dann, wenn die Idee der Menschenrechte auf Basis der anthropologischen Voraussetzung legitimiert wird, es gäbe – in der Perspektive der 3. Person („er") - ein zugrundeliegendes Menschenbild, demzufolge der Mensch sich selbst bestimmen könne (und solle). Da wird dann möglicherweise ein einsames Individuum fingiert und konstituiert, das sich isoliert aus sich selbst heraus bestimme. Selbstbestimmung lässt sich wohl aber weniger als Eigenschaft des Menschen, sondern als eine zu entwickelnde Fähigkeit auffassen.

Unsere Kultur ist, wohlverstanden, auf einem Verzicht auf ein Menschenbild aufgebaut. Dieser Verzicht ermöglicht Emanzipation. Daraus ein wohldefiniertes Menschenbild zu machen ist gefährlich und letztlich verdinglichend oder selbstverdinglichend.

In einer Entscheidungssituation, vor der ein einzelner Mensch steht, fragen Menschen eher: *Was hat dich dazu bewogen, X zu wählen?* als dass sie fragen, *ob* er sich selbst entschieden hat, X zu tun. Letztere Frage würde eher gestellt werden, wenn man davon ausgeht, dass der Mensch sich überhaupt nicht selbst für etwas entscheiden kann. Und wenn man mithin nach den Bestimmungsgründen fragt, dann sind hier weder eine creatio ex nihilo noch eine kausalgesetzlich freie Ursache ohne weitere Festlegung denkbar, denn ich suche ja gerade feste Bestimmungen. Woher nehmen?

Mir fallen zwei Antwortmöglichkeiten ein: Ich könnte mich erstens an Argumenten orientieren. Bestimmung an Argumenten behebt das Machtproblem, sie könnte inhaltlich dasjenige füllen, an dem Menschen sich bestimmen und daher das erklärbar machen, was üblicherweise mit Autonomie beschrieben wird; sie könnte also den Weg von einer negativen zu einer positiven Freiheit ebnen. Die Argumente sind auch ein erster Weg, auf dem der einzelne sich wieder anderen zuwendet, nachdem er sich in der Frage, wie er sich denn nun selbst bestimmen will, auf sich selbst zurückgeworfen sieht.

Gewinnbringend an diesem ersten positiven Verständnis von Selbstbestimmung ist nicht nur, dass das Bestimmende – *ich* bestimme *mich*, und das Bestimmende, das Ich, bestimmt eben dieses Mich – selbst bestimmt und inhaltlich gefüllt wird. Sondern es wird dadurch außerdem deutlich, dass das Selbst selbst in Entwicklung begriffen ist. Das Selbst verändert sich mit diesem Verständnis von Selbstbestimmung. Es bestimmt nicht bloß, es wird auch selbst bestimmt, nämlich durch die Argumente. Selbstbestimmung ist so verstanden und mit einer berühmten Formulierung ausgedrückt, Bestimmung nicht nur durch das Selbst, sondern auch des Selbst selbst. Wenn jemand Bestimmungsgründe zu seiner Selbstbestimmung anführt, dann holt er diese Gründe in sich hinein. Er lässt sich durch sie bestimmen, das heißt, er verändert sich selbst durch diesen Akt der Selbstbestimmung. Selbstbestimmung ist die Veränderung des Ichs hin zur Position dessen, der bestimmt, aber auch dessen, der Gründe akzeptiert. Es ist gewissermaßen ein Akt der Menschwerdung: Ich sage Ja zu etwas, das ich in mich hereinhole. Ich forme mich im Akt der Selbstbestimmung und zeige mich formbar. Selbstbestimmung ist die Fähigkeit, einen absichtsvoll vernünftigen Weg aus der Natur (dem Vor-Ge-gebenen) zur Kultur (dem Menschengemachten) zu beschreiten.

Meine Unzufriedenheit mit diesem Verständnis bezieht sich allerdings auf die Möglichkeit, das eigene Leben argumentorientiert zu gestalten. Denn allzu oft fehlen einem ja zwingende Argumente und eindeutige argumentative Perspektiven, und daher weisen Argumente nicht immer einen Weg.

Vielleicht lässt sich daher zweitens der Versuch, Selbstbestimmung als Orientierung an Argumenten aufzufassen, nicht so sehr als Auswählen und Ergreifen, sondern eher als Prozess des Wägens von Argumenten begreifen. Dann, und mit dieser Auffassung stelle ich mich stärker zu-frieden, wäre Selbstbestimmung die Bestimmung an einer Kultur der Freiheit, des Dialogs, der Verständigung, der Gespräche, in dem wohl auch Narrationen und Erfahrungsaustausch ihren Platz finden.

Durch dieses Verständnis rückt Selbstbestimmung plötzlich in eine soziale Perspektive, während ich sie bisher als Akt des individuellen Selbstverhältnisses angesehen hatte. Selbstbestimmung, so mein neuer Gedanke, findet im sozialen Gewebe mit anderen statt. Sie vollzieht sich immer und geschieht stets in Gemeinschaft; handelt jemand vernünftig, so spielen reale Dialoge zur Entstehung vernünftiger Grundsätze eine zentrale Rolle. Um ein Konzept von Selbstbestimmung zu explizieren, in dem Achtung vor anderen und gelingende Lebensgestaltung gedacht werden können, ist es notwendig, den Menschen und seine Welt nicht voneinander zu trennen. Möglicherweise ist eine solche Trennung in der Epoche der Aufklärung der Grund für Fehlvorstellungen im Konzept der Selbstbestimmung, die Selbstbestimmung zu sehr als autonome Bür-de des Individuums, zu sehr als Fiktion oder auch als passives Sich-Be-stimmen-Lassen deuten.

Ich kann die Art des Zusammenlebens von Menschen in unterschied-lichen Bildern deuten, in allen geht es um Verweisungs- und Bedeu-tungszusammenhänge. Ich kann mir die Verbindungen so wie Fäden denken, wie Bänder. Wenn ich sie als Spinnennetzfäden deute, entsteht der Wunsch, sie zu zerreißen, einige abzulösen, um nicht in ihnen fest-hängen zu bleiben. Oder ich kann sie als Strahlen auffassen. Sonnen und andere Menschen strahlen mich an, beleuchten mich und werfen durch ihren Standort Schatten in gewisse Richtungen. Selbstbestimmung als Veränderung hieße, einige Fäden zu ändern und neu zu spinnen bzw. den Schatten, den andere auf mich werfen, nicht als fix aufzufassen.

Wenn ich so über Selbstbestimmung nachdenke, dann kann ich über die ehemalige Begriffsbestimmung – Selbstbestimmung als individuelle Selbständigkeit – stolpern: Ein alternder Mensch ist weniger in berufliche oder sonstige Abhängigkeiten verstrickt, er beherrscht Vieles noch, und er ist noch nicht durchgängig auf Hilfe angewiesen; aber er mag auf Unterstützung durch andere angewiesen sein. Schmälert das seine Freiheit und Selbstbestimmung? Gehört zur Selbständigkeit und Selbstbestimmung nicht auch, Unterstützung annehmen zu können oder darum zu bitten? Haben Menschen diese Fähigkeit heute verlernt, weil sie einem falschen oder überzogenen Verständnis von Selbstbestimmung aufsitzen? Welches Verständnis von Gemeinschaft, Selbständigkeit und Freiheit bildet den Hintergrund einer Vorstellung von Leben, das auf Autonomie gründet? Ist ein Leben in wechselseitigen Beziehungen unfrei?

Nicht nur spielen andere für meine Möglichkeit, mich selbst zu bestimmen, eine Rolle, insofern sie mir meinen Freiraum lassen, sondern auch, indem sie mich inspirieren, mir argumentative Perspektiven eröffnen und mich in eine Welt hinein erziehen, in der ich Anregungen zu menschlichem Zusammenleben und zu menschlicher Lebensführung erhalte.

Bei Selbstbestimmungsversuchen wie denen der Jugendlichen, die noch vor meinem inneren Auge stehen, geht es nicht nur um die Frage: *Wo* will ich hin? Die Freiheitsfrage läuft letztlich nicht auf eine Selbstbestimmung zu, sondern auf eine Orientierungs- und Zugehörigkeitsfrage. Zentral ist die Frage: *Wobei* will ich sein, d.h. in welchen Zusammenhängen, Beziehungen und Kontakten will ich leben? Wo es zunächst um das Zerreißen gehen mag, folgt das Spinnen zwischenmenschlicher Fäden und das Hineingehen in sie. Abhängigkeit ist beides: freiheitseinschränkend und freiheitseröffnend. Sinn in seinem Leben zu finden, wie Karl Ove Knausgård anlässlich einer Auseinandersetzung mit Knut Hamsuns Literatur ausführt, hängt mit dem Eingebundensein in Gemeinschaften zusammen.

„Die Stadt, das ist die alte Welt, ihre Bewohner haben keine Probleme mit Zugehörigkeit oder Sinnlosigkeit, das sind allein Nagels Probleme [in: Knut Hamsuns Roman *Mysterien*], die sich offenbar nicht lösen lassen, denn in seinem Versuch, dem gleichförmigen und stereotypen Massenmenschen zu entgehen, wie er in der ersten Phase der Moderne entstand, entgeht er auch dem, was Zugehörigkeit schafft, und die Freiheit, die er so gewinnt, kann zu nichts anderem genutzt werden als zu der Suche nach Sinn. Und wenn ein solcher nicht existiert, da Sinn und Zugehörigkeit zwei Seiten der gleichen Medaille sind, kann er über das Ganze bloß lachen oder es beenden."[6]

Was geschieht, wenn Zugehörigkeit nicht als zwischenmenschlich reichhaltiger Bezug entsteht? Wer sich bloß an Gesetze halten und sein Leben so führen will, dass er niemandem etwas schuldig bleibt: Für den wird der Möglichkeitsraum der Freiheit zu keinem Wirklichkeitsraum. Es wird so kein Kontakt hergestellt. Wer in ein Loch fällt, weil der Kontakt zu anderen abgebrochen ist, der hat es schwer mit seiner Selbstbestimmung. In Zuständen der Arbeitslosigkeit, denen eines Geflüchteten ohne Arbeit oder einer schweren Krankheit hat man zwar hoffentlich noch nahestehende Menschen, doch möglicherweise muss ein Gewebeabbruch stattfinden und es müssen mühsam neue Fäden gesponnen werden oder die verbleibenden stabilisiert und intensiviert werden. Das kann mit einer nötigen und schmerzhaften Veränderung des Selbstbilds einhergehen.

Wer sich außerhalb eines sozialen Kontexts befindet, der wird womöglich gar nicht zu einem einzelnen, d.h. zu einem Individuum. Die Idee des einzelnen entsteht erst durch einen rechtlichen Kontext, sie liegt ihm nicht voraus, wie die Vertragstheoretiker glaubten, sie kann ihn nicht begründen, und sie enthält auch nicht die Idee einer Selbstbestimmung als eines individuellen Aktes.

Ein Individuum, das von der Idee unveräußerlicher Menschenrechte überzeugt ist, muss sich übrigens nicht als durch sich selbst bestimmt begreifen. Es erfährt sich als frei in einem negativen Sinne, und es erfährt sich als geprägt: durch eine Kultur der Achtung aller Menschen. So verstanden besteht nicht die Gefahr der Isolierung des einzelnen von seiner Umwelt, der Mensch wird dabei weiterhin als verbunden mit seiner Welt gedacht.

Ich möchte zusammenfassen: Selbstbestimmung ist als Weg zur Selbständigkeit etwas, das Menschen sich wünschen, wenn ihnen die dafür nötigen Rahmenbedingungen eröffnet werden. Erst die politisch-gesellschaftlich-kulturelle Perspektive stellt überhaupt das Bedeutungsgewebe bereit, das vom Individuum gefüllt werden kann. Worin Selbstbestimmung genau besteht, lässt sich am einfachsten negativ sagen: keinen Fremdzwängen ausgesetzt zu sein. Positiv ist es schwieriger: verführerisch, sie als Ermächtigung zu deuten, richtiger, Argumente und Anre-

---

[6]   Knausgård, Karl Ove, Das Amerika der Seele, in: Ders., Das Amerika der Seele (2013), München 2016, S. 143 (zuerst erschienen in: Norsk litterær kanon (Der literarische Kanon Norwegens), Cappelen 2007)

gungen anderer Menschen als Ratgeber hinzuziehen. Selbstbestimmung wird so nicht nur zu einer Ermöglichung durch, sondern auch zu einer Orientierung an einer Kultur der menschlichen Lebensführung. Wenn es stimmt, dass Selbstbestimmung die Figur enthält, dass Ich Mich bestimme, dann wird so allerdings das Ich unversehens zu demjenigen, der nicht der Bestimmer ist, sondern der sich bestimmen lässt. Selbstbestimmung heißt: *Ich lasse mich bestimmen* (und das prägt meinen Willen). Selbstbestimmung wird dann zur Selbstbesinnung oder gar Selbsterziehung, wenn ich mich ohne gefühlten Zwang einordnen kann in Normen und Tugenden, von denen ich glaube, dass sie allen Einsichtig-Vernünftigen (schon wieder dieses Denkspielräume eröffnende Wort 'Vernunft') einsichtig und zuträglich sind. Mich auf mich selbst besinnend entwerfe ich ein Bild von mir, das auch als mein Spiegelbild meinen bedenklichen Fragen standzuhalten vermag. Selbsterkenntnis ergibt sich nur aus der Interaktion mit Mitmenschen, im Spiegel ist sie nicht zu erlangen. Leben heißt, sich auf das undurchsichtige Spiel *Du glaubst zu schieben, und du wirst geschoben* (Faust I) zuversichtlich einzulassen. Erst das Gespräch mit Anderen bestimmt und eröffnet ein gemeinsam geteiltes und verantwortlich getragenes Bedeutungsgewebe. Ich bin, das bedeutet jetzt Selbstbestimmung, der bestimmte Bestimmer.

Ist das schon die Antwort? Oder habe ich im Versuch, zu klären, was Selbstbestimmung ist, jeweils die Worte Selbst und Mich und Ich zu weit gedehnt, damit sich überhaupt ein vernünftiger Sinn ergibt? Denn das Wort der Selbstbestimmung legt nahe: *Ich* bestimme *mich* selbst. Was soll es heißen, das zu sagen? Ich werde ja durch diese Selbstbestimmung erst ich selbst, und das Ich wird offenbar bestimmt, durch etwas, worauf es selbst Einfluss hat. Das hat mit Selbstfürsorge oder Selbstdisziplin zu tun: Ich schränke mich ein, ich verzichte, ich beherrsche mich.

Mehr und mehr verrutschen mir bei meinem Nachdenken die Begriffe. Durch das Gestrüpp von „ich mich", „ich mich selbst", „ich selbst", „Selbst-besinnung", „-(für)sorge", „-disziplin", „-ständigkeit", „-beziehung", „-reflexion", „-ermächtigung", „-formung", „-erziehung", „-beherrschung", „-bewusstsein"," –erzeugte", „-erkenntnis" versuche ich mich durchzuschlagen und werfe vielleicht doch nur Nebelkerzen, die suggerieren, Klarheit zu erzeugen.

Wie benutze ich das Wort „selbst" im Alltag? Offenbar immer in einer Beziehung, in einer Relation. Ich wasche mich selbst, ich sehe mich selbst, ich analysiere mich selbst. „Selbst", das ist ein Relationsbegriff. Das ist interessant, denn das heißt, dieses Selbst – wollte man es als ein *Etwas*

ansehen, das substantivierend als etwas Feststehendes angesehen und erzeugt wird – entsteht als Folge einer Entzweiung des Menschen, der sich
in einer Reflexion auf sich selbst bezieht. Ist das Ich dann eine Folge
von „selbst"? Sollte ich das Ich so denken, dass es durch diese Reflexion
entsteht? Ist „Ich" ein Gespräch? Wer spricht da mit wem, wenn ich das
Verhältnis der beiden Glieder bin – und welches der beiden Glieder ist
mir bekannt? Oder ist das Ich die Ursache dafür, dass ich mich auf mich
selbst beziehen kann? In all diesen philosophischen Redensarten scheint
etwas nicht zu stimmen. Vielmehr könnte ich das Ich als undefinierbares
Strahlenzentrum verstehen. Wieder taucht die Frage auf: Woher nimmt
der Mensch den Impuls, aus sich heraus zu handeln?

Setzt Selbstbestimmung zu Unrecht voraus, der Mensch könne sich
selber erkennen? Goethe formuliert in *Bedeutende Fördernis durch ein
einziges geistreiches Wort* hierzu:

> „Hiebei bekenn ich, daß mir von jeher die große und so bedeutend klingende
> Aufgabe: *erkenne dich selbst* immer verdächtig vorkam, als eine List geheim
> verbündeter Priester, die den Menschen durch unerreichbare Forderungen ver-
> wirren und von der Tätigkeit gegen die Außenwelt zu einer innern falschen
> Beschaulichkeit verleiten wollten. Der Mensch kennt nur sich selbst, insofern
> er die Welt kennt, die er nur in sich und sich nur in ihr gewahr wird. Jeder neue
> Gegenstand, wohl beschaut, schließt ein neues Organ in uns auf."[7]

Je mehr ich darüber nachdenke, umso stärker wirft Selbstbestimmung
ein unklares und falsches Bild für das Handeln, das ich mir selbst zu-
rechne. Die beiden Seiten der Selbstbestimmung – „ich" und „mich" –
scheinen nur selbst klar bestimmt zu sein. Aber stehe ich mir selbst zur
Verfügung? Habe ich soviel Selbstbewusstsein? Habe ich überhaupt eine
„Position", so wie man von Standpunkten spricht, oder bin ich eher eine
Dis-position, d.h. etwas, das in seinem Ein-Verhältnis-Sein eine Bezogenheit enthält?

Viele Menschen werden Volker Gerhardts Befund zustimmen, wenn
er behauptet, Selbstbestimmung als „Zentralkategorie der menschlichen
Zivilisation" zu bezeichnen, denn
"mit ihr zeichnet sich der einzige Träger von Freiheit und Gleichheit,
das menschliche *Individuum*, als prinzipiell unersetzlich aus; sie schließt

---

[7]   In: Johann Wolfgang Goethe: Sämtliche Werke nach Epochen seines Schaffens. München 1989, Münchner Ausgabe, Bd. 12, S. 306. Vgl. auch Martin Seel,
111 Tugenden. 111 Laster. Eine philosophische Revue. Frankfurt/Main 2012 S.
186.

die Bereitschaft zur Übernahme der Verantwortung für die Folgen des eigenen Handelns ein.
" Problematisch allerdings ist seine Fortsetzung:

> „Da dieser Zusammenhang nur im Medium von Erkenntnis und individueller Einsicht bewusst werden kann, ist die Selbstbestimmung an die Leistungen der *Vernunft* gebunden, die spätestens in den vorgetragenen Gründen zum Ausdruck kommen. Die mögen mit unendlich vielen historischen und sozialen Vorleistungen verbunden sein: Ihren Grund haben die Gründe allein im *Selbstbewusstsein* des sich selbst bestimmenden Individuums."[8]

Ist dies ein Zirkelschluss? Selbstbestimmung ist in einem ersten Schritt an die Leistungen der Vernunft gebunden, diese wiederum im zweiten Schritt an das "Selbstbewusstsein des sich selbst bestimmenden Individuums": Selbstbestimmung begründet Selbstbestimmung. Dabei sei von dem problematischen Vernunft-Verständnis abgesehen: "Die Gesetze der Vernunft, obgleich in ihnen uralte Erfahrungen der Menschheit und ein vielfältiges Wissen von der Welt zum Ausdruck kommen, haben ihre Instanz allein in der Einsicht des Einzelnen." – Vernunft, rückgeführt wiederum auf Selbstgewissheit. (Ich denke wieder an Kant, dem begründetes Wissen (und seine Begründung im Subjekt) wichtiger war als die Wirklichkeit.) Warum spreche ich dann noch mit Anderen? In welcher Hinsicht kann meine Einsicht eine Instanz sein?

Wie kann ich mich zu diesem behaupteten Selbstwiderspruch verhalten? Selbstbestimmung und Vernunft leugnen heißt – und darin ist Volker Gerhardt zuzustimmen – für die westliche Kultur ein entscheidendes, weil mein Selbstverständnis prägendes Moment abzustreifen. Ich kann auf den Anspruch tragfähiger Vernunftentscheidungen und die damit verbundene Inanspruchnahme meiner Freiheit auf keinen Fall verzichten – trotz der Brüchigkeit.

Neben der unklaren Bedeutung des „Selbst" in *Selbstbestimmung* ist auch das Konzept der „Bestimmung" in *Selbstbestimmung* zu kritisieren. Die Orientierung an etwas erfolgt in Wahrheit subtiler als an festen Bestimmungen. Da gibt es den Leib, der nicht bloß der Körper ist, da gibt es Bilder, Bedeutungen, die Offenheit des sozialen Gewebes, das

---

[8] Vgl. Volker Gerhardt: Selbstbestimmung: Zur Aktualität eines Begriffs. In: fi ph J O U R N A L. Nr. 8 September 2006. Forschungsinstitut für Philosophie Hannover.

sich nicht nur in Leitsätzen und Regeln ausdrückt, sondern in Symbolen, Situationen, Figurationen, Emotionen.

Das heißt aber: Dasjenige, an dem ich mich orientiere, ist unbekannt und mir in Teilen entzogen, obwohl ich es berücksichtige und gerade insofern ich darauf: vertraue. Vertrauen ist aber etwas anderes als Bestimmung. Ich vertraue auf Stimmungen, Stimmen und auf meine Gestimmtheit. Und auch das Bestimmte („mich") ist unbekannt und unbestimmt. Es „wird" erst dadurch, dass es sich (auch sozial) orientiert.

Mit der Vorstellung eines Aktes des Bestimmens wird menschliches Handeln zu sehr im Sinne rationaler punktuell-zeitlicher *Entscheidungen* gedeutet. Da laufen ständig sich selbst bestimmende und reflektierende Menschen herum? Oder *handeln* sie nicht einfach? Denn »Selbstbestimmung [ist] nur als situativ gebundener Anspruch, nicht als prinzipielle Auszeichnung einer Person plausibel zu machen«„.[9]

Ist der Situationstyp der Selbstbestimmung „Ich will mich jetzt *entscheiden*" dem Leben angemessen? Wird hier vielleicht eine Krise zum Normalfall erhoben? Denn Menschen reflektieren doch nur, wenn ihre Handlungsgründe brüchig geworden sind, was im Normalfall nicht so ist.

Wie funktionieren denn normalerweise Entscheidungen? Durch in jeder Situation neu abgewogene Gründe? Vielfach liegt jedoch einer Entscheidung ein lange zurückliegender Prozess zugrunde, und eine Entscheidung ist nur die Artikulation und der letzte Punkt einer langen Kette leiblicher und seelischer Erfahrungen.[10]

Möglicherweise wird daher ein falsches Wort benutzt, das mir bei der Frage, wie ich selbst handeln soll, als Stolperstein vor meinem Weg liegt: *Es solle da etwas bestimmt werden*. Real funktioniert das gar nicht so: Eher machen Menschen, die ihren Weg suchen, Jugendliche, Kinder und Erwachsene, Erfahrungen mit anderen zusammen, sie denken nach, sie erproben etwas, sie gehen mit etwas schwanger, sie machen eine Urlaubsreise. Das Wesen einer Entscheidung liegt nicht darin, in *einem* Moment oder *einem* Akt plötzlich einen neuen Impuls im Kopf zu haben, es ist eher ein durch die Zeit stattfindendes allmähliches Bemerken dessen, was einem gut tut und was man möchte. Menschen, die einen Weg suchen, spielen mit Orientierungen und reflektieren sie. Eher lassen sie sich von

[9]   Dieter Thomä: Erzähle dich selbst. Lebensgeschichte als philosophisches Problem. München 1998. S. 33
[10]   Martin Seel: Aktive Passivität,. Über den Spielraum des Denkens, Handelns und anderer Künste. Fischer Verlag Frankfurt a.M. 2014. S. 34.

Bedeutungen inspirieren als dass sie bestimmen oder sich bestimmen lassen.

Selbstbestimmung, wenn ich es noch so nennen will – oder sollte ich eher von ,Freiheit' und ,Handeln' sprechen? -, gleicht, zeigen diese Gedanken, einem Spiel und Reflexion. Es heißt, in Verhältnissen mit anderen und der Umgebung zu stehen, diese Verhältnisse zu variieren und zu reflektieren. Freiheit ist damit nicht der Abschied von Prägungen, sondern die Gestaltung von Verhältnissen.

Für diesen Gedanken lohnt es, innezuhalten. Wenn Selbstbestimmung als Bestimmung durch das Selbst selbst nicht das zentrale Moment freier Menschen darstellt und wenn der Mensch sich aber (selbst) von etwas her und an etwas bestimmen soll, um nicht in eine neue Fremdbestimmung zu verfallen, was lässt sich dann über die Art der Bestimmung freier Menschen aussagen? Sie sind offenbar frei, Bestimmungen zu wägen und zu reflektieren, und sie sind frei, sich etwas ansinnen zu lassen, um Martin Seels Formel des Sich-Bestimmen-Lassens zu variieren.[11] Das, woran sie sich bestimmen, soll die Freiheit unangetastet bleiben, lässt sich jedoch nicht fixieren. Es ist beeinflusst durch die Kultur, in der der Mensch aufwächst – es ruht also auf sozialen Voraussetzungen, die moralermöglichend sind.

Die zentralen Argumente der Kritik am Konzept der Selbstbestimmung sind, zusammengefasst, die Offenheit der Sozialität des Bedeutungsgewebes, in dem Menschen leben, die fehlende Selbsterkenntnis und die vielen Lebens-Situationen, in denen Entscheidungen sich nicht qua Bestimmung, sondern implizit und als Endglied einer langen Kette subtiler Erfahrungen sozusagen eher auftun als dass sie willkürliche oder bloß rationale Entscheidungen sind.

---

[11] Martin Seel: Sich bestimmen lassen. Studien zur theoretischen und praktischen Philosophie. Frankfurt 2002. (=stw 1589).

12. Der Handelnde trägt immer Schuld

Ich wage einen Neuansatz. Um ein Verständnis für die Füllung der Lücke zu erwerben, die die individuelle Lebensgestaltung mit sich bringt, mag es hilfreich sein, die Entwicklung eines Menschen durch mehrere Situationen hindurch zu betrachten.

Für einige Situationen ist das bereits geschehen, für das Schnürsenkel Binden und für pubertäre Suchbewegungen, sie bezeugen und etablieren auf lange Sicht ein verantwortliches Verständnis von Lebensorientierung, das mit dem Namen Selbstbestimmung bezeichnet wurde.

Ein Mensch, der sich entwickelt und selbst zu bestimmen sucht, läuft in manche unvermeidliche Fallen:

• sich zu sehr zu unterwerfen oder Unterwerfungen zu dulden – das entspricht politisch einer geschlossenen Gesellschaft

• sich zu sehr gegen Fremdbestimmung zu erwehren – das kann Bemächtigung oder Ignoranz begünstigen

• sich zu eindeutig an Regeln zu orientieren – das ist der Fehler der Theoretiker der Selbstbestimmung: Die Lücke durch Vernunft zu füllen und durch Regelmoral, durch Autonomie.

Aber das ändert nichts daran, dass mit *Selbstbestimmung* ein Konzept auftritt, durch das Verantwortung entsteht. Diese Verantwortung ist vielleicht das prägende Element des normalen Erwachsenenlebens.

Nun kennt jeder Situationen, in denen dieses Konzept zu kurz greift: immer dann, wenn wir merken, dass wir unser Leben nicht *führen* oder dass gerade diese Führung uns beengt, dass sie dem, was wir erleben, nicht gerecht wird, dass unsere Bestimmungsgründe uns in die Irre geführt haben oder haben schuldig werden lassen. Denn immer wenn wir uns aufgrund fester Bestimmungen leiten, können wir uns täuschen. Ich glaubte nur zu wissen; ich übernahm Verantwortung, aber ich täuschte mich. Orientierung an Gründen und auch an Tradition greifen hier zu kurz. Ich komme in Krisen, ich sollte eventuell umdrehen, umkehren, was nur eine andere Rede für Buße und Reue ist, ich bin in eigenen Grenzen und irrtumsfähig; das Selbst als Selbst wird dann angezweifelt.

Dazu zwei spiegelbildliche Situationen. Wer selbstbestimmt lebt, wird vielleicht darauf setzen, dass er immer auch partnerschaftlich glücklich sein müsse. Erlebt er sich nun als unglücklich, weil er sich an den Vorstellungen partnerschaftlichen Glücks misst, die er sich vorlegt und bei denen er sich an den aktuell geltenden Normen orientiert, so mag er seine Partnerschaft beenden und die Trennung als verantwortliche Entscheidung ansehen. Hinterher stellt er vielleicht fest, dass er einsam ist, doch am ehemaligen Partner hängt oder an den nur noch selten gesehenen Kindern – und dass diese ihn brauchen - und dass die Partnerschaft sich mit einiger Geduld hätte weiterentwickeln lassen können. Das kann den selbstbestimmt Handelnden reuen und ihn vor die Tatsache stellen, dass er seinen Partner unwiederbringlich verletzt und Schuld auf sich geladen hat.

Vielleicht wird der selbstbestimmt Handelnde aber auch so denken: Ich will immer bei meinem Partner bleiben, denn die Partnerschaft kann sich ja noch entwickeln, auch wenn ich aktuell unglücklich bin. Die Person, die sich nach diesen Bestimmungen verhält, wird hinterher von ihren Kindern zur Rede gestellt, warum sie so häufig so grantelig war, zu allem immer Ja und Amen gesagt und so wenig Freude an gemeinsamen Familienunternehmungen hatte. Und die ausgebliebene Trennung bereuen.

Diese beiden Situationen stellen sicherlich nicht die einzigen Möglichkeiten dar, selbstbestimmt zu handeln. Aber sie können auf die prinzipielle Krisenanfälligkeit der Selbstbestimmung als Leitlinie menschlichen Handelns aufmerksam machen. In solchen Krisen gesteht eine Person sich ein: Jede meiner Entscheidungen entsteht durch Vagheiten, die mir in Teilen entzogen sind; ich kann prinzipiell immer schuldig werden.

Krisen entstehen dadurch, dass ich mir dessen innewerde, dass ich *prinzipiell* in Schuld geraten kann und schuldig werden muss. Menschen müssen handeln und wissen wegen der Unübersichtlichkeit ihres Wissens vom „Wirklichen" und der „Welt" erstens nicht vollständig, in welchem Umfeld sie handeln (müssen), und sie wissen zweitens auf Grund ihres Nichtwissens auch nichts über die Folgen ihres Handelns. Wahrscheinlich bedarf man der zugewandten Anerkennung, um mit seiner Schuld leben zu können.

Schuld unterscheidet sich von Fehlern. Fehler sind ausradierbar und durch menschliches Können und Wissen behebbar; es ist deshalb möglich, sie zu korrigieren, weil sie noch nicht in die Wirklichkeit und in Emotionen anderer eingegriffen haben. Aber Schuld fixiert die Vergangenheit. Der Feldherr kann glauben, Fehler korrigieren zu können, wo er schuldig geworden ist, er kann sich seine Taten schönreden: Wo gehobelt wird, denkt er, da fallen Späne, Kollateralschaden sind unvermeidbar. Beleidigungen durch Wahrheit sind zu riskieren, denken andere (und haben – vielleicht – Recht). (Der moderne Mensch kennt vielfach kein Konzept von Schuld, er macht in seiner Lebens-, Welt- und Selbstoptimierung nur Fehler und sieht nicht, wo er anderen etwas schuldet und schuldig ist.)

Schuld nun ist identitätskonstitutiv: „Ich bereue und will nicht wieder tun." Bewusste Schuld ist unkorrigierbar, sie wird aufgenommen und angenommen. Dabei bleibt einerseits meine Identität, mit der ich umgehe, als das bestehen (als meine Schuld), und andererseits hat mich gerade diese Identität in die Schuld getrieben.

Wenn ich auf der Basis der Anerkennung dieser Schuld handle, dann ist dies kein selbstbestimmtes Handeln, sondern ein Handeln als Anerkennung dessen, was es gibt, als, formuliere ich in hochwertigen Worten, Achtung, Liebe und Zuwendung. Und ich erkenne dabei etwas an, das ich nicht kenne. (So konfiguriert, ergeben sich für den Menschen in der spiegelbildlichen Situation neue, aber ebenfalls nicht klar fixierbare Handlungsmöglichkeiten jenseits und diesseits der groben Entscheidung für oder gegen die Partnerschaft, denn beide Alternativen waren von geringer Zuwendung gekennzeichnet.)

In Mose 1,4,7 heißt es: "so lauert Sünde vor der Tür und nach der Welt steht ihre Begierde, du aber sollst Herr werden über sie". Kain wird sich nach dem Brudermorde selber fremd. Indem er sich in die Perspektive Anderer versetzt, denkt er, dass man ihn wegen seiner Tat töten wird. Sich von sich selbst distanzierend erkennt er einerseits, dass er von 'etwas in sich selbst' oder gar von ‚einem Etwas in sich selbst' bestimmt und getrieben wurde, das ihm bisher an ihm selbst fremd war und dass er andererseits die Tat als höchst strafwürdig oder verachtenswert erkennt. Das ihm widerfahrene (Selbstbestimmungs-)Erlebnis gerät ihm zur Selbsterfahrung und führt zu einer Selbstbesinnung; er begegnet sich in seinem Verhalten gegenüber seinem Bruder wie einem Fremden. Nimmt man seine Reaktion nach dem Mord hinzu, wäre zu bedenken, ob Selbstbestimmung nur in Verbindung mit einer Distanzierungserfahrung tragfähig ist. Selbstbestimmung ohne Distanzierung eröffnet dem sich autonom setzenden Subjekt, für das Selbsterhaltung das höchste Ziel ist, den Weg in den Terror.

Beim Wort der Schuld, die heraus aus solchem Terror weist, kann ich an etwas Düsteres denken, das mich erdrückt und lähmt, weil ich nicht ungeschehen machen kann, was ich getan habe und weil ich niemals einwandfrei werde handeln können. Aber die prinzipielle Anerkennung der Schuld und der Irrtumsfähigkeit führen zu einer anderen Sichtweise. Dieses Verständnis wird durch den ursprünglichen griechischen Sinn der *Metanoia* deutlich, die erst in christlichen Umwendungen einen düsteren Beiklang gewonnen hat. Metanoia bedeutet ursprünglich Drehung, Umkehr: Ich halte ein, ich beginne zu reflektieren.

Das ist der ursprüngliche Begriff der Buße: Ich lasse ab, ich stelle etwas anheim, ich verzichte, ich gestehe ein, ich nehme etwas auf mich, ich lasse von etwas ab, ich erbarme mich, ich bekenne, was ich nicht erkannt habe.

In Krisen wird merkwürdigerweise das Sichbestimmenlassen dominanter als das Bestimmenwollen. Denn die Bestimmungsversuche sind ja ins Leere gelaufen oder gescheitert. Ist in der Pubertät und in Phasen des normalen Handelns im flow das Moment des Stolzes beherrschend, so jetzt das Moment der Demut - das Wissen um das Scheitern der Selbstbestimmung und der Selbstbeziehung -, aber auch möglicherweise die helle Freude über neue Wege, nachdem sich im Umdrehen der Horizont erweitert hat.

Woher kommt der Impuls zur Krise? Möglicherweise aus Not und Unzufriedenheit. In eine Krise gerate ich aber nicht nur aus Not oder in als prekär empfundener Entscheidungssituation, sondern auch, weil ich über einen Gedanken gestolpert bin, weil ich in Muße nachgedacht habe oder neugierig auf erweiternde Gedanken gestoßen bin. In jedem Fall werde ich mir in einer Krise meiner Begrenzung inne und meines Verdanktseins.

Eine Krise führt, wohl verstanden, zu Schulderkenntnis. Bis zur Krise waren die Begriffe der Selbständigkeit und Verantwortung tauglich. Beide aber setzen voraus: Ich weiß, wer ich bin und was zu tun richtig ist. In der Krise als Umdrehung und daher dem Wortsinn nach ‚Bekehrung' entsteht die Notwendigkeit, Begriffe umzudeuten, und zwar in einer Reflexion, die nicht im Sinne von Distanz fixiert wird, denn es geht ja um mich in einer existenziellen Weise.

Was folgt nach Krisen? Tastende Schritte, Wagnisse, Mut und Takt. Die Wahrnehmung ist jetzt zentral: hinsehen. Die Drehung erfolgt ja auch, um zu sehen, was ist. Spielerische Gehversuche folgen.

Nach Krisen allerdings entsteht nicht automatisch ein verändertes Handlungs- und Freiheitsverständnis von Menschen. Es gibt auch keine zwingenden Argumente dafür, Selbstbestimmung nicht mehr als entscheidenden Ansatz zu praktizieren. Denn jede Lernerfahrung kann ja wiederum begrifflich bestimmt werden, und daraus entstehen neue Gründe und Maximen, an denen Menschen sich selbst bestimmen können. In den beiden spiegelbildlichen Situationen kann die Person, die in eine Krise gerät, beispielsweise zu der Schlussfolgerung gelangen, sie solle nun immer *Zuwendung* praktizieren.

Es ist auch nicht gesagt, dass die Person, bleibt sie orientiert an Selbstbestimmung, in die nächste Krise gerät, das heißt, dass das Konzept selbstbestimmter Lebensführung *immer* auf lange Sicht zum Scheitern verurteilt wäre.

Möglicherweise ist Selbstbestimmung als Lebensleitlinie nur für letzte Situationen wie die der Konfrontation mit dem Sterben und der eigenen Endlichkeit untauglich. Aber auch hier gilt: Das eigene Sterben gälte es dann, in dieser Weise als Begrenztheitschance zu erleben – hingegen: Was der eine als „Chance" deutet, deutet ein anderer vor dem Hintergrund eines abweichendes Verständnisses von „Leben" als „Faktum".

So wie Menschen in Krisen ebenso wie angesichts des Todes zu einer tiefen Form von Bescheidenheit gelangen können, kann bisweilen gerade in Notsituationen eine Tendenz festgestellt werden, zu nächsten Sicherheiten Zuflucht zu suchen, zu Glaubenssätzen, die mehr von der Suche nach Sicherheit als von Vertrauen gekennzeichnet sind. Irvin Yalom machte als Psychotherapeut oft die Erfahrung, dass in Krisen eine Art Embryologie des (festen) Glaubens an neue Sicherheiten nachgezeichnet werden könne.[1]

Ich denke jedoch, dass es auch im Leben Krisen gibt oder diese als solche aufgefasst und begrüßt werden können, in denen die Lernerfahrung vorherrscht, dass die eigene prinzipielle Begrenztheit erkannt wird. Ich bleibe also dabei, Krisen als Chance eines über Selbstbestimmung hinausgehenden Entwicklungsprozesses des Menschen anzusehen: Wie orientieren sich Menschen, die durch Selbstbestimmung und Krisen hindurchgegangen sind? Was ist ein so resultierender positiver Begriff der Freiheit? Ein freier Mensch ist nicht einfach in einem absoluten Sinne frei. Das ließe sich nicht beweisen, aber ein Beweis verfehlte auch sein Argumentationsziel, denn der Beweisgrund wäre das, an dem sich ein freier Mensch bestimmt. (Daher ist es verführerisch, an diese Stelle das

---

[1]   Irvin D. Yalom (1989), Die Liebe und ihr Henker & andere Geschichten aus der Psychotherapie. München 1990

Selbst zu setzen.) Die Rede von Freiheit ist selbst eine negative, die Bestimmungsgründen gegenüber einen Verzicht deklariert – politische Selbstbestimmung und individuelle Freiheit sind Konzepte, in denen *mit dem Status von Nichtwissen, mit dem Status von Fehlbarkeit* argumentiert wird.

Was Freiheit ist, lässt sich hingegen nicht positiv bestimmen. Es ist die merkwürdige Fähigkeit, zu etwas Ja zu sagen. In solcher nicht bestimmbaren, aber positiv wirksamen Freiheit kann der Mensch sich selber und anderen zum Geheimnis werden. Das kann, gerade weil nicht positiv bestimmbar, auch einen Sinn für das menschliche Leben erzeugen. Möglicherweise erwächst aus einer solchen Auffassung von Menschen, die einander und sich selbst (nicht: sich Selbst!) als eigensinnig und unverfügbar und geheimnisvoll ansehen, eine Moral, die sinngebend werden kann – vielleicht eine andere als die der Ethiken, die auf dem einzelnen in seiner Selbstbestimmung gegründet wurden.

Dementsprechend lässt sich Freiheit im Innenleben von Menschen hauptsächlich als Kontrasterfahrung finden, als Freiheit im Vergleich zu anderen oder im Vergleich mit sich selbst zu früheren Zeiten. Ich bin frei beispielsweise (nicht mehr) *von* äußeren oder inneren Zwängen, von Denkmustern, von Funktionalismen und von Reduktionen sowie Selbstreduktionen. Freiheit zeigt sich nicht primär als Wille, sondern als Fähigkeit. Sie ist eine Entwicklungsaufgabe. Diesen Gedanken folgend ist es bei einer freien Handlung unmöglich zu beantworten, woher der Impuls zum Handeln kommt.

Fasse ich zusammen, dann zeigt sich ein Entwicklungsgang: Zunächst sind wir Menschen angesprochen durch andere. Diese Ansprache gibt uns eine Sprache und ggf. das Gefühl, fremdbestimmt zu sein. Im Versuch, selbständig und (später) verantwortlich durch das Leben zu gehen, suchen wir, uns an festen und eigenen Bestimmungen zu orientieren. In der in Krisen auftauchenden Erkenntnis der Begrenzung dieser Orientierung entstehen in Metanoia Schuld- und Irrtumsfähigkeit, Bescheidenheit und Freimut.[2]

---

[2] Psychologisch gedeutet, kann der Wunsch nach einem Leben, das man ganz aus eigenen Maßstäben heraus gestaltet, auch als Abschottung von anderen rekonstruiert werden. Man lebt alleine oder nur so weit mit anderen zusammen, wie diese in das eigene Lebenskonzept hineinpassen. Das könnte man gerade dann forcieren, wenn man davon ausgeht, *nur dann* auf seine eigenen Initiativen vertrauen zu können, wenn man sich nicht in tiefe Bindungen begibt. Es könnte die Erfahrung dahinterstecken, nicht tun, fühlen und denken zu dürfen, was

Das Bedeutungsgewebe, in dem wir alle leben, zeigt sich dem einzelnen Menschen dabei einstweilen als Bedeutungsgestöber. Ich gehe ins Vage, ich handle im Unsicheren oder im leiblich-sicheren Gefühl, dass ich weiß, was richtig ist; dieses Wissen zeigt sich jedoch nur als Vertrauen. (»*In's Innre der Natur –*« [...]»*Dringt kein erschaffner Geist*«[3]) Das Innere trägt mich als daimonion. Ich ergreife vage Bedeutungen: ich bin vielleicht getragen vom Unbekannten und ‚marschiere', stehen bleiben darf ich nicht.

Jedes Handeln ist Ambiguitäten ausgesetzt, dem Changieren des Bestimmten ins Unbestimmte, vor allem dem Unbestimmten im Verhältnis zum Willen und zu den Verstrickungen des gelebten Lebens.

Das Spannungsfeld der Selbstbestimmung stellt sich vor diesem Hintergrund so dar: Einerseits ist Selbstbestimmung – ich mache das! - auch da Selbstermächtigung, wo sich an Gründen orientiert wird. Andererseits muss jede Entscheidung durch das Nadelöhr des Ichs. Die Lösung dieses Spannungsfelds besteht in der Freiheit als Akt des Ja-Sagens zu etwas, das nicht überblickt werden kann. Und als Sich-Zueignen dieses Jas. Dabei lässt sich die Person von Wahrgenommenem und Erahntem inspirieren.

So verstanden besteht eine Analogie zwischen bestimmender Urteilskraft, Selbstbestimmung und Verantwortung einerseits und andererseits

man will, wenn andere ständig in der Nähe sind – da, glaubt man und hat man erfahren, muss man die Erwartungen der anderen erfüllen. Man hat nicht erlebt: dass andere einen in seiner Freiheit unterstützen; die anderen haben die Unterschiede zu ihren eigenen Lebensentwürfen nicht gefördert – und man hat daher nicht Freiheit in Gemeinschaft erlebt. Wer selbstbestimmt lebt und nur das tut, was seinen Maßstäben zufolge richtig ist, vertraut dementsprechend gerade *nicht* seinen Initiativen – er *sucht* ständig *sich* – und für ihn ist daher, in beinahe schon tragischer Bedeutung, Selbstbestimmung der gesuchte Weg zur Selbständigkeit.

Ein illustratives Beispiel liefert der Disney-Film ‚Die Eiskönigin'. Elsa verfügt über die Gabe, Eis entstehen zu lassen, kann diese Fähigkeit aber nicht kontrollieren, die vielmehr spontan aus ihr herausbricht. Weil sie in direktem Kontakt anderen Schaden zufügt, flieht sie vor ihnen und zieht in den Wald, in dem sie sich ein Schloss aus Eis baut. In dem Moment denkt sie, dass sie selbstbestimmt lebt, und erschafft sich ihre eigene Welt. Erst im weiteren Verlauf des Films wird deutlich, dass das bestenfalls eine Zwischenstufe ist, die sie letztlich nicht glücklich werden lässt.

[3] Johann Wolfgang Goethe: Allerdings. Dem Physiker In: Sämtliche Werke nach Epochen seines Schaffens. München 1992, Münchner Ausgabe, Bd. 13.1, S. 162.

situativ-kontextualisierendem Urteilsvermögen, Schuld und (sanfter) Freiheit andererseits.

Selbstbestimmung ist ein notwendiger Zwischenschritt auf dem Weg zu Freiheit. Sie macht aus Freiheit etwas Bestimmtes, an dem man sich orientiert, und zerstört dabei eben dieses: Freiheit. Freiheit, sofern es einen Begriff dafür geben kann, und zwar im theoretisch positiven Sinn, ist: im Ungewissen auf Begegnendes zu vertrauen und danach zu handeln. Vertrauen ist in freien Handlungen wohl etwas, das sich durch alles Leben hindurch zieht, nur nicht in Krisen (dadurch sind Krisen leider definiert). Es ist ein Vertrauen ins Ungewisse; das Wissen ist verloren gegangen.

Freilich ist der beschriebene Entwicklungsdreischritt einer, der sich zwar als Tendenz in einem einzelnen menschlichen Leben und auch in der kulturellen Zeit ereignen kann. Aber er beruht auf einer analytischen Trennung, die sich im gelingenden und glücklichen Fall menschlichen Aufwachsens als ein Ineinander mehrerer Momente zeigt, die ineinandergreifen. Dann nämlich zeigen Kinder Initiativen, die Erwachsene begleiten, aufgreifen und hervorheben. Indem Erwachsene diesen Initiativen folgen, ermöglichen sie Vertrauen in die eigenen Impulse, Frustrationstoleranz und (früh) Fähigkeiten, überhaupt etwas wahrnehmen zu können. Insofern sind die Fähigkeiten sozial unterstützt entstanden, die wir als Selbstbestimmung erkennen.

Und ebenso wie Erwachsene den Initiativen von Kindern folgen, folgen Kinder im glücklichen Fall der Leitung der Erwachsenen. Im schnellen Zusammenspiel des Folgens von Initiativen und des Folgens einer Leitung entsteht Kooperation. Freiheit und freies Agieren in gemeinsamen Kontexten lässt sich trefflich als solches kooperatives Zusammenspiel auffassen. Maria Aarts, die dieses Zusammenspiel als Grundlage der Unterstützung von Entwicklung beschrieben hat, nennt das einen *sozialen Tanz*.[4] Ein selbstbestimmtes Subjekt hingegen, das sich nicht einlässt, könnte man garstigerweise formulieren und dagegensetzen, – ist verlassen.

---

[4]   vgl. Maria Aarts, Marte Meo, Basic Manual. Eindhoven 2000, dt.: Maria Aarts, Marte Meo. Ein Handbuch, 2002.

13. Wer guckt mich denn da im Spiegel an?

Ein Blick in den häuslichen Spiegel sagt mir: Vielleicht sollte ich wieder einmal zum Friseur gehen. Was bestimmt mich dazu? Meine äußere Erscheinung soll unauffällig akzeptabel sein, *so-wie-man-geht* möchte ich umherlaufen, denn ganz möchte ich mich nicht aus der Normenwelt ausklinken. Ich möchte Mitglied im Kreis derjenigen Menschen bleiben, die ich schätze und von denen ich geschätzt und anerkannt werden möchte. Inzwischen halte ich es altersbedingt mit dem Mann ohne Eigenschaften, als dieser sich vergegenwärtigt, «wenn die Zeit vorbei ist, wo man alle Schneider- und Barbierangelegenheiten wichtig nimmt und gerne in den Spiegel blickt»[1].

Offenbar hängt die Einschätzung meiner selbst nicht nur von vermuteter Fremdwahrnehmung ab – ich sehe mich im Spiegel (und möchte so sein), wie ich denke, dass andere mich betrachten –, sondern auch davon, wie ich gerade zu mir selbst „stehe", während ich vor dem Spiegel stehe. Wie ist die Situation, in der ich mich vor dem Spiegel betrachte? Entscheidend ist, wo, wie und wann ich in den Spiegel schaue. Zu Hause, allein mit mir, blicke ich anders in den Spiegel als in öffentlichen Räumen; es gibt Zeiten, da bin ich mit mir ganz einverstanden, es gibt aber auch Zeiten der Melancholie und Zeiten ablehnender Skepsis. Daher kann mir beim Blick in den Spiegel recht Unterschiedliches widerfahren; die Spannweite kann sich von Selbstverliebtheit über Selbstzufriedenheit bis zum Erschrecken entfalten. Mein Blick in den Spiegel scheint nur Gegenwärtiges zu zeigen, dabei bleibt es aber selten, vielfach ruft der Blick gleichzeitig Erinnerungen wach – und diese Erinnerungen können wiederum der Art meines Zusammenlebens mit anderen verdankt sein, gerade wenn ich denke, dass ich mit meinem Aussehen recht zufrieden bin oder hadere. Das kann in eine Situation übergleiten, in der es mich wie Anna Karenina schaudert:

---

[1] Robert Musil: Der Mann ohne Eigenschaften. Hrsg. von Adolf Frisé. Sonderausgabe (Rowohlt Verlag) Hamburg 1970, S. 71.

„Wer ist das eigentlich? dachte sie, als sie im Spiegel ein heißes Gesicht mit seltsam brennenden Augen erblickte, das sie erschrocken anstarrte. Ja, das bin ich, wurde ihr plötzlich klar, und *während sie sich betrachtete, fühlte sie seine Küsse, schrak zusammen und zuckte die Achseln. Dann drückte sie ihre eigene Hand an die Lippen und küsste sie.* Was ist das nur, ich werde wahnsinnig …"[2]

Im Spiegelblick spiegele ich mich im Hier und Jetzt, aber Vergangenes und das Zusammenleben mit anderen scheinen ebenfalls auf.

Es macht einen Unterschied, ob ich zu Hause am Spiegel nur vorbeigehe, beispielsweise gleichgültig, in blinder Vertrautheit, oder ob ich dort vor dem Spiegel verharre. In meinem gewohnten, häuslichen Alltag schaue ich manchmal im Vorbeigehen in den Spiegel, also ‚einfach nur so‘; dann ist mein Blick entspannt und gelassen. Mein Blick auf mich verändert sich entschieden, wenn ich mich selber prüfend betrachte, z.B. ob ich das Haus ‚so‘ verlassen kann. Aus diesem Anlass ändert sich meine Situation sofort; ich gerate nämlich in ein ausführliches Zwiegespräch, in eine Selbstbesinnung, denn dann frage ich mich, ob ich ‚so‘ gehen darf, kann oder will. Dieses ‚so‘ umfasst unterschiedliche Üblichkeiten, lässt Abweichungen zu, aber nicht allzu viele. Wollte ich es als etwas widersprüchliche Maxime formulieren, müsste sie lauten: Sei möglichst unauffällig, aber deutlich erkennbar. Dazu beobachte ich mich und teile mir mit, was mir auffällt.

Oder sollte ich genauer sagen: mit welchem Interesse betrachte ich mich vor dem häuslichen Spiegel? Hier zögere ich. In welcher Weise kann ich von einem Interesse in Bezug auf mich selbst sprechen? Wenn ich ehrlich bin, muss ich sagen: So frei bin ich nicht, dass ich mich mit interesselosem Wohlgefallen anblickte. Wohlwollend kann ich zwar Selbstkritik üben und Wilhelm Busch folgend damit enden, *ich sei ein ganz famoses Haus*; eine Einstellung, die sich nur mit lebensgesättigtem Humor und Ironie durchhalten lässt.

Lasse ich mich auf eine prüfende Selbstbetrachtung – gleichsam eine Selbstinspektion – in meiner Wohnung ein, dann lassen kleine Wendungen des Kopfes mich immer weitere Einzelheiten in den Blick nehmen: einen Leberfleck hier, eine kleine Hautunebenheit dort. Bisher habe ich vor allem mein Gesicht im Spiegel ‚in den Blick‘ genommen. Mein Beurteilungsblick weitet sich, wenn ich mich als ganze Person, also auch hinsichtlich Kleidung und Körperhaltung betrachte. Je länger ich mich

    [2]   Leo N. Tolstoi: Anna Karenina. Aus dem Russischen übertragen von Fred Otto. Winkler Verlag 1955. S. 900 (Hervorhebungen von mir).

betrachte, desto mehr Einzelheiten entdecke ich, und das eingangs klare Selbst-Spiegelbild verschwimmt perspektivisch verzerrt in einer Fülle von Einzelbeobachtungen, so dass ich mein Spiegelbild nicht mehr genau zu fixieren vermag. Verweilte ich länger bei diesem Blick auf mich, würde ich bemerken, dass mein Spiegelbild sehr viel differenzierter und ausgefächerter ist, als es mir der erste Anblick zu erkennen gab. Im ersten Anlauf scheitere ich daran, mich funktional-bestimmend nach klaren Kriterien selbst zu erfassen. In dieser sezierenden Betrachtung von Teilaspekten drängen zu viele verwirrende Aspekte auf mich ein, als Einheit komme ich gar nicht mehr vor. Daraus wird kein Ganzes ... als das ich mich doch entschieden zu erleben meine. Ich werde mir selber mehrdeutig, was mich letztendlich melancholisch stimmt.

> „Bewies das nicht, daß er endlich frei war? Nein (...) es zeigte bloß, daß Selbstbeobachtung die Persönlichkeit wirr macht, den Willen ablenkt und die Geisteskraft bricht, es bewies, dass kein Mensch, von außen und mit Klarheit gesehen, sich selbst ähnelt." [3]

Der intensive Blick in den Spiegel eröffnet ein Selbstgespräch, wenn ich meinem Gesicht im Spiegel mitteile: „Du gefällst mir (nicht)!" Allerdings macht es einen Unterschied, ob ich zu mir sage: „Das bin ich" oder ob ich zu mir sage: „Das bist du!" Es ist eine Akzentverschiebung, ob ich von mir selbst als „ich" spreche oder ob ich mich als „du" anspreche. Spreche ich mich als „du" an, objektiviere ich mich im Selbstanblick, und nehme zu mir eine distanzierende Position ein. Im Wechsel zwischen den beiden Sätzen spiegelt sich für mich beides, mein Subjektsein und mein Objektsein. Kann ich überhaupt mit mir selbst ein Gespräch führen und wenn ja, von welcher Art ist dieses Gespräch? Oder führt dieser Ansatz bereits ins Leere, nämlich in eine monologische Selbstbespiegelung – denn ‚die anderen‘ sind in dieser Art Selbstgespräch wieder implizit mit dabei? Woher nehme ich Kriterien meiner Selbstbeurteilung zu Hause allein vor dem Spiegel; vor welchem Hintergrund wähle ich sie aus? Und welche sind letztlich ausschlaggebend für meine Entscheidung 'So kannst du gehen'? Treffender müsste es heißen: Von welchen Kriterien wurde ich bestimmt, denn habe ich sie selbstbestimmt und frei ausgewählt?
    Ein Spiegelbild kann meine Selbstwahrnehmung nicht präzisieren und ermöglicht keine tragfähige Selbstbeschreibung oder gar Selbsterkennt-

---

[3]   Daniel Kehlmann, Der Ausweg. In: Ruhm. Ein Roman in neun Geschichten. Reinbek 2009, S. 86.

nis. Denn eine Selbstbeschreibung setzt voraus, dass ich eine Position mir gegenüber selbstbestimmt wählen kann. Mich positionieren kann ich aber nur im Beziehungs- und Bedeutungsgeflecht gemeinsam mit anderen Menschen; blendete ich diese aus, isolierte ich mich selbst, weil ich mein Autonomiestreben überspannte und in eine monologische Selbstbestimmung abglitte. Beim Friseur werde ich Zeit haben, darüber weiter nachzusinnen.

Beim Friseur blicke ich erneut in einen Spiegel; doch die Situation hat sich verändert – was zu Hause zuerst nur ein flüchtiger, dann prüfender Blick ist, wandelt sich beim Friseur; denn das Bedeutungsumfeld hat sich verändert. Zu Hause blickte ich allein auf mein Spiegelbild und habe mich im privat-handlungsentlasteten Umfeld selbst befragt, ob z.B. meine Haarlänge für mich und mein Umfeld noch akzeptabel sei. Beim Friseur begegne ich einem Anderen, Fremden und betrachte mein Spiegelbild in einer halb-öffentlichen Situation – und, weil ich einen anderen habe, mit dem ich in Kontakt gerate, scheine ich mir selbst und scheint mir die Situation merkwürdig ‚klarer‘ zu sein, als würde sie eine Art ‚Halt‘ für die Reflexion geben.

Der Blick des Friseurs verschränkt sich mit meinem. Begegne ich dem Friseur zum ersten Mal, begegnet mir im Spiegel der Blick eines Fremden, der mich in mir unbekannter Weise einschätzt – und ich ihn. Unser wechselseitiger Blick ist bestimmt von unserer biographischen Situation, aber auch stimmungsabhängig und entzieht sich einer genauen Thematisierung. Jeder Anblick, besonders der erste, kann unüberschaubar viele Bedeutungen hervorrufen: Irritation, Befremden, Ablehnung, Angst, aber auch das Gefühl angesprochen zu sein, verbunden mit dem Wunsch, jemand kennenlernen zu wollen. Ein Besuch beim Friseur ist besonders dann eine offene und – individuell verschieden – eine zum Teil belastende Situation, wenn man kein Stammkunde ist; denn beide müssen wir als Fremde die nächste halbe Stunde miteinander verbringen. Da man sich in dieser Anfangssituation nicht kennt, werden wir uns wechselseitig prüfend anschauen und versuchen, uns vor dem Hintergrund bisheriger Erfahrungen einzuordnen. Wie verhalte ich mich während dieser Zeit? Kann ich stumm bleiben, muss ich eine Unterhaltung ermöglichen, anstreben oder gar beginnen? Worüber unterhalte ich mich mit jemandem, dem ich zum ersten Mal begegne? Über das Wetter – trivial, das machen alle. Bin ich denn wie ‚alle‘? Über Urlaubspläne? Das könnte in eine unglückliche Selbstpräsentation übergleiten. Und wenn ich mich in die Situation des Friseurs versetze, wie nimmt er mein Verhalten wahr? Sage ich nichts, mag er das als distanziert erleben oder erleichtert sein, denn endlich kann er seiner Arbeit konzentriert und entspannt nachgehen. Dabei meine ich, er ist im Vorteil, denn auf jeden Fall sieht er anderes und damit mehr von mir, als ich es könnte; sein Anblick auf mich ist mir versperrt. Er steht hinter mir und sieht mich im Spiegel von vorn und von hinten.

All dies muss ich nicht entscheiden; ich gehe schon längere Zeit zum selben Friseur und wir haben uns gesprächsweise aneinander herangetastet und plaudern über vieles. Mein Friseur ist geübt in der Wahrnehmung und im Umgang menschlicher Selbstpräsentation; Menschenkenntnis ist Voraussetzung für seinen Beruf. Beratung ist nicht nur äußerliche Stilberatung, sondern gerät in Zustimmung und Infragestellung der Kundenwünsche zu einer begleitenden Unterstützung hinsichtlich dessen, wie sich der Kunde in seiner individuellen Lebenswelt darstellen möchte – oder anders formuliert, was zu ihm vor dem Hintergrund seines Selbstbildes zu ihm ‚passen‘ könnte. Zwecks Akzeptanz von Ratschlägen sind Takt und Sympathie wichtige Voraussetzungen.

Der Friseur ist der Fachmann – nur, wofür? Für mein Äußeres? Erscheint der Friseur, fragt er mich zumindest beim ersten Besuch: »Welchen Schnitt wünschen Sie? Wie hätten Sie‘s gern?« Seinem Berufsbild folgend möchte er mich gemäß der Norm frisieren, die ich ihm nenne. Sein erster Blick auf mich ist ein Kriterien erfragender Blick. Für den Fall, dass Kunden ausweichend antworten, bieten manche Friseure Typberatung an. Je nach individueller Einstellung mag man dies als Angebot oder als Bedrohung verstehen. Als Typ möchte ich nicht das austauschbare Exemplar einer normenbestimmenden, anonymen Gruppe sein. Der typberatende Blick ist ein objektivierender Blick, den ich positiv als mir zugewendet beratend verstehen oder als bedrohlich klassifizierend wahrnehmen kann. Der typberatende Blick ist ein identifizierender Blick, der mir letztlich Individualität und Freiheit abspricht, weil er mich klassifiziert.

Die Frage des Friseurs konfrontiert mich mit Grundsätzlichem, denn eigentlich müsste ich mir die Frage beantworten: „Wie will ich aussehen?“ Daher verunsichert mich seine Frage, denn es gibt viele Möglichkeiten, die sich mir allenfalls als Bündel undurchschaubarer Aspekte zeigen: Anpassung an mein soziales Umfeld »da geht man so«, bewusst kleine Abweichung als Individualitätsnachweis, Konfrontation mit der ‚normalen‘ Mode … Aber auch in diesem Falle gilt, zu viele Abweichungen sollte ich nicht vornehmen; meine Umwelt wäre nachhaltig irritiert. »Was ist denn in den gefahren?« würden sie ausrufen; und ich wäre mir wahrscheinlich auch fremd. Ein erschütterndes Beispiel gibt die Verwandlung Gustav Aschenbachs in Venedig. Der Coiffeur des Hotels offeriert ihm:

> „Schließlich sind wir so alt, wie unser Geist, unser Herz sich fühlen, und graues Haar bedeutet unter Umständen eine wirklichere Unwahrheit, als die verschmähte Korrektur bedeuten würde. In Ihrem Falle, mein Herr, hat man ein Recht auf seine natürliche Haarfarbe. Sie erlauben mir, Ihnen die Ihrige einfach zurückzugeben?« Und „[...] Aschenbach, bequem ruhend, der Abwehr nicht fähig, hoffnungsvoll erregt vielmehr von dem, was geschah, sah im Glase seine Brauen sich entschiedener und ebenmäßiger wölben, den Schnitt seiner Augen sich verlängern, ihren Glanz durch eine leichte Untermalung des Lides sich heben, sah weiter unten, wo die Haut bräunlich-ledern gewesen, weich aufgetragen, ein zartes Karmin erwachen, seine Lippen, blutarm soeben noch, himbeerfarben schwellen, die Furchen der Wangen, des Mundes, die Runzeln der Augen unter Crème und Jugendhauch verschwinden, – erblickte mit Herzklopfen einen blühenden Jüngling."[4] Und all dies, nachdem er bei seiner Ankunft in Venedig angewidert sehen musste, in welchen Zustand einen „aufgestutzten Greisen seine falsche Gemeinschaft mit der Jugend gebracht hatte."[5]

Ein Ergebnis des Friseurbesuches ist, dass meine äußere Erscheinung sich innerhalb einer halben Stunde verändert und gewandelt hat. Ich bin sowohl das (Spiegel-)Bild vor einer halben Stunde als auch das danach, so dass es mir widerstrebt zu sagen, »das bin ich nicht« und »das bin ich«. Ich sehe die Veränderung, aber ich bin kein anderer geworden. Wo früher lange Haare waren, sind sie jetzt kurz und gepflegter. Aber dieser Wandel (im Zeitraffer) ist nur äußerlich und auch wieder nicht; denn ein in der Gegenwart feststehendes, gleichsam eingefrorenes Gesicht, gibt es nicht. Der zeitliche Wandel ist unaufhaltsam, und das gilt nicht nur für das Äußerliche. Gleichzeitig muss nämlich offenbleiben, ob mein Gespräch mit dem mir schon lange bekannten Friseur über Allgemeinmenschliches mich nicht doch ein wenig verändert hat.

So wie sich meine Spiegelsituation beim Betreten des Friseursalons verändert hat, verändert sie sich erneut grundlegend, wenn ich den Friseursalon verlasse. Beim Friseur bin ich jemandem begegnet, den ich näher kenne, so dass wir einander nicht mehr gänzlich fremd sind; außerhalb dagegen treffe ich auf mir gänzlich fremde Gesichter und Blicke. In

---

[4]   Thomas Mann: Der Tod in Venedig. In: Th. M.: Gesammelte Werke in dreizehn Bänden. Frankfurt am Main 1974, Bd. VIII, S. 518f.
[5]   ebd.: S. 462.

dieser Situation kann man mit Stephen Dedalus fragen: „Wie er und die andern mich ansehen. Wer hat dies Gesicht für mich ausgesucht?"[6]

Wer sich im prallen Leben bewegt, der mag sich in der Tat fragen, ja, „wie er und die andern mich ansehen", denn jeder Blick eines Anderen spricht zu mir (und wirkt möglicherweise sowohl auf mein Antlitz als auch auf die Art, wie ich mich betrachte). Goethe notiert in *Das Auge* „Das Ohr ist stumm, der Mund ist taub; aber das Auge spricht und vernimmt."[7] Die Fülle der gespiegelten bedeutungsvollen Blicke gibt unterschiedliche Deutungsansinnen frei. Bei welchen will, möchte und kann ich verweilen? Ich löse mich in verschiedene Anblicke auf. Der Blick der Anderen auf mich stellt mich in Frage, und diese Infragestellung macht mich zu deren Objekt. Doch das wäre eine zu einseitige, negative Weise, menschliche Wahrnehmung zu deuten – denn ich sehe ja, fällt mir jetzt genauer auf, bereits im Spiegel die anderen in mir, ich sehe auf mich, wie ich gewohnt bin, dass andere mich angesehen haben, und das ist nicht nur eine Erwartungshaltung, die andere in mich hineinlegen, es weist auf meine immer schon mich begleitende Sozialität hin, auf das soziale Gewebe, in dem ich mich befinde (und die anderen Menschen in diesem Gewebe weisen mir den Weg hin zu meinem Aussehen). In der kommentierten Ausgabe des Romans wird an der o.a. Textpassage auf ein Gedicht des schottischen Dichters Robert Burnes verwiesen, in dem es heißt: „Oh dass Gott uns die Gabe gäbe, uns so anzusehen, wie andere uns sehen; es würde uns vor vielen Fehlern bewahren." So wenig wie ich mich selber kenne, so wenig kennen mich die anderen – und zugleich kennen die anderen und kenne ich mich selbst besser, als ich glaube, und zugleich sehe ich mich mit den Augen anderer an und bin in meine Perspektive eingeschlossen –, aber ihre Irritation über mein Verhalten könnte mir Anlass sein, mein Verhalten zu überdenken. Einerseits könnte ich mich fragen, wie lange ich dem Blick eines anderen standhalten kann, einem raumbeanspruchenden Blick, den ich als besitzergreifenden Übergriff deuten könnte und vor dem ich zurückweichen möchte. Andererseits kann dieser Übergriff in mir Widerstand hervorrufen, und im Widerstand formuliere ich mich am anderen abarbeitend aus; ich werde erst in der Auseinandersetzung der wechselnden Blicke. Zwar werde ich

---

6   James Joyce: Ulysses. Übersetzt von Hans Wollschläger. Hrsg. und kommentiert von D. Wanderbeke, u.a. Frankfurt am Main (Suhrkamp) 2004, S. 12.

7   Johann Wolfgang Goethe: Das Auge. Naturwissenschaftliche Schriften. In: Sämtliche Werke nach Epochen seines Schaffens. München Wien 1988. Münchner Ausgabe, Bd. 6.2, S. 815.

mir im Gespräch mit Anderen fremd, vermag aber gleichwohl aus diesem Gespräch nicht auszusteigen. Das Gespräch hält mich am Leben und treibt mein Denken; mein Leben ist dieses Gespräch mit den Anderen und mit mir selbst. In der direkten Begegnung, in dem ‚Dem-Anderen-in-die-Augen-schauen' halten wir inne und versuchen, einander einzuschätzen (oder zu halten oder unsere Freude auszudrücken). Erst in der Begegnung mit Anderen erfahre ich mich und werde mir bedeutsam. Schon Aristoteles hält fest, dass jemand der allein leben kann, entweder ein Tier[8] oder ein Gott sei. Das trifft wohl für die überwiegende Mehrzahl der Menschen zu; nur – gilt das auch für Mystiker oder Eremiten?

Wollte ich behaupten, ich hätte mich in den mir so vielfältig gespiegelten Bildern, sei es mit mir allein, sei es mit Bekannten oder Fremden selbst erkannt, hätte ich mich geirrt. Ich bin im distanzierenden Beobachtungsvorgang zwar Zuschauer und kritischer Beobachter meiner selbst, aber erkannt habe ich mich deshalb nicht. Daher muss ich beides leisten, im Dialog mit Anderen mich vor monologischer Isolierung bewahren und gleichzeitig in diesem Dialog mit ihnen versuchen, in Freiheit Eigenes zu artikulieren. Ich muss (und darf) mich selbst sowohl einschränken als auch öffnen, und zwar einschränken, um mich selbstbeschränkend freiwillig auf Weniges zu konzentrieren und gleichzeitig öffnen, um der Gefahr der Selbstisolierung und -fragmentierung zu entgehen. Da in einem Dialog beide Seiten sich wechselseitig unterstellen, frei zu sein, ergibt sich die paradox erscheinende Einsicht: Erst das Freiheitsansinnen der Anderen kann mich frei machen; Freiheit mag ich mir zwar selber zuschreiben, realisieren kann ich sie aber nur gemeinsam mit Anderen. (anderenfalls wäre sie von Willkür kaum zu unterscheiden). Wir leben in wechselseitiger Selbstformung; auf keinen Fall kann ich glauben, allein *Alles-im-Griff* zu haben.

Was ist, auf den Begriff gebracht, im Spiegel betrachtet und in diesen Reflexionen aufscheinend, „Ich"? Oder: das „Selbst"? Zunächst scheint es etwas Festes, so etwas wie eine Substanz zu sein, die ich im Spiegel und durch meine Selbstvergewisserung erkennen kann, eben dasjenige, als das ich mich ansehe. Allerdings kann ich mich täuschen, und mein

---

[8] Verwiesen sei auf das Schicksal Gregor Samsas. In seinem Dasein auf seine Funktionalität als Familienernährer und im Beruf reduziert, leidet er unter dem „Mangel jeder unmittelbaren *menschlichen Ansprache*" und „auch unter gleichzeitigem, schnellen, gänzlichen Vergessen seiner *menschlichen Vergangenheit*". (Hervorhebung Vf.) Franz Kafka: Sämtliche Erzählungen. Hrsg. Paul Raabe. Frankfurt an Main (Fischer Verlag) 1969, S. 91.

Bild von mir kann sich von mir selbst unterscheiden. Selbstbetrug ist allgegenwärtig, wer malt sich nicht in schöneren oder düsteren Farben als seine Mitmenschen. Und dieses, was „Ich" bin, ist auch nicht recht greifbar, es scheint sich zu verändern, je nachdem, wie ich mich betrachte.

Komplizierter wird es, wenn ich darüber nachdenke, wie ich über mich nachdenke. Denn dann gibt es mich zwei Mal, als den, der sich betrachtet, und als den, der betrachtet wird, als Subjekt und als Objekt. Noch schlimmer: Wer ist das „Ich", das darüber nachdenkt, wie es sich selber betrachtet (also ich jetzt als fingierter Erzähler und Autor)? Das scheint noch ein Drittes zu sein, nämlich das Verhältnis selbst. Das alles kann schnell konfus werden oder in einer Art unendlicher Selbstbespiegelung enden. Ist das „Ich" etwas Festes und das „Selbst" ein Verhältnis, eine Relation, ein Bezug?

Im Verhältnis stünden dann: (1) Ich als Betrachter und als der Betrachtete, d.h. Subjekt und Objekt, (2) Innen und Außen, auch die scheinen zusammenzuhängen: meine Kleidung und mein Inneres hängen miteinander zusammen, daher will ich mich so und so kleiden und frisieren, (3) die anderen und ich: denn ich betrachte mich ja mit den Augen der anderen und sehe mich gewissermaßen mit öffentlichen Augen, (4) meine Leiblichkeit und meine Gedanken: wer hat nicht schon vor dem Spiegel gedacht, es passte eigentlich zu seiner gedanklichen Verfasstheit ein anderes Antlitz? Und dieser Fremdheit kann man nicht ausweichen, denn das Äußere den eigenen Gedanken anzupassen führt oft nur zu einem manieristischen Auftreten. (5) Mein Anblick und meine Interessen treffen hier aufeinander. Wieweit, könnte ich aus diesen Zweiheiten folgern, gehört zum Selbst das Andere seiner selbst?

Möglicherweise ist die Reflexion, in der ich mir meines Spiegelbildes innewerde, ein Prozess mit folgenden Stadien: Zunächst bin ich mit mir verwoben, und in diesem Gewebe finde ich mich im sozialen Verhältnis mit anderen wieder. Wenn ich mich dann aufmerksamer betrachte, entsteht eine Anmutung, und ich brauche Mut, um dem Blick standzuhalten (oder hänge Verschönerungsspiegel auf oder sehe weg). In der Lösung von meiner Verwobenheit mit mir selbst entstehen Distanz, Entfremdung und Auflösung von Identität, verbunden mit Objektivierung. Diese ermöglichen Nähe und Personalität. Nähe gibt es nur zwischen Verschiedenen, Nähe ist eine Art der Relation (die ich anspreche als „identisch sein"), die Zweiheit der Nähe erklärt, dass ich mir nah und fern sein kann (und dass es Authentizität und „sich-selbst-finden" nicht geben kann). Und Personsein ist nur überhaupt in Distanz denkbar.

Schließlich kann ich mich sogar verdinglichen, so wie ich das im Blick mit anderen tun kann: Sie als Mittel für etwas ansehen, sie „frisieren", d.h. zu verändern suchen, sie verachten oder etikettieren. Eigentlich steige ich dann aus einem reflexiven Verhältnis bereits wieder aus, denn, im Fall des bloß objektivierend-einschätzenden Anblickens anderer, lasse ich mir von ihnen nichts mehr sagen bzw. höre nicht mehr zu und lasse neue Wahrnehmungen nicht mehr gelten, und im Fall von mir selbst verliere ich die emotionale Nähe zu mir selbst, ich werde zu einem anderen, der ich nicht mehr bin. Das ist bereits eine Depersonalisierung.

Wenn ich mich hingegen noch als „ich selbst" betrachte, der sich in diesem Selbstverhältnis im Verhältnis und im sozialen Bezug zu anderen weiß, entsteht eine Art Gespräch, ja, als derjenige, der in diesem Reflexionsverhältnis ist, bin ich selbst dieses Gespräch. Das erklärt, dass ich mich verändern kann. Und auf der anderen Seite gilt: Wenn das Selbst ein Gespräch ist, dann muss es auch jemanden geben, der da spricht und der angesprochen werden kann. Also liegt ein Ich als etwas Festes zugrunde, gewissermaßen doch eine Identität, nicht als Einheit, aber als Gesamtheit verstanden. Als Komplex von Einstellungen und Überzeugungen, eher wie ein Netzwerk als ein Ganzes verstanden, aber nicht als ein kohärentes System, schließen Überzeugungen einander teilweise aus, sie stehen einem Menschen zu einem bestimmten Zeitpunkt nur unterschiedlich zur Verfügung, in ihnen operiert er mit nicht trennscharfen Begriffen, die eher wie Familienähnlichkeiten zueinanderstehen und einander überlappen. Dennoch, es muss ein festes Ich geben, wenn man sich überhaupt mit sich selbst beschäftigen kann, der Prozess der Selbstreflexion referiert auf eine temporäre Gestalt, auf einen Willenskern, einen Antriebskern, der jeden Menschen als handelndes Wesen auszeichnet.

Karl Ove Knausgård beschreibt das Selbst in eben dieser Doppelheit:

> „Ich glaube, das Selbst, das Ich, ist nichts anderes als eine bestimmte Form, all die kollektiven Strömungen zu organisieren, mit denen ein Individuum gefüllt ist; nicht unähnlich der Form, in der ein Autor in einem Text hervortritt, der aus Elementen besteht, die allgemein bekannt sind und niemandem gehören, und dessen individuelle Stimme, die stärker oder schwächer sein kann, nur in der Frage des Zusammenführens dieser Elemente besteht."[9]

[9] Karl Ove Knausgård, Das unerschöpflich Präzise (2015). In: Ders., Das Amerika der Seele. München 2016, S. 412. Vgl. Carson McCullers, Spiegelbild in goldenem Auge, NDRKultur, Am Morgen vorgelesen am 15.2.2017, 8h30-9h00: „Der Geist ist wie ein reichverschlungenes Gewebe, dessen Farben aus den Erfahrungen der Sinne stammen und dessen Muster der Verstand webt."

Das „feste", „identische" Ich liegt einerseits nur zu einem Zeitpunkt vor, andererseits ist es selbst nicht etwas ontologisch Feststehendes. Denn es wird nur nachträglich rekonstruiert, markiert, begriffen, und ist dann selbst Teil eines Verhältnisses. Von einem Verhältnis kann man aber nur sprechen, wenn es Glieder des Verhältnisses gibt, auch wenn diese mysteriös, wandelbar, entzogen, unbestimmt und unbekannt, aber eben doch leitend sind.

> „»Es ist Alles *subjektiv*« sagt ihr: aber schon das ist *Auslegung*. Das »Subjekt« ist nichts Gegebenes, sondern etwas Hinzu-Erdichtetes, Dahinter-Gestecktes. – Ist es zuletzt nöthig, den Interpreten noch hinter die Interpretation zu setzen? Schon das ist Dichtung, Hypothese."[10]

Das Subjekt ist eine hinzugefügte Interpretation. Das muss man nicht nur so verstehen, dass Erkenntnistheoretiker es interpretierend als Instanz hinzufügen, sondern dass jeder Mensch sich selbst im Leben als eine Identität interpretiert, d.h. als jemanden, der diese und jene Auffassungen, Bewertungen, Vorlieben und Ansichten sowie diese eine (interpretierte) Geschichte hat. Das wiederum bedeutet, der Mensch selbst ‚ist' sowohl zu einem Zeitpunkt eine feste Identität, nämlich die, als die er sich auffasst und begreift und der gemäß er lebt, als auch das Verhältnis selbst: Jede Auseinandersetzung und jedes Gespräch mit anderen verändert mich selbst und ist, mitlaufend, ein Gespräch mit mir selbst.

Zurück von meinem Ausflug und zu Hause angekommen, sage ich mir vor dem Spiegel: Haarlänge, allgemeines Aussehen und Wohlfühlen sind vielfach nur Einzelaspekte. Das, was ich im (Friseur)Spiegel erblicke – meine Erscheinung –, das bin nicht ich. Zu einer derartigen Äußerung könnte mich – und diejenigen, die mich näher kennen – möglicherweise das Bild eines versierten Porträtmalers verleiten. Ein Porträt – im Spiegel sieht man nur die äußere, die sichtbare Welt, das Porträt deutet aber Inneres an – spart eine Reihe äußerlicher Merkmale aus, stellte aber Charakterisierendes heraus oder, um es anspruchsvoller und angreifbarer zu formulieren: Ein Porträt zielt mit malerischen Mittel auf das ‚Wesen' des Porträtierten. Kunst in diesem Porträt-Sinn enthüllt vielleicht mehr von mir als es ein Spiegel leisten kann. Nicht umsonst leitet ein Spiegel für den aufmerksamen Betrachter in vielen Gemälden eine Selbstkonfron-

---

[10]   Friedrich Nietzsche, Nachgelassene Fragmente Ende 1886 – Frühjahr 1887. 7 [60]. In: F.N.: Sämtliche Werke. Kritische Studienausgabe in 15 Bänden. Hrsg. G. Colli / M. Montinari, Bd.12, München (dtv/ de Gruyter) 1980, S. 315.

tation ein. In dieser Sichtweise wird der Spiegel zu einem Symbol der (Selbst-)Erkenntnis. Nähme ich mein Spiegelbild als Selbstbild, könnte es mich zur Selbstdeutung und Selbsterkenntnis an- und verleiten: Narzissmus, Eitelkeit, Vanitas, …. vernichte ich darum Fotografien, weil sie mich nicht ‚treffend‘ darstellen – oder bin ich ‚getroffen‘? (In der modernen Welt scheinen manche Lebensformen nur darin zu bestehen, sich selbst und die eigenen Erlebnisse als eine Ansammlung ausgewählt-gelungener Fotos zu charakterisieren, zu deren Sammlung das eigene Leben das Mittel darstellt.)

Den sich selbst bespiegelnden Narziss verstehe ich als Beispiel monologischer Selbstverkümmerung. Narziss blickt im Wasser nur auf sich selbst. Beim Griff auf sein sich im Wasser spiegelndes Bild – das begehrte Schöne – verschwindet dieses sich auflösend durch ein zerstörendes ‚Etwas-in-den-Griff-nehmen-Wollen‘. So wie sich Narziss in die Oberfläche verliebt, steht die monologische Selbstreflexion ebenfalls in der Gefahr, sich in sich selbst verliebend aufzulösen (denn der Versuch, sich selbst zu besitzen, scheitert). Für Narziss trifft die Unterscheidung Subjekt-Objekt nicht mehr zu. Er ist das Gespiegelte, und er geht ganz in dem Gespiegelten auf. Narziss hat derart an sich selbst genug, denn er liebt sein eigenes Spiegelbild. Ein narzisstischer Individualist steigt aus jedem Gespräch aus; er glaubt, er brauche es nicht. Beziehungsweise, der Narzisst befindet sich in einem ständigen Gespräch, in dem er sich nicht ansprechen lässt. Fortwährend das Gleiche wird da gesagt: „Du bist toll!" „Du bist wunderbar!" „Bist du nicht toll?!" „Wie großartig du wieder bist!" Und immer sagt es der andere, den er sich imaginiert, zu ihm. Er beschwört sich selbst. Das narzisstische Subjekt ist wirklich ein Unterworfenes, nämlich unter die eigenen Grandiositätsansprüche und unter die vorgestellten und nie in Gesprächen erfüllten Fremdansprüche; der Mensch sagt nicht „Ich" zu sich, sondern in ständiger Bespiegelung „Du". Insofern hat er weder ein Selbst als Identität noch als Verhältnis.

Es mag merkwürdig scheinen, an dieser Stelle einen Blick auf Machtansprüche von Menschen zu richten, weil die Auseinandersetzung damit politische und gesellschaftliche Dimensionen einschließen sollte. Gleichwohl ist es für die Frage danach ergiebig, was das Selbst eines machtbewussten Menschen auszeichnet. Während ein Narzisst sein Selbst beschwört, wird es von Menschen mit Machtaspirationen als etwas Festes behauptet, dem sich andere fügen sollen. In beiden Fällen ist das Selbst nicht als Verhältnis etabliert und nicht als eine solche Identität, die im Verhältnis mit anderen stehen kann.

Und doch gehören sowohl Narzissmus als auch Machtbewusstheit zum normalen Leben dazu, wenngleich nicht in diesen extremen Formen. Ich lebe immer mit einem imaginierten Ich und selten in schonungsloser Selbstehrlichkeit, ich glaube oft, etwas durchsetzen zu müssen, das mir wichtig ist, ich glaube, mich behaupten zu müssen und rufe mich nur manchmal zu offenen Gesprächen mit anderen auf; ich habe ein großes Interesse daran, mein Leben im Nachhinein als gelingendes in Bezug auf die Ziele anzusehen, die ich verwirklichen konnte, und in Bezug darauf, mich in meinem Leben aufs Ganze gesehen zu mögen. Wenn ich im Rückspiegel meine Vergangenheit sehe, dann spiegele ich Deutungen meiner Gegenwart zurück auf Vergangenes und deute diese in der erneuten Rückspiegelung in die Gegenwart neu. Wenn man sich erinnert, verändert sich die Bedeutung des Erinnerten zu verschiedenen Zeiten: Schönes, Bedrückendes, Schrecken – will ich das alles sehen? Aus der vergangenheitsgeprägten Gegenwart blicke ich im hell oder dunkel getönten Lichtschein nach vorne und deute Hoffnungen und Ängste erwarteter Zukunft. Mit jedem Wandel verändern sich meine Positionalität, meine Perspektivität[11] und damit das Verständnis meiner Lebens-

---

[11] *„Unser neues »Unendliches«.* – Wie weit der perspektivische Charakter des Daseins reicht oder gar ob es irgendeinen andren Charakter noch hat, ob nicht ein Dasein ohne Auslegung, ohne »Sinn« eben zum »Unsinn« wird, ob, andrerseits, nicht alles Dasein essentiell ein *auslegendes* Dasein ist – das kann, wie billig, auch durch die fleißigste und peinlich-gewissenhafteste Analysis und Selbstprüfung des Intellekts nicht ausgemacht werden: da der menschliche Intellekt bei dieser Analysis nicht umhin kann, sich selbst unter seinen perspektivischen Formen zu sehn und *nur* in ihnen zu sehn. Wir können nicht um unsre Ecke sehn: es ist eine hoffnungslose Neugierde, wissen zu wollen, was es noch für andre Arten Intellekt und Perspektive geben *könnte:* zum Beispiel ob irgendwelche Wesen die Zeit zurück oder abwechselnd vorwärts und rückwärts empfinden können (womit eine andre Richtung des Lebens und ein andrer Begriff von Ursache und Wirkung gegeben wäre). Aber ich denke, wir sind heute zum mindesten ferne von der lächerlichen Unbescheidenheit, von unsrer Ecke aus zu dekretieren, daß man nur von dieser Ecke aus Perspektiven haben *dürfe.* Die Welt ist uns vielmehr noch einmal »unendlich« geworden: insofern wir die Möglichkeit nicht abweisen können, daß sie *unendliche Interpretationen in sich schließt.* Noch einmal faßt uns der große Schauder – aber wer hätte wohl Lust, *dieses* Ungeheure von unbekannter Welt nach alter Weise sofort wieder zu vergöttlichen? Und etwa *das* Unbekannte fürderhin als »*den* Unbekannten« anzubeten? Ach es sind zu viele *ungöttliche* Möglichkeiten der Interpretation mit in dieses Unbekannte eingerechnet, zu viel Teufelei, Dummheit, Narrheit der Interpretation – unsre eigne menschliche, allzumenschliche selbst, die wir kennen...“ Friedrich Nietzsche:

welt. Eingelassen in diesen Zeithorizont spiegele ich mich in vielfältig undurchschaubaren Aspekten. Das erklärt mein Orientierungsbedürfnis, denn ein Wegweiser fehlt.

Bespiegelte ich mich selbst im Wasser, sähe ich ein undeutlich-verschwommenes Spiegelbild, das sich mit jeder Wellenbewegung wandelt, immer wieder verschwimmt es, es entzieht sich, zeigt sich mir verschwimmend erkennbar, aber nie in allerletzter Klarheit. Letztlich ist mein Bild im Wasser ein Rätselbild, ein Geheimnis. Goethe blickt in *Auf dem See* ins Wasser und sich darin spiegelnd erinnert er sich an Vergangenes und beschließt dann nachdrücklich: *weg, du Traum! so gold du bist; hier auch Lieb' und Leben ist.* Diese bejahende Vergegenwärtigung des Vergangenen, begleitet von einem Vertrauen ins Gegenwärtige und Zukünftige, beendet Goethe mit den Worten *und im See bespiegelt sich die reifende Frucht.*

Ist diese Einsicht, diese Haltung eines zeitübergreifenden betrachtenden Verweilens das Höchste, das Menschen auf Erden erreichen können, dieses *Es sei, wie es wolle, Es war doch so schön!*?[12]

Die fröhliche Wissenschaft. In: F.N.: Kritische Studienausgabe. Hrsg. Giorgio Colli und Mazzino Montinari. S. 626f.

[12] Johann Wolfgang Goethe: Auf dem See. In: Sämtliche Werke nach Epochen seines Schaffens. München Wien 1990. Münchner Ausgabe, Bd. 3.2, S. 21.

14. Der andere stört – Differenzfähigkeit

In einem Vortrag sprach der Philosoph Michael Quante über den Umgang mit fundamentalen Differenzen.[1] Er stellte sich die Frage, wie Menschen mit ihnen umgehen können, wenn sie bereit seien, friedlich und argumentativ miteinander umzugehen, aber feststellen: Es treten Unvereinbarkeiten auf, die zum Streit führen können. Drei Dinge seien dann wichtig: zum einen den Unterschied zwischen Verstehen und Überzeugtsein zu setzen, zum anderen Gründe für die fundamentalen Differenzen zu identifizieren und schließlich eine Haltung innerer Toleranz.

Den anderen zu verstehen, so Quante, das heiße, seine Annahmen zu rekonstruieren (und für mich als Zuhörer: seine Beweggründe sowie den Zusammenhang seiner Gedanken nachzuvollziehen) und sei ein erster wichtiger Schritt auf dem Weg, die Kommunikation aufrechtzuerhalten. Etwas zu verstehen bedeute nicht, dieser Kurzschluss werde jedoch häufig gezogen, von dem überzeugt zu sein, was man verstehe oder glaube verstanden zu haben.

Gründe für fundamentale Differenzen seien, so Quante, im Wesentlichen die folgenden:

• Es fehlen Informationen, d.h. in der Beurteilung dessen, was in einer Situation oder in bestimmten Typen von Situationen zu tun sei, treten Divergenzen auf, weil der einen Person (oder beiden) Sachkenntnisse fehlen. Es kommt zum Streit, weil Personen Fakten unterschiedlich gut kennen bzw. interpretieren.

• Das Prinzip, aus dem heraus beide Gesprächspartner handeln, ist gleich, aber es gibt unterschiedliche Positionen darüber, ob eine Situation ein Beispiel dafür ist, dass das Prinzip hier zur Anwendung kommt. Beispielsweise können zwei Menschen das Prinzip verfolgen: Du darfst

---

[1] Michael Quante, Toleranz und Beliebigkeit. Über den Umgang mit fundamentalen Differenzen. Vortrag im Landesinstitut für Lehrerbildung und Schulentwicklung, Hamburg, 1.11.2016

nicht töten. Aber die eine denkt, dass ein Fötus ein Lebewesen ist, die andere bestreitet das.

• Normen werden unterschiedlich gewichtet. Beispielsweise können zwei Personen der Auffassung sein, dass Töten nicht gut sei. Ebenso kann die eine Person der Auffassung sein, dass jeder sein Eigentum schützen darf, wie er wolle. Daher kann die eine Person zum Schluss kommen, Einbrecher dürfe man erschießen, die andere wird das vielleicht bestreiten. In einem solchen Fall ist die Einigung über Vorrangregeln und sind Diskurse darüber angezeigt, welche Normen in welchen Fällen besonders zu berücksichtigen sind.

• Die Geltung von Normen schließlich kann unterschiedlich verfolgt oder bestritten werden. Möglicherweise vertritt die eine Person ein Prinzip gar nicht, das der anderen als unverzichtbar gilt. Im Umgang mit Rassisten wird das der Fall sein. Sie bestreiten schlicht, dass alle Menschen gleichwertig oder gleichberechtigt sind.

• Es können aber auch beide Personen eine Norm als gültig ansehen, von denen die eine sie als Mittel für etwas anderes propagiert, die andere sie hingegen als Zweck selbst bzw. als absolut gültig ansieht.

Eine Haltung innerer Toleranz unterscheide sich von einer äußeren dadurch, dass hierbei nicht nur ausgehalten bzw. geduldet werde, was jemand tue. Sie unterscheide sich auch von einer Haltung der Beliebigkeit, in der alles gewissermaßen gleichgültig sei. Innere Toleranz bedeute, ich könnte mir vorstellen, die Meinung des anderen zu haben, habe sie aber nicht. Eine solche Haltung werde begünstigt durch das Aufklären über die Art der Differenzen und durch die kommunikative Praxis, in der jemand versuche, einen anderen zu verstehen.

Grenzen innerer Toleranz seien diese: Die Position eines anderen erscheint unvorstellbar, die Distanz zur eigenen Position ist unaufbringbar, beispielsweise, weil sich jemand zu etwas existenziell verpflichtet sieht.

Mir haben die Gedanken des Vortrags unmittelbar eingeleuchtet. Wenn ich die Art des Unterschieds zu jemandem verstehe, bin ich eher geneigt, sie als (nur) einen Aspekt der Beziehung zu sehen, sie einklammern zu können und mit ihr umgehen zu können. Wenn ich verstehe, dass jemand das Töten generell ablehnt, aber zur Vermeidung größeren Leids in Kauf nehmen würde, kann ich das auch dann verstehen, wenn ich der Überzeugung bin, dass Töten niemals erlaubt sein darf. Andernfalls könnte ich eher geneigt sein zu denken, die andere Person sei böse, borniert, uneinsichtig und dergleichen. Das ist nach Aufklärung und Verstehensversuch innerhalb der Fallunterscheidungen wohl am ehesten dann noch der Fall, wenn jemand ein Prinzip nicht vertritt, das ich als absolut gut setze, sei es wie im angegebenen Fall eines Rassisten das eines Menschenrechts oder etwas, das ich *im tiefsten Herzen* bekämpfe.

Ich stutze bei dieser Formulierung, weil mir nicht klar ist, ob die Haltungen, die ein toleranter Mensch vertritt – oder jemand, den ich als differenzfähig bezeichnen würde – intellektuell sind oder nicht. Mir leuchtet ein, dass rationale Aufklärung meine Haltungen beeinflusst und dass das Verständnis von Unterschieden Fremdverstehen, wohlwollendes Mitdenken und Mitfühlen mit einer Person auslöst. Ich frage mich aber, ob Haltungen im Umgang mit Differenzen nicht außerdem eine gewisse emotionale Färbung des Umgangs mit anderen oder, anders formuliert, gewisse personale Tugenden, charakterliche und kommunikative erfordern, die in intellektuellen Aufklärungen über Unterschiede nicht aufgehen. Ich frage mich also, wann die Bedingungen erfüllt sind, die Quante zum analytischen Aufklären über argumentative Unterschiede voraussetzte, und was bei anderen Bedingungen zu tun sinnvoll ist.

Ich möchte zunächst eine (fiktive) Situation betrachten. Die beteiligten Personen sollen, wie in den Annahmen des Vortrags, friedlich und bereit zu rationaler Auseinandersetzung sein. Ein Mann will helfen, weil eine ihm unbekannte Frau auf einer abendlichen Feier ihren Mantel verliert, der nun neben ihrem Stuhl auf dem Boden liegt. Er hebt den Mantel auf, gibt ihn der Frau zurück, und sagt: „Hier, bitte, der Mantel, er könnte dir wichtig sein, oder hast du ihn in China gekauft?"

Die Frau aber sei chinesischer Herkunft und fühle sich durch diese Äußerung in ihrer Ehre verletzt. Der Mann hingegen, stelle ich mir vor, erklärt, er habe sie nicht verletzen wollen, sondern nur den Umstand betont, dass diese Art Mäntel in China deutlich günstiger zu erwerben seien, er habe die Frau auch nicht als arm kennzeichnen wollen.

Im Anschluss fallen im Gespräch diverse Äußerungen, die beide Parteien (seitens des jeweils anderen) als unzulässig deutend und grenzüberschreitend auffassen. Die Frau sieht sich schließlich rassistisch und sexistisch behandelt.

Zu allem Überfluss holen die beiden in meiner Phantasie mich als Streitschlichter zu sich. Was tun? Ich könnte vorschlagen, beide Parteien sollten die Situation aus ihrer Sicht schildern, dabei aber ihre Wahrnehmungen von den gedeuteten Intentionen trennen. Der Zuhörer wiederum möge sagen, was er an den Äußerungen des anderen verstehe. So könnten Wahrnehmungen, Tatsachenbeschreibungen und Deutungen auseinandergehalten werden (aber, denke ich jetzt: kann man das einwandfrei?). Ich könnte außerdem vorschlagen, jede Partei möge Gefühle, die beschrieben werden, mit ihren Wünschen und inneren Zuständen, nicht aber als verursacht durch die Intentionen des anderen beschreiben.

Der beteiligte Mann, stelle ich mir vor, beginnt die Schilderung aus seiner Sicht und erklärt, seine Äußerung sei unsensibel gewesen, er habe sie scherzhaft gemeint, könne aber verstehen, dass die Frau sie nicht gut aufgenommen habe. Er habe lediglich den Preis des Mantels, nicht aber eine Herabsetzung eines Landes oder der Frau intendiert. Er verwendet Formulierungen wie ,ich habe gedacht', ,auf mich hat ... so gewirkt' oder ,vielleicht hast du dich dadurch angegriffen gefühlt und ... gedacht, wenn, dann tut mir das leid'. Er habe nicht gewusst, dass die Frau aus China komme.

Nun möchte ich die Situation aber eskalieren lassen. Als die Frau an die Reihe kommt zu erzählen, fällt sie diverse Zuschreibungen. Der Mann habe sie in ihrer Ehre verletzen wollen, er habe außerdem noch diverse andere Dinge gesagt, aus denen ganz klar hervorginge, dass er Frauen und Migranten nicht als gleichberechtigt ansehe. Die Situation sei ein Beispiel für den ganz alltäglichen Sexismus und Rassismus; außerdem: nur ein Rassist würde so über China sprechen. Obwohl ich dem nicht zustimme, könnte ich jetzt erklären, wenn der Vorwurf im Raum stünde, der beteiligte Mann habe die Frau jenseits unbeabsichtigter Äußerungen ehrverletzend behandelt oder gar sexistische Äußerungen getätigt, dann müsse das an einem anderen Ort geklärt werden, dann sei eine andere Art Gespräch nötig, in der es nicht primär um Verstehen, sondern um Beweisen, Anklagen und Verteidigen gehe. Wenn der Mann sich tatsächlich so verhalten habe, dann sei es ihr Recht, sich dagegen zu wehren, und sie müsse nicht Verständnis für ihn aufbringen, sie habe ein Recht darauf, weder sexistisch noch rassistisch behandelt zu werden. Ob das der Fall sei, könnten wir jetzt nicht beurteilen, aus den bisher hier rekonstruierten Äußerungen ergäbe sich das meines Erachtens nach jedoch nicht.

Mir scheint ein solches Gespräch, und deshalb denke ich es mir aus, typisch zu sein dafür, dass in unterschiedlichen Situationen unterschiedliche Gesprächsarten geführt werden müssen. Seine Rechte einzufordern erfordert einen grundsätzlich anderen Diskurs als der Versuch, jemanden zu verstehen. Man wird auch schlecht sagen können, jemand solle immer

zunächst verstehend sprechen und erst dann seine Rechte einfordernd.
Denn wo jemand diskriminiert oder missbraucht wird, wäre es ja geradezu zynisch zu verlangen, Empathie für den Täter aufzubringen. Das
kann vielleicht hinterher, nach erfolgter Markierung des Unrechts oder
nach erfolgter Strafe, eine *freiwillige* Möglichkeit für das Opfer sein,
aber nicht die erste Wahl. Manche Menschen sprechen zwar davon, es
gäbe in solchen Situationen immer zwei Beteiligte, die „einen Anteil"
am Geschehen hätten, aber durch solche Deutungen wird die normative
Seite eines Gesprächs ausgeblendet, d.h. dass Beteiligte im Glauben sind
oder in einem Werterahmen leben, der Rechtsansprüche erzeugt. Und,
wichtiger, eine solche zunächst immer verstehenwollende Praxis trägt
dazu bei, dass systematisch vorkommende Diskriminierungen nicht als
solche gekennzeichnet werden, wodurch sie faktisch weiter existieren.
Wer (beispielsweise) ständig Witze über Homosexuelle macht, muss sich
den Vorwurf gefallen lassen, er trage zu Feindlichkeit gegenüber bestimmten Menschen bei und rede sich nur durch den Verweis auf Humor
heraus. (Umgekehrt lässt sich natürlich auch eine überkorrekte Sprache
kritisieren, in der am Ende niemand mehr über sich selbst lachen darf.
Es entsteht eine humorlose Welt, in der Beteiligte mit ihren Deutungen
nicht auf spielerisch-lockere Art umgehen dürfen.)

Wann sollen Menschen von der einen Gesprächsart zur anderen übergehen? Eine Bedingung ist aus dem Bisherigen klar: Verstehend soll nur
gesprochen werden, wo sich jemand in seinen Rechten nicht auf drasti-
sche Art missachtet sieht. Wird eine Frau vergewaltigt, dann ist es unan-
gebracht zu fordern, dass sie sich damit auseinandersetzt, was der Täter
möglicherweise intendiert hätte, was sie falsch aufgefasst hätte und wo
sie sogar zu seinem Verhalten noch beigetragen hätte. Vor allem verbietet
es sich dann, die Frau zu fragen, ob sie die Situation vielleicht nur falsch
gedeutet hätte. Es gibt existierende Tatsachen, die nicht subjektivierend
relativiert werden dürfen.

Zweite Bedingung: Ein verstehendes Gespräch soll nur geführt werden, wenn die Beteiligten zu ihm bereit sind, und dann, wenn (und solange) sie bereit sind, sich an die Regeln eines solchen Gesprächs zu halten.
Denn wenn eine Person in einem solchen Gespräch immer wieder Deutungen unterstellt und Motive zuschreibt, beendet sie faktisch diese Art
zu sprechen, sei es auch, weil sie keine Übung im Trennen von Zuschreibungen und Wahrnehmungen hat. (Aber diese Trennung hängt natürlich
von den Wahrnehmungen und Deutungen selbst ab.)

Auch hier gilt wieder eine Einschränkung: In normalen, d.h. nicht krisenhaften Gesprächen, deuten Menschen oftmals das Verhalten anderer,
und es wäre zu aufwändig, stets auf die Wahrnehmung zurückzugehen
oder einschränkende Formulierungen zu verwenden wie ‚Ich habe wahrgenommen, dass...', ‚Ich könnte mir vorstellen, dass du ...'. So lange klar
ist, dass die Beteiligten wissen, sie könnten diese Trennung vornehmen,
muss sie nicht stets aktualisiert werden. Wer sagt: '... ist ungerecht' oder
‚...ist falsch', der sagt stets: ‚Ich denke, dass ... ungerecht bzw. falsch ist'.
(Und wenn alle Menschen ihre Gedanken stets nur als ihre subjektiven
Wahrnehmungen äußern, werden sie blind für moralische Auseinandersetzungen, und Entscheidungen werden stärker auf Basis bloßer Machtverhältnisse getroffen.)

Heutzutage existiert die Gefahr, dass niemand mehr etwas aussagt, weil
er durch Urteile in die Gefahr geraten könnte, als jemand angesehen zu
werden, der Menschen diffamiert. Beispielsweise gilt es als unkorrekt, zu
sagen, dass jemand behindert sei, ein Farbiger oder ein Flüchtling. Solche
Zuschreibungen könnten die Personen, so heißt es in gewissen Kreisen
oder Gruppen, etikettieren. Der Verzicht auf beschreibende Kategorien
zerstört aber die Fähigkeit, Dinge beim Namen zu nennen und damit
Gespräche auch über Unterschiede, die sich aus solchen beschreibenden
Eigenschaften ergeben (können).

Vielleicht kann man verallgemeinern: Zunächst fällen Menschen Aussagen, Deutungen und Urteile. Dann können sie sich im Konfliktfall aufklären, d.h. wenn sie über Unterschiede stolpern: Wie war es gemeint?
Welche Annahmen hast du gemacht? In dem Fall sind die Personen von
einem bewertenden Diskurs zu einem Gespräch gewechselt, in dem
Bewertungen analysiert werden. (Oder, mit dem Philosophen Herbert
Schnädelbach gesagt, von einem begründenden, d.h. Thesen rechtferti-
genden, zu einem argumentativen.[2]) Je nach Gelingen oder Möglichkeit
folgt dann ggf. die Entscheidung für eine Option der Nähe oder Distanz
zu der anderen Person oder dafür, Rechte geltend zu machen.

In der Betrachtung der Situation, in der sich der Mann und die Frau
streiten, denke ich über die Fälle nach, in denen eine gewisse Tiefe der
Bereitschaft und Fähigkeit, rational über Annahmen nachzudenken,
nicht erfüllt ist. Grenzen der Argumentation sind dann erreicht, wenn

---

[2]   vgl. Herbert Schnädelbach: Philosophische Argumentation. In: E. Mar-
tens/ H. Schnädelbach: Philosophie – ein Grundkurs. Hamburg 1985, Bd.2, S.
684ff.

die Prinzipien einer Person selbst unklar sind, und zwar derjenigen, die sie vertritt. Quante führte aus, jemand könne *kausal* optieren, statt *verursacht durch Argumente*. Denn es sei ja möglich, dass eine Person nur *der Meinung* ist, aus den und den Argumenten heraus eine Option zu ergreifen, während sie in Wirklichkeit aus anderen Ursachen heraus handelte. In einem solchen Fall gilt es wohl, vorausgesetzt, der Wille der Personen ist vorhanden, in einem eher narrativen Sinn klärend zu sprechen, im Versuch, sich selbst besser zu verstehen: Warum (kausal) bin ich für X? Welche Bilder und welche Situationen bilden das Fundament, auf dem ich meine Überzeugungen oder Überzeugungssysteme aufgebaut habe? Angeführte Gründe allein können leider sekundäre Rationalisierungen sein, und Verstehen setzt in einem tieferen Sinn mehr als nur argumentative Bezüge in Rechnung.

Beispielsweise wäre es möglich, dass die beteiligte Frau *alle* Äußerungen ihrer Mitmenschen daraufhin ausliest, ob jemand, der so etwas sagt, möglicherweise Rechte missachten könnte, d.h. sie liest dann Deutungen in die Deutungen anderer hinein. Ebenso ist es möglich, dass der Mann natürlich möglicherweise tatsächlich China allein als ‚billiges Land' ansieht. Das beides ist vorstellbar, und die beteiligten Personen könnten sich selbst nach einem Konflikt daraufhin überprüfen.

Es könnte ein intellektualistisches Vorurteil von Philosophen sein, anzunehmen, dass rationale Aufklärung Haltungen veränderte. Haltungen entstehen aus Erfahrungen. Solche können auch außerhalb rationaler Diskurse (oder neben ihnen) gesucht werden: bezüglich Haltungen der Differenzfähigkeit beispielsweise, dass es bisher als ungefährlich erlebt wurde, wenn jemand etwas anderes als man selbst wollte – manche Kinder hingegen erfahren früh: Gegen die Wünsche meiner Eltern darf ich nicht sein, dann werden sie wütend (oder traurig) und zwingen (oder manipulieren) mich zu tun, was sie wollen. Geschwister andersherum machen oft frühzeitig die Erfahrung, dass ihre eigenen Wünsche nicht erfüllt werden und erwerben dadurch Differenzfähigkeit beim Verhandeln: Zunächst gilt es zuzuhören, nicht gleich wütend zu werden, wenn die eigenen Wünsche wegen der der anderen nicht erfüllt werden. Differenzfähigkeit erweist sich so als Fähigkeit zum Kompromiss und als mühsam errungene Kompetenz. Wenn es für die kindliche Entwicklung günstig ist, die Erfahrung zu machen, den eigenen Initiativen folgen zu können, d.h. dass andere Menschen diese wohlwollend begleiten, *und* die Erfahrung zu machen, wahrnehmen zu können - d.h. dass andere Menschen Kinder aufmerksam auf das machen, was *andere* tun -, dann wird dadurch das eigene Subjekt gewissermaßen *gesetzt*, d.h. in seiner Identität (im Abwägen von Verhältnissen) konstituiert, und ebenso wird die Wahrnehmung des Unterschiedes zwischen dem Kind und den anderen gesetzt. Kooperationsfähigkeit entsteht so als Folge von: eben Differenzfähigkeit. Möglicherweise sind die Tugenden par excellence der Differenz, Takt und Humor, genauso durch Differenzerfahrungen wie durch Erfahrungen im Aufklären über Differenzen erworben, und beide prägen einander. Denn derjenige, der nur so *erzogen* ist, dass er andere Menschen akzeptieren lernt, die anderes als er selbst wollen (der aber darüber nie *nachdenkt*), wird den Unterschied nicht tief verstehen, und derjenige, der Unterschiede tief versteht, wird möglicherweise dennoch den Wunsch verspüren, sich im Diskurs auf Kosten anderer durchzusetzen.

In gewisser Weise ist eine begrifflich eng umrissene Rationalität tückisch. Denn wenn die Begriffe und Annahmen, mit denen ich argumentiere und etwas begründe, bestimmt und fest gesetzt sind, wird Verstehen von etwas Neuem erschwert, das Verstehen wird im Grunde genommen beim Begründen vorausgesetzt. Ebenso wichtig zum Umgang mit Differenzen ist aber die Kultivierung des Nicht-Verstehens, die Fähigkeit und Bereitschaft, das Nicht-Verstehen artikulationsfähig zu machen. Dafür ist *Zuhören* wichtig. Zuhörenkönnen als die Fähigkeit, dem Gegenüber Gehör zu geben und zu schenken, ihm ein Ohr zu leihen. Solches Zuhören wäre anders als ein Hineinhören oder Hereinhören, es passt auch nicht zu scheinbar empathischer Überwältigung.

Zuhören wahrt und gewährt Differenz als eine Art Entgegenkommen. Eine Gesprächssituation wird grundlegend verändert, wenn in ihr über ihre Strukturierung durch differenzierten Gebrauch von unterschiedlichen Sprechakten hinaus Zuhören angesagt oder zugesagt ist; Zuhören bedeutet gerade nicht schon, das im Zuhören zur Kenntnis Gebrachte auch schon selbst anzunehmen, zu übernehmen oder sich zu eigen zu machen. Es bedeutet so gerade Respekt, lässt von Grund auf Differenz, ist insofern paradigmatisch für Differenz, grundlegend für bestimmtere Diskurse, offen für Verstehen und Unverständnis. Im Zuhören liegt die Freiheit der Zustimmung, Unterscheidung, Ablehnung. Zuhören ist die Grundlage für das Bemerken von Differenzen ebenso wie für das Bemerken von Unverständnis und für Verstehen.

Wodurch unterscheidet sich Zuhören vom hörenden Nichtzuhören? Im eigentlichen Sinne zuhören kann ich (nur), wenn mich das traktierte Problem direkt oder unterschwellig schon beschäftigt. Beim Nichtzuhören höre ich etwas, ein Wissen, das meiner biographischen Situation äußerlich bleibt. Denn in diesem Fall will ich mich nicht an einem Gespräch beteiligen, sondern nehme ggf. Fakten zur Kenntnis. Sicherlich kann ich mich auch bewusst entschließen, nicht zuzuhören; dann gilt das im Volksmund Gesagte: „Wer nicht hören will, muss fühlen." Als (aktiver) Zuhörer rede ich mit mir selber und mit anderen über das Gehörte und mache es zu meiner Sache. Als Zuhörer widerspreche ich, ich stimme zu oder äußere mich unentschieden, und dies gerade nicht, weil es mir gleichgültig ist, sondern weil ich mir vornehme, es zu prüfen. Erst durch diese zustimmende, ablehnende oder prüfende Haltung wird mein Gesprächspartner ernst genommen. Prüfen im Gespräch bietet die Chance, die Voreinstellungen bei mir zu prüfen. Das bedeutet allgemeiner, Zuhören kann ebenso auf Grund vorliegender Deutungen über die andere Person erfolgen wie ohne sie. Zwei Denkbewegungen sind möglich: Ich sehe mein Gegenüber als etwas So-und-so-Verfasstes an und prüfe diese Voreinstellung beim Zuhören. Oder ich gewinne durch das Zuhören allererst eine Auffassung, dann wird mir mein Gegenüber als etwas gewahr.

Zuhören ist auch im modus juridischer Entscheidung über die quaestio facti (wer und was war oder ist) wie die quaestio iuris (was war zutreffend in sachlicher und rechtlicher Hinsicht) zentral im Sinn der Beweisaufnahme; rechtliches Gehör finden, angehört werden. Zuhören ermöglicht Entdeckung und Begründung des Gehörigen, Zugehörigen und dessen, was sich gehört und was ansteht. Im Zuhören geht es um die Stimme, mit der jemand sich zu Gehör bringt, die Stimme, die nicht ungehört bleibt – und damit um Teilhabe. Stimmig ist ein Gespräch gerade in dem Willkommen des Zuhörens. Leiht mir jemand sein Ohr, fühle ich mich aufgenommen, bei anderen und bei mir zu Gast zu sein.

Die Metapher des Gespräches, in dem Menschen beieinander zu *Gast* sind, trägt etwas aus über die Art, wie Sozialität und wie ein einzelner Mensch überhaupt gedacht werden kann. In einem Gespräch, das Hans-Joachim Lenger und Georg Christoph Tholen mit Jean-Luc Nancy führen, erläutert Nancy diesen Gedanken.

„Nancy: Ja, die Gastlichkeit. In der Gastlichkeit versteht sich beides zusammen – dass man kommunizieren kann, ohne sich völlig zu verstehen. Es ist eine Weise, den anderen als anderen anzuerkennen, gerade indem man erkennt, dass man ihn nicht völlig versteht. Denn was heißt das? Immer gibt es mehr zu verstehen, vor allem aber gibt es zu verstehen, dass es *unendlich* viel mehr zu verstehen gibt.

Tholen: (...) was Hans-Dieter Bahr mit dem Topos der Gastlichkeit meint, die sich gerade im ‚Einander-Verfehlen' ereignet."[3]
„Nancy: Nun, vielleicht müsste man zunächst den Unterschied zwischen der ‚Intersubjektivität' und dem ‚Mit-Sein' hervorheben. Die ‚Intersubjektivität' hat immer zur Voraussetzung, dass es so etwas wie Subjekte gibt, die sich *sodann* in eine Beziehung des ‚Inter' zueinander versetzen. Das ‚Mit-Sein' meint jedoch etwas anderes. (...) Was meint das ‚Da' dieses Daseins? (...) wenn dieses ‚Da' aus dem ‚Mit' erst hervorgeht, dann wird es zum ‚Mit' dieses Seins. Wenn Heidegger also sagt, es handle sich um ein Dasein, dann handelt es sich nicht um eine schon gegebene Position, in der es sich findet, sondern um die Öffnung einer solchen Position. Genauer noch: Es handelt sich um eine *Position* als Öffnung. Wie aber könnte sich etwas öffnen, wie kann es auch nur eine Position geben, wenn es keine andere Position gibt? Position heißt deshalb notwendig: Dis-position." (ebd., 28, 29) „dieses Ich (*je*) ist nur es selbst, insofern es ex-sistiert bzw. – im Heideggerschen Sinn – ek-sistiert, d.h. insofern es spricht, blickt, geht, berührt. Selbst die Gleichsetzung ‚Ich=Ich' bei Fichte hat nur Sinn als Bewegung, Spannung, Begehren nach Sein" (16)
„Heidegger umschreibt dies mit den Begriffen ‚Ereignis', ‚Enteignis' und ‚Zueignis', als dem Zusammenspiel von Aneignung, Enteignung und Übereignung oder Widmung (vor allem im kirchlichen Sinn einer geistlichen Weihe). Im dritten Begriff (Zueignis) sehe ich die Möglichkeit, das Ich wieder dem Anderen zurückzugeben, genauer: der Alterität und Exteriorität ohne ‚Jemeinigkeit', und es auf diese Weise zu weihen und unantastbar zu machen – vielleicht das einzige, unvergänglich Heilige." (S. 17)

Die Unantastbarkeit der Würde des einzelnen Menschen könnte, so ausgelegt, auf seiner Unverfügbarkeit ruhen, die wiederum Ausdruck seiner ihm selbst vorgängigen Sozialität ist, in der Fremdheit und Ausgerichtetheit auf andere konstitutiv für den Menschen selbst (und sein ‚Selbst') ist und in der Fremdheit Bedingung für Begegnung, Austausch, Nähe und „Identität" ist.

Offenbar sind im Umgang mit Differenzen nicht nur verschiedene Arten von Gesprächen und Diskursen zu unterscheiden, sondern auch Diskurse von Gesprächen. Ein Diskurs setzt voraus, es gebe eine Positionsveränderung durch bessere Argumente, in einer sozusagen idealen Sprechsituation. Das Ideenkonstrukt „ideale Sprechsituation" wird sich im Falle *fundamentaler* Differenzen jedoch möglicherweise nicht ‚erden' lassen. Für das fingierte Subjekt dieses (fast) transzendentalen Ansatzes gilt Diltheys Satz: „In den Adern des erkennenden Subjekts, das Locke,

---

[3]   Hans-Joachim Lenger, Georg Christoph Tholen, Unendliche Nähe. Fragen an Jean-Luc Nancy. Hamburg 2014, S. 50, 51.

Hume und Kant konstruierten, rinnt nicht wirkliches Blut."[4] Gespräche haben einen offeneren, weitere Hintergründe einbeziehenden Charakter. Und umgekehrt helfen Diskurse durch ihre bestimmtere Form, sich die eigenen Annahmen und Verständnisse sowie die anderer klarzumachen. Selbst die Begrenztheit des eigenen Ansatzes ist nur erfahrbar, wenn man sich klar macht, in welcher Form man denkt.

Möglicherweise sind einige der heutigen krisenhaften Symptome westlicher Gesellschaften darauf zurückzuführen, dass es wenig Gespräche gibt. Globalisierung bedeutet wirtschaftlich und ökologisch, dass das eigene Handeln Auswirkungen auf Menschen hat, mit denen ich nicht spreche, deren Handlungen und Absichten aber in meine Handlungspläne eingebunden werden müssen, will ich sie nicht ignorieren. Der Umgang mit fernen Handlungspartnern muss vielleicht effizient geregelt sein und daher Diskursform haben. Politisch bedeutet es, Entscheidungen auf übernationaler Ebene zu treffen, die gerade nicht durch Gespräche der Menschen in Nationen entstanden sind. Das ist ein Partizipationsproblem, und es ist ein Problem unklarer Zuständigkeiten, jedenfalls in Europa. Dadurch ist es außerdem ein Macht- bzw. Ohnmachtsproblem. Sozial bedeutet es, dass Menschen, die monetären Erfolg suchen, mit anderen keine Gespräche, sondern eher Verhandlungen führen. Individuell bedeutet es, dass Menschen ohne Zeit nicht auf sich hören, sondern feste Absichten durchzusetzen suchen.

Bedeutet Differenzfähigkeit noch anderes? Was? Ich bin mir nicht sicher.

Vier weitere naheliegende Situationen, in denen Differenzfähigkeit als Haltung neben und unabhängig von argumentativen Diskursen eine Rolle spielt.

(1) Als Meister oder Lehrer ist es ebenso hilfreich, das eigene Können zu vermitteln und weiterzugeben, wie es zur Selbstentfaltung des Lehrlings oder Schülers förderlich ist, einen anderen Stil als den eigenen zuzulassen. Warten zu können, bis der Lehrling entweder nachvollzogen hat, was man von ihm will oder es aus eigener Kraft tut oder es sich anders aneignet und variiert oder ganz anders denkt (oder etwas praktiziert), als man selber das tun würde, das gehört wohl zu den Eigenschaften eines guten Lehrers. Der Meister könnte Warten als lästige Unter-

---

[4]   zit. nach Hans-Georg Gadamer, Wahrheit und Methode. 4. Aufl. Tübingen 1975, S. 232.

brechung verstehen – wenn er dem Anderen nicht zugewendet wäre –, und der Lehrling dürfte Warten als verzögerte Lernphase deuten, die er nur voll wahrnehmen könnte, wenn er vom Anderen Zuwendung erführe. Wieder gibt es Bedingungen für das Zulassen eines anderen Stils als des eigenen. Man wird nur zulassen, dass der Lehrling seinen eigenen Stil entwickelt, wenn man denkt, es ginge auch auf die Art, wie er es sich überlegt hat, d.h. eine gemeinsame Referenz über Qualität muss gegeben sein. Man lässt dann den anderen einen Freiraum, in dem sie selber die Urteilenden bleiben dürfen. Man übt keine Gewalt aus, weder über ‚zwingende' Argumente oder geglaubte Wahrheiten. Man legt sie nahe, aber man will die Selbständigkeit des Auszubildenden befördern. Freiraum wird man hingegen dort nicht lassen, wo man der Auffassung ist, dass die Qualität sehr stark leidet.

Ein Ausbilder muss m.E. in dem Moment bereit sein, Distanz von den eigenen Annahmen zu nehmen, wo er bereit ist, zu lehren und das heißt, neue Menschen selbstständig werden zu lassen – und diese Freiheit ist notwendig, damit Lehrlinge das zu Lernende tun *wollen* –, ebenso wie, im Extremfall, ein Rentner Abschied von seinem Arbeitsleben und dem Aufgebauten nehmen sollte. Häufig führt die fehlende Distanz dazu, dass Familienbetriebe Probleme mit dem Generationswechsel haben. ‚Die Älteren', die immer noch besser wissen, wie es heute ginge, aber die neue Generation mache es ja leider schlechter als man selber.

(2) Wer kooperieren will, der muss in der Lage sein, eigene Initiativen zu benennen und anderen zu folgen. Kooperation bedeutet, Macht zu teilen, d.h. mal dem anderen zu folgen und sich dann mal durchzusetzen. In Kooperationen sagen Menschen „Nein" und „Ja" und beweisen so Differenzfähigkeit. Wer, das ist der Bezug zur Lehrlingssituation, durchsetzen will, dass der Lehrling tut, was er will, der ersetzt Wahrheit und Gütemerkmale durch Macht. So wie der Versuch, Wissen zu transportieren, mit der Ersetzung von Wissen durch Meinung erkauft ist, wie der Philosoph Wolfgang Wieland rekonstruiert[5], so ist der Versuch, Wahrheiten und Gutes in Handlungen anderer durchzusetzen, mit dem Übergang von Wissen und Kompetenz zu Macht erkauft.

(3) Differenzen begegnen mir nicht nur in Meinungen, sondern auch in Lebensstilen bzw. in Üblichkeiten als störend, ohne dass ich gleich zu

---

[5]   Vgl. Wolfgang Wieland, Platon und die Formen des Wissens. Göttingen 1982, S. 288ff.

sagen wüsste, woran das liegt. Tischmanieren können sich extrem unterscheiden, sei es, dass jemand aufstößt, dass einige schon aufstehen, während andere noch essen, dass Zeitung gelesen wird oder Handys benutzt werden. Manchmal existieren Annahmen darüber, dass es gut sei, das und das zu tun, manchmal sind die Unterschiede nur Ausdruck kontingenter Gewohnheiten. In jedem Fall können sie zu tiefen Zerwürfnissen führen. Wenn sie auf Annahmen darüber zurückzuführen sind, was in einem absoluten Sinne „gut" sei, und wenn diese Annahmen diskursiv distanzierbar sind, dann, scheint mir jetzt beim Nachdenken, ist ein Diskurs sinnvoll, wie Quante ihn vorschlägt.

(4) Manchmal wirken in Gesprächen zwischen Freunden Äußerungen des einen auf den anderen, und der Zuhörer möchte diesen Anmutungen Raum geben. Beispielsweise kann ein Richter einem Freund erzählen, wie er jemanden zu Recht bestraft hat. Person B sagt: *Oh, wie furchtbar!* und denkt dabei, es wäre absolut gesehen besser, es müsste gar keine Strafen geben. Dadurch kann sie beim Erzähler das Gefühl auslösen, eine unangemessene Deutung der Situation vorzunehmen. Ist das Äußern des „Furchtbaren" ein Eingreifen in die Privatsphäre des anderen und also taktlos, übergriffig und unangemessen deutend? Hier tauchen unterschiedliche Arten auf, mit Wahrnehmungen und Deutungen umzugehen. Jemand kann es gewohnt sein, auf diese Art Anteil zu nehmen, und genießt es, auf ebensolche Art Wahrnehmungen und Deutungen anderer zu erhalten, die ihn weiter über eine Situation nachdenken und ihr nachspüren lassen. Er fände es oberflächlich, solche Anmutungen nicht zu äußern, und es entfernt ihn Menschen, wenn er im Umgang mit ihnen nicht so sprechen kann. Er erhofft sich durch so freimütiges Sprechen, dass Freunde einander in ihrem Selbstverständnis bereichern können und sich anregen lassen. Das Gegenüber aber ist ebenso verstehbar: Jemand muss nicht bereit sein, sich in einer Freizeitsituation mit Deutungen von Menschen zu konfrontieren, und er muss sich dadurch auch nicht in seinem Selbstverständnis hinterfragen. Jeder hat das Recht auf Vermeidung unangenehmer oder unangemessener Bewertungen durch andere. Möglicherweise sind hier *Differenzen im Umgang damit, was Menschen einander sagen, wenn sie näheren Kontakt miteinander haben*, ausschlaggebend dafür, welche Nähe es zwischen ihnen geben kann.

Was ist oder wäre hier Differenzfähigkeit (oder sollte ich besser sagen: Ambivalenzfähigkeit)? Die Fähigkeit, Differenzen beim Gegenüber zu belassen und sich nicht angegriffen zu fühlen – ‚der denkt das anders als ich, aber ich denke es nicht so'? Oder ist es die Fähigkeit, Anmutungen anderer und Deutungen gerne aufzunehmen und aus ihnen zu lernen und sich erkennen zu lassen? Oder die Fähigkeit, eigene Bewertungen nicht zu äußern? Oder: taktvoller?

In den vorigen Beispielen bedeutete Differenzfähigkeit vielleicht die Fähigkeit, Differenzen stehen lassen zu können, die Fähigkeit, Differenzen zu artikulieren, die Fähigkeit, Gründe für Differenzen zu beschreiben, die Fähigkeit, entscheiden zu können, wiederum mit Gründen, wann ein Diskurs gewechselt (oder beendet) werden soll, oder, schließlich, die Fähigkeit, mit Differenzen friedlich umzugehen.

Mir ist das nicht klar. Das wäre mindestens eine europäische Sicht auf die Dinge: Differenzen sollen immer friedlich beigelegt werden, jedenfalls, wo das möglich ist. Und, ist diese Fähigkeit immer gut? Die Fähigkeit, Differenzen, wo möglich, friedlich zu bearbeiten, zeigt, denke ich, immerhin eine entwickelte Kultur, auch wenn nicht immer Friedlichkeit die beste Lösung sein muss – das ist Ausdruck meiner europäischen Position.

Differenzfähigkeit erweist sich so schnell als *Resultat* von Diskussionen mit Differenzen, nicht als vorausliegende Fähigkeit, nicht als Bedingung für Inklusion, sondern als deren Folge.

Mir scheint, dass diese Folge unabhängig von der Säkularisierung einer Gesellschaft oder ihrer Mitglieder ist. Wenn religiöser Glaube, wie Quante in der anschließenden Diskussion ausführte, als Zugehörigkeit zu einer Gemeinschaft incl. ihrer Symbole oder als System existenzieller unantastbarer Verpflichtungen angesehen werden kann, die in einem unhinterfragbaren Sinn als „absolut richtig" angesehen werden, dann ist mindestens das Letztere hinderlich dafür, innere Toleranz aufzubringen. Wenn Glaube aber als Vertrauen-Setzen in ein Höheres (z.B. Liebendes) angesehen wird, das ich angesichts des Bemerkens meiner eigenen Begrenztheit wahrnehme oder das ich bekenne, dann könnte Glauben auch eine Chance dafür darstellen, innerlich tolerant zu sein. Denn ein solcher Glaube würde sich radikal von einem solchen unterscheiden, in dem ein Mensch etwas klar Umrissenes und starr Handlungsleitendes zu wissen meint. Nur dieser ‚Glaube' wäre für Fanatismus anfällig, insofern in ihm etwas Endliches fixiert und absolut gesetzt wird. Ein Glaube an etwas, das mich als Menschen überschreitet, würde eine Differenzerfahrung zur Grundlage haben, nämlich die Differenz zwischen dem, was ich zu wissen meine, und dem Unbekannten, dem ich vertraue und demgegenüber, auch wenn es kein ‚Gegenstand' ist, ich mich als begrenzt begreife. Glauben in dieser Weise heißt: nicht seine eigenen Grenzen für das Absolute halten.

Wie sieht im Umgang mit Unterschieden eine Lebensform aus, in der fundamentale Differenzen weiter bestehen können, ohne zu unüberwindlichen Konflikten zu führen, die ein gemeinsames gelingendes Leben beeinträchtigen? Das Neue Testament berichtet von einer solchen Lebensform, nämlich von einem in Liebe allen Menschen zugewendeten Leben. Jesu Schicksal lässt schauern und nachdrücklich bezweifeln, ob Liebe auf Erden Kontrarität überwindet. Allerdings will ich trotz dieses Schauderns die Hoffnung nicht aufgeben, die als metaphysische (Hintergrund)Ordnung verstanden werden kann, als Lichtschein hinter dem Horizont. Diese Art Hoffnung kann Kraft geben, das Abenteuerspiel seines Lebens zu bestehen, das sich als Leben im Vorläufigen begreift.

> „[...] hatte ich ein wunderbares Leben. [...]. Es ist genug. Ich habe alles gehabt, alles, was ich wollte [...]. Aber wenn ich an diese Nächte denke ... es gibt ein Wort, das nennt sich Liebe. Damit würde ich gerne etwas Neues anfangen."[6]

Liebe in dem Sinne wäre nicht nur, was Gegensätzlichkeiten und Differenzen überwinden könnte, sie könnte sie auch *wollen*: „Die Liebe (...) sucht nicht das Ihre", schreibt Paulus im ersten Brief an die Korinther (13 (5)); sie richtet sich auf jemanden aus, gerade *weil* er anders ist. Vielleicht weil er meiner bedarf, vielleicht, weil ich ihn brauche, und vielleicht ist solche Liebe auch nur die eines Gottes. Aber vielleicht ist es eine Liebe, die einfach in der Freude besteht, sich selbst andershin zu erweitern und sich in diesem so entstehenden Verhältnis zu befinden. Eine solche Liebe wäre anders als die modern-zweckrationale Idee, ein anderer müsse (gemäß gewisser Kriterien) zu mir ‚passen', und anders als die Vorstellung, es sei zwecks guten wechselseitigen Verstehens günstig, sich im anderen wie in einem Spiegel zu *finden*.

---

[6]   Imre Kertész, in: Iris Radisch, Die letzten Dinge. Lebensendgespräche. Hamburg 2015, S. 238.

15. Das ist eine Frage der Selbstachtung!

Ich beginne mit einer Situation aus alter Zeit. In Fontanes Roman „Effi Briest" findet Effis Ehemann – Baron von Innstetten – zufällig alte Liebesbriefe an seine Ehefrau Effi Briest. Diese lassen ihn vermuten, dass Effi ihn mit ihrem Liebhaber Major Crampas betrogen hat. Innstetten erwägt, Major Crampas zum Duell zu fordern; er bittet seinen Freund – Geheimrat Wüllersdorf – um Rat und darum, sein Sekundant zu sein. Daraufhin entwickelt sich folgendes Gespräch.

„»Ich bin neugierig, [...]. Sagen Sie mir offen, wie stehen Sie dazu?«
»Innstetten, Ihre Lage ist furchtbar, und Ihr Lebensglück ist hin. Aber wenn Sie den Liebhaber totschießen, ist Ihr Lebensglück sozusagen doppelt hin, und zu dem Schmerz über empfangenes Leid kommt noch der Schmerz über getanes Leid. Alles dreht sich um die Frage, müssen Sie›s durchaus tun? Fühlen Sie sich so verletzt, beleidigt, empört, daß einer weg muß, er oder Sie? Steht es so?«
»Ich weiß es nicht.«
»Sie müssen es wissen.«
Innstetten war aufgesprungen, trat ans Fenster und tippte voll nervöser Erregung an die Scheiben. Dann wandte er sich rasch wieder, ging auf Wüllersdorf zu und sagte: »Nein, so steht es nicht.«
»Wie steht es denn?«
»Es steht so, daß ich unendlich unglücklich bin; ich bin gekränkt, schändlich hintergangen, aber trotzdem, ich bin ohne jedes Gefühl von Haß oder gar von Durst nach Rache. Und wenn ich mich frage, warum nicht, so kann ich zunächst nichts anderes finden als die Jahre. Man spricht immer von unsühnbarer Schuld; vor Gott ist es gewiß falsch, aber vor den Menschen auch. Ich hätte nie geglaubt, daß die Zeit, rein als Zeit, so wirken könne. Und dann als zweites: Ich liebe meine Frau, ja, seltsam zu sagen, ich liebe sie noch, und so furchtbar ich alles finde, was geschehen, ich bin so sehr im Bann ihrer Liebenswürdigkeit, eines ihr eigenen heiteren Scharmes, daß ich mich, mir selbst zum Trotz, in meinem letzten Herzenswinkel zum Verzeihen geneigt fühle.«
[...].
»ja, wenn es so liegt, Innstetten, so frage ich, wozu die ganze Geschichte?«
»Weil es trotzdem sein muß. Ich habe mir's hin und her überlegt. Man ist nicht bloß ein einzelner Mensch, man gehört einem Ganzen an, und auf das Ganze haben wir beständig Rücksicht zu nehmen, wir sind durchaus abhängig von ihm. Ginge es, in Einsamkeit zu leben, so könnt ich es gehen lassen; ich trüge

dann die mir aufgepackte Last, das rechte Glück wäre hin, aber es müssen so viele leben ohne dies ‚rechte Glück‘, und ich würde es auch müssen und – auch können. Man braucht nicht glücklich zu sein, am allerwenigsten hat man einen Anspruch darauf, und den, der einem das Glück genommen hat, den braucht man nicht notwendig aus der Welt zu schaffen. Man kann ihn, wenn man weltabgewandt weiterexistieren will, auch laufen lassen. Aber im Zusammenleben mit den Menschen hat sich ein Etwas gebildet, das nun mal da ist und nach dessen Paragraphen wir uns gewöhnt haben, alles zu beurteilen, die andern und uns selbst. Und dagegen zu verstoßen geht nicht; die Gesellschaft verachtet uns, und zuletzt tun wir es selbst und können es nicht aushalten und jagen uns die Kugel durch den Kopf. Verzeihen Sie, daß ich Ihnen solche Vorlesung halte, die schließlich doch nur sagt, was sich jeder selber hundertmal gesagt hat. Aber freilich, wer kann was Neues sagen! Also noch einmal, nichts von Haß oder dergleichen, und um eines Glückes willen, das mir genommen wurde, mag ich nicht Blut an den Händen haben; aber jenes, wenn Sie wollen, uns tyrannisierende Gesellschafts-Etwas, das fragt nicht nach Scharm und nicht nach Liebe und nicht nach Verjährung. Ich habe keine Wahl. Ich muß.«
[...].
Innstetten lächelte. »Sie sollen selbst entscheiden, Wüllersdorf. Es ist jetzt zehn Uhr. Vor sechs Stunden, diese Konzession will ich Ihnen vorweg machen, hatt‘ ich das Spiel noch in der Hand, konnt‘ ich noch das eine und noch das andere, da war noch ein Ausweg. Jetzt nicht mehr, jetzt stecke ich in einer Sackgasse. Wenn Sie wollen, so bin ich selber schuld daran; ich hätte mich besser beherrschen und bewachen, alles in mir verbergen, alles im eignen Herzen auskämpfen sollen. Aber es kam mir zu plötzlich, zu stark, [...] Ich ging zu Ihnen und schrieb Ihnen einen Zettel, und damit war das Spiel aus meiner Hand. Von dem Augenblick an hatte mein Unglück und, was schwerer wiegt, der Fleck auf meiner Ehre einen halben Mitwisser und nach den ersten Worten, die wir hier gewechselt, hat es einen ganzen. Und weil dieser Mitwisser da ist, kann ich nicht mehr zurück.«
[...].
»Ja, Wüllersdorf, so heißt es immer. Aber es gibt keine Verschwiegenheit. Und wenn Sie's wahrmachen und gegen andere die Verschwiegenheit selber sind, so wissen Sie es, und es rettet mich nicht vor Ihnen, daß Sie mir eben Ihre Zustimmung ausgedrückt und mir sogar gesagt haben: ich kann Ihnen in allem folgen. Ich bin, und dabei bleibt es, von diesem Augenblick an ein Gegenstand Ihrer Teilnahme (schon nicht etwas sehr Angenehmes), und jedes Wort, das Sie mich mit meiner Frau wechseln hören, unterliegt Ihrer Kontrolle, Sie mögen wollen oder nicht, [...]
Wüllersdorf war aufgestanden. »Ich finde es furchtbar, daß Sie recht haben, aber Sie haben recht. Ich quäle Sie nicht länger mit meinem ‚Muß es sein?‘. Die Welt ist einmal, wie sie ist, und die Dinge verlaufen nicht, wie wir wollen, sondern wie die andern wollen. Das mit dem ‚Gottesgericht‘, wie manche hochtrabend versichern, ist freilich ein Unsinn, nichts davon, umgekehrt,

unser Ehrenkultus ist ein Götzendienst, aber wir müssen uns ihm unterwerfen, solange der Götze gilt.«„[1]

Fontane schrieb den Roman 1888/89. Auch wenn sich die Zeiten erkennbar geändert haben, ist für Heutige „Ehrenkultus ... ein Götzendienst [... und] freilich ein Unsinn" und haben *wir's dann zuletzt so herrlich weit gebracht?* Und zwar „weit gebracht" im Sinne einer Moral, die sich zwar als prinzipienorientiert ausgibt, aber kein „Götzendienst" ist? Oder ist Moral letztlich doch nur spezifisch kulturkreis- und zeitgebunden? In diesem Falle wird ihre globalisierte Variante vielleicht nur von einer vom westlich-aufgeklärten Lebensstil geprägten Mittelschicht propagiert, einer Mittelschicht, die primär mit soziologischen Kategorien zu umschreiben wäre und die geneigt ist, ihr Verständnis von Aufklärung, Moderne und besonders Toleranz vorschnell zu verallgemeinern und von universeller Moral zu sprechen[2], während andere nach wie vor oder wieder vermehrt Ehrenmorde begehen.

Man könnte, was innere Toleranz bedeutet, als eine doppelte Haltung kennzeichnen, die durch zwei Sinnsprüche formuliert werden kann: Luther, „Hier stehe ich, ich kann nicht anders", versus Goethe, „sich aufzugeben ist Genuss". Braucht man beides: die Option zur Selbstaufgabe bzw. –erweiterung *und* Standfestigkeit? Ergänzen beide gar einander?

---

[1]   Theodor Fontane: Effi Briest. In: Theodor Fontane: Sämtliche Romane. Erzählungen, Gedichte. Nachgelassenes. Vierter Band. München 1974. S. 234ff.
[2]   Dazu eine aktuelles und ein historisches Beispiel. Das aktuelle Beispiel findet sich in einem Zeitungsartikel von Louis Begley, der unter der kennzeichnenden Überschrift „Wir sind beschämt" in der vom FAS 05.02.2017 rückblickend auf die Wahl Donald Trumps zum amerikanischen Präsidenten schreibt: „Jetzt ist vielleicht ein Geständnis angebracht" und fortfährt „Ich wohne an der Upper East Side von Manhattan und am Ostende von Long Island, beides sozusagen Naturschutzgebiete für liberale, manchmal Intellektuelle oder Bildungsbürger, die alle Clinton gewählt haben (mitunter naserümpfend). Und es stimmt tatsächlich, dass kein Mensch, den ich kenne, mir gesagt hat, er oder sie habe für Trump gestimmt." Das historische Beispiel findet sich in einem Brief von Marx an Ruge im Februar 1844: „Die Scham ist schon eine Revolution; sie ist wirklich der Sieg der französischen Revolution über den deutschen Patriotismus, durch den sie 1813 besiegt wurde. Scham ist eine Art Zorn, der in sich gekehrte. Und wenn eine ganze Nation sich wirklich schämte, so wäre sie der Löwe, der sich zum Sprunge in sich zurückzieht. Ich gebe zu, sogar die Scham ist in Deutschland noch nicht vorhanden; im Gegenteil, diese Elenden sind noch Patrioten." (Karl Marx/ Friedrich Engels - Werke. (Karl) Dietz Verlag, Berlin. Band 1. Berlin/DDR. 1976. S. 337-346).

Denn, was hier als Gegensatz erscheint, muss eine innerlich tolerante Person zusammenbringen. Innerlich tolerant zu sein, das heißt, zu verstehen versuchen, und zwar auch und gerade diejenigen Dinge, von denen man nicht überzeugt ist. Dafür braucht es vorläufige Selbsterkenntnis: Man muss seine eigenen Positionen kennen, um die anderer als irritierend auffassen zu können und so eine Aufforderung zu verspüren, sich mit ihnen auseinanderzusetzen.

Wer seine eigene Position kennt, der ist bereit, sie zu verteidigen und für sie zu streiten. Und wer bereit ist, sich auf andersartige Gedanken einzulassen, der ist bereit, sein Konzept zu erweitern und sich in Frage stellen zu lassen. Beides zusammen könnte ich Selbst-Achtung nennen. Um sie zu wahren, muss ich bereit sein, meine Position deutlich auszudrücken *und* sie preiszugeben. (Ich merke, ich werfe zum wiederholten Male die Frage auf: Was ist das Ich, wenn es zugleich einen festen Identitätskern hat und einen lernend-beweglichen Anteil, der es Teil eines Gesprächs sein lässt? Wie sind diese beiden – Festes und Bewegliches – sinnvoll auszutarieren?)

„Das ist eine Frage der Selbstachtung!" – könnte jemand sagen, der sich von anderen als Person in Frage gestellt sieht; er geht davon aus, dass ihm die Achtung der anderen entzogen wurde. Der Betreffende sieht sich in einer Würde beschädigt und gezielt aus einer Gruppe ausgeschlossen.

Ich denke an zwei unterschiedliche Situationen. Zunächst an ein Erlebnis in einer Hockeygruppe älterer Spieler. Der langjährige Sprecher der Mannschaft, die sich schon lange kennt und zusammen spielt, teilt die Gruppe für ein Freundschaftsspiel ein. Unverhofft widerspricht ein Mannschaftsmitglied dessen Einteilung und sagt: "Nein, so nicht. Wir müssen anders aufgestellt werden." Es folgt ein Gegenvorschlag. Die Gruppe bleibt stumm und auch averbal reagiert niemand. Daraufhin sagt der langjährige Mannschaftsleiter: "Dann organisiert euch von heute an alleine. Es ist für mich eine Frage der Selbstachtung auszuscheiden." Ich stelle mir vor, zu Hause berichtet er: "Die haben mir übel mitgespielt."

Das wäre Selbstachtung im Sinne der Aufrechterhaltung von *Ehre*, eigentlich also der Versuch, die Achtung in den Augen vorgestellter anderer zu wahren. ‚Dass ich normalerweise immer die Aufstellung übernehme, ist nicht damit verträglich, dass ich jetzt so behandelt werde!' Wer so spricht, hat ein festes Verständnis: *Die anderen* sollen mich nicht so und so sehen (nämlich dass ich meine Rolle nicht mehr spielen darf).

Selbstachtung zur Wahrung der Ehre ist Vermeidung von Scham. Der unerwartete Widerspruch von außen wird als Attacke auf das Selbst er-

lebt, und zwar in Anwesenheit vieler bisher vertrauter Zuhörer. Wird die
eigene Person unerwartet in Frage gestellt, ist zu entscheiden, wie man
reagieren könnte. Wortloser Rückzug kann als Niederlage empfunden
werden, ‚Gegenattacke‘ kann zu Sieg oder Niederlage führen, als Mittelweg bietet sich ein Sowohl-Als-Auch an: ‚Rückzug und Attacke‘: Ihr
anderen habt mich als Person ungerechtfertigt beschädigt, daher ziehe
ich mich zurück.

Was gelte ich? Wurde ich gekränkt? Wie stehe ich in den Augen der
anderen Mitspieler da? Ein Inneres stellt sich von außen anders dar. Auf
diese Weise schirmt sich die Person von Fremdansinnen ab; von außen
scheint die Person einen begrenzten Identitätskern zu haben. Die Person
wirkt gepanzert, undialogisch, stur, stolz und auf sich selbst bezogen,
wie eine ‚beleidigte Leberwurst‘.

Dagegen ließe sich idealtypisch ein flexibles Ich setzen: zu sagen, was
man zu sagen hat und dem zuhören, was die anderen zu sagen haben. Das
hieße, sich aufzugeben bereit zu sein.

Eine zweite Situation kommt mir in den Sinn, in der dieses beides nicht
harmonisch zusammengeht: ein Widerstandskämpfer, der seine Kameraden auch unter der Folter nicht verrät. Beispielsweise Janusz Korczak,
der die ihm anvertrauten jüdischen Waisenkinder freiwillig ins KZ und
in den Tod begleitet. Es mag im ersten Zugriff irritieren und unstatthaft
sein, beide Situationen unter dem Aspekt ‚Selbstachtung‘ zu betrachten,
aber wenn ich mir Korczaks Entscheidung vergegenwärtige, ist es meiner
Empfindung nach keine Augenblickseingebung, sondern ein bewusst ge-
troffener Entschluss im Einklang mit Grundsätzlichem seines bisherigen
Lebensweges; er fühlt sich dazu verpflichtet. Schuldet er es sich, in der
Weise zu handeln? Dann wäre dasjenige, das den Impuls eingibt ‚Dies
ist eine Frage der Selbstachtung!‘ und ‚Hier stehe ich und kann nicht anders!‘ ein verinnerlichtes Selbst als eine moralische Instanz in einem – die
sagt: Das und das ist unverzichtbar, eine existenzielle Verpflichtung. Da
geht es um Stolz im Sinne der Unversehrtheit der moralischen Instanz
in mir und um das Einstehen für etwas Größeres, vielleicht nach Prüfung. Im nicht-affektiven, überlegten Handeln wird eine Idee praktisch,
ein Bild über Formen gesellschaftlichen Zusammenlebens. Der Einzelne
folgt damit einer Vorstellung des menschlich-gemeinschaftlichen Zusammenlebens, von der er weiß, dass sie ihn mit vielen anderen verbindet.

In diesen Vergleichssituationen geht es der Person eher um das Verhältnis, in dem sie zu sich selbst und ihrem Normenkanon steht, wenn
sie etwas tut oder unterlässt. Möglicherweise wird sie gerade aufgefor-

dert etwas zu tun, das sich nicht mit ihrem Gewissen vereinbaren lässt, und es ist daher für sie eine Frage des Geradestehens vor sich selbst, etwas zu unterlassen, um sich nicht zu korrumpieren. Möglicherweise gibt es Dinge, die zu tun das eigene Selbst zerstört; man könnte dann nicht mit sich selbst im Gespräch bleiben, in ihm „bestehen".

Existenzielle Verpflichtungen können so gesehen überprüfbar sein und erst dadurch identitätskonstitutiv in einem flexiblen Selbst sein. Das Ich ist dann durch sie existenziell konstituiert und ist durch Wandel und durch Lernen eines geworden, es hat sich bedeutet – oder bestimmt.

Was können Außenstehende in der ersten Situation tun? Jede Person braucht einen Spielraum der Entfaltung ihrer eigenen Ansprüche, und sei es auch nicht in der Geltung, sondern nur in der Artikulation. Einfühlsame, fördernde Kritik hätte Hilfe sein können und Neues zum Klingen bringen können. Denn wenn ich, sicherlich nur zu einem kleinen Teil, Mitwirkender am situativen Identitätskern eines anderen bin, bin ich dann nicht auch für eventuelle Folgen mitverantwortlich?

Im zweiten Situationstypus scheinen weniger bestimmte Personen zu dominieren, mit deren Augen sich jemand betrachtet, als eine leitende Idee, wie das Leben zu führen sei. Die Person verinnerlicht diese Idee, die ihr einen stabileren Identitätskern ermöglicht; es geht der Person daher stärker darum, wie sie vor sich selbst dasteht, was sie sich selbst schuldig ist. Das Ansinnen der Umgebung ist eine Attacke auf das Selbst, aber das Selbst gewinnt Gestalt durch die Idee einer Lebensführung und merkwürdig – durch die Attacke selbst. Diese irritiert nicht wie in der Hockeysituation, und sie ruft keine Zweifel wach, sondern im Gegenteil: Die moralische Verwerflichkeit vermag einigen Menschen eine besondere Kraft zu geben, ihr Vorhaben umzusetzen. Auf dem Spiel steht die Lebensform. Die Person wirkt für Außenstehende vielleicht auch stur, jedoch, weil sie die Person oder die Idee oder die Absolutheit der Idee, für die sie einsteht, nicht verstehen.

Aber auch Ideen werden von Menschen formuliert, vielfach von charismatischen Menschen. Kann, sich einer Idee verschreiben, nicht auch bedeuten, einem Charismatiker zu folgen? Unbezweifelbar erscheint mir, dass diese Frage Schicksal und Leistung von Janusz Korczak gänzlich verkennt; aber andere Beispiele sind denkbar. Wenn jemand beschließt, sein Leben als Märtyrer einzusetzen und zu beenden, vermag ich dies nicht als 'innengeleitet' zu bezeichnen; wahrscheinlich wäre die Bezeichnung *von außen 'verführt'* treffender. 'Sich einer Idee verschreiben' kann bedeuten, einem Lebensthema zu folgen; dieses Leben kann in konventionellen Bahnen verlaufen, kann aber auch in Grenzsituationen 'über sich selbst hinauswachsen'.

Prüfe ich die mir zuhandenen Angebote der Moderne, dann geht es offenbar in beiden Fällen um die Beachtung eines Identitätskerns, bei dessen Verletzung man sich schämt. Doch was stelle ich mir unter einem ‚Identitätskern' vor?

'Identität' und 'Selbstverwirklichung' werden vielfach in Anspruch genommen, um Einmaligkeit und Unterscheidung von anderen in freier Selbstbestimmung zu betonen. Denn die Rahmenbedingungen des Lebensspiels verändern sich, weil sie in historisch-gesellschaftliche Kontexte eingebettet sind. So ist das Spiel des Lebens in der mittelalterlichen Gesellschaft institutionell anders geprägt und hat anderen verpflichtenden Charakter als das Spiel in der kapitalistischen Konkurrenzgesellschaft. Trat in der mittelalterlichen Gesellschaft der Einzelne als solcher kaum in Erscheinung, hat die Moderne alles Ständische und Feste verdampft und versteht sich weitgehend vom ungebundenen Individuum her, das dies als seine Freiheit interpretiert. In der Ständegesellschaft hatte jeder Stand seine spezifische Achtung, die nicht erworben werden musste, denn die Institution gab Sicherheit und Enge. [Wahrscheinlich macht es wenig Sinn, im Mittelalter von *Selbst*achtung zu sprechen] In der Konkurrenzgesellschaft müssen Anerkennung und Achtung allererst erworben werden; und erworben wird sie im Mit- und Gegeneinander mit den anderen Mitspielern. Wechselseitig erleben sich diese als Konkurrenten; und sie müssen, um sich zu behaupten, strategisch geschickt spielen; und dabei wechselnde Rolleninterpretationen vollziehen, die die Anderen irritieren können. Wer nicht verlieren will, muss mit Erwartungen und Anforderungen spielen können. War im Mittelalter die standesgebundene Achtung inhaltlich charakterisiert, ist dies in der Moderne kaum noch möglich; wer sich behaupten will, benötigt eine Strategie flexibler Regelauslegung und -befolgung, um sich behaupten und durchsetzen zu können. Dem Flexiblen kann Leben zum Abenteuer(spiel) geraten. In modernen Gesellschaften kann das Problem einer existenziellen Verpflichtung verschwunden sein, um den Preis, dass alle Regelspieler nur externe Referenzen in variablen Kontexten gelten lassen: der heutige glatte, strategische Mensch ist zugleich ein Untertan und ein Souverän, der sich geschmeidig an die aktuellen Situationen anschmiegt, was nur soviel heißt wie, dass ihm seine Erlebnisse selbst nur strategisch und gerade nicht als Situationen begegnen.

Der flexibel-strategisch operierende Mensch ist für mich kein Vorbild, im Gegenteil. Dazu ein drastisches Beispiel: Ich stelle mir einen Nazi vor, der seine Verbrechen in Worten bereut und etwa sagt, ja, es war ein Fehler, tut mir leid. Ein solcher hat nichts begriffen und wahrgenommen, er wird der Schwere der Schuld nicht gerecht. Strategisches Eingestehen von Fehlern ist heutzutage in Führungszirkeln verbreitet. Wer etwas strategisch als Fehler zugibt, der taugt in meinen Augen weniger als moralisches Gegenüber als der ehrenhaft oder stolz Standhafte. Wer Schuld und Fehler nur strategisch eingesteht, ist stumpf für berechtigte Anliegen anderer und zerstört die sittliche Qualität zwischenmenschlicher Beziehungen. Jemand braucht einen festen und sichtbaren Identitätskern, damit man ihm über den Weg trauen kann.

Was bedeutet das für die Frage nach dem Selbst, das innerlich tolerant ist? Anlässlich des Problems der Toleranz will ich mir in diesem Kapitel die Frage nach der Identität des Menschen vorlegen, am Beispiel der moralischen Identität. Wenn Innengeleitetsein (Stolz) gegenüber Außengeleitetsein (Ehre) bevorzugt werden soll, stellt sich die Frage: Wie ist der Unterschied zwischen Innen und Außen zu denken?

Offenbar durch einen individuellen Spielraum, sich mit Fremdansprüchen auseinander zu setzen und sie zu gewichten. Der Unterschied der beiden Situationen ist gekennzeichnet durch unterschiedliche Gewichtung der Wahrnehmung von Differenzerfahrungen. Um solche machen zu können, braucht jemand die Fähigkeit, sich in Klammern setzen zu können bzw. eigene Geltungsansprüche einklammern zu können und anderen zuzuhören - um prüfen zu können, was an deren Auffassungen berechtigt ist. Gewissermaßen wirkt die erste Variante dann im Rückblick als oberflächlich: Sie enthielt zu wenig Wahrnehmung. Weiter zu fragen wäre: Wie kann das restringierte Selbst sich selbst in Klammern setzen und befragen?

In einem ersten Schritt kann eine Bedingung für einen gelingenden inneren Dialog formuliert werden, in der jemand sich mit Fremdansprüchen auseinandersetzt: Sich dem Ansinnen der Fremdansprüche zu stellen, ist nur möglich, wenn man die von äußeren Wahrnehmungen ausgelösten Affekte selbst bewusst und distanziert wahrnimmt, damit man ihnen nicht ausgeliefert ist und sie nicht impulsiv ausleben muss. Die Wahrnehmungen erzeugen Distanz zum eigenen biographischen Bedeutungsgewebe. Merkwürdigerweise nehme ich dabei an, dass durch diese Distanz eine Art von Nähe entsteht: zu anderen und zu mir selbst. Beachte ich andere und mich selbst und betrachte beide dialogisch, so gelange ich in Kontakt zu mir und zu anderen. Gelingt dies, kann ein Weg von der Orientierung an der Ehre zum Stolz eröffnet sein.

Die Unterscheidung zwischen Stolz und Ehre ist eine wichtige Unterscheidung, insofern es einen großen Unterschied macht, ob es einer Person nur um ihr Ansehen vor anderen geht oder um ‚höhere‘ Werte, für die sie eintritt. Andererseits ist die Differenzierung möglicherweise oberflächlich. Sie suggeriert nämlich, getreu Freuds Gedanken, ein über die Zeit stabiles Über-Ich (oder Ich-Ideal), eine moralische Instanz im Menschen, die, einmal aufgebaut, nicht zu streng ahndend und bewusst gemacht, zu Autonomie führt. Der durch den Ödipuskomplex gereifte Mensch weiß sich nur noch vor sich selbst verantwortlich, eben weil er die Anforderungen der anderen (bzw. den umgewandelten Hemmungsaufwand, den sie produzierten) verinnerlicht und reflektiert hat. Nicht nur Heinz Kohut hat gezeigt, dass ein solches autonomes Selbst eine Fiktion ist.[3] Jeder braucht andere Menschen während seines ganzen Lebens, er ist (hoffentlich) kein statisches System, und er ist niemals so von anderen Menschen getrennt, dass er sich nicht mehr vorstellt, wie jene auf ihn blicken. Jeder Mensch weiß sich, und zumal in seinen höchsten moralischen Leistungen, rückgebunden an reale oder vorgestellte andere, mit deren Augen er sich betrachtet und vor denen er ‚geradestehen‘ und von denen er respektiert werden möchte. Vielleicht ist daher ‚Respekt‘ die zutreffende und ‚Ehre‘ und ‚Stolz‘ überschreitende Kategorie, die es erlaubt, Menschen, zumal in Krisensituationen, als ‚achtungsvoll‘ zu beschreiben. Und in solchem Respekt ginge es darum, sich und anderen zugleich Achtung gegenüber zu wahren, und diese beiden Pole – ich und die anderen – erwiesen sich als gerade nicht so getrennt voneinander, wie es die bisherigen Überlegungen nahelegten. So gesehen könnte es Korczak schlicht – und ergreifend – darum gegangen sein, die ihm anvertrauten Kinder zu begleiten, um ihrer willen, es handelte sich um ein menschliches Bekenntnis und erst dadurch um ein Bekenntnis zu Menschlichkeit (als einem Prinzip). Hätte er die ihm anvertrauten Kinder allein gelassen, könnte er nicht vor sich selbst bestehen. Für einen ideologischen Menschen ist die Reihenfolge hingegen verdreht: Ideologen ersetzen den Menschen oft durch ‚die Menschheit‘.[4]

---

[3] Heinz Kohut, Wie heilt die Psychoanalyse? (1984) Frankfurt/Main 1987, S. 79, 120.
[4] vgl. Volker Weidermann, Zum Teufel mit der Mäßigung (über Arthur Koestler). In: Der SPIEGEL 30/2018, S. 114

Allerdings irritiert mich mein Versuch, diesen Weg zu skizzieren, an einer Stelle: Denn ich muss offenbar auf dem Wege zu Stolz und dann Respekt Abschied nehmen von Stolz, und die Fähigkeit erwerben, mich in meinen Ansprüchen klein zu halten im Sinne der Bescheidenheit, der Einklammerung und der Wahrnehmung meiner selbst als etwas Begrenztes. Erst dies könnte innengeleiteten Stolz ermöglichen. Ich merke aber dabei, dass der Begriff „Stolz" doppeldeutig wird. Die Selbsthochachtung, die jemand auch im Bereich der Orientierung an Ehre empfinden kann, ist offenbar anders als der hier als positiv etablierte Stolz – dieser lässt sich wohl doch besser damit begreifen, für eine Sache einzustehen, nachdem ich sie mehrfach geprüft habe. Es ist dann eine Frage der Selbstachtung, das Selbst in den Dienst von etwas zu stellen, das höher steht als das pure Selbst selbst; es geht um die Achtung und Wahrung einer Lebensform und anderer Menschen. (Interessant, dass Wahrnehmung, Bewährung und Wahrheit hier offenbar recht dicht aneinander rücken.)

In mir bildet sich in den zweiten Situationen eher das Bild einer Person mit seelischer Gesundheit, während ich mir die erste Person eher als innerlich hart vorstelle. Das würde bedeuten, ein Mensch gelangte zu seelischer Gesundheit, indem er im Einklang mit wahrgenommenen und geprüften Annahmen stünde. Bliebe die Person bei einer mit den eigenen Annahmen unverträglichen Handlungsaufforderung „da", würde sie krank. Ist es gut, seine Selbstachtung zum Maßstab des Handelns zu machen? Hierauf kann ich nur so antworten: Vor die Antwort gehört die Wahrnehmung und die Prüfung.

Indem nach der Wahrnehmung im zweiten Schritt das Prüfen eine entscheidende Bedeutung erhält, lässt sich der Übergang von Ehre zu Stolz von einem Wandel abgrenzen, den manche Leitungs- und Führungspersönlichkeiten durchmachen müssen. Sie werden gezwungen, Interessen auszugleichen, Menschen ihre Positionen schmackhaft zu machen, andere Positionen zu integrieren oder jedenfalls verbal anzuerkennen, und so durchlaufen sie manches Weichspülprogramm, nach dem sie ihre eigenen Positionen gar nicht mehr artikulieren. Wie ein Pudding gerieren sie sich und haben zwar Macht, aber diese üben sie nicht als sie selbst aus; es sind also gewissermaßen nicht sie selbst geblieben, die die Macht innehaben.

Ich will verallgemeinern und mir die Frage vorlegen, was ich denn unter dem „Selbst" verstehe. Von Selbstachtung zu reden setzt, ebenso wie bei Selbstbestimmung und Selbstständigkeit, die Rede von einem *Selbst* voraus, das sich irgendwie zu sich selbst verhält. Wie kann ich ein Verhältnis zu mir selbst haben? Selbstachtung ist ein Selbstverhältnis, und zugleich ist das Selbst etwas, das verkörpert werden kann, insofern ich eine Stelle einnehme, in der das Selbstverhältnis leiblich stattfindet. Diese Leiblichkeit ist eine intuitive Grundlage meines Selbst.

Wenn das (leibliche) Selbst als Verhältnis etabliert werden kann, dann kann im Falle von Selbstachtung vielleicht über die Art dieses Verhältnisses etwas ausgesagt werden, es lässt sich möglicherweise als Einklang mit etwas verstehen, das mir zugleich unbekannt und entzogen ist: mit dem eigenen Willen, mit eigenen Affekten, mit anderen, mit dem Wohlgefühl im Zusammenleben mit anderen, mit den eigenen Vorstellungen des Guten – also sozusagen als harmonische Einheit in einer Differenz. Dann gehört zu Selbstachtung eine im Laufe der Biographie zunehmend zu erwerbende Art von Reflexion in Ehrlichkeit. Etwas in mir bisher Fremdes muss zum Vorschein kommen können, d.h. akzeptiert werden können, etwas mir Wichtiges darf nicht ganz verschüttet werden. Vielleicht lässt sich Selbstachtung auch als Zulassen eigener Energien begreifen, die betreffs Gesundheit und Krankheit relevant sind.

Ebenso wie der Begriff des ‚Selbst‘ ist auch der der ‚Identität‘ nicht fest bestimmbar; verzichtbar sind sie beide dennoch nicht. Sie sind ebenso Handlungs- und Reflexionsgrundlagen für Situationen wie Entwicklungsperspektiven für die Auseinandersetzung in Zweifelsfällen, in denen jemand nach einer möglichst guten Handlung oder einem guten Verständnis für eine Situation sucht.

Bei den Überlegungen dazu, wie Menschen sich selbst bestimmen können, tauchte die Frage auf, woher sie den Impuls zum Handeln bekommen. Möglicherweise entsteht er in einer Verbindung zwischen Gedanken und Körper und entfaltet nur so eine in einer Person verankerte Zielrichtung. Was jemand tun möchte, sagt ihm sein Körper in Verbindung mit seinem Geist. Nur in solchem Zusammenspiel ist jemand mit seinen Initiativen verbunden.

Das „Selbst" als etwas Festes anzusehen, das zugleich in irgendeiner Art Verhältnis zu sich steht, genauer, dieses Verhältnis selbst sein muss, wenn es Situationen reflektiert, das führt zu einem subtilen Verständnis des Selbst, das plötzlich nicht mehr recht greifbar erscheint. Ich kann mir eine Situation vorstellen, die stärker von Stolz als von Ehre geprägt ist, und die ich dennoch nicht als wünschenswert ansehe. Astrid Lindgren beschreibt 1944 in ihren Tagebüchern eine solche fürchterliche Kriegsszene:

„In Italien sind Untersuchungen durchgeführt und Urteile gegen die alten Faschisten gefällt worden, die im Juli Mussolinis Abgang durchgesetzt haben. Die meisten wurden zum Tode verurteilt, darunter der alte Ciano, das Urteil ist schon vollstreckt worden. Ciano wollte von vorn und mit unverbundenen Augen erschossen worden."[5]

Der Sterbende, scheint mir, hat eine feste Identität, er steht, könnte ich sagen, für seine Auffassungen ein. Und er behauptet sie im Angesicht des Todes, und zwar so, dass er das Verhältnis, den Bezug, den Kontakt zu den Schützen sucht. Das scheint mir erstaunlich. Denn der Bezug zu den anderen ist kein lernender, sich auseinandersetzender, es ist ein Kontakt zu Feinden, voller Stolz. Zwar bin ich geneigt zu sagen, voller Ehre und nicht voller Stolz, weil ich die Taten der Faschisten im Zweiten Weltkrieg so sehr verurteile, aber gleichwohl wirkt die Szene auf mich so, dass hier jemand für seine Prinzipien eintritt. Und nur die Tatsache, dass *ich* diese Prinzipien verabscheue, verleitet mich dazu, die Person als von Ehre geleitet zu bestimmen.

Ich stelle fest: In dieser Art von Identität des Hingerichteten fehlen mir der lernende Kontakt, die warmherzige Ausrichtung auf andere und das Gespräch mit den Feinden. Wie fest umrissen soll die wünschenswerte Identität des Menschen gedacht sein, wie sehr als eigenes konturiert, wie fest geformt?

Sein Leben als Wissenschaftler, Philosoph und Theologe überdenkend ruft Faust aus: „Es möchte kein Hund so länger leben!" Und Erich Fried stellt fest, ein Mensch „*der sagen kann/* dass er weiß/ dass er stirbt/ wie ein Hund/ ist ein Mensch". Beide Dichter greifen die Unterscheidung Mensch – Tier auf und weisen damit auf eine Unterscheidung hin, die das Nachsinnen über menschliche Lebenssituation vielfach bestimmt. Man könnte mit Weizsäcker sagen „Die Tiere sind auch nur Menschen"[6], aber sie sind besondere Tiere und dieses Besondere spricht Fried aus: Menschen können unterscheiden und *sagen*, wie sie ihre Lebensform wahrnehmen und damit artikulieren, wie sie ihr Leben verstehen.

[5]   Astrid Lindgren, Krigsdagböcker 1939-1945. Stockholm 2015. Dt.: Die Menschheit hat den Verstand verloren. Tagebücher 1939-1945. Berlin 2015, S. 366.

[6]   Zit. nach A.M. Klaus Müller: Wir sind Leben inmitten von Leben, das leben will. Meditation über Leben und Tod. In: ders., Erfahrungen der Grenze. Von der Herausforderungen am Ende der Neuzeit. München Kaiser 1985. S. 31.

Alle (Lebens-)Formen basieren auf Unterscheidungen (Begriffe sind überhaupt Unterscheidungsgewohnheiten[7]) und alle Unterscheidungen verweisen auf Grenzen; was keine Grenze hat, entzieht sich dem sprachlichen Zugriff. Eine Form gewinnt Form erst durch eine Grenze und sie gewinnt erst eine spezifische Gestalt, wenn sie gegen die Umgebung abgegrenzt ist oder sich selbst aktiv abgrenzt. Form und Grenze verweisen aufeinander. Allerdings ist es eine alltägliche Erfahrung, dass die vorgeblich selbe Form unterschiedlich gedeutet wird. Wolken regen zu sehr unterschiedlicher Bilddeutung an und Vexierbilder bieten zweierlei Deutungen; auch einer Wolke werden vielfältige Bilder zugesprochen, obwohl vielleicht nur genau eine Wolkenform am Himmel dahinschwebt.

Indem ich unterschiedliche Unterscheidungen und Deutungen unserer Umwelt artikuliere, versuche ich, mich mit anderen Menschen sprechend vernünftig zu verständigen, um unser gemeinsames soziales Leben zu gestalten und uns in diesem zu behaupten. Diese sprachlichen Verständigungsversuche unterscheiden sich von alltäglichen Gesprächen dadurch, dass wir die Grundlage einer gemeinsamen Verständigung erarbeiten wollen und müssen.

Diese Gespräche sind keine Diskurse – diese Unterscheidung scheint mir zentral zu sein für den Unterschied zwischen einem stolzen Verfechter von Prinzipien und einem Menschen im lernenden Kontakt mit anderen auch dort, wo diese sich den eigenen Geltungsansprüchen gegenüber sperrig erweisen. Diskurse sind geprägt durch universale Geltungsansprüche, die durch Argumente im diskursiven Verfahren eingelöst werden sollen. Den Geltungsansprüchen (Ist-Aussagen, instrumentelle Handlungsanleitungen, Handlungsnormen) ist prinzipiell jeder Mensch unterworfen. Der Diskurs selbst wird durch transzendentalpragmatische oder andere vorgängige Regeln bestimmt. Inhaltlich sind Gespräche von der Suche nach einer tragfähigen Antwort auf die Frage gelingenden Lebens bestimmt; diese Orientierungssuche wird nur dann tragfähig, also lebensgestaltend sein, wenn die Teilnehmer ihre (immer begrenzte) biographische Erfahrung mit einbringen können. Eine überschaubare, begrenzte Teilnehmerzahl macht es möglich, Biographisches relativ ungeschützt einzubringen; dadurch erfahren die Beteiligten wechselseitig Mängel und Fähigkeiten, Fremdes im Eigenen und über die Anderen.

---

[7] Begriffe sind "Unterscheidungsgewohnheiten". Arno Ros zit. nach Michael Hampe: Die Lehren der Philosophie. Eine Kritik. Berlin 2014. S. 16. Vgl. zu M. Hampe die Rezension von Martin Seel in DIE ZEIT rom 5.9.2014. Lt. Seel formuliert Hampe eine „Kritik der verallgemeinernden Rede".

Der Vollzug des Gesprächs stellt sich als gemeinsame Selbstbesinnung mit offenem Ergebnis dar; jeder der Teilnehmer wird trotz verbaler Übereinstimmung andere individuelle Konsequenzen ziehen. Jedes Gesprächsergebnis wird daher bestimmt durch die begrenzte Teilnehmerzahl und die Grenzen ihres individuellen Vernunftgebrauchs, also ihrer Fähigkeit vernunftgegründeter Beiträge. Wer um sein Nichtwissen und damit um die Grenzen seines Wissens weiß, wird die Grenzen der Vernunft bedenken. Gesprächsergebnisse erheben daher nicht den Anspruch allgemein zu gelten, sie sind hoffentlich auch für Nichtbeteiligte relevant und akzeptabel. Sie wollen ihrerseits Anregung (und Provokation) zum Nachdenken sein; jeder ist zur Überprüfung aufgefordert.

Wenn Descartes formuliert: »Ich will mich nur mit mir unterreden.«[8], dann fingiert er keine Gesprächssituation, sondern setzt sich monologisch stellvertretend für jeden denkbaren Menschen. In der >Abhandlung über die Methode< heißt es auch: »... so daß ich alle Muße hatte, mich mit meinen Gedanken zu unterhalten.«[9] Ähnlich Kant, wenn er sagt: »Denken ist Reden mit sich selbst, ... folglich sich auch innerlich (durch produktive Einbildungskraft) Hören«.[10]

Schnädelbach skizziert ein in Teilen abweichendes Gesprächsverständnis. Ihm ist zuzustimmen, wenn er festhält „Die meisten Philosophen haben einen Hang zum Monolog und träumen davon, dass alle ihnen zuhören“.[11] Für ihn ist «die Philosophie ein Gespräch», aber «sie ist *kein Dialog*“[12]. Wäre allerdings nicht zu fragen, ob „*die*“ Philosophie ein Gespräch führen kann? Ein Gespräch führen können nur konkrete Menschen; Texte der Klassiker mögen zwar zu mir sprechen, aber sie können sich nicht mehr gegen mein ihnen zugeschriebenes Verständnis wehren. Andererseits fährt Schnädelbach fort: „So geht der Dialog in das Gespräch über, das auch im Alltag meist einem Stimmengewirr gleicht, in dem alle durcheinander reden und fast niemand zuhört. Der philosophische Dialog lässt sich wohl in die Mauern einer platonischen

---

[8]   Descartes: Meditationen. Hamburg (Felix Meiner Verlag) 1960, S. 30.
[9]   Descartes: Von der Methode. Hamburg (Felix Meiner Verlag) 1960, S. 9.
[10]   Immanuel Kant: Anthropologie in pragmatischer Hinsicht. § 36. In: I.K., Werke in zehn Bänden. Hrsg. von Wilhelm Weischedel. Darmstadt 1960. 3. überprüfter Nachdruck. S. 500.
[11]   Herbert Schnädelbach: Das Gespräch in der Philosophie. Abschiedsvorlesung. Hrsg. Der Präsident der Humboldt-Universität zu Berlin. Berlin 2003. S. 6
[12]   Ebd. S. 4.

Akademie oder zwischen zwei Buchdeckel einschließen, aber nicht das Gespräch der Philosophie."[13] Hölderlins Satz, *wir Menschen seien ein Gespräch*[14], lehnt Schnädelbach ab und entpersonalisiert das Gespräch, wenn er schreibt: „Die Diskurstheoretiker haben darin Recht, dass nicht wir das Gespräch der Philosophie führen; wir führen unablässig Gespräche, aber das Gespräch führt uns, und zwar in eine Richtung, über die niemand allein bestimmen kann, weil die sich als Resultante aus unserem Tun und Lassen erst ergibt." - kommt dann aber doch auf die Gesprächsteilnehmer zurück: „Darum stehen hier die am Rande, die nur reden und nicht zuhören."[15]

Eine erhellende Akzentuierung des Unterschiedes von „Gespräch" und „Diskurs" findet sich in einem Interview, dass der ehemalige Bundespräsident Joachim Gauck der *Welt am Sonntag* am 27.11.2016 gegeben hat. Auf die Frage „[...] hat Sie die Wahl von Donald Trump zum US-Präsidenten überrascht?" antwortet Gauck: [...]. „Und wir haben mit recht gefragt, ob das Wahlergebnis nicht weniger überraschend gewesen wäre, wenn die Diskursgesellschaft im Vorfeld intensiver Kontakt zu Lebenswelten aufgenommen hätte, in denen Donald Trump gut ankommt. [...]. dass sie [die Menschen, die mit der Globalisierung hadern] sich in einer zunehmend komplexen Welt nicht richtig beheimatet fühlen. Menschen brauchen Heimat, möchten irgendwo dazugehören. Mit diesem Grundbedürfnis nach Heimat haben wir Deutsche wegen unserer Geschichte lange ziemliche Schwierigkeiten gehabt."

Das biographisch gesättigte Gespräch ist in eine bestimmte geschichtlich bestimmte Lebensform eingelassen; der Diskurs ist nicht in dieser Weise geerdet. Der Verfassungspatriotismus ist eher an den Allgemeingültigkeit beanspruchenden Prinzipien der „Diskursgesellschaft" orientiert und weniger in der Lebenswelt beheimatet. Gauck deutet es an. Aber sein Satz „Menschen brauchen Heimat, möchten irgendwo dazugehören." irritiert in einer sich global aufgeklärt verstehenden (Diskurs) Gesellschaft.

Gegenwärtig mag für viele das Wort „Heimat" Assoziationen an „Grenze", „überschaubar" und „konventionell-traditionellen Regeln bestimmt" hervorrufen. Wenn ich mir allerdings die Grenzen meiner

---

[13] Ebd. S. 5.
[14] Vgl. Friedrich Hölderlin, Friedensfeier. Gedichte 1800 – 1804. Hymnen. In: Sämtliche Werke. 6 Bände, Band 2, Stuttgart 1953, S. 429: „Seit ein Gespräch wir sind und hören voneinander".
[15] Ebd. S. 7.

Vernunftfähigkeit und damit die Bedeutung meines Nichtwissens für meine Lebensorientierung verdeutliche, könnte sich eine resignative, wenn nicht tragische Stimmung meiner bemächtigen. Eine Essay Jean Amérys „Wieviel Heimat braucht der Mensch?" verdeutlicht dies. Darin berichtet er über seine Flucht nach Belgien im März 1938 und schildert dann seine Befindlichkeit und seine Stimmung in der Fremde: „Ich war ein Mensch, der nicht mehr »wir« sagen konnte und darum nur noch gewohnheitsmäßig, aber nicht im Gefühl vollen Selbstbesitzes »ich« sagte." Um dies verständlich zu machen, berichtet er dann von Gesprächen mit seinen „mehr oder weniger wohlwollenden Antwerpener Gastfreunden", wenn er „beiläufig einwarf: Bei uns daheim ist das anders. »Bij ons«, das klang für meine Gesprächspartner als das Natürlichste von der Welt. Ich aber errötete, denn ich wußte, daß es eine Anmaßung war. Ich war kein Ich mehr und lebte nicht in einem Wir,"[16] und er fährt fort: „Wenn es mir schon an dieser Stelle erlaubt ist, eine erste und vorläufige Antwort zu geben auf die Frage, wieviel Heimat der Mensch braucht, möchte ich sagen: um so mehr, je weniger davon er mit sich tragen kann", um dann mit dem Paradoxon zu enden: „Man muss Heimat haben, um sie nicht nötig zu haben, so wie man im Denken das Feld formaler Logik besitzen muss, um darüber hinauszuschreiten in fruchtbarere Gebiete des Geistes."[17] Das macht seine Aussage nachvollziehbar, „dass ein kultureller Internationalismus nur im Erdreich nationaler Sicherheit recht gedeiht."

Entscheidend für meine Lebensorientierung ist, wie ich „Grenze" verstehe. Erlebe ich sie als eine Mauer, die mich abschottet, dann schließe ich mich von der Welt ab, sperre ich mich selber ein und kann mir allenfalls monologisch versichern, dass dies der richtige Weg sei. „Heimat" wäre dann gleichbedeutend mit Sich-Einhausen, als ein sich selbst auferlegtes Gefängnis, in dem das Gespräch und mein Leben erstickt. Erlebe ich eine Grenze als überschreitbar und offen, kann ich es, geprägt und getragen von den Konventionen meiner Heimat, selbstbestimmt wagen, mir andere Bedeutungslandschaften zu erschließen und meinen Lebensspielraum langsam zu erweitern. Nicht jede Grenzüberschreitung wird mir gelingen. Im Übermut kann ich scheitern. Dass mich die Grenzüberschreitung überfordert, kann ich erst dann bemerken, wenn meine Stimmung

---

[16]   Jean Améry: Jenseits von Schuld und Sühne. Bewältigungsversuche eines Überwältigten. München 1988. (=dtv 10923). S. 64.
[17]   ebd. S. 64.

umgeschlagen ist, denn ich verliere zunehmend die ‚Lebenssicherheit'
oder die ‚Selbstachtung', weil meine Schritte auf meinem Bedeutungsgeflecht zunehmend unsicherer werden. Wenn ich es mir zur prüfenden
Gewohnheit mache, Blick und Schritt über Grenzen zu wagen, könnte
ich Mut und Kraft haben, mich darauf einzulassen, mein Leben als Abenteuerspiel, als ein „metaphysisches Abenteuer" zu deuten.

Ob ich das kann, hängt auch davon ab, inwieweit mir meine Mitmenschen in konfliktreichen Situationen die Chance geben, mich nicht in
meinem Selbst attackiert oder gar vernichtet zu sehen. Dass die Selbstachtung von Menschen in Gefahr gebracht wird, liegt eher in konfronta-
tiven Situationen vor: Das Selbst wird dort nicht ins Spiel gebracht, ihm
wird vielmehr etwas zugemutet. Nun sind Zumutungen und Erwartungen nicht nur beizeiten wünschenswert, sondern auch unverzichtbar. Die
Art und Weise jedoch kann variieren: Handelt es sich mehr um Wünsche
als um Erwartungen, wird eher an- als zugemutet, wird versucht, etwas
nicht auf Biegen und Brechen zu erwirken? Wie sehen wünschenswerte
soziale Situationen aus? Zentral ist, Menschen, wo immer es geht, Freiheit zu lassen, ihnen ihre Initiativen zu lassen. Ihnen etwas zuzutrauen
und ihnen zuzuhören. Sofern sie nicht selbst Zwang und Missbrauch
darstellen, haben Fremdansprüche je ein Positives, sie können fördern,
weil sie zum Umdenken ermutigen oder gar zwingen.

Mich an Philosophiegeschichtliches erinnernd frage ich mich, war Sokrates, als er seinem Daimonion zuhörte und dessen Hinweise aufgriff,
innen- oder außengesteuert? War er vielleicht sogar stolz, einen derartigen Gesprächspartner zu haben? Welch' eine Frage!?

16. Erschrockene Gleichgültigkeit

Kann ich mich selbst erschrecken? Ist das möglich oder gar ein Widerspruch?

Ich gehe an Straßenmusikanten, Zeitungsanbietern und an Bettlern vorbei, an Plakaten, die mich an den Hunger in der Dritten Welt erinnern, und beachte all das nicht. Ich mache wie viele andere auch schon von Weitem einen großen Bogen um das Erblickte, manchmal nicht einmal mehr das. Ich blende das Leid anderer Menschen bewusst aus und schaue weg.

Spräche man mich darauf an oder erinnerte ich mich später in einer stillen Stunde daran, wäre es mir vielfach ein Leichtes, Begründungen zu formulieren: Alle fünfhundert Meter wird mir eine Zeitung angeboten, die Musikanten sind ‚importiert' und gezwungen hier zu spielen, und sie werden von Geschäftemachern ausgenutzt, die ihnen das Geld abnehmen.

Ich habe viele weitere Motive, an anderer Menschen Leid vorbei zu gehen. Da ist die Angst davor, die Leiderfahrung wahrnehmen zu müssen, meine fehlende Bereitschaft, mich zu engagieren, Scheu, Scham und nicht zuletzt die Achtung vor dem anderen Menschen, von dem ich nicht immer weiß, ob er meine Hilfe in Anspruch nehmen möchte.

Aber berechtigt mich das, über das individuelle – vor meinen Augen präsentierte – Leid hinwegzusehen? Offenbar habe ich das in der konkreten Begegnungssituation mit den Menschen getan; und manchmal überfällt es mich: Ich bin über meine eigene Gleichgültigkeit erschrocken. Ich kann meine Motive ernst nehmen und berechtigt finden, aber sofern ich über mich selbst erschrecke, spricht etwas zu mir, das mir sagt, ich dürfe diese Motive nicht allein in Rechnung stellen, ich dürfe sie nicht als gewissermaßen meine Charakteranlage ansehen, die mich zur Untätigkeit verdamme, und ich dürfe mir nicht sicher sein, nur auf meine Motive – und nicht vielmehr ebenso auf die mir angesonnene Wahrnehmung – zu vertrauen.

Lasse ich mich auf dieses Gefühl – ist es ein Gefühl? – ein, drängen sich mir weitergehend Situationen auf, in denen ich Mitmenschen gegenüber in unterschiedlichem Ausmaß schuldig geworden bin, und zwar wissend, dass ich mich mindestens einer Unterlassung schuldig gemacht habe.

Erschrockene Gleichgültigkeit ist mehr als alltägliche Schuld; ich weiß, dass ich im Leben schuldig werde, weiß, dass der Handelnde immer gewissenlos ist, dies gehört zur condition humaine. Erschrockene Gleichgültigkeit ist mehr als ‚normale' Schuld; sie ist die gern verdrängte zynische Hinnahme, dem Andern das ‚Person-Sein' abzusprechen, ihn als Mittel zum Zweck zu verstehen – und sei es der eigenen Ruhe und Bequemlichkeit wegen. (Ich könnte auch strategisch bereuen, um meine Ehre aufrechtzuerhalten.)

Ein ergänzendes Licht auf erschrockene Gleichgültigkeit wirft die Tatsache, dass nur ich von dem Vorfall weiß, der mich erschrocken zurücklässt. Niemand anders ist eingeweiht; Ereignis und erinnerte Bewertung ist eine Sache zwischen mir und mich. Ich decke die Situation selber auf, wenn sie mir nicht aufgedrängt wird.

Bezüglich der Wahrnehmung heißt das, ich nehme die Situation möglicherweise erst im Nachhinein wahr, in der jemand in meiner Nähe leidet, an dem ich vorbeigehe. Erst in der Erinnerung gelangt die Wahrnehmung in mein Inneres, die Erinnerung ist die verpasste vertiefte Wahrnehmung, in der Emotionen, Anmutungen allererst oder nicht so subtil begegnen wie in der Situation selbst, in der ich mit dem Meinigen beschäftigt war; sie ist das Innewerden.

Vielleicht bin ich zu streng mit mir: Manches erscheint mir eben erst im Nachhinein und fordert mich nachträglich auf, etwas künftig besser zu machen. Und darüber hinaus: Gibt es eine Pflicht zur Wahrnehmung und zum Helfen? Woraus soll diese entspringen? Ich habe ebenso das Recht, mein eigenes Leben zu führen. Vielleicht lässt sich eine allzu große Abstumpfung gegenüber Wahrnehmungen und Empfindungen moralisch kritisieren, aber wann der Punkt zum Handeln und Helfen gekommen ist, lässt sich nicht pauschal bestimmen. Es könnte auch die Gefahr geben, sich zu sehr auf die Rolle des selbstlosen Helfers zu konzentrieren, und diese Selbstlosigkeit könnte ebenso eine Wahrnehmung ausblenden, nämlich die von sich selbst. Soll jemand besser sein, als er gerade ist, d.h. soll man sich überfordern und sich zu viel zumuten? Oder muss man sich beizeiten etwas zumuten, um sich weiterzuentwickeln?

Überspitzt formuliert: Soll ich so werden, wie Schiller nahelegt – das Leben ist der Güter Höchstes nicht, der Übel Größtes ist die Schuld –

oder soll man sich, mit Nietzsche, von allen Moraltrompetern freimachen?[1]

Anstelle von Selbstlosigkeit könnte ‚sich selbst zu wahren' eine sinnvolle Maxime bilden, und das würde heißen, das eigene Ich zu bewahren, auch um den Preis der Ausblendung solchen Leids, das Mitmenschen subjektiv als unerträglich ansehen. Wird die Wahrnehmung der eigenen Zustände in den Mittelpunkt gerückt, so ist es freilich zu wenig, erschrecke ich *nach* der Situation über mich selbst, und dann gilt es, die verhinderte Wahrnehmung sowohl der Umgebung als auch meiner selbst zu kultivieren. Ich bin dann aufgefordert, wahrzumachen, was ich wahrgenommen habe.

Freilich lässt sich das nicht in einem jederzeit und ehern zur Handlung auffordernden Sinn als Pflicht rekonstruieren. Eher könnte ich mir in einer Situation des Erschreckens den Mut zusprechen und mir zutrauen, meine Wahrnehmung ernst zu nehmen. Dann wird Wahrnehmung zur Entwicklungsaufgabe. Ich kann mir selbst sagen, dass ich meine Wahrnehmung ernst nehmen darf und dass ich nicht gleichgültig an anderen Menschen vorbeigehen möchte, auch und gerade wenn ich weiterhin situativ meinen Wünschen nachgehen und auf mich selbst hören möchte.

Denn wie geht das, über sich selbst erschrecken?

Man kann sich nicht selber zum Lachen bringen, indem man sich einen Witz erzählt; aber über sich selbst erschrocken sein, das geht sehr wohl. Man erschrickt über sich selber, wenn man in sich ein bisher Fremdes entdeckt. Vor dem Hintergrund von „Dr. Jekyll und Mr. Heyde" frage ich mich, ob es Fremdes oder Verdrängtes ist, das ich nicht wahrhaben wollte. Wodurch unterscheidet sich das Fremde vom Verdrängten? Im Erleben erschrockener Gleichgültigkeit vergegenwärtige ich mir Aspekte meiner selbst, die mir bisher nicht präsent waren. Erschrockene Gleichgültigkeit als Entdeckungsreise meiner selbst, als nachträgliche Wahrnehmung und Impuls zur Entwicklung?

---

[1]   Vgl. Friedrich Schiller: Die Braut von Messina, V. 2838-9 (Schlussverse), In: Friedrich Schiller: Sämtliche Werke Schillers, auf Grund der Originaldrucke hrsg. von Gerhard Fricke und Herbert G. Göpfert in Verbindung mit Herbert Stubenrauch. 3. Aufl. 1962 als Druckvorlage für die dtv-Gesamtausgabe, Bd. 8, München 1966, S. 92; Friedrich Nietzsche: Götzendämmerung. Streifzüge eines Unzeitgemäßen. 1. In: F. N.: Sämtliche Werke. Kritische Studienausgabe in 15 Bänden. Hrsg. von Giorgio Colli und Mazzino Montinari. Bd. 6, München (dtv/ de Gruyter) 1980, S. 111.

So sehr ein anderer Mensch als bedürftig und leidend erscheint, so sehr kann diese Person sich in ihren Mustern verstrickt haben und es regelrecht verweigern, eigene Wege zum Glück zu gehen, so sehr kann es tragische, unveränderliche Situationen geben, in denen die Artikulation der Wahrnehmung, nicht aber die Vermeidung von Leid möglich ist, so sehr kann es echte, durch mein Handeln vermeidbare Not geben und so sehr kann jemand anders keinen Weg finden, aus seiner Isolation herauszugelangen. Freilich, dann kann die Tatsache, dass das wenigstens jemand sieht, einen ersten kleinen Schritt darstellen, den ich taktvoll bereite.

Denn ich kann mich nicht darauf zurückziehen, dass heutzutage so vieles an Hilfemaßnahmen staatlicherseits vorhanden ist, so dass meine Hilfe unnötig würde. Diese Deutung wäre zu bequem, und sie würde außerdem die Stumpfheit von Menschen in einer Wohlstandsgesellschaft weiter verstärken, die glauben, niemals seien sie selbst gefordert, etwas zu tun. Eine solche Art, Freiheit unabhängig von Verantwortung zu verstehen, wäre Selbstbestimmung in einem nur noch als grotesk zu bezeichnenden Sinne. Es wäre Freiheit, die ent-setzt, sie setzt den Menschen weg von seiner Verantwortung, den Anrufungen seiner Umgebung zu begegnen, sie setzt ihn von seinen Wahrnehmungen weit entfernt in das Reich seiner Zwecksetzungen. Das wäre wirklich entsetzlich, und man könnte dann nur auf das Erschrecken: hoffen.

Mit Nietzsche könnte ich mich, erschrecke ich über meine Gleichgültigkeit, zwar noch fragen, ob meine Vernunft ‚in Ordnung‘ ist; denn eigentlich sollte meine Vernunft mein Gedächtnis korrigierend besiegen und festhalten, dass ich das gar nicht getan haben könne. Aber bei ihm lese ich auch, dass Reue die Rache an sich selber sei.[2] Ist das Gefühl erschrockener Gleichgültigkeit eine Form der Selbstbestrafung? Oder ist die betroffene Erkenntnis dieses Gefühls schon der Weg zur Besserung? Erlaubt das Bewusstsein dieses Zwiespalts: zu hoffen?

---

[2]   Friedrich Nietzsche: „»Das habe ich gethan«, sagt mein Gedächtnis. »Das kann ich nicht gethan haben« – sagt mein Stolz und bleibt unerbittlich. Endlich – giebt das Gedächtnis nach." Jenseits von Gut und Böse. Viertes Hauptstück. 68. „Reue: das ist Rache an sich selber." (In: F.N.: Sämtliche Werke. Kritische Studienausgabe in 15 Bänden. Hrsg. G. Colli / M. Montinari Bd.5, München (dtv/ de Gruyter) 1980, S.86) „Reue: das ist Rache an sich selber." Nachgelassene Fragmente Herbst 1883. 16 [90] (In: F.N.: Sämtliche Werke. Kritische Studienausgabe in 15 Bänden. Hrsg. G. Colli / M. Montinari, München (dtv/ de Gruyter) 1980, Bd. 10, S. 532).

17. Müssen wir uns um den Teufel Sorgen machen?

Der Moslem mit langem Bart, der scheinbar dunkel durch europäische Straßen geht. Vermischt mit Bildern zerstörter Städte, das bleibt hängen. Verhüllte Frauen. Aleppo ist zerstört. Kurden werden angegriffen. Zum Glück seit längerem keine Enthauptungen. Selbstmordattentäter, neue Imperialisten, fremde Welten, ebenso fremd wie die urdeutschen Protestler aus Ostdeutschland, die sich gegen „Überfremdung" und „Ausländer" in Positur bringen, ein „Deutsches" zurücksehnen, das es so nie gegeben hat. Tagesthemen, 22.30h, gerade erklingt die Schlussmelodie. Typische Themen, wie jeden Abend, Deutsche Bank auf 15 Milliarden verklagt, Terroranschlag, AfD-Demonstrationen, Machtgehabe.

Fremdes, Überraschendes irritiert. Die Fremden, sie benehmen sich merkwürdig, ‚wir' verstehen sie nicht, sie verfolgen andere Interessen als wir. Ihnen zufolge gilt anderes als das, was wir gutheißen, ja gerade das, was bei uns nicht gilt und also: was nicht gut ist.

Wenn zahlreiche Fremde in ‚unser' Land strömen und die ‚Identität der Heimatlichen' bedrohen, können ‚wir' sie schnell als Ursache allen Übels apostrophieren. Nicht nur, dass ‚wir' in unseren Auffassungen davon, was gut und schlecht ist, erschüttert werden – das ist anstrengend genug -, ‚wir' haben auch schnell einen Sündenbock gefunden: Die Fremden, das sind die, die meinen Arbeitsplatz bedrohen oder deretwegen ich nicht so viel Geld im Monat bekomme, wie ich verdient hätte.

Wer das, was ‚anders' ist, als dasjenige ansieht, was böse ist, der identifiziert es mit dem, was außerhalb der Sitte liegt, außerhalb des Selbstverständlichen und Üblichen. Im Normalfall ist es fehlende Denkanstrengung und erleichternd, über den Kollegen zu lästern, der sich anders als gewohnt verhält, im Extremfall glaubt selbst ein Adolf Eichmann, der Prototyp des Untertanen im Dritten Reich, sich innerhalb einer Gemeinschaft von Regeltreuen, und erfüllt in ihr nur seine Pflicht, ebenso wie ein Selbstmordattentäter des IS. Gehorsam und ein rein interner Blick auf die Umgebung lassen das eigene Verhalten als geboten erscheinen.

Rekonstruiere ich dieses Muster wie gerade eben geschehen von außen, aus der Beobachterperspektive, verdreht sich mit der Perspektive freilich, was ich als gut und was als böse ansehe. Denn der innerhalb eines festen Ordnungs-Rahmens Lebende zeichnet sich allzu oft nur als abgedichtet gegenüber fremden Erfahrungen aus, für ihn ist beispielsweise bereits böse, wer im Garten seine Buchen-Hecken nicht ordentlich schneidet. Und ‚in Wirklichkeit', in dieser Verurteilung von Fremdem, erweist er selbst sich als böse. Er nimmt nicht wahr, aus welchen Annahmen heraus ein anderer handelt, er sieht überhaupt nicht genau hin, er lässt nur gelten, was sich seinen kleinen Maßstäben einfügt und was sich in seinen Wahrnehmungsmustern allzu pauschal nebeneinander schiebt.

In zweiter Lesart scheint es daher so, dass das Böse das Betrachten der Umgebung aus einer rein internen Perspektive heraus ist. Es ist nicht das Fremde, zeigt sich aber in seiner Verurteilung. Die Wirklichkeit einzuteilen in ‚wir' und ‚die anderen', das könnte das Strickmuster für Böses und Fremdenfeindlichkeit gleichermaßen sein.

Ist das Böse eine Frage der Perspektive? Diese beiden Situationen legen es nahe. Jeweils wird es als etwas angesehen, das woanders ist als dort, wo gerade ich stehe: Der Böse ist der Fremde oder der Fremdenfeindliche, aber in jedem Fall bin ich selbst es nicht.

Wenn jemand auf die Art böse ist oder böse handelt, wie im Fall des Fremdenfeindlichen beschrieben, dann setzt er etwas als das absolut Richtige und damit Anderes als das Falsche. Das ist irritierend, dann das heißt, wer böse ist, sieht sich selbst als gut an. Ist menschliche Selbstüberschätzung der Grund des Bösen? Aber ich kann mir andere Situationen vorstellen, zum Beispiel, dass jemand weiß, dass er böse handelt und mit seiner schlechten Handlung herausspringt aus den Bahnen, in denen er bisher handelte und die er bisher als gut angesehen hat – ihm wird die Bosheit seiner Handlung nur kurz zur Situation, dann scheint er wieder in seinen Ereignissen gefangen zu sein. Zeigt sich in bösen Handlungen eine begriffliche Verknotung, die entweder mit Übersprungshandlungen und rasch erfolgendem Einstellungswandel verknüpft ist oder mit zu engen und festen Auffassungen des Richtigen und Falschen, die mit Einstellungsstarre verbunden sind? Ich will versuchen zu sortieren. Vier Gegensatzpaare scheinen mir zentral:

Rationalität und Negativität – Rationalität ist dabei Zweckrationalität und subjektiver Verstand. Das Böse scheint dem Rationalen als außerhalb seiner Rationalität liegend, daher ist der jeweils andere böse. Prototyp dieses Verständnisses des Bösen ist, je nach Perspektive und wie oben beschrieben, der Fremde bzw. der Fremdenfeind: Wer nur gelten lässt, was sich seiner Rationalität fügt, ist böse, weil er jeweils anderes herabsetzt und entwertet. Aber natürlich kann auch in einem objektiven Sinn vernünftig sein, was ich denke, und Andersdenkende negieren Gutes, beispielsweise, indem sie wie Terroristen unterschiedslos unschuldige Menschen töten und das als Glaubensakt ausgeben.

Macht und Ohnmacht – Wer sich ohnmächtig fühlt, kann mit einem Mal versuchen, aus dieser Ohnmacht auszubrechen. ‚Endlich darf ich etwas tun‘, sagt er sich. Da er es leider nicht in den richtigen Bahnen darf, denn in ihnen fühlt er sich ja ohnmächtig, tut er es eben auf perverse Art und Weise. Böses Handeln ist so verstanden der verzweifelte Versuch, aktiv zu bleiben, nicht zu ersticken an erlebter Perspektivlosigkeit. Und ohnmächtig kann sich auch fühlen, wer zuviel Macht haben will und Angst hat, sie aufzugeben.

Identität und Wechsel – Wer feste Maßstäbe von allem hat, baut sich eine stabile Identität, er hört anderen schlecht zu und empfindet Fremdes irgendwann als Grundbedrohung, umso stärker, je mühsamer das feste Welt- und Selbstbild aufrechterhalten werden muss. Und das gilt auch umgekehrt: Wer gar keine feste Identität hat, der ist unzurechnungsfähig, dem ist alles zuzutrauen.

Ich und Fremdes – Ich breche aus dem, was ich bisher war, aus, ich handle als Zeichen meiner so genannten Freiheit. Hieraus folgt die Unberechenbarkeit des Bösen.

Aus diesen vier begrifflichen Gegensätzen lassen sich vier Typen von Bosheit herauskristallisieren, in denen die Gegensätze, je unterschiedlich aufeinander bezogen, eine Rolle spielen.

Einer ist böse, indem er aus seiner Ohnmacht ausbricht und beispielsweise seinen Begierden frönt; er bricht aus seiner gewohnten Rationalität aus, wechselt seine Identität und sein Ich. Er tut endlich, was er immer schon wollte und handelt dabei leider: rücksichtslos. Solches Handeln aus Gier, bei dem andere aus egoistischer Lustverfolgung ignoriert werden, liegt in intentionalem, absichtsvollem Handeln, bei dem die Wahrnehmung für den Eigensinn anderer zu fehlen scheint.

„Wenn „sein Leben leben" heißt:" formuliert André Glucksmann in einem Interview, „egoistisch nur das eigene Leben zu leben, als ob die anderen nicht existierten, nur Stoff für das eigene Leben wären, beginnt der Nihilismus. Madame Bovary bleibt Nihilistin. Warum? Sie hat kein Gefühl für die Schmerzen und Leiden, die sie verursacht. … Wenn es nicht mehr funktioniert, nimmt sie sich den nächsten. Madame Bovary macht sich keinerlei Sorgen über die Schmerzen, die sie verursacht. Sie kümmert sich nicht einmal um ihre eigenen Schmerzen. Sie verlässt den einen Liebhaber und nimmt sich den nächsten. Als sie dann in einer Sackgasse steckt, als sie überschuldet ist und als ihr Ruf im Dorf hin ist, bringt sie sich um. Für mich weicht sie nur ihrem eigenen Missgeschick aus. Sie ist also eine Dame, die kein Gespür für das Böse hat, die das Böse, das sie tut und erleidet, wegzaubert. Für mich ist das die Definition des Nihilismus."[1]

Ähnlich banal stellt de Rougement vor, was er als böse ansieht, das bloße Verfolgen eigener Wünsche, durch das jemand anfällig für etwas Böses wird. Das ist das Verführerische desjenigen, der mich und andere zu einer schlechten Tat anwerben und agitieren will, das Attraktive des Bösen: Es tarnt sich, indem es sich als etwas Gutes darstellt.

„Ich stelle mir gern den Teufel als Agenten der allgemeinen Versicherungen vor. Er versteht alles und hat alles vorhergesehen. Er kennt den Menschen in seiner Gemeinheit und schmeichelt sich, ihn zu ihr zwingen zu können. Er erklärt euch euer Gutes. Er weiß mehr als ihr – geht doch, er hat ganz andere Dinge gesehen! Er blufft, er nimmt alle eure Einwendungen an, er läßt euch fühlen, daß sie banal, statistisch sind. Er verspricht euch schließlich dieses reine Nichts der Seele: Gesundheit – Glück – Wohlfahrt – Frohsinn und lebenslängliche Wahrheit. Ihr werdet wie etwas idiotische, aber ewig heitere Götter sein. Ihr werdet nicht mehr sterben. Oder nur ein wenig. Ohne etwas zu verlieren … die Idee des Erfolges an sich, der Macht oder des Reichtums an sich. Die Hölle ist da."[2]

Wem solchermaßen sein eigenes Handeln im Nachhinein, anders als Madame Bovary, als böse aufgeht, der erhält in der Rückschau eine erweiterte Perspektive auf andere Menschen oder Dinge. Er hat nicht absichtsvoll böse gehandelt, aber doch so absichtsvoll, dass Böses entstand. Wer beispielsweise mit einer anderen Person im Wissen darum, dass diese ihn liebt, aus bloßer Lust und ohne Liebe schläft oder sie küsst, verhält sich böse, obwohl er etwas an und für sich Schönes tut. Er verletzt andere.

Ein anderer verbleibt in der Ambivalenz zwischen Ohnmacht und Macht, zwischen Rationalität und Wahn. Er fühlt sich im Alltag ohnmächtig, hat den Glauben an Teilhabe verloren, den Glauben daran, am Leben und an der Gemeinschaft mitzuwirken, jedoch kann er aus dieser

---

[1]   Interview von Ruthart Stäblein mit André Glucksmann über sein neues Buch, den Essay „Dostojewski in Manhattan". Transskription dieses Gesprächs nach einer Aufnahme aus NDR Radio 3, Texte und Zeichen am 7.3.2002, 19h05-19h25.
[2]   Denis de Rougemont, Der Anteil des Teufels. Aus dem Französischen übersetzt von Josef Ziwutschka und Elena Kapralik. München 1999, S. 85.

Ohnmacht ab und zu fliehen, etwas tun, endlich, wenn auch etwas, das den üblichen Arten der Teilhabe nicht entspricht und das nicht als gut gilt. Er bleibt dabei wie ein Depressiver in der Ambivalenz, wechselt hin und her, verabscheut sich möglicherweise und spaltet zeitweilig das eine oder andere ab. Ich kann mir die gleiche Person vorstellen, die mit anderen sexuelle Abenteuer sucht, in der Richtung von Madame Bovary – aber nun erwacht sie stets morgens mit einem Kater und mit einem schlechten Gewissen. Es könnte sich sogar jemand so wenig trauen, seine eigenen Wünsche wahrzunehmen, dass seine gesamte Wut darüber sich jeweils an anderen Menschen entlädt – aus Scham und Selbsterkenntnis verfällt der Mensch dann nach seiner bösen Handlung in umso stärkere Depression.

Zwischen Macht und Ohnmacht pendelt auch, wer eine handfeste Unzufriedenheit mit seinen eigenen moralischen Maßstäben empfindet und mit dem, was gemeinhin als das Gute gilt. Er sieht für sich selbst in dieser Lebensordnung sozusagen keinen Platz. Er findet einen Lebensrahmen gut und sinnvoll, ist aber in seinem eigenen Leben, das in diesem Rahmen stattfindet, unzufrieden. Das kann einen Drang in ihm hervorrufen, es zu verändern oder erweitern, möglicherweise aber auch, wird das ebenfalls als unmöglich angesehen, es zu zerstören oder, sozusagen als Tabubruch, zu verraten.

Noch zementiert ein dritter seine Begriffe von Richtig und Falsch. Alles, was sich dem nicht fügt, gilt ihm als böse, während in Wirklichkeit er es ist, der sich verhärtet hat. Dieser dritte Typ zeigt sich mustergültig im modern zweckrational handelnden Menschen. Auch dort, wo es moralisch nicht geboten erscheint, eine Handlung zu tun, folgt das spätmoderne Subjekt seiner Anrufung: Handle nach deinen Maßstäben, heißt es in modernen Ethiken und heißt es im Arbeitsleben. Handle effizient, verfolge Zwecke möglichst gut. Weil wir Heutigen dieses Handlungsmuster so sehr verinnerlicht haben, fällt es uns schwer, es in Kategorien von Gut und Böse zu bewerten. Sagt man nicht eher: Seinesgleichen geschieht? Handeln bedeutet konkurrieren müssen, und in diesem Konkurrenzkampf gibt es Sieger und Verlierer. Der Sieger hat etwas besser gemacht; und wer etwas besser macht, ist deshalb noch lange nicht „böse". Aus der Perspektive der Zweckrationalität macht es wenig Sinn, von böse und dem Bösen zu sprechen. Um zu überleben, müssen Menschen handeln; *Leistung* hat als neue Moral *Achtung* und *empathischen Perspektivwechsel* ersetzt. Dauerreflexion, sagt der zweckrational Handelnde, macht handlungsunfähig, und daher muss auch die Suche nach Begründungen ein – dezisionistisches – Ende haben.

„Habe ich die Begründungen erschöpft, so bin ich nun auf dem harten Felsen angelangt, und mein Spaten biegt sich zurück. Ich bin dann geneigt zu sagen: »So handle ich eben.«"[3]

Die neuzeitliche Zweckrationalität könnte eine bestimmende Struktur in meiner geistigen Unterwäsche sein, die mich in bestimmter Weise handeln lässt, und zwar so, dass ich es nur oder erst jenseits der Rationalitätsform ‚Zweck-Mittel-Relation' als ‚das Böse' bezeichnen könnte. Handle ich systemimmanent-mechanisch-zweckrational böse, vermag ich mich mit Verweis auf die geltende Lebensform von jeglicher Verantwortung frei zu sprechen. Denn, weil ich – bildlich gesprochen – mechanisch handle, handle ich nicht bewusst und nicht überlegt böse. Ich hatte in dieser Perspektive und bezüglich ihrer eben keine Option; es gab keine Situation, es bedurfte keiner Wahl meinerseits. (Im Bilde gesprochen: Ein ehemaliger Bekannter von mir, ein guter und exakter Schlagzeuger, erwähnte einmal, er könne nachts schlecht einschlafen: Sein Herz schlüge zu unregelmäßig.)

An drei Stellen wird das Böse in der Bibel im Sinne des dritten Typs beschrieben: Jesus wird in der Wüste vom Teufel versucht, der aber offenbar nur so weit Macht hat, wie Jesus sich verführen lässt, von Gier oder Macht: Kann Jesus durch eigene Intentionen vom rechten Kurs abgebracht werden? (Matth 4, 1 - 11) Auch bei Hiob wirkt der Teufel recht machtlos, er stiftet Gott an, Hiob zu prüfen, der möglicherweise, so die Hypothese des Teufels, nur deshalb rechtschaffen lebt, weil es ihm so gut gehe und er so viel besitze. (Hiob 1, 6 - 12, 2, 1 - 6) „Siehe, der Satan verlangt, euch sieben zu dürfen." heißt es drittens in Luk 22,31. Der Teufel kann Menschen *prüfen*, beunruhigen, durchschütteln und sichten. Bei Kain und Abel aber wird es furchterregender, weil stärker aus der Innenperspektive geschrieben: Das Böse lagert vor Kain, es übt eine bedrängende Macht aus (vgl. 1. Mose 4, 7).[4]

---

[3] Ludwig Wittgenstein, Philosophische Untersuchungen 217. In: Ders., Philosophische Untersuchungen. Kritisch-genetische Edition. Herausgegeben von Joachim Schulte. Frankfurt 2001

[4] Lt. Martin Buber kann man „die ganze Gottesrede nur vermutungsweise übersetzen, am ehesten etwa so: »Warum entflammt es dich? Ist's nicht so: meinst du Gutes, trag's hoch, meinst du nichts Gutes aber – vorm Einlaß der Sünde, ein Lagerer, nach dir deine Sucht, du aber walte ihm ob.« In: M.B.: Bilder

Man muss noch nicht den Teufel oder etwas Teuflisches in Rechnung stellen, wenn man sich einen Fall vor Augen führt, in dem etwas Böses selbst absichtsvoll geschieht, es sozusagen planerisch eingepreist ist. Grausames Verhalten, gezieltes Quälen, Zermürben, Mobben, all das erfordert nicht die Ausblendung eines anderen Menschen, wie sie bisher in den vorgestellten Typen begegnen, sondern im Gegenteil genaue Betrachtung.

Ich sehe dabei den anderen als jemanden mit festen Eigenschaften an, ich reduziere ihn auf gewisse Eigenschaften, die mir im Wege stehen und ich beobachte diese hassend oder gleichgültig-zweckvoll besonders genau. Um meine Ziele zu erreichen, gehe ich gezielt gegen andere vor und handle ihnen gegenüber böse. Das mag in politischen Sphären sogar übrigens unabdingbar sein, und womöglich gehört es zum Handeln in großer Verantwortungsposition, Nebenfolgen abblenden zu können und um höherer Ziele willen zu großen Einfluss anderer zu verhindern. Von außen gesehen mag das wie eine gezielte Intrige aussehen und etabliert dabei vielleicht doch nur eine Verantwortungs- gegenüber einer Gesinnungsethik. Der Schaden jedoch, den der Ausgespielte erhält, wird so möglicherweise rationalisiert und eingepreist, ebenso wie manch egoistischer Mensch nur seine eigenen Chancen in Situationen ausliest, für das Leid des anderen abstumpft und irgendwann an ihm absichtlich vorbeigeht. Für Robespierre gilt im Namen der Vernunft: „Ohne die Tugend ist Terror verderblich und ohne Terror die Tugend ohnmächtig".[5]

Verallgemeinert gesagt: Das Böse ist der Preis der Freiheit,[6] das heißt hier derjenigen Verantwortung (oder sogar bös gesagt, Willkür), in der

---

von Gut und Böse. Heidelberg 1986. S. 26 - Vgl. zu den Motiven des Teufels Jesaja 14, 12-14: Lucifer als derjenige, der aus freiem Entschluss den Willen fasst, der Höchste sein zu wollen:

„Ich will in den Himmel steigen und meinen Thron über die Sterne Gottes erhöhen, ich will mich setzen auf den Berg der Versammlung im fernsten Norden. Ich will auffahren auf die höchsten Wolken Und gleich sein dem allerhöchsten." Vgl. zum Bösen in der Bibel Römer 7, Vers 19: „Denn das Gute, das ich will, das tue ich nicht; sondern das Böse, das ich nicht will, das tue ich."

[5]   Robespierre am 5.2.1794 und erfährt fort: „Der Terror ist nichts anderes als die rasche, strenge und unbeirrbare Justiz. Der Terror ist damit ein Ausfluss der Tugend." Zit. nach Johannes Willms: Tugend und Terror. Geschichte der Französischen Revolution. München 2014. S. 8.

[6]   „Das Böse ist der Preis der Freiheit." So Rüdiger Safranski in einem Interview mit Ursula von Arx in der Neuen Zürcher Zeitung, Folio 10/97. Vgl. auch ders.: Das Böse oder das Drama der Freiheit. Hanser Verlag 1999.

jemand aus eigenen Maßstäben heraus handelt. Diese müssen moralisch sein, damit andere in den Blick geraten, und eine Prinzipienethik, der sich jemand verschreibt, kann diese Person vor dem Bösen beschützen; ob das gerechtfertigt ist, will ich hier jedoch nicht erörtern.[7]

So beleuchtet, ist Zweckrationalität das Böse schlechthin und gleichzeitig eine Denkungsart, in der es kein Böses gibt. Ich sollte mir daher Sorgen machen, wenn ich in einer Kultur lebe, die kein Konzept für Bosheit mehr bereithält. Zweckrational Lebende schotten sich ab, gegenüber anderen Zwecken, gegenüber Wahrnehmungen und gegenüber anderen Menschen, die nicht in ihren Zwecken aufgehen – auf den modernen, zweckrationalen Menschen kommt nichts zu, keine Situation, kein anderer, eigensinniger Mensch, kein Eigensinn der Wirklichkeit. Abgeschottet und banal Zwecke verfolgend, entgeht ihm das Böse seiner Handlungen. Eichmann, der Schreibtischtäter, weiß nicht, was er tut, denn es geschieht außerhalb seines Büros. Er befolgt Befehle und Zwecke, Vergebung zwecklos. „Ich muss es tun" und „Es ist Ausdruck meiner Freiheit", auf ungeheure Art kommen im zweckrational Bösen diese beiden

---

[7] Bei der Frage nach dem Sinn einer Lebensführung aus festen moralischen Prinzipien heraus können nur schwer Argumente aufgeboten werden, die Überzeugungskraft aufbrächten. Um das plausibel zu machen, kann man sich eine erste Person wie Leo Tolstojs Iwan Iljitsch vorstellen, die in einer schweren Krankheit oder einer Lebenskrise Iljitschs Erfahrung macht – ‚mein Leben war gut, aber es war nicht das Wahre' (s.u. in diesem Kapitel) -, die diese Krise aber übersteht. Sie hatte ein hohes Gut in ihrem Leben als das Höchste gesetzt, beispielsweise ein Prinzip, und sie wird im Nachhinein, für sich selbst, argumentieren können, die in der Krise erlebte Erweiterung der Perspektive – die bloße sittlich-moralische Qualität habe sich nicht als tragfähig für ein Leben als Ganzes erwiesen – sei gewinnbringend für das weitere Leben. Eine zweite Person jedoch, der diese Erfahrung als Argument vorgelegt wird, muss sich davon nicht überzeugen lassen. Denn etwas leistet Überzeugungskraft, wenn es mit einem nachvollziehbaren Gut argumentiert, und die zweite Person hat solche Güter wahrscheinlich bereits gewogen, sie erfährt durch den bloßen Bericht über eine Lebenskrise keine neuen Güter. Im Bericht über die Erfahrung kann die erste Person vielleicht nur darauf zielen, ein Gut zu etablieren, das für die zweite Person in der Güterabwägung als bereits nicht sehr hochrangig gewichtet wurde oder ein solches, das merkwürdig esoterisch anmutet. Erfahrungen sind offenbar manchmal nicht unter für andere neue Begriffe zu bringen, auch wenn die Erfahrung etwas Neues begreifbar macht. Ein Dritter erfährt eine Lebenskrise womöglich nicht in der Weise wie Iwan Iljitsch, dass die ehemals orientierenden Prinzipien sich als nur eingeschränkt tragfähig erweisen. Jede argumentierende Person kann der Überzeugung sein, die andere sei einer eher internen und begrenzten Perspektive verhaftet.

Selbstverständnisse zusammen – und ergeben kein sinnvolles Freiheits-verständnis.

Zweckrationalität, ein Leben allein aus eigenen Maßstäben heraus, Machtwünsche und Anfälligkeit für Fanatismus gehören zusammen.

> „In einem bestimmten gewählten Umkreis tötet man alle, ohne Unterschied. Oder man greift eine Person heraus und foltert sie zu Tode. Das ist das Böse. Man stattet sich mit der absoluten Macht über einen Raum oder einen Körper aus."[8]

Wer nur sein Eigenes kennt und durchzusetzen bestrebt ist, verzichtet auf Urteilsvermögen; alles wird den eigenen Bestimmungsgründen un-tergeordnet. In dem Sinne ist auch Perfektionismus böse. Der Perfektio-nist kennt nur sein System, dem er sich (und andere) unterordnet. An-deres und andere stören im Systemzusammenhang, ebenso wie Löcher und Lücken, die jeder andere als poetische Leerstellen ansehen könnte. So jemand gleicht einer Kombination aus dem ersten und dritten Typ, ohne Ambivalenzen und Zweifel. Dogmenbeherrscht und den eigenen Maßstäben blind folgend wird er zum Fanatiker oder erkennt erst spät die Begrenztheit der eigenen Maßbänder.

Eine solche Erfahrung macht Iwan Iljitsch in seinen letzten Lebens-stunden (wieder greife ich zu einem Buch, als wollte ich mich der Ge-meinsamkeit mit Erfahrungen anderer versichern, um klarer denken zu können); er betrachtet sich und sein Leben, unzufrieden mit dem, was er als das Gute als Richtschnur seines Lebens zu erkennen glaubte.

> „Und von diesem Augenblick an setzte jener drei Tage lang ohne Unterbre-chung während Schrei ein, der so grauenhaft war, daß man ihn noch hinter zwei Türen nicht ohne Entsetzen vernehmen konnte. Denn in dem Augen-blick, da er seiner Frau jene Antwort gegeben, hatte er begriffen, daß er ver-loren sei, daß es keinen Rückweg mehr gäbe und daß das Ende gekommen war, das letzte Ende, und dabei war sein Zweifel noch keineswegs gelöst und mußte auf ewig Zweifel bleiben.
> »Uh! Uh uh! Uh!« schrie er mit verschiedenen Intonationen. So wie er da ge-schrien hatte: »Laßt mich in Ruh'!«, so setzte er sein Schreien auf den Vokal «u« fort.

---

[8]   André Glucksmann, a.a.O.: Interview von Ruthart Stäblein mit André Glucksmann über sein neues Buch, den Essay „Dostojewski in Manhattan". Transskription dieses Gesprächs nach einer Aufnahme aus NDR Radio 3, Texte und Zeichen am 7.3.2002, 19h05-19h25.

Während dieser drei Tage, in deren Verlauf die Zeit für ihn ihren Sinn verloren hatte, widerstrebte er jenem schwarzen Sack, in den ihn eine unsichtbare unüberwindliche Macht pressen wollte. Er kämpfte und rang, wie ein zum Tode Verurteilter in den Händen seines Henkers kämpft, wohl wissend, daß es keine Rettung gibt; und mußte doch mit jedem Augenblick immer mehr fühlen, daß er, trotz aller Anstrengungen seines Kampfes, jenem immer näher und näher kam, was ihn so entsetzte. Er fühlte, daß seine Qual nicht nur darin bestand, daß er in dieses schwarze Loch gepreßt wurde, sondern noch mehr darin, daß er nicht imstande war hineinzukriechen. Hineinzukriechen aber hinderte ihn jener Gedanke, daß sein Leben ja gut gewesen sei. Denn diese Rechtfertigung seines eigenen Lebens fesselte ihn und ließ ihn nicht vorwärts und peinigte ihn mehr als alles.

Plötzlich war ihm, als erhalte er von einer unbekannten Gewalt einen Stoß vor die Brust und einen Stoß in die Seite; noch heftiger wurde seine Atemnot, und er stürzte in das Loch ab; dort aber, am Ende der Kluft, leuchtete etwas auf. Es ging ihm so, wie es ihm zuweilen auf der Eisenbahn gegangen war, wenn er gedacht, daß er vorwärts führe, und er dabei doch rückwärts fuhr und er plötzlich unversehens die wirkliche Richtung erkannte.

>Ja, es war alles nicht das Wahre<, sagte er zu sich, >doch das macht nichts. Man kann ja, noch kann man es erreichen, das »Wahre«. Doch was ist das «Wahre»?< fragte er sich und wurde plötzlich ganz still.[9]

Das Wahre, Gute, Schöne repräsentiert ein ganz anderes Denkmodell, das nur in der abendlichen kulturellen Entlastung als schöner Schein zum Tragen kommt. Das Böse wäre dann im Rahmen einer gepflegten Abendunterhaltung eigentlich nur noch eine bloße *Façon de parler*, was tagsüber im Beruf ein hinzunehmendes Übel wäre. Nur von außen auf ein solches System geschaut, wäre das Böse dann inhärent der modernen Lebensform, denn der Kapitalismus kann als produktive Zerstörung verstanden werden – vom Leiden begleitet, das nicht als zur Lebensform zugehörig gesehen und daher nicht formuliert wird.

Ist Wahrheit umfassender als das Gute? Ist die Etikettierung einer Handlung als böse nur Ausdruck eines allzu beschränkten Selbstverständnisses, das sich spätestens im Angesicht des Todes als Maske enttarnt? Ist das Böse Flucht vor dem Tod, der Versuch, sich bzw. sein Ich über alles zu setzen, um der Vernichtung in der Zeit zu entgehen? Zweckrationalität erscheint mir - als eine in das Reich der Mittel verwiesene Lebensform - als zugleich verstiegen und beschränkt, als Form mangelnder Erkenntnis.

---

[9]   Leo N. Tolstoj: Der Tod des Iwan Iljitsch. Stuttgart 2016. S. 85f.

Die Erfahrung – ich habe geglaubt, mein Leben an etwas auszurichten, das ich als gut ansah, und stelle jetzt in einer Krise fest, es war nicht das Wahre – könnte in der modernen Welt besonders ausgeprägt sein. Denn im beruflichen Leben bestimmen Konkurrenz und Zweckrationalität den Freiheits-/Handlungsfreiraum. Sind diese das entscheidende Movens, das im Hintergrund die Intentionen bestimmt, dann taucht weder die Frage nach einer verallgemeinerbaren Moral noch die nach etwas Bösem auf; sie greift nicht bzw. sie erscheint als sinnlose Frage. Da es in dieser Perspektive kein Wahres gibt, ist der Satz „Es gibt kein richtiges Leben im Falschen" sinnlos. Was das Problem nicht aushebelt.

Liegt bei den bisher betrachteten Fällen der Wille, anderen zu schaden, schon im Zentrum der Absicht selbst? Nein. Der Andere wird ausgeblendet, ignoriert, als Nebenfolge oder als nur einstweilen im Zentrum des Interesses Liegendes angesehen, das um eines anderen Guten willen verfolgt wird.

Wie sähe ein Fall aus, in dem der Wille selbst böse ist? Hat da jemand Schadenfreude oder Lust an der Qual, will er jemandem nur einfach schaden oder freut sich am Anblick von Leid? Oder liegen dahinter andere Interessen, die sich psychologisch rekonstruieren lassen, wie Machtlust, Rache, verdrängtes Kindheitsleid, Wiederholungszwänge oder ungelernte Empathie? Ich will mich davor hüten, vorschnell psychologisch zu rekonstruieren; das kann nur Ausdruck unserer Zeit sein, das, was böse ist, von mir fern zu halten, es kann den Gegenstand des Bösen verfehlen. Ich sehe die Gefahr, alles zu entschuldigen, für das man Verständnis haben kann.

Was soll das für ein Interesse am Bösen um seiner selbst willen sein? Die üblichen Antworten sind: das Negative selbst oder das Böse als eine eigene Wirkkraft im Weltengefüge. Das Negative lässt sich als Zerstörungswille rekonstruieren, denn es ist *Ein Teil von jener Kraft, Die stets das Böse will und stets das Gute schafft*. (Goethe). Der Teufel braucht die Welt: das Jucken der Zerstörung setzt doch stets etwas voraus, das es zu zerstören gilt. Und das etwas Gutes schaffende Böse ist auch nicht mit einem schlichten Übel zu verwechseln, das zum Leben unvermeidlich dazu gehört, das stählen mag oder verbittern oder Einsichten oder Realismus hervorzurufen vermag.

Drei Bilder schimmern in mir auf, wenn ich mir vorzustellen versuche, wie jemand gezielt Böses tut, ohne dadurch einen Vorteil zu erhalten. Zum einen ist das der Film ‚Apocalypse now', in dem die Bombardierung Vietnams interpretiert wird. Beim Hubschraubangriff hören die

Piloten Wagnersche Musik, sie nehmen die Opfer wahr „wie Ameisen", in einer Art Ästhetik des Bösen. Zum anderen kann ich mir einen Massenmord wie in einem verrohten Rausch vorstellen, aus sehender Lust an der Zerstörung, in der jemand sozusagen übergewechselt ist in ein Reich des Bösen. Und schließlich kann ich an Andreas Lubitz denken, den Piloten, der eine Maschine mit Passagieren in die Alpen versenkt und so zu viele Menschen in den Tod gerissen hat. ‚Kalter Hass' kann ihn getrieben haben, wie ein Kommentator schrieb[10], d.h. eine im Unterschied zum zweiten Bild merkwürdig affektlose Negierung des Lebens, als glaube der Pilot schlicht nicht daran, dass irgendetwas auf Erden noch gut werden könne, daher sei Leiden ebenfalls prinzipiell gleichgültig. Zwar kann ich psychologisch rekonstruieren, dies sei entweder aus einer kompletten Isolation in die eigenen Leidenssphären geschehen oder aus narzisstischer Verletzung, die ohnmächtige Wut erzeugt habe, die nur durch etwas „ganz Großes" kanalisiert werden könne. Aber dann bleibt: Aus etwas Teuflischem ist etwas Böses und Allzumenschliches geworden. Das Teuflische wäre der emotionslose Wille zur Zerstörung, die ästhetische Freude an ihr um ihrer selbst willen oder der unbändige und mit voller Kontrolle verfolgte Drang und Hass zur Abschaffung von etwas.

Wer sich abdichtet und nur gemäß seinen eigenen Vorstellungen handelt, der handelt nach Begriffen, die identisch bleiben. Das gilt für den dritten Typ Bosheit, den zweckrationalen. Es gilt aber auch für Andreas Lubitz, der offenbar fest entschlossen war, das Flugzeug samt Insassen zu vernichten. Identität ist, mit einem Wort von Georg Picht, die Signatur des Bösen.[11] Das heißt, wer solche Identität und Festigkeit hat, der schaltet die Zeit aus, er wird statuarisch und hat deshalb keine Wahrnehmung und keine Situationen zur Verfügung. Er wird statuarisch erstarrt durch Gewöhnung, durch Abstumpfung, gegenüber anderen und sich selbst, durch Gleichgültigkeit, durch dauerhaft absichtsgeleitetes Leben, möglicherweise aus Prinzipien oder unbegriffenem Leid.

Der Endlichkeit entgehen, wie Gott sein, das ist auch die Absicht des Teufels; er will die Zeit negieren. Er weiß, dass er böse ist und das heißt, er schaut von oben auf die Welt, wie ein Flieger, der als Beobachter zusieht, wie er selbst eine Bombe abwirft und dabei mit Wagnerischer Mu-

---

[10] Rainer M. Holm-Hadulla: Der kalte Hass des Narzissten. Frankfurter Allgemeine Zeitung, 13.04.2015, Nr. 85, S. 11.

[11] Georg Picht *Über das Böse* «Identität ist die Signatur des Bösen. Sie ist das Unwahre, das in der Gestalt von Wahrheit auftritt.» In: G.P.: Hier und Jetzt: Philosophieren nach Auschwitz und Hiroshima. Band II. Stuttgart 1981. S. 499.

sik ästhetischen Genuss erfährt. Er ist ein Antigott, er negiert die Welt, er schlägt sich auf die Seite der Zerstörung der Welt und des Genusses an dieser Zerstörung. Er ist das Negative schlechthin. Und das mit Macht verknüpft.

Dieser Teufel ist anders als der oben beschriebene ‚kleinere‘ Versucherteufel der Bibel, der stets wenig Macht hat und die auch nur durch andere, die sich verführen lassen, durch Machtwillen, Krankheit, Leid oder Gier.

Er gehört zu einem *vierten Typ*. Jemand kann angesichts all der Gegensätze von Macht und Ohnmacht, Rationalität und Negativität und Ich und Fremdem zum Beobachter werden und seinen Teilnehmerstatus verlieren. Er verwendet Begriffe, die der anderen, er feiert die Negativität, die benutzten Begriffe; die bei anderen als leitend erkannten sind für ihn aber hohl und haben mit ihm nichts zu tun. Da man unter zuviel Sinn ersticken kann, ist für Milan Kundera das Lachen ursprünglich das des Teufels, der jedweden Sinn negiert.[12]

Tatsächlich vermischen sich in teuflischem Handeln der dritte und der vierte Typ, ja, der vierte erscheint als der dritte, nur in radikalerer Form: Hier weiß jemand genau, was er tut, er will es und nur sein eigenes Maß zählt, aber sein Wollen geschieht von außen, kühl beobachtend, wissend. Und zugleich ist auch der Beobachtende ein Teilnehmer in einem tieferen Sinn: er handelt gemäß von Absichten, er handelt zweckrational und damit in einem Rahmen, auch wenn er sich außerhalb wähnt. Tatsächlich ist ja auch ein Selbstmordattentäter Akteur und zweckrational utilitaristisch Handelnder: er tötet unzählige und opfert „nur" sich – Beobachter – und er handelt in eigenen Wünschen – als Teilnehmer, der darauf hofft, durch Auslöschung seines diesseitigen Status in einen besseren im Paradies überzuwechseln.

Dass Terroristen von Al Quaida und dem IS keineswegs nur fanatisch Gottbesessene sind, ist westlich Geprägten erst spät klar geworden. „Sie wussten alles, nur nicht, dass die Terroristen vom Westen geprägt worden sind wie Sie und ich."[13] André Glucksmann bezeichnet sie wie gesagt als Nihilisten.

---

[12] Vgl. Milan Kundera, Die Engel. In: ders.: Das Buch vom Lachen und Vergessen. Aus dem Tschechischen von Franz Peter Künzel. Frankfurt am Main 1980, S. 85-87.
[13] André Glucksmann, In: Interview von Ruthart Stäblein mit André Glucksmann über sein neues Buch, den Essai „Dostojewski in Manhattan". Transskrip-

Ähnlich wie ich eben fasst auch Leszek Kolakowski das Teuflische des vierten Typs im Unterschied zu den ersten dreien auf.

„Hat das Böse einen Sinn, entspringt es der Liebesgier, der Angst, dem Drang nach Reichtum, dem Stolz, ja selbst der Eitelkeit oder der Rache – so ist mein Anteil an ihm nur unerheblich. Das Böse ist immer dann gerechtfertigt und rational, wenn es nur darauf aus ist, ein Ziel zu erreichen, das man auch ohne seine Hilfe zu erreichen trachten würde, wenn dies möglich wäre. Leidenschaft, Gier und Furcht an sich sind nicht teuflischen Ursprungs; das Böse, so es ihrer Befriedigung dient, ist nichts weiter als ein notwendiges Werkzeug. Der Satan tritt erst dort voll in Aktion, wo die Zerstörung kein anderes Ziel kennt als sich selbst, wo sich Grausamkeit um der Grausamkeit willen –, die Demütigung um der Demütigung willen vollziehen, wo Tod und Leid Selbstzweck sind – wo das Ziel nichts anderes ist als eine angenommene Maske, die den Zerstörungshunger legalisiert. Erst dort, und zwar selbst in der unbedeutendsten Schlappe, die das Sein erleidet, erst dort offenbart sich euch jene Übermacht, die ihr auf nichts zurückzuführen wißt, durch nichts erklären, mit nichts rechtfertigen könnt. Es gibt sie, einfach weil sie vorhanden ist, weil sie ein Ding ist wie andere Dinge auch. Dies festzustellen fällt euch am allerschwersten. Ihr seid imstande, jede sinnvolle Art von Schlechtigkeit ihres Sinnes zu entkleiden, ihr könnt die Welt von Grund auf umkrempeln und neu einrichten. Dem Bösen aber, das sich als das Böse schlechthin selbst rechtfertigt, könnt ihr seine Lebenskraft nicht rauben. Es ist müßig, sie als Offenbarung dieser oder jener Kraft erklären zu wollen, die »an sich« gut oder unschädlich ist und sich zum Guten hinlenken läßt; als zufällige Verrenkung, Abweichung, Fehlleitung, Monströsität – als eine Art nutzlosen Phänomens, wie es eine an sich sinnvolle Einrichtung darstellt, die unter inkompetenten Voraussetzungen arbeiten soll. Der Teufel unterliegt keiner Reform. Der Teufel lässt sich nicht erklären, er ist Bestandteil unseres Seins, ist ein Ding, ist das – was er ist.“[14]

Ich sollte schlafen gehen. Der Morgen bringt hoffentlich bessere Erkenntnisse. Warum stelle ich mir solche Situationen überhaupt vor? Es entsetzt mich, und ich will es verstehen. Passt das zusammen? Es stößt mich ab. Ich stelle fest, es sind nicht Situationen, in denen ich selbst bin. Will ich das Böse hübsch fern von mir halten? Das Entsetzliche ist das Ent-setzliche, ich bekomme den Punkt nicht fixiert, an dem ich sitzen müsste, um das Böse zu verstehen, jedes Mal schreckt es mich ab. Greife wieder zu einem Buch.

tion dieses Gesprächs nach einer Aufnahme aus Radio 3, Texte und Zeichen am 7.3.02, 19h05-19h25.
[14] Leszek Kolakowski, Gespräch mit dem Teufel. Acht Diskurse über das Böse. München 1977, S. 67-68

„Er neigte später immer dazu, in dieser ganzen Angelegenheit etwas Mystisches, Geheimnisvolles, *das Walten besonderer Einwirkungen und zusammentreffender Zufälle* zu sehen."[15]

Das Böse ist: woanders. Oder das Geheimnis in mir - die Abgründigkeit nicht durchschauter Masken? Beim Thema „Böses" sperrt sich unklar Vieles in mir gegen dieses Vorgehen, nämlich eine Situation zu erkennen – oder muss ich sagen, anzuerkennen? –, von der ich zu mir sagen muss: *Du hast böse gehandelt.* Und was ist das überhaupt für ein Satz: Du hast böse gehandelt? Warum wechsle ich vom Ich zum Du? Distanziere ich mich damit von mir selber? „Ich und böse?" Oder: Bin ich nicht bereit, das Böse in mir zu erkennen oder anzunehmen? Denn meine Situation ist doch gerade die: Ich will mir Situationen vorstellen, in denen ich mein Denken und Handeln als „böse" charakterisieren müsste. Ohne Probleme kann ich mir sofort eingestehen, dass ich in Situationen falsch gehandelt habe, dass ich ungerecht war, jemanden verletzt habe oder gegen meine moralischen Überzeugungen verstoßen habe und schuldig geworden bin; all das muss ich mir sofort eingestehen. Deutlich ist mir aber auch, es widerstrebt einem diffusen Hintergrundgefühl in mir nachdrücklich, mein Denken und Handeln als „böse" zu kennzeichnen. Moralische Verfehlung und Schuld: ‚ja', aber „Ich und ‚böse'"? Ich muss schon wieder einhalten: Oben wählte ich die Formulierung „das Böse in mir" aber diese Formulierung meint etwas anderes als „ich habe böse gehandelt". Könnte es eine Instanz „das Böse" geben, die mich dazu treibt, böse zu handeln? Also etwas, das mich überwältigt, vielleicht sogar gegen meine Planung, meinen vernünftigen Willen? Oder ist das eine Verabsolutierung und Dämonisierung? Ein sprachliches Missverständnis? Ich muss das zunächst stehen lassen und will versuchen, mir weiter über meine Situation in der Situationssuche klar zu werden.

Vielleicht bin ich kein Einzelfall, wenn es (für mich) schwierig ist, eine derartige Situation „Ich und böse" in der Ich-Perspektive zu rekonstruieren, weil sich bei mir und manch anderen wahrscheinlich alles sträubt, sich selber in einer Situation als (radikal) böse handelnd zu sehen. Nun aber schlafen. Licht aus.

Nächster Morgen. Wirre Träume. Merkwürdiges Gefühl von Klarheit, vermischt damit, frohen Mutes zu sein. Ich träumte, ich sei ein Marienkäfer, weiß mit roten Punkten, in der Mitte des Halbkreises, den

---

[15]   Fjodr Dostojewski: Schuld und Sühne. Übersetzt von H. Röhl .Aufbau Verlag 1956. I, 6. Hervorhebung die Vf.

die Flügel bilden, hatte ich eine Erhebung, einen Mittelpunkt, der nur dazu da war, ein Bezugspunkt für Dinge um ihn herum zu sein, wie ein Aussichtspunkt, alles schwirrte um mich herum, alles stand in Beziehungen, da wurde gesummt, gerochen, getastet, bestäubt, ich war in einem Wimmelhaufen mitten in der Erde, auf dem Boden, wo es grün und verschlungen war.

Ich bin nur ein Teil von mir, ich kenne mich nicht. Ich bin mehr, wenn ich im Dialog mit anderen bin, als wenn ich mich fest konstituiere, mich selbst bestimme. Was gut und was böse ist, können wir Menschen nicht leicht erkennen, denn die Erkenntnis kann darin bestehen, die eigenen Maßstäbe von Gut und Böse zu überschreiten.

Ich kenne mich niemals vollständig und unterliege daher der Gefahr, irgendetwas anzunehmen und zu fixieren, das „Ich" sei und an dem ich mich orientieren müsse. Böse wäre dann derjenige, der sich nicht zu sich selbst bekennen kann (auch und gerade dazu, sich nicht vollständig zu kennen) und sich daher gegenüber sich selbst und anderen feststellen und abdichten muss. Anders herum und positiv formuliert: Böse wird nicht, wer mit sich und anderen im Gespräch ist und dabei seine Initiativen bedenkt und ihnen folgen kann, und - wer wahrnimmt. Daher könnte man zu den vier Typen an Bosheit jeweils Empfehlungen aussprechen. Im Morgenlicht tue ich das gerne, bei einer Tasse Kaffee:

Zum ersten, der seine Wünsche übertrieben stark verfolgt: *Nimm wahr! Nimm andere Menschen wahr! Vergleiche deine Wünsche mit denen anderer!*

Zum zweiten, der in Ambivalenzen steckt: *Trau dich zu sagen, was du dir wünschst! Geh in einen Dialog mit anderen! Lass Wünsche zu!*

Zum dritten zweckrational und nach seinen Maßstäben Lebenden: *Erfahre dich! Höre anderen zu! Sende Ich-Botschaften! Höre Erzählungen zu! Schreddere Begriffe! Erfahre die Zeit! Achte auf dich jetzt und vor vielen Jahren, nenne Unterschiede! Prüfe, ob du glücklich bist! Prüfe deine Maßstäbe!*

Zum vierten: *Bleibe Teilnehmer! Bleibe in Fühlung und im Kontakt, mit dir und anderen! Sage mir deine Vorstellung vom Ganzen!*

Aber wenn ich mich nicht kenne und gestern Abend erfahren habe, dass das Böse mich entsetzt, weil ich es von mir fernhalten will, wer ist dann ‚Ich'? Offenbar nichts Festes, kein „Etwas" in mir. Das Ich ist: eine Geschichte von sich, jemand, der sich im Gespräch konstituiert und der als dort Angesprochener und Sprechender zum Gespräch beiträgt. Wer von sich erzählen kann, ist im Kontakt mit sich und kann sich verändern.

Rede ich gerade der so genannten Postmoderne das Wort, indem ich kein festes, über die Zeit konstantes Ich propagiere? Dazu lässt sich dreierlei sagen. Erstens: ‚Ich bin viele', ‚keiner soll eine feste Identität haben' usw. Diese Leitsätze der trivialisierten Postmoderne sind in diesem Sinne nicht postmodern. Sie zeigen ungewusst einen Identitätskern an: ‚Lebe genussvoll, lebe dich aus, tue zu jeder Zeit das, was dir gerade Genuss bereitet, lass *das* dein Prinzip sein und wirf nur die moralischen Prinzipien über Bord.'

Zweitens: Wenn ich Identität kritisiere, weiß ich: jeder ‚hat' eine Identität. Es wäre keine angemessene Antwort und ein Übergang von einem Extrem zum anderen, den Menschen in viele Identitäten zu zersplittern. Neben der nur scheinbar erfolgenden Auflösung von Identität ist das Leben einer zersplitterten Identität auch deshalb zu bedauern, weil es in wiederholende Erlebnisse zerfällt, die angesichts der Auseinandersetzung mit einem bevorstehenden eigenen Ende nur ermüden oder traurig stimmen können. Scheinbar der Last der Anstrengung entbunden, *ein* Leben, ein eigenes, zu führen, verliert sich der Mensch als Gegenüber für andere. Während eine feste Identität dem uneinlösbaren Anspruch verfällt, das Leben als ein fixes Ganzes zu führen, verzichtet der Mensch so auf die Möglichkeit, sich als im Ganzen in Entwicklung anzusehen. So verliert man seinen geschichtlichen Charakter, sein Leben als eine Erzählung. Formeln wie ‚mit sich im Einklang bleiben' oder ‚authentisch sein' setzen einen solchen festen Identitätskörper voraus oder, werden sie nur auf den jeweiligen Augenblick bezogen, ein zersplittertes Dasein.

Ein ganzer Lebensplan oder –entwurf kann eine verbindende Klammer für das eigene Leben bilden. Man ist sein ganzes Leben lang „einer", man bildet eine Identität, eine Einheit. Eine Entwicklungs- und Lernperspektive einzunehmen, die in Reflexion und Handeln auf das eigene Leben ein (je neues) Licht werfen kann, bietet dem Menschen aber ebenso und eine den Erfahrungen des Lebens, wie ich finde, angemessenere flexible Gesamtheit.

Drittens: Ich folgere vielmehr eine Identität im Fluss der Zeit. Denken, Wahrnehmen, sich Prüfen, mit sich im Gespräch Bleiben und Reflexion gehören zu ihr. Ein kluger Mensch könnte, sinnbildlich gesprochen oder wirklich, jeden Abend das *Abendlied* von Matthias Claudius singen, um sich selbst zu prüfen.

Seht ihr den Mond dort stehen? -
Er ist nur halb zu sehen,
Und ist doch rund und schön!
So sind wohl manche Sachen,
Die wir getrost belachen,
Weil unsre Augen sie nicht sehn.

Wir stolze Menschenkinder
Sind eitel arme Sünder
Und wissen gar nicht viel;
Wir spinnen Luftgespinste
Und suchen viele Künste
Und kommen weiter von dem Ziel.[16]

Menschen handeln immer irrtumsbehaftet, das Böse kann immer bei ihnen sein. Ich weiß darum, dass das Böse auch bei mir ist, dass es mein Begleiter ist, insofern ich nie wissen kann, ob meine Maßstäbe taugen. Glaubte ich Tag und Nacht an sie, wäre ich hartherzig, selbstgerecht und moralisch höchstens in einem lieblosen Sinn. Niemand ist nur gut. Der Handelnde ist immer gewissenlos (Goethe[17]), jeder riskiert durch sein Handeln nicht nur Übel, die zum Leben dazu gehören, er handelt potentiell immer böse, weil ihm Wahrnehmungen entgehen, Absichten ihn leiten, die Gutes und Schlechtes hervorrufen.

Soll ich deshalb nicht mehr handeln? Ist das möglich? Soll ich taoistisch leben? Welche Lernerfahrung kann ich für mich selbst aus meinen Gedanken ziehen? Was kann für den normalen Menschen daraus folgen, sich die Frage nach dem Bösen zu stellen? Sich die Frage nach der eigenen Identität vorzulegen und die Frage danach, wie man selbst mit dem Bösen umgehen möchte, das einen umgibt.

Man sagt, das Böse zu erklären hieße, es zu banalisieren. Man füge es damit als Erklärtes, als etwas Bekanntes in die eigenen Vorstellungen ein und negiere das Ent-setzliche an ihm, die Tatsache, dass es immer außerhalb der eigenen Maßstäbe liege. Aber eben das liefert den Schlüssel zum Verständnis des Bösen. Sowohl die vier Begriffspaare als auch die vier Typen des Bösen, einschließlich dessen, was als teuflisch beschrie-

---

[16] Matthias Claudius, Abendlied. In: M.C.: Werke. Hrsg. von Urban Roedl. Stuttgart 1960, S. 264.
[17] Johann Wolfgang Goethe: Maximen und Reflexionen. Aus: Über Kunst und Altertum. Fünften Bandes erstes Heft. 1824. In: Goethe: Sämtliche Werke nach Epochen seines Schaffens. München Wien 1991. Münchner Ausgabe, Bd. 17, S. 758.

ben wurde, zeigen: Wer böse handelt und wird, *steht in einer spezifischen Weise zu Maßstäben des Geltenden.* Er verabsolutiert sie, oder er leidet an ihrer Geltung, er springt aus ihnen heraus, oder er macht sie sich zu eigen und wird identifikatorisch so, wie die Maßstäbe es nahelegen, er beobachtet sie kühl, und er sucht sie zu zerstören.

Er steht bei all diesen Möglichkeiten nicht in reflexivem Kontakt zu den Maßstäben, er lebt nicht in begrüßend-angesichtsvollem Verhältnis zu dem, was außerhalb (und innerhalb) der Maßstäbe liegt. Der Einsamkeit und der bruchlosen Kollektivität derjenigen, die nach Maßstäben leben und an ihnen leiden, lässt sich daher ein Leben in wohlwollender Reflexion und Auseinandersetzung gegenüberstellen, eines, in dem der Mensch im Gespräch mit sich selbst und anderen ist und Zuwendung erfährt.

Auch auf die Gefahr hin, durch eine Erkenntnis das Böse nachvollziehbar und damit nicht mehr voll und ganz böse zu machen: Alle Typen des Bösen sind Ausdruck eines Fehlens von gemeinschaftlichem Gespräch und eines Fehlens von Vertrauen, des Fehlens einer echten Teilnehmerperspektive. Jetzt verstehe ich besser, warum ich etwas Böses stets außerhalb von mir selber suche. Es ist nicht so, dass ich mir etwas Böses nicht „eingestehen" will. Das Böse, sofern ich über es nachdenke, *ist* stets das woanders Befindliche. Es ist das Sich-nicht-in-einer-Situation-Befinden, das Abgeschottete, das sich nur in Relation zu Anderem definiert und nur von anderem aus als es selbst sichtbar wird. Das Böse *ist einfach*, das heißt, es hat ein eigenes Sein, eine nackte Ontologie, die den Bedeutungen entronnen ist, in denen ich lebe. Abschottung bedeutet, von außen rekonstruiert: verschlagen sein, verlogen, täuschend, Listen einsetzend, Intrigen spinnend; das alles funktioniert nur auf Grund dessen, dass die Person, der geschadet wird, nicht mit im Boot sitzt, dass sie ausgeschlossen und zum Mittel wird, dass sie (wie der Böse selbst) als Gesprächsteilnehmer nicht zugelassen wird.

Das Böse ist, insofern ausschließend, antiinklusiv. Daher ist es nur allzu sinnvoll, Menschen, die in Gefahr stehen, kriminell zu werden, möglichst gut wieder zu integrieren. Fühlen sie sich als „schlecht", „gebrandmarkt" usw., grenzen sie sich ihrerseits ab und gewinnen eine neue Identität im Anderssein, das sie nun, als nur von den anderen als Schlechtes gebrandmarkt, als ihr Gutes ansehen und verfolgen. Und muss man sich ‚daher' um Teufel besonders große Sorgen machen?

Folgt daraus, wenn wir Böses als böse titulieren, sind wir selbst böse? Denn dadurch wird die Person und die Tat selber abgeschottet, von uns aus in einen Bereich gesetzt, den wir möglichst isoliert von uns halten. Wer etwas als *nur* böse und zwar als unerklärbar böse hinstellt, schottet es ein. Das hieße, der, der anderes als böse markiert, *ist* selbst der Böse.

Aber, andererseits, taucht hier das Toleranzproblem auf: Soll man Intoleranten gegenüber tolerant sein? Das bedeutete, Böses nicht mehr zu markieren, in seiner Falschheit, in seiner Schlechtigkeit. Und es überforderte den Menschen. Das Böse muss einen Namen bekommen. Das ist ein weiterer Aspekt des Bösen, der mir bisher nicht klar war, der mir nur durch meine stotternden Versuche und wirren nächtlichen Bild- und Wortfetzen, durch meine Versuche deutlich wurde, mit bekannten Mitteln Unbekanntes auszuleuchten: *Böses ist das jeweils aus nur einer Perspektive Beobachtete*, es ist das Zweckrationale, das Negative, Destruktive, Beobachtende, es ist das mich Überwältigende, es ist das Identische, das Zersplitterte, das Abgeschottete, Gesprächslose. Und es ist in all dem das Namenlose. Denn eine Welt gibt es nur in mehreren Perspektiven, die in Gesprächen aufeinander bezogen werden.[18]

Ich stelle mir das Böse, denke ich es als Abschottung, als namenlos vor. Jemand Böses kann, so viele Begriffe ihn auch fest in seinem Kopf leiten, nur böse handeln, wenn er sich und dem, was er tut, keinen Namen gibt (so kann er vermeiden, in eine Situation zu geraten); denn er setzt es sich nicht konkret vor Augen. Ein Name ist zunächst etwas anderes als ein Begriff. Ein Name bezeichnet etwas Konkretes, Einzelnes, etwas, das dingfest vor mir steht. Rumpelstilzchen kann überführt werden, wenn man seinen Namen nennt, nur als Namenloser kann er sein Un-wesen treiben. So wie er selber keinen Namen hat, steht ihm anderes auch nicht namhaft klar vor Augen, höchstens als Begriff, der in seiner Ideologie abschirmt: Dies ist das Mädchen, das ich besitzen will, dessen Kind ich haben will. So handeln auch wir Menschen, wenn wir etwas von uns fernhalten: Das ist ein Feind, dies ist ein *Etwas-als-Etwas*, d.h. es begegnet mir nur *als* ein Moslem, Kommunist, Kapitalist, Russe, Deutscher, Faschist.

Ich stelle mir jemanden, der atemlos Böses tut, zugleich kaltblütig und erhitzt vor, jemanden mit einer namenlosen Wut, der statt Worten und Begriffen Taten sprechen lassen muss. Jemanden, der Ungeheuerliches erlebt hat. Haben alle abgrundtief Bösen als Kind namenlose Wut erlebt? Haben sie alle das Zerrüttetwerden ihrer Welt erlebt? Und haben

---

[18] Vgl. Hannah Arendt, Vita activa oder Vom tätigen Leben (1958). (orig.: The Human Condition. Chicago) München 1967, S. 57.

sie stattdessen in einer Welt gelebt, die sie nicht verstehen konnten und in der sie keinen Halt und Trost finden konnten, und hätte er nur aus Zuspruch bestanden, und haben sie deshalb in keiner Welt leben dürfen? Für was man keine Worte hat, was unbeschreiblich ist, daran kann man keinen Halt finden, man zittert in der Welt, und dann kann man dieser namenlosen Wut am Ende vielleicht nur noch in einem Amoklauf, in einem Kurzschluss Ausdruck verleihen, weil das allein, weil nur Ungeheuerliches den inneren Zustand bzw. die innere Zustands- und Identitäts- und Weltlosigkeit ausdrückt. Die Namenlosigkeit der Isolation.

Besonders heftig sind, stelle ich mir vor, solche Erschütterungen für Kinder, weil diese noch so verwoben mit ihren Antrieben, Initiativen und Impulsen sind, dass sie kaum reflexive Distanz zu sich haben. Sie *sind* ihre Initiativen, und werden diese durch nahestehende andere Menschen systematisch destruiert, kritisiert, erschüttert, wird die Vertrautheit weggenommen, ins Chaos gewendet oder es entsteht gar keine namhaft klare Welt, dann wird mit der Sozialität die Sprache und der Antriebskern zerstört; namenlose Wut. So lose das Ich als eine Gesamtheit ist, so sehr *sind* Kinder dieses Ich in einem Sinn, dass ihnen nichts anderes zur Verfügung steht. Ich stelle mir vergleichbar zur Erschütterung von Kindern oder sie wieder hervorrufend die Ohnmacht spätmoderner Menschen vor, die die Verlierer in regulierten, sie nicht enthaltenden, unverstehbaren und Einzelnes ausblendenden Abläufen der Arbeitswelt sind. Die Sprache und die Namen, sie sind das Soziale, das Band des Verstehens, das Isolation durchbrechen kann, das in Gesprächen Bezug herstellt.

Begriffe haben dabei ein schillerndes Doppelgesicht, sowohl in Bezug darauf, was mit ihrer Hilfe erkannt werden kann, als auch darauf, in welchen Beziehungen Menschen zu Mitmenschen stehen. Wir wachsen in und mit Begriffen auf, sie ermöglichen eine geteilte Weltsicht, die wir als gemeinsame ansehen, und sie markieren soziale Verbindungen. Begriffe sind so zunächst sozialer Kitt und tragende Weltzugänge. Sie sind Offenbarungsgewohnheiten, insofern sie notwendig zum Erkennen sind – mit Begriffen erkennen wir etwas *als etwas*. Mit ihrer Hilfe fokussieren wir etwas und bestimmen es entschieden. Auf der Grundlage eines begrifflichen Beziehungsgefüges, in dem wir mit anderen zusammen unsere Welt erschließen, sind Begriffe sodann Strukturierungsgewohnheiten und Unterscheidungsgewohnheiten. Etwas Besonderes kann als Fall von etwas begrifflich Allgemeinem identifiziert werden, und Besonderes kann besonders gut durch eine begriffliche Struktur erklärt werden; sogar Staunen kann durch begriffliches Verstehen entstehen. In Gesprächen über

Begriffe und begriffliche Beziehungen werden Begriffe differenzierter, Bestimmungen werden analysiert und reflektiert, Bedeutungen werden offener.

Ohne solche Gespräche besteht die Gefahr der Erstarrung, Begriffe verhindern dann Staunen und einen genaueren Blick auf Dinge: Unterscheidungen, sofern sie die Vorstellungen *vom* Leben bilden, *in* denen wir leben[19], können eine Unterscheidung darüber beinhalten, was wir als ein solches ansehen, auf das wir achten und das wir achten, und was als ein solches, das wir weder achten noch auf es Acht geben und uns als etwas Besonderes gegenüberstellen, das uns Bedeutungen ansinnen kann - das wir gewissermaßen warmherzig, staunend und taktvoll betrachten. Bezüglich dessen, was uns aus dem Blick gerät, sind Begriffe dann offenbarungsverhindernd. Mit ihrer Hilfe können wir unsere Welt und unsere Mitmenschen etikettieren, wir sehen nicht mehr genau und differenziert hin und nehmen insofern schlechter wahr – der erste Schritt zum Bösen – und verabschieden uns eventuell sogar von der Sozialität und den Gesprächen, in denen Begriffe ihren Grund hatten – der zweite Schritt zur Bosheit. Konkret bilden *in einer dumpfen fremdenfeindlichen Sippe* unanalysierte Begriffe das soziale Apriori und die soziale Identität, die Erfahrungen und Situationen verhindern und außer acht lassen (und Erfahrungen sind immer Differenzerfahrungen, d.h. Erfahrungen mit etwas, das wir nicht kennen); spaltet sich *ein einzelner* von Erfahrungen ab, bilden seine Begriffe die Struktur, die ihn als bösen einsamen Wolf handeln lassen kann, der sich scheinbar heldenhaft von Allem distanziert hat.

Es gibt vielleicht zwei Wege zum Bösen, in denen man aus dem sozialen Bezug herausfällt, den der Begriffs-, Namen- und Sprachlosigkeit und den der Zementierung der Begriffe. Möglicherweise folgt das Zementieren dem Wunsch, aus der Namenlosigkeit auszubrechen, es ist der zu große Halt, der innerlich fehlt, die überbrückte, eigentlich fehlende und nun zu feste Identität (vergleichbar dem Versuch der säkularisierten Moderne, für alles möglichst klare, bestimmte, wohlabgegrenzte und eindeutige Begriffe zu bilden). Der gefallene Engel könnte so gesehen an mangelndem Vertrauen gescheitert sein, an „Gott" in seiner Mehrdeutigkeit von Vertrauen und Anvertrauen zu glauben gelingt ihm nicht, und dann tut er „ihn" als Nichts oder als Begriff ab und fällt daher ab in namenlosen Nihilismus oder in zementierte Begriffe. Der Teufel weiß

---

[19] Diese Formulierung stammt von Friedhelm Schneider.

immer alles. Seine Begriffe sind abstrakt wie seine Ideologien und end-
lich-endgültigen Annahmen. Das Böse ist ebenso namenlos wie abstrakt
und konkret nur in seiner gesichtslosen Grauheit.
Karl Ove Knausgård zitiert ein Interview vom 12. Mai 1996 mit der
damaligen US-amerikanischen Außenministerin Madeleine Albright:

> „„Wir haben gehört, dass eine halbe Million Kinder im Irak gestorben sind.
> Das sind mehr, als in Hiroshima starben. Ist das den Preis wert?" Madeleine
> Albright antwortete: „Ich finde, das ist eine sehr schwierige Wahl, aber der
> Preis ... Wir meinen, es ist den Preis wert." Abstand ermöglicht einen Preis
> von fünfhunderttausend toten Kindern ... Hätten die Deutschen die Juden als
> ihresgleichen angesehen, als Mitmenschen, wäre die Vernichtung unmöglich
> gewesen. Aber das taten sie nicht, sie sahen sie als Ratten oder Bazillen, als
> Zahlen eines Systems ... Während Ulysses einem einzelnen Menschen so nah
> wie möglich kommt, ist der einzelne Mensch in *Mein Kampf* überhaupt nicht
> vorhanden. Das Menschliche wird mit einer enormen Distanz betrachtet, und
> immer als etwas Sekundäres im Verhältnis zum Ideologischen".[20]

Knausgård rekonstruiert Dantes Hölle als Ort distanzierter Namenlosigkeit, in der das Fehlen von Namen unsagbare Wut auslöst.

Hier sind Reihen von Körpern, ohne „andere Sprache als Heulen und Schreien
und Rufen und Stöhnen und Grunzen. Sie sind niemand, und sie sind alle, von
außen betrachtet sind sie Automaten aus Fleisch und Blut, oder Tiere. Doch
für sie, die geschlagen und gepeinigt werden, ist es nicht so, sie sind jemand,
sie haben einen Namen und eine Geschichte, aber das bleibt in ihnen". Dante bleibt immer wieder vor ihnen stehen und gibt ihnen Namen und so ihre
Identität und ihre Geschichte zurück ... „das Böse ist das Eingesperrte und
um sich selbst Geschlossene"[21] „Die Körper standen im Eis wie Strohhalme in
Glas." Dante „trat auf einen Kopf, der Kopf wurde wütend und spuckte einen
Namen aus, der ihn misstrauisch werden ließ, so dass er versuchte, ihm einen
Namen zu entlocken, und als das nicht gelang, zerrte er an seinen Haaren,
bis sich ganze Büschel lösten. Das alles auf einer riesigen vereisten Fläche, auf
der Tausende Köpfe mit klappernden Zähnen und von Tränen zugefrorenen
Augen umgeben von Dunkelheit und Leere stehen. Dante verliert die Fassung,
zum ersten Mal in der Erzählung greift er körperlich ein".[22] „Der Sünder, dem
er auf den Kopf getreten war, erkannte Dante und erwähnte das Schlimmste,
was er sich vorstellen konnte, um Dante zu verletzen .... Sag deinen Namen,

---

[20]   Karl Ove Knausgård, Am Grund des Universums, in: Das Amerika der
Seele (2013). München 2016, S. 166ff., 163f., ähnlich in einem Essay über Dante, 2000. Vgl. Dante Alighieri: La commedia/Die göttliche Komödie: I. Inferno/
Hölle. Italienisch/Deutsch. Stuttgart 2010, S. 43, 47, 499.
[21]   ebd., S. 166f.
[22]   ebd., S. 163f.

ruft er, aber der Sünder weigert sich, bis einer der anderen Köpfe ihn anruft, was hast du denn, Bocca!, woraufhin Dante sich aufrichtet und weitergeht."[23]

Namenlosigkeit und Isolation, verbissene Zweckverfolgung, Macht und Abstraktion gehen eine unheilvolle Allianz ein, wenn Menschen Böses tun. Wieder greife ich zu einem Gewährsmann aus der Literatur, suche Gemeinschaft[24]:

Weil denn die Erde keine Lust mir beut
Als herrschen, meistern, andre unterjochen,
Die besser von Gestalt sind wie ich selbst,
So sei's mein Himmel, von der Krone träumen
Und diese Welt für Hölle nur zu achten,
Bis auf dem mißgeschaffnen Rumpf mein Kopf
Umzirkelt ist mit einer reichen Krone.
...
So martr' ich mich, die Krone zu erhaschen,
Und will von dieser Marter mich befrein,
Wo nicht, den Weg mit blut'ger Axt mir haun.
Kann ich doch lächeln, und im Lächeln morden,
Und rufen: schön! zu dem, was tief mich kränkt,
Die Wangen netzen mit erzwungnen Tränen
Und mein Gesicht zu jedem Anlaß passen.
Ich will mehr Schiffer als die Nix' ersäufen,
Mehr Gaffer töten als der Basilisk;
Ich will den Redner gut wie Nestor spielen,
Verschmitzter täuschen, als Ulyß gekonnt,
Und, Sinon gleich, ein zweites Troja nehmen;
Ich leihe Farben dem Chamäleon,
...
Ich habe keinen Bruder, gleiche keinem,
Und Liebe, die Graubärte göttlich nennen,
Sie wohn' in Menschen, die einander gleichen,
Und nicht in mir: **ich bin ich selbst allein.**
(Shakespeare, Historien, König Heinrich VI. Dritter Teil, Dritter Aufzug, Zweite Szene)

Wenn das Böse darin besteht, sich abzuschotten, sich als etwas Isoliertes zu setzen, dann ist ‚Teilnahme' ein Gut an sich, Teilnahme an der Ge-

---

[23] ebd., S. 161.
[24] Es könnte übrigens sein, dass der Wunsch, in gedankliche Texte Zitate einzubauen, nicht primär darin besteht, zu legitimieren, sondern, sich in einer gemeinschaftlichen Gesprächs-Tradition befinden zu dürfen.

meinschaft, an Gesprächen und innere Teilnahme an Handlungen, die Fähigkeit, mit ihnen verbunden zu sein. Das verweist auf einen Gedanken aus dem Kapitel zu ‚Selbstbestimmung': Sinn ergibt sich immer aus Zugehörigkeit. Die Frage „Was ist der Sinn des Lebens?" ist dort falsch gestellt, wo man in eine Sphäre das Leben setzt und in eine andere den ‚Sinn'. Dann wäre nämlich das Leben selbst schon durch die Frage nach dem Sinn *des* Lebens als sinnlos gesetzt; der ‚Sinn' käme äußerlich hinzu, beispielsweise als Zweck. Alle rein effizienten Formen der Lebensgestaltung kranken letztlich an einer solchen Ausrichtung des Lebens auf etwas, das aktuell gerade nicht in ihm liegt. So konfiguriert ist der Mensch der Beobachter des Lebens, der das Leben betrachtet und danach fragt, was, über das Leben hinaus, denn sein Sinn sein soll. Neben der Tatsache, dass sich ein solcher Sinn kaum sprachlich artikulieren ließe, kann sich ‚Sinn' aber wohl eher als Qualität und Eigenschaft *im* Leben finden lassen - das heißt, in der Teilnehmerperspektive und in der Perspektive des Eingebettetseins in eine gemeinsame Geschichte mit anderen Menschen. Da man aber natürlich niemals nur Teilnehmer im Leben ist, sondern es auch betrachtet, erscheint es nahezu logisch, dass die Frage nach dem Sinn des Lebens immer dort gestellt wird, wo man durch Krisen oder Gedanken aus gemeinschaftlichen (und dadurch: Sinn-) Bezügen herausgefallen ist, also da, wo der Sinn *für* das Leben und das Sinnliche weniger stark empfunden wird. Letztlich hat Camus sich im Mythos von Sisyphos mit diesem Phänomen beschäftigt und, aus der Beobachterperspektive, das Leben als absurd gekennzeichnet, aber zugleich, aus der Teilnehmerperspektive, empfohlen, Sisyphos möge sich mit dem Stein identifizieren, den er den Berg hochrollt.[25]

Dass das Böse aus Gesprächslosigkeit besteht, lässt mich die beiden typischen Wege sehen, auf dem jemand Schritt für Schritt böse wird. Er beginnt damit, sich unverstanden zu fühlen. Das kann Zorn erzeugen. Bleibt er unreflektiert und ohnmächtig, geht der Blick leer zu Boden, kann jemand einen Ausweg suchen, er wechselt beispielsweise die Partei, tritt aus der SPD aus, die ihn nicht zu unterstützen scheint. Die Wut des kleinen Mannes lässt ihn in die AfD eintreten. Dort bekommt er beschränktere Sichtweisen und fest zementiertere Begriffe, er wird fanatisch und ideologisch, sein Blick wird stier, und schließlich ist er bereit, für seine Ideologie zu verletzen, anderen zu schaden.

---

[25] Albert Camus, Der Mythos von Sisyphos (1942). Reinbek 1959 (=rowohlts deutsche enzyklopädie 90), S. 98-101.

Ein weiterer Weg beginnt damit, das Gute irgendwann nicht mehr systematisch zu verfolgen. Kleine Nachlässigkeiten lassen es aus dem Augenwinkel verschwinden, eigene Seelenhygiene, ehrgeiziges Erfüllen aller Erwartungen oder eigene Vorteile gehen vor, das Gute wird, wenn überhaupt, als Beobachter betrachtet, aber nicht handelnd verfolgt. Über den Kollegen redet man schlecht, ohne mit ihm zu reden, andere werden beurteilt, verurteilt und aus dem gemeinsamen Denkraum verabschiedet. Später rechtfertigt man die Taten, die man schon lange praktiziert, es wäre zu schlimm, sich das Fehlverhalten einzugestehen, man kann nicht zurück und hat seine Identität angepasst. Dann wünscht man anderen absichtlich Böses, man selbst hat es schließlich auch nicht leicht; das ist der Beginn des Bösen, das aus reiner Gewöhnung und Abstumpfung entsteht.

Ich möchte die Erkenntnisse über das Böse nutzen: Aus den Empfehlungen ergibt sich insgesamt eine Leitvorstellung gelingenden Lebens im Prozess mit anderen zusammen. Die Vernunft, die dabei eine Rolle spielt, ist nicht eine Vernunft des sich als autonom verstehenden, isolierten Subjekts, sondern eine Vernunft als Fähigkeit und Bereitschaft zum Gespräch, um sich den Fragen und Einwänden anderer zu stellen. Und ,stellen' meint Sich-in-Frage-stellen zu lassen, sich zu öffnen und sich nicht einzuigeln. Denn eine Frage ist auch ein Sich-in-Frage-stellen-lassen, weil evtl. konfligierende Ziele und Absichten anderer als berechtigt wahrgenommen werden müssen. Indem man bereit ist, auf Andere zu hören, wird man in dieser Wahrnehmung selbst ein anderer für sich selbst.

Diese Vernunft beinhaltet keine feste Identität. Identität verhindert Gemeinschaft, Identität verhindert ein Ich. In den Worten Zygmunt Baumans:

„Die Menschen fangen an über Identität zu reden, wenn sie aufhören, über Gemeinsamkeit zu reden."[26]

Sich zu reflektieren macht dialog- und wahrnehmungsfähig, und es kann auch handlungsfähig machen. Ich muss dafür zur Seite treten zu meinen Absichten: tue es, kann ich mir sagen, obwohl du weißt, dass es böse sein kann, und denk noch mal drüber nach im Wissen, dass du böse sein kannst.

---

[26] Nationalität ist ein Ersatz. Gespräch mit Zygmunt Bauman. Der SPIEGEL 36/2016, S. 125.

Wer so lebt, begreift sich als Teilnehmer:

„Wenn ein Mensch mir gegenüber behauptet, der Krieg sei unvermeidbar gewesen, und wenn er sich bis zur Wut erregt, dann mache ich ihm mitunter
den Vorwurf, er liebe den Krieg und möchte ihn nicht missen. Darauf hat mir
jemand geantwortet: »Daß ich den Krieg für unvermeidbar halte, erlaubt nicht
den Schluß, ich wünschte ihn.« Das ist fraglich. Wörter drücken etwas stets
ungenügend aus. Ich gebe zu, es sei ihm schrecklich, den Krieg vorherzusehen
und zu sehen. Aber der wahre Pessimist, auch immer ein Fatalist, wünscht sozusagen das von ihm Angekündigte, denn Befürchtung läßt Ungeduld entstehen. So kann man sich töten aus Furcht vor dem Tod. Es besteht ein Verlangen
nach Unglück, für die andern und für sich selber. Vielleicht gibt es auf der Welt
nur diese einzige Bosheit."[27]

Menschen, die um ihr eigenes Böses wissen, können dennoch handeln
und müssen es gerade deshalb tun – und nicht fatalistisch werden: Nicht
daran glauben zu können, dass es in der Welt etwas Gutes geben kann,
erzeugt Hass. Es führt dazu, nicht auf seine eigenen Impulse zu vertrau-
en, beispielsweise auf die Wünsche, getröstet zu werden, gehalten zu
werden, auszusprechen und zu artikulieren, was man fühlt und denkt.
Ich denke wieder an Andreas Lubitz, an die Unfähigkeit, an Gutes zu
glauben, an wirres Gefangensein im Hass, an Zerstörung des (scheinbar)
Guten, an das man nicht glauben mag. Unglaube, Gleichgültigkeit, beobachtende Teilnahmslosigkeit, Verbitterung und Fatalismus, Resignation,
sie alle sind Miturssachen des Bösen.[28]
      Die empathisch-teilnehmende Wahrnehmung anderer Menschen ruht
auf Vertrauen und einem Glauben an das Gute, an ein Gutes, das als in
der Welt liegend angenommen wird und das als in meinen Handlungen
und in mir liegend angenommen wird. Über das Böse bei mir bin ich als
Handelnder, dem ein Glauben zugrunde liegt, dann gerade nicht in Verzweiflung; das Wissen um es macht bescheidener.

[27]   Alain: Mars oder die Psychologie des Krieges. Propos 93. Übertragung aus
dem Französischen und Nachwort von Heinz Abosch. Frankfurt/Main 1985, S.
190-193.
[28]   Der mutmaßliche Attentäter auf den Mannschaftsbus des Fußballvereins
Borussia Dortmund vom 11. April 2017 schreibt zwei Wochen vor der Tat, er
fühle sich gleichgültig; er glaube, er werde „kein Teil dieser Welt" werden. Vgl.
Rafael Buschmann u.a.: Der Mann von Zimmer 402. In: Der SPIEGEL 49/2917,
S. 108

Das ist eine Art Grund- oder Urvertrauen, grundlegend angemutet zu sein vom Guten der Wirklichkeit. Es könnte, sozusagen reduktiv, in handelnden guten Menschen zu finden sein. Es mag müßig oder besonders interessant sein zu fragen, ob es am Zustand der Welt selbst liegt, ob eine solche Einstellung realistisch ist, ob ein solcher Glaube also eine psychische oder ontisch gerechtfertigte Dimension enthält - vielleicht ist eine solche Haltung eine, in der man dies nicht mehr unterscheiden will.

Vom Beobachterstandpunkt aus könnte man solches Vertrauen kritisieren und als unbegründet zurückweisen, als Illusion. Aber erst die Teilnehmerperspektive einzunehmen positioniert mich und gibt mir überhaupt eine Perspektive, einen Standort und eine Blickrichtung.

Offenbar kann die Einsicht in das eigene Böse einen Wechsel von einer Beobachter- zu einer Teilnehmerperspektive auslösen. Reine Beobachter sitzen in Flugzeugen. Die Reflexion über das eigene Tun geschieht in einer Vermischung aus Teilnehmer- und Beobachterperspektive: Ich reflektiere mein eigenes Handeln. Offenbar sehe ich bei dieser speziellen Reflexion, in der ich mich als Teilnehmer anspreche und als Suchender zeige, auf mich nicht als Beobachter.

Die Fähigkeit, in Situationen zu sein, setzt in dieser Weise eine Teilnehmerperspektive voraus; der situative Ansatz, in dem Menschen sozusagen idealtypisch immer im Wechsel handeln und reflektieren, ist möglicherweise imprägniert mit einem ihm innewohnenden Weg zum Glauben. In was legt ein Teilnehmer dabei sein Vertrauen? Mit Güte, mit Anteilnahme hat es zu tun und nicht nur mit Begriffen, damit, sich in Wahrnehmung empfänglich zu machen für das Gute, das es gibt. Das ist, etwas hoch formuliert, Gnade im religiösen Sinn.

Merkwürdig, das Thema des Bösen ist hell geworden, jetzt, zur Mittagszeit, so wie das Thema des Todes hell werden kann, weil es auf das Leben und auf mich verweist. So verweist die Auseinandersetzung mit dem Bösen auf Gemeinschaft und auf die Anerkennung meiner Wünsche und Wahrnehmungen. Ich, das ist nichts Festes, stelle ich fest, ich bewege mich auf meine Umwelt zu, ich werde durchlässiger, ich bin in Reflexion, ich kreise und bewege mich, aber nicht wie in einem Strudel. Und ich bin bescheiden, ich weiß nicht, was gut und böse in einem absoluten Sinn ist, aber ich suche das Gute von Bösem zu unterscheiden, ich richte mich aus, und ich bin ein Lernender, der anderen zuhört und sich selbst kritisch befragt. Noch einmal suche ich Vertrautheit zu Vorbildern.

„Wir können sagen, daß die schon Weisen nicht mehr Weisheitsfreunde sind, seien dies nun Götter oder Menschen, noch auch diejenigen ihr freund sind, welche den Unverstand so an sich haben, daß sie böse sind; denn kein Böser und Ungelehrter liebt die Weisheit. Übrig also bleiben die jenigen, welche jenes Übel zwar haben, den Unverstand, noch nicht aber dadurch unverständig und ungelehrig geworden, sondern noch der Meinung sind, sie wüßten das nicht, was sie wirklich nicht wissen. Daher auch nur diejenigen philosophieren, welche weder gut noch böse sind, alle Bösen aber philosophieren nicht, noch auch die Guten."[29]

[29]   Platon: Lysis 218 a - b, In: Platon: Sämtliche Werke 2. In der Übersetzung von Friedrich Schleiermacher hrsg. V. Walter F. Otto, Ernesto Grassi, Gert Plamböck. Reinbek 64.-70. Tsd. 1965, S. 197.

18. Es lebe die Grenze – nieder mit allen Grenzen!

Allen bisherigen Situationen ist gemeinsam, dass Menschen in ihnen vor Grenzen stehen. Zu einer Situation wird mir ein Ereignis allererst während einer Grenzerfahrung. Die Grenze kann sich als äußeres Hindernis darstellen, ich kann sie so erfahren, dass ich Angst vor etwas habe oder das Gefühl, nicht aus meiner Haut zu können, im Idealfall könnte ich ein Muster meines Denkens erkennen, in dem ich bisher fraglos, wie in einem Rahmen lebend, mein Leben webte.

Eine Grenzerfahrung zwingt mich zum Einhalten, zwingt zum Warten, aber nicht jedes Warten erlebe ich als unverhofften Zeit-Freiraum; denn in einer Grenzerfahrung erlebe ich mich mit mir selber konfrontiert und – erfahre eindringlich meine Endlichkeit.

Jemandem Grenzen zu setzen ist in der Regel die letzte verbleibende Möglichkeit, ihn zu etwas zu bewegen oder zu erziehen. Zuvor ergreift man andere. Man folgt seinen Initiativen, begleitet ihn dabei und unterstützt ihn bei der Wahrnehmung dessen, was ihn umgibt, schlicht dadurch, dass man seine eigenen Wünsche und Wahrnehmungen oder die Dritter zur Geltung bringt. Dadurch entstehen Situationen, in denen auch das Gegenüber anderen Menschen folgt und mit ihnen kooperiert. Solche Situationen führen insgesamt dazu, dass Menschen ihren Aktions-, Wahrnehmungs- und Denkradius erweitern, dass sie vertrauensvoll in einer Form leben, die auf Erweiterung und Zulassung aus ist.

Erst dort, wo solche Erweiterung nicht vorankommt, entstehen undurchlässigere Grenzen, die neue Gebiete absperren, und dementsprechend folgen härtere, schmerzhaftere Übergänge.

Seine Handlungsspielräume und vorgegebenen Rahmen zu erweitern, gilt heute als gut. Der selbstbestimmte Mensch sucht äußere Grenzen forscherisch und explorativ zu erweitern. Grenzüberschreitung und Grenzverschiebung sind wesentliche Antriebe menschlichen Handelns; sie zeigen sich ebenso in Veränderungen im Bereich von Wissenschaften, allen voran denen der Naturwissenschaften, wie im Bereich der Technik. Nichtwissen kann Motivation sein, sich dem Unbekanntem zu stellen: *zu neuen Ufern lockt ein neuer Tag*. Menschen in der Epoche der Moderne sind gewohnt, Grenzen als stets verschiebbar anzusehen: *Selbst ist der Mensch.* Der mit der Beherrschung des Feuers den technischen Fortschritt bringende Prometheus prägt als Bild und Mythos ein vorwärtsschreitendes, fortschrittliches Menschenbild.

Das ist zunächst einmal uneingeschränkt positiv zu verstehen. Wer an einer Grenze steht und sich fragt, wie er durch sie hindurch gelangen kann, um aus untragbaren Zuständen zu fliehen, wer sich ein besseres Leben jenseits einer Grenze erhofft, der sieht das Land auf der anderen Seite vor sich, mindestens hat er ein Bild davon im Kopf, das ihn antreibt und anspornt. Es ist, könnte man psychologisch sagen, bereits viel gewonnen, wenn jemand Träume von einem anderen Ort haben kann, auch dort, wo andere ihm Zäune und Mauern errichten und Schranken in den Weg stellen. Um in das andere Land zu gehen, muss ich zwar gegebenenfalls unangemessen große Hindernisse überwinden, ich muss, so sagt man interessanterweise, mich mit meiner Identität ausweisen, aber drüben könnte es besser sein, Verfolgung, Hunger und Elend könnten enden, auch wenn bisweilen die schreckliche Erfahrung droht, dass es dort genauso aussieht und nicht wirklich anders ist.

Die durchgängige Suche nach der Erweiterung von Handlungsspielräumen kann allerdings auch in die Irre führen. Wer sich stets „verwirklichen" will, als gälte es, ein festes inneres Gebiet nach außen zu bringen, eine innere Form in der Außenwelt herzustellen, ist nur allzu oft blind für seine inneren Grenzen. Er übersieht sie, weil zu seinem Selbstverständnis gehört, seinen Willen durchzusetzen, statt wahrzunehmen und sich zu öffnen. Im Klischee gesagt, er geht einkaufen, wenn seine Seele unglücklich ist.

Gerade weil er seinen Initiativen ein Zusammenspiel mit seinen Wahrnehmungen nicht zutraut, könnte der moderne Mensch versucht sein, sie durchzusetzen. Er geht noch länger zur Arbeit und versucht dort, Zwecke zu erreichen. Das erreicht er dadurch, dass er darauf verzichtet, anderen zuzuhören, was ihm doch beim Wahrnehmen und Erweitern seiner Grenzen helfen könnte.

Machtambitionen können in Ohnmachtsgefühlen verlaufen. Grenzerfahrungen können mich klein machen, nicht nur angesichts äußerer Hindernisse kann ich verzweifeln, sondern ebenso vor meinen inneren Grenzen, die ich, wenn überhaupt, verstehe, aber nicht zu ändern vermag. Während sich die Gebiete des einen durch aktives Handeln erweitern lassen, stößt sich ein anderer an Grenzen, wenn er seine konkrete Lebensform nicht zu verändern vermag. Erlebe ich mich so, will ich meine

Identität erweitern oder verändern, aber ich schaffe es nicht, traue es mir nicht zu oder glaube nicht an eine andere Möglichkeit. Grenzen können ohnmächtig machen, und sie können mich lehren, bescheiden zu sein. Erfahrungen der eigenen Grenzen sind von tiefen Gefühlen begleitet. Diese Gefühle sind wie Knotenpunkte unklarer oder noch nicht ganz verinnerlichter Gedanken; in der Wut will ich die Grenze überwinden, traurig stehe ich bestürzt vor ihr und sehe sie als gegeben an; schäme ich mich, sehe ich mich mit dem Blick einer Person an, die nicht in diesen Grenzen lebt. Und voller Angst lähmt mich bereits der Blick auf eine Grenze und ich fühle mich beengt: *Nach drüben ist die Aussicht uns verrannt.*

Neben der Erweiterung, der verzweifelten Beschränkung und der selbstbegrenzenden Bescheidenheit sind zwei weitere Einstellungen zu Grenzen möglich.

(1) Grenzen *definieren.* Sie geben etwas eine Form, sie schaffen eine Einheit, einen Begriff von etwas. Ein Etwas kann ich nur als begrenzt ansehen, wenn ich es gewissermaßen von außerhalb betrachte und von anderem her denke - sonst hätte ich gar keinen Begriff davon, dass es ein Begrenztes, etwas Spezifisches ist. Paradox: Um meinen individuellen Ort zu bestimmen, benötige ich Allgemeinbegriffe. Individualität und Besonderheit entstehen erst durch Verallgemeinerung. Das gilt auch zeitlich: Vergegenwärtigung von etwas entsteht erst durch die Auszeichnung von diesem als einem begrenzten Etwas. Eine Grenze ermöglicht außerdem, insofern sie ein „Inneres" definiert, Gemeinsamkeit - „wir" sind gleichermaßen im gleichen Gebiet. Und erst sie macht möglich, dass ich etwas als etwas anderes bemerke: Spannung, Erotik, Konzentration und Auseinandersetzung entstehen durch Begrenzung. Innerhalb von Grenzen kann ich mich in dem von mir entworfenen Koordinatensystem positionieren und in einem für mich übersichtlichen Bedeutungsgewebe meine Perspektive wählen.

Dadurch dass Grenzen definieren, strukturieren sie etwas Abgeschlossenes und eröffnen eine Perspektive, von der aus ich blicke und allererst handeln kann.

(2) Grenzen *öffnen,* und jede Grenze verweist auf ein Jenseits der Grenze. Wer sich innerhalb von Grenzen sieht, kann sich einlassen, kann hoffen, lieben, vertrauen und glauben. Er lässt sich auf anderes ein. Die Bescheidenheit - oder muss ich sie Selbstbegrenzung nennen? -, die je-

manden auszeichnet, der Grenzen akzeptiert, der sich in ihnen erkennt und be-scheidet, ermöglicht allererst, auf Größeres aus zu sein. Wer sich immer schon als großartig erlebt, wird sich nicht die Frage stellen, wie er seine begrenzten Möglichkeiten in den Dienst einer größeren Sache stellt, die er vernimmt.[1]

Umgekehrt sind Grenzen oft genug fließend; ich fühle mich in ihnen zwar oft wie in einem fest am Platz stehenden Haus und lebe in ihnen, aber derweil lasse ich mich von ihnen unbemerkt tragen und mitnehmen und in der Zeit verändern, in deren Lauf ich feststelle: *Dies* gilt nicht mehr, *den* Zusammenhang denke ich jetzt ganz anders als damals, *das* kann ich inzwischen, *jenes* war meine Grenze, ich habe sie aber längst überschritten und einen zu trennscharfen Begriff von dem und dem gehabt, was innerhalb und außerhalb lag, *dieses hier* bildet gar keinen Gegensatz, wie ich seinerzeit annahm.

Grenzen werden durch die Zeit verschoben oder verlieren ihren unüberwindlichen Anschein. Was einen ehemals ängstigte oder drängte, lässt sich mit Abstand leichter betrachten, oder man kommt sich schlicht lächerlich vor, eine unausgestandene Angelegenheit nach vielen Jahren noch direkt mit der beteiligten Person aufzuarbeiten. Ein Duell mit dem damals vermeintlichen Liebhaber seiner Frau nach 15 Jahren anzustrengen erscheint absurd, wie Fontane Baron von Instetten reflektieren lässt.[2]

Grenzen *im* Leben verweisen auf etwas anderes als darauf, dass *mein Leben selbst* notwendigerweise begrenzt ist. Situationen, in denen sich mir die *prinzipielle* Begrenztheit meines Lebens eröffnet, kann ich mit Karl Jaspers Grenzsituationen nennen. In Grenzsituationen geraten Menschen an den Rand ihrer Kräfte. Für jeden stellt sich dann die Frage: Was trägt mich in diesen Situationen? Und welcher Umgang mit Grenzen ist hilfreich? Die bisherigen Gedanken zusammenfassend, wäre er in dem berühmten Gelassenheitsgebet von Reinhold Niebuhr formulierbar:

---

[1]   Wer sich grandios findet, richtet sich an seinen Konstruktionen aus; für ihn spielt Vernunft im Sinne einer bestimmenden, gesetzgebenden, urteilsstarken Kraft eine Rolle. Wer sich bescheiden auf etwas Größeres ausrichtet, orientiert sich an einer Vernunft, die als Vernehmende in Anspruch genommen wird, als Schauenkönnen.

[2]   Theodor Fontane: Effi Briest. In: Theodor Fontane: Sämtliche Romane. Erzählungen, Gedichte. Nachgelassenes. Vierter Band. München 1974, S. 242

Gott, gib mir die Gelassenheit, Dinge hinzunehmen, die ich nicht ändern kann, den Mut, Dinge zu ändern, die ich ändern kann, und die Weisheit, das eine vom anderen zu unterscheiden.

In heutiger Lebenswelt mit einer lebensdienlich gestalteten Natur treten letzte Fragen, z.b. nach Leiden, Sterben und Tod sowie nach letztlich tragenden Kräften allenfalls an der Grenze zum Lebensende auf, denn die Eventkultur der Moderne blendet die Aufforderung *media in vita* vielfach aus.

Lässt sich mein Leben überhaupt als begrenztes Ganzes begreifen und kann ich mich damit zufriedenstellen? Mein Leben als begrenzt zu begreifen bedeutet, eine Einheitsmöglichkeit zugrunde zu legen. In der Regel wird die Einheit durch einen Begriff geschaffen. Das Denken in Begriffen geht davon aus, dass mehrere Objekte unter einem einheitlichen Schema gefasst werden können. Eine solche Einheit bedeutet – insofern es immer *meine* Begriffe sind -, von einem Inneren der Grenze aus zu denken, in der ich bin. Aber wenn mein Leben insgesamt begriffen werden soll, muss der Begriff zumindest suggerieren, auch von außen tauglich zu sein.

Ich suche daher statt nach einem Begriff wohl eher nach einer Topographie, wenn ich mein Leben als begrenztes Ganzes denken will - das ich gerade nicht begreifen kann. Ich suche nach räumlichen Metaphern, wenn ich versuche, mein Leben als Begrenztes in einem Ganzen zu denken, ich versuche nicht zu argumentieren; ich suche ein Bild. Aber das, was ich suche, ist ein Bild vom Ganzen. Damit versuche ich, wieder eine Unmöglichkeit, ein Ganzes, nämlich ‚Leben', und insbesondere *mein* Leben zu *denken*. Funktioniert das, ist das eine sinnvolle Suchbewegung? Oder bin ich an der Stelle des Denkens angelangt, an der Geschichten und Mythen den Platz für fehlende Begriffe einnehmen - angesichts der Unmöglichkeit, ein Weltbild, ein stimmiges Bild von allem zu malen?

Aber darauf verzichten, meinen Ort im Leben zu finden, kann ich auch nicht. Der aufgeklärten Attitude entzieht sich zwar der Blick aufs Ganze. Aber falls Begrenztheit erst vor dem Hintergrund eines Ganzen verstehbar wäre, so hätte ich mit dem Verzicht, über ein Ganzes nachzudenken, auch den Preis bezahlt, mein Leben als begrenztes überhaupt verstehen zu können. Ein Ganzes steht nicht zur Verfügung, aber wenn ich lediglich über mein Leben nur verfügen will, entgeht mir auch seine Begrenztheit.

Anders als Grenzen und Schranken sind *Ränder*. Bereits die antiken griechischen Philosophen haben über *peras* (Grenze) und *apeiron* (Unbegrenztes) nachgedacht. Dieser Gegensatz entspricht dem zwischen einem Bestimmten und Unbestimmtem. Die Wörter für *peras* und für *Position* sind, wenn ich mich recht erinnere, verwandt. Wenn ich den Gegensatz zwischen etwas Bestimmtem und etwas Unbestimmten ziehen will, kann ich das besser im Bild des Randes als dem der Grenze tun. Außerhalb eines Randes ist nichts Bestimmtes mehr, dort findet sich etwas, das ganz anders ist als das, was ich hier als umrandet erlebe. Vollständigkeit, so paradox es sich anhört, kann es erst innerhalb eines Randes geben; nur was Rand hat, kann voll sein.

Viele werden es schon erlebt haben: Auf einer langen Wanderung über Bergrücken und über Lichtungen und auf Pfaden durch dunkle Wälder trete ich ins Freie und stehe überrascht am Rand eines Felsenvorsprunges. Angesichts dieser Schlucht geht es für mich nicht weiter. Ich bin erschöpft, ein Schritt weiter und ich stürze ab. Ermattet setze ich mich mit gehörigem Abstand am Rand des Abbruches nieder, schaue auf den ein wenig dunstverhangenen Horizont und überlasse mich meinen Gedanken. Während dieser Pause drängen sich mir Erinnerungen und Bilder auf. In Schillers *Taucher* blicken alle über die Klippen in den „Schlund", und es schauderte sie. Ich bin kein geübter Kletterer, und es widerstrebt mir entschieden, allzu nah an den Rand zu treten. Ein geübter Alpinist könnte wahrscheinlich abwärts klettern. Was der eine als Schrecken am Rand erlebt, ist für einen anderen vielleicht nur ein Hindernis. Für den einen, für mich, ist der konkrete Rand eine Abbruchkante, ein unüberschreitbares Ende, ein anderer mag ihn als ein überwindbares Hindernis, also als Grenze wahrnehmen. Was für mich ein Schritt ins Ungewisse und vielleicht mein Ende wäre, wäre für andere eine Herausforderung. Was widerfährt einem, der einen Schritt zu weit geht und über den Rand fällt?

Nun gibt es nicht nur physische Ränder; jeder kann auch mental am Rand seiner Kraft sein. Wo ‚landet' man dann? Ich weiß es nicht; mir stehen keine Begriffe zur Verfügung, um den Absturz ins Ungewisse zu beschreiben, allenfalls Bilder. Ich ‚lande' im ‚Nichts', falle in einen ‚Schlaf'.

Setzt eine sonstige Grenze zwei Gebiete voneinander ab, so setzt ein Rand eine Grenze zwischen Endlichem und Unendlichem, Bestimmtem und Unbestimmtem. Mit Rändern sollte ich anders umgehen als mit Grenzen. Ich sollte in Rändern leben, weil das die Bestimmtheit meines Lebens garantiert und ermöglicht. Für Aristoteles, der wie alle antiken

Philosophen das Seiende als Kosmos auffasste, ermöglicht erst Abgrenzung die Konstitution der Dinge, unendliche Dinge gibt es ihm zufolge nicht.

Ein Rand setzt gewissermaßen einen festen Raum, und er setzt auch Räumlichkeit selbst, er setzt eine feste Zeit, und er setzt Zeitlichkeit; er bedingt und ermöglicht Raum und Zeit und somit die Konstitution der Dinge.

Wir modernen Menschen benutzen zwar heute oft die Metapher: ‚über den Tellerrand gucken'. Aber damit suchen wir eine Grenze zu beschreiben, die gerade überschritten werden soll. Wer hinüber geht, dem wird der Rand zu einer Grenze.

Rand und Grenze sind beide formgebend und ermöglichen Bestimmungen. Grenzen leisten gleichzeitig ein bestimmendes Umgrenzen, und sie verhindern Erstarrung, denn sie fordern auf, mich weiterzuentwickeln. Einen Rand dagegen erlebe ich als dunkle Abbruchkante ins gänzlich Unbestimmte, dessen Dunkelheit mich abschreckt; vielleicht sogar als ‚Nichts'.

Diese Formulierung ‚Nichts' ist irritierend und abschreckend, denn sie erscheint schwammig und nebulös. Ein Blick in Werke der Bildenden Kunst mag helfen. Der italienische Künstler Lucio Fontana (19.2.1899 - 7.9.1968) schuf mit seinem Ansatz „Concetto Spaziale" Bilder als räumliche Konzepterwartungen. Im Internetauftritt des Städelmuseums heißt es dazu:

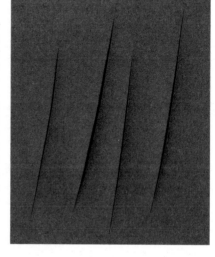

„„Gemalt" hat Fontana in dieser Zeit nicht mit dem Pinsel, sondern mit dem Messer. Einerseits Akt der Aggression und Verletzung, wirken die Schnitte trotzdem elegant, ausgewogen und wohlproportioniert. Das entscheidende Motiv für die Messerattacke ist die Öffnung der Fläche in den Raum. Das Bild bekommt Objektcharakter. Und statt einer nur illusionierten Bildtiefe gehört nun tatsächlich der Raum hinter und vor der Bildfläche zu diesem, in die Realität sich erweiternden Werk."

Die Ästhetik des Bildlichen kann helfen, die Bedeutung der Bildlichkeit zu befragen. Lucio Fontanas Bild ist Gegenstand und Zeichen zugleich; der Gegenstand „bemalte Leinwand" wird als Zeichen verwendet. Das gegenständliche Bild verweist in seinem Bildcharakter auf seinen symbolischen Zeichencharakter und damit auf die Bildhaftigkeit jeder Wirklichkeitswahrnehmung. Fontana entlarvt die Illusion des Anspruchs der Perspektivmalerei, Wirklichkeit darzustellen. In seinem „Weißen Manifest" stellt er die Grundbedingungen der modernen Kunst dar, die er sowohl in der Raumdarstellung als auch in der Darstellung der Bewegung sieht[3]; mit dem Hinweis auf beides begründet er den Übergang von der Statik zur Dynamik. Er wehrt sich gegen eine übermäßige Bewertung der Vernunft, und daher ist für ihn „Die Position der rationalistischen Künstler [...] falsch". Die moderne Kunst stellt weder Menschen oder andere Lebewesen oder Formen dar. „Diese sind Erscheinungen der Natur, die mit der Zeit wechseln und in der Folge der Phänomene verschwinden"[4]. Fontana verweist auf die Bildhaftigkeit des Wirklichen und öffnet einen Schlitz. Ich sehe eine Öffnung, kann aber nicht sagen, was es zu sehen gibt. Das Schwarze, das ich sehe, ist ortlos, es gibt weder Oben noch Unten; vielleicht ist es wieder ein Vorhang vor etwas, das ich nicht erkennen kann. Der Schlitz deutet zwar eine dritte Dimension an, allerdings ohne Horizont. Der Betrachter hofft, einen Durchblick gewinnen zu können, aber sein Blick sieht – nichts. Insgesamt „entsteht ein paradoxes Bild, das etwas zu sehen gibt und doch nichts zeigt."[5] Das Bildschlitzen ist der scheiternde Versuch, unverstellte Wirklichkeit erkennen zu wollen.

Auch Bilder von Magritte verdeutlichen: ein Bild hat einen Rand, aber wegen des Ausschnittcharakters keine Grenze. Das Flächige des rechteckigen Bildes trügt. Bilder und vor allem Weltbilder haben Ränder und Grenzen, aber ich bemerke sie vielfach nicht. Oder, in einer anderen Analogie ausgedrückt, sie sind wie Augen: Sie helfen zu sehen, und d.h. immer: auf diese und auf überhaupt eine subjektive (kulturelle) Art.

---

[3]   Lucio Fontana: „Weißes Manifest", in: Jürgen Harten (Hrsg.): Prospect*Retrospect. Europa 1946-1976*. Katalog anläßlich der Ausstellung Prospect*Retrospect*, 20. – 31. Oktober 1976, Bd. 2 (Städtische Kunsthalle Düsseldorf). Übersetzungen von Schuldt/B. Buchloh/J. Matheson. Köln: König 1976. S. 20.

[4]   Ebd. S. 22.

[5]   Michael Lüthy in: Zeitschrift für Ästhetik und Allgemeine Kunstwissenschaft, 46/2, 2001, S. 240.

Vor solchem Verständnis von Bildrändern kann ich meinem Leben eine Erwartungstiefe zuschreiben, über die ich reflektieren kann – oder muss. Ich lebe und denke in Weltbildern; aber nicht das Bild begrenzt, sondern die Fülle der von ihm hervorgerufenen Bedeutungen ist es, was irritiert.

Weltbilder haben unsichtbare Grenzen, sie locken und konfrontieren mich vor einem offenen Horizont mit Grenzen unseres Denkens, weil ich im Weiterfragen im Grundlosen versinke. Nachdenken konfrontiert mit der Erfahrung der Grenze, aber es bleibt: ohne ein Bild hätte ich keinen Rand und keine Form, etwas zu denken.

Den Rand zu überschreiten wäre vernichtend, ganz genauso, wie sich Menschen früher vorstellten, am Rand der Welt zu sein, vor dem Abgrund. Wer am Rand (des den Menschen möglichen Denkens) steht und ihn überschreiten will, der übt den Selbstmord seiner Vernunft aus: durch den Glauben an ein Wissen dort, wo keins sein kann. Möglicherweise gilt sogar, so einer hält (an seiner begrenzten Denkweise) fest *und* will sie loswerden. Er wird böse oder wahnsinnig; er verliert sich, nicht nur seine gerade aktuell begrenzte Identität.

Ränder können subjektiv wie Grenzen angesehen werden, und Grenzen wie Ränder. Im ersten Fall glaube ich faustisch an die Erweiterung meiner Möglichkeiten, im zweiten Fall stelle ich aktuell fest: Ich kann nicht weiter. Ich brauche Geduld, Begriffserweiterungen, Erfahrungen, Perspektivwechsel. Ikarus überschritt einen Rand, Lilienthal verschob nur Grenzen. Menschen können sich in Flugzeugen bewegen, fliegen können sie nicht. Lilienthal hat den Weg zu Flugzeugen bereitet und ist gestorben. (Das kann man offenbar im Überschreiten von Grenzen und Rändern.)

Grenzen erfahre ich meist vor einem *Horizont*. Ein Horizont ermöglicht Rand und Grenze. Ich kann eine andere Position innerhalb eines Horizonts haben, und jemand kann einen anderen Horizont als ich haben, aber er ist nie sichtbar, er ist immer nur vorgestellt. Merkwürdig. Der Horizont verschiebt sich, erweitert und beschränkt, ohne weiter zu werden, aber er wird nie erreicht. Und doppelt merkwürdig: Vom Horizont her erlebe ich Weite, wie beim Segeln oder in den Bergen, diese Weite und der Horizont sind nicht fokussierbar, sie „geben einen Raum". Weiter erlebe ich von ihm her meine Absichten, Meinungen, Werturteile und Lebenskonzepte als oft nur allzu beschränkt.

Der Horizont entzieht sich jeder eindeutigen Beschreibung, er ist unzugänglich. Gehe ich nach vorn, erkenne ich, je näher ich dem Horizont komme, Einzelheiten, der Horizont jedoch bleibt gleich weit entfernt. Blicke ich zurück, entschwindet manches meinem Blick, Erinnerungen verschwinden teils; teils bemerke ich, dass sie von Gegenwärtigem überformt werden. Mein Leben bewegt sich zwischen Horizonten, einem, der erinnernd, also auch von meiner zeitlichen Verfassung bestimmt wird, und einem offenen, den ich hoffend und ängstlich – früher vielleicht neugierig - heute aber mit sehr verminderter ‚Gier' entgegensehe. Wohin ich auch blicke, ich bin von Horizonten umgeben.

Ein Horizont hat keinen Rand. Aber es scheint mir so, wenn ich auf den Horizont blicke. Was manche als ihren Horizont ausgeben, ist ihr Rand. Sie haben gar keinen Horizont, sondern nur die Form ihrer Verfasstheit im Kopf. Es ist zu empfehlen, einen lichtgebenden Horizont zu haben, vor dessen Hintergrund die Grenzen unseres Wissens aufscheinen können. Einen Horizont zu haben, ermöglicht eine Welt und Orientierung.[6]

Wenn ich versuche, ein räumliches Bild, eine Karte des Lebens zu zeichnen, dann liegt für mich auf der anderen Seite des Horizontes: der Tod. Er liegt nicht auf der anderen Seite eines Randes. Rand wäre ein verendlichter Horizont, hier stattfindend. Wer schwer krank ist und sich mit seinem Lebensende konfrontiert sieht, erlebt sich heute vielfach von anderen ausgegrenzt, an den Rand geschoben, und er sieht dem Tod als Abbruchkante entgegen, mit der er sich angstvoll konfrontiert sieht.

Wenn ich den Tod als Rand oder als Grenze ansehe, fürchte ich ihn oder versuche ihn hinauszuzögern. Zum Rand gehört das absolute existenzielle Risiko – dem ich mich natürlich auch stellen kann. Dabei denke ich z.B. an Ganzheitssucher, an Menschen, die soweit mit Drogen experimentieren, dass sie ihre gesamte Weltwahrnehmung ändern wollen (oder

---

[6]   Was geschieht, wenn der lichtgebende Horizont wegfällt, problematisiert Nietzsche in „Die fröhliche Wissenschaft" im Aphorismus 125. „Der „tolle Mensch" rief „»Wohin ist Gott?« […], »ich will es euch sagen! *Wir haben ihn getötet* – ihr und ich! Wir alle sind seine Mörder! Aber wie haben wir dies gemacht? Wie vermochten wir das Meer auszutrinken? Wer gab uns den Schwamm, um den ganzen Horizont wegzuwischen? Was taten wir, als wir diese Erde von ihrer Sonne losketteten? Wohin bewegt sie sich nun? Wohin bewegen wir uns? Fort von allen Sonnen? Stürzen wir nicht fortwährend? Und rückwärts, seitwärts, vorwärts, nach allen Seiten? Gibt es noch ein Oben und ein Unten? Irren wir nicht wie durch ein unendliches Nichts? Haucht uns nicht der leere Raum an?"

wollen sie das nur, weil sie allzu beschränkt, fest definiert und selbstbestimmt leben?), aber auch an radikale Asketen; dies alles scheinen mir Versuche, das Absolute jetzt und hier haben zu wollen. Möglicherweise sind auch Diktatoren und Fanatiker Randüberschreiter. Da wird der Rand zum Übergang zum Bösen, während Grenzüberschreitung Technik und Entwicklung sein kann. Das Absolute, sofern es so etwas geben sollte, liegt nicht jenseits einer Grenze oder eines Rands, es liegt jenseits eines Horizonts. Etwas ganz Anderes liegt nicht jenseits eines Randes, denn da liegt nur das Gegenteil dessen, was etwas konstituiert.

Meine Vorstellung des Todes ist auch davon bestimmt, wie ich mir „Leben" vorstelle. Verstehe ich es raum-zeitlich beschreibbar, kann die Vorstellung des Todes mich an den Rand bringen, verstehe ich mein Leben in Anlehnung an Bilder Lucio Fontanas mit einer Erwartungstiefe, dann kann mich die Erfahrung des Todes über den Horizont tragen. Das heißt, das Problem der Angst vor dem Tod scheint erst auf, wenn ich ihn mitten im Leben als Rand denke, wenn ich versuche, meinen Horizont dichter an mich heranzurücken. Dabei traue ich meinem Nichtwissen nicht, sondern versuche doch, wissen zu wollen. Wenn das stimmt (es ist nur ein Bild, in dem ich zu denken versuche), dann könnte die Angst vor dem Tod auf einer falschen Metapher und einer Ungläubigkeit dem eigenen Nichtwissen gegenüber ruhen: Ich will möglicherweise einfach nicht wahrhaben, dass ich etwas nicht weiß und nicht wissen kann. Vladimir Jankélévitch findet für diese Problematik die sehr überzeugende Formulierung „[...] die zugleich ungewöhnliche und banale Tatsache, [...] jenes empirisch-metaempirische Ungeheuer, das man Tod nennt[7].

Den Tod kann ich mir nicht vorstellen, eher bin ich von ihm wie von einem Horizont begleitet; eine Vorstellung wäre immer eine auf der anderen Seite eines Randes. Leben aber als vollständiges in einem unveränderlichen, endlichen Rand anzusehen, kann auch nicht genügen: Das

---

[7]   Vladimir Jankélévitch: Der Tod. Aus dem Französischen von Brigitta Restorff. Frankfurt 2005. S. 13. Jankélévitch fährt an der genannten Stelle fort: „[...] einerseits ist der Tod eine journalistische Meldung, die unter die Rubrik »Vermischtes« fällt [...]. Und doch gleicht dieses Vorkommnis keinem anderen empirischen Vorkommnis, denn es übersteigt jedes Maß und ist mit anderen natürlichen Phänomenen nicht zu vergleichen."

prall und umrandet Volle, dem nichts fehlt, das wie in einem Gefäß gehalten ist, lässt keinen Überfluss erhoffen, man bekommt dort so etwas wie Fülle immer nur als Füllung. Vom Tod begleitet zu sein dagegen heißt, sein Vertrauen in ein begriffliches Nichts zu legen, das kein vernichtendes ist, so unbekannt ist es. Daher kann ich, mit der dreifachen Unterscheidung von Grenze, Rand und Horizont, den Tod anders denken als als ewiges gleiches Leben oder nackte Vernichtung. Ich kann ihn als Wandel und Übergang ansehen oder als etwas mir völlig Entzogenes. Imaginiere ich mir, mein Tod komme bald, könnte ich so bereit zur Aufgabe sein und loslassen; vielleicht bräuchte ich aber selbst dann auch Mut, als stünde ich vor einer Grenze zu etwas anderem. Sehe ich ihn als Rand an, will ich festhalten oder will vielleicht, so wie ein Unzufriedener, verzweifelt loswerden, was ich bin. Vielleicht konfiguriere ich den Tod immer als Rand, je näher desto mehr, und erlebe mein eigenes Bangesein. Aber vielleicht kann ich dann darauf vertrauen, dass das Bangen zum Sterben dazugehört und mich nicht endgültig an den Rand bringt.

Tiefes Wissen vom Nichtwissen könnte ich eine solche Einstellung zum Leben und zum Tod nennen (aber es ist eher eine Haltung): in verschiebbaren Grenzen, in festen Rändern staunend vor einem Horizont stehen und sich erhellen lassen.

Hat mich meine topographische Betrachtung etwas gelehrt? Je nach Blickrichtung schaue ich auf die eigenen Grenzen oder auf den Horizont. Jung ist, wer mehr Träume als Erfolge hat, sagte Simon Peres im Alter von 89 Jahren.

Mit diesen Überlegungen erneut zu Prometheus. (S.208) Aischylos stellt eine überraschend andere Deutung der Tat des Prometheus vor, der uns Menschen das Feuer gab: Aischylos folgend hat Prometheus uns Menschen das Wissen um unsere Todesstunde genommen.

Prometheus:
Den Freunden freilich bin ich jammervoll zu schaun.
Chor:
Du bist doch weiter nicht gegangen, als du sagst?
Prometheus:
Ich nahm's den Menschen, ihr Geschick vorauszusehn.
Chor:
Sag, welch ein Mittel fandest du für dieses Gift?

Prometheus:
Der blinden Hoffnung gab ich Raum in ihrer Brust.
Chor:
Ein großes Gut ist's, das du gabst den Sterblichen.
Prometheus:
Und bot zum andern ihnen dar des Feuers Kunst.
Chor:
Die Tageskinder kennen jetzt der Flamme Blick?
Prometheus:
Der künftig tausendfache Kunst sie lehren wird.[8]

Aischylos' Verständnis der Tat des Prometheus wirft Fragen auf; wieso ist, sein "Geschick vorauszusehn" ein "Gift", und wieso soll "blinde Hoffnung" ein "großes Gut" sein? Sein "Geschick vorauszusehn" kann lähmen; wer sein Todesdatum kennt, kann sich ausrechnen, wie lange er noch leben wird, und er könnte sich fragen: Lohnt es sich angesichts einer knapp bemessenen Zeitspanne, angesichts dieses Randes, noch etwas auf den Weg zu bringen, zu bauen, anzupflanzen usw., von dem er selber nur Weniges haben wird? Nicht jeder vermag es, Apfelbäume zu pflanzen. So ergibt sich die paradoxe Situation: Erst solch spezifisches Nichtwissen versetzt die Menschen in einen offenen Zeithorizont. Das motiviert und ermutigt, Kultur zu entwickeln, denn wer nicht an sein Ende denkt oder es ausblendet, dessen Kopf wird frei, seine Gegenwart zu gestalten. (Goethe blieb Zeit seines Lebens Beerdigungen fern, selbst zu der seiner Frau ging er nicht.)

Die "blinde Hoffnung" als "großes Gut" zu verstehen, mag eher einleuchten. Denn eine Hoffnung, die nichts über unsere *condition humaine* weiß, ist zwar blind, aber eine informierte Blindheit kann Hoffnung entlassen. Aus anerkennender Wahrnehmung der Ränder und Horizonte des Erkennens kann Staunen als Achtung des Unbestimmten und des Geheimnisses erwachsen. Jedem ist anheimgestellt, wie er die anerkennende Wahrnehmung der Grenzen des Erkennens deutet. Deute ich diese Grenzen einerseits als Rätsel, mag ich hoffen, sie zu verschieben - durch den sich keine Grenzen setzenden Forscherdrang der Menschheit -, um damit das Land des Bekannten zu erweitern; deute ich andererseits Horizonte als das Unbestimmte, das mir unverfügbare Geheimnis, nehme ich an, dass Geheimnisse – nicht wie Rätsel – rational nicht zu lösen sind. Ich

---

[8] Aischylos: Der gefesselte Prometheus. Übersetzt von J. G. Droysen (Berlin 1832) In: Griechische Tragiker Aischylos, Sophokles, Euripides. Winkler-Verlag München 1967. S. 242.

muss dann in *belehrter Unwissenheit* leben lernen. In dieser Perspektive kann ich nur in wenigen stimmigen Situationen einen Blick aus meiner selbstverfertigten zweckrationalen Höhle werfen –, vielleicht ist dies das erreichbare Wissen um die *condition humaine.*

Aber nein, ich will meine Begegnung mit Grenzen noch einmal gegen den Strich bürsten und mich dabei an den Anfang meiner Überlegungen zu Grenzen erinnern – Erweiterung des Radius von Menschen -; ich versuche, *Grenzerfahrungen als Abenteuerspiel* zu begreifen. Mich auf ein Abenteuerspiel einzulassen, bedeutet in den meisten Fällen, eine kalkulierte Normenübertretung zu wagen, um Neues zu erproben und Verborgenes in sich selbst zu entdecken. Ich könnte bereit werden, mit meinen Überzeugungen im extremsten Fall auch das eigene Leben zu riskieren. Aber - ist es berechtigt, das Leben als Abenteuer, gar als Abenteuer*spiel* zu beschreiben? Es spricht einiges dafür, denn ein ausweisbares Ziel, gar einen vorgegebenen Zweck verfolgt Leben nicht; jedenfalls kenne ich so etwas nicht. Und im übrigen: gefragt worden ist keiner, ob er diesen riskanten und gefährlichen Lebensweg antreten wollte. Ein Abenteurer wird Gewinn und Verlust abwägen; dabei kann unter „Gewinn" auch die Lust am Risiko verstanden werden. Auf was könnte sich jemand verlassen, der das Wagnis eines Sprungs ins Abenteuer bewusst eingeht? Ob man der Selbstbegründung der Vernunft vertraut oder nicht, in jedem Fall wird man sich verdeutlichen, dass auf keine tragende philosophische Letztsicherung und -begründung zurückgegriffen werden kann. Man wird sich entweder mit einer metaphysischen oder transzendentalen Obdachlosigkeit konfrontiert sehen oder glauben, dass es eine Art Licht hinter dem Horizont gebe. Denn ich kann den Horizont als Horizont erst dann wahrnehmen, wenn er sich in irgendeiner Form darstellt. Wenn alles in unendlicher Ferne im Dunst verschwimmt, kann man nicht mehr von „Horizont" sprechen, denn das Unterscheidende, die Grenze, fehlt. Um die metaphysische Haltung zu kennzeichnen, die einer metaphysischen oder transzendentalen Obdachlosigkeit gegenübersteht, sei auf das von Chatwin in „Traumpfade" verwendete Bild des „horizont-süchtigen Wanderers"[9] verwiesen. Das Lebensabenteuerspiel bleibt für den Horizontsüchtigen ein Spiel im vollen Lebensernst, d.h. er mag scheitern, aber die Gewinnchance besteht. Der den Horizont bemerkbar machende Lichtschein kann als metaphysische (Hintergrund)Ordnung verstanden werden. Dieser Abenteurer geht das Wagnis eines Schritts auf

---

[9]   Bruce Chatwin: Traumpfade. (1987). Frankfurt/ M. 1992, S.15

die Grenze des Horizonts ein, weil er im Blick auf den aufscheinenden Horizont begründet hofft, grenzüberschreitende Erfahrungen eines anderen, neuen Lebens zu machen: *zu neuen Ufern lockt ein neuer Tag.* Diese Art Hoffnung kann Kraft geben, das Abenteuerspiel eines Lebens zu bestehen, das sich als Leben im Vorläufigen begreift – auch und gerade in Situationen, in denen andere mir meine Grenzen aufzeigen. Vielleicht beschreibt dies die Lebensform desjenigen Abenteurers hinreichend, der das Abenteuer nicht allein wegen des Risikos sucht, sondern wegen einer Grenzüberschreitung zu einem anderen Leben: In der Gegenwart lebend versteht er seine Situation als Aufbruchssituation in Zukünftiges[10].

Der Abenteurer der metaphysischen oder transzendentalen Obdachlosigkeit weiß gewiss, sein Leben hat Anfang und Ende; er weiß damit um endgültige Grenzen, und er akzeptiert sie. Insofern könnte die Haltung einer metaphysischen oder transzendentalen Obdachlosigkeit als illusionslos, ehrlich und mutig bezeichnet werden, sie vertraut nicht auf vage, rational nicht begründbare Wahrnehmungen. Indem der Mensch weiß, dass sein Leben begrenzt ist, könnte es sein Ziel sein, vor allem Unglück zu vermeiden und, wenn es geht, (sein) Glück zu befördern.[11] Bevor er ein Risiko eingeht, wird er abwägen zwischen dem ihn zu erwartenden Unglück und der Wahrscheinlichkeit, es zu vermeiden. Ein metaphysisch orientierter Abenteurer ist nicht bereit, endgültige Grenzen hinzunehmen; er weiß um die Grenzen seiner Vernunft und ist be-

[10]   Unser Vorhaben ist es, nach einem ersten Durchgang der Destruktion einiger Begriffe im zweiten Schritt die Leistung begrifflichen Arbeitens aufzuzeigen. Vor diesem Hintergrund mag es aufschlussreich sein, auf Nietzsches Verständnis von „Spiel" zu verweisen. In „Nachgelassene Fragmente" vom Sommer 1888 findet sich die Formulierung „ihr steifen Weisen, mir ward Alles Spiel". 20 [40]. Während die in der Art der „steifen Weisen" Philosophierenden von System- und Einheitsvorstellungen ausgehen und ein nicht einzulösendes anspruchsvolles Verständnis von Wahrheit haben, dekonstruiert Nietzsche diese traditionelle Metaphysik und weist auf die Perspektivengebundenheit des Denkens hin. Eines Denkens, das eben auf Grund dieser Einsicht zu einem Spiel mit Perspektiven gerät – mit Konsequenzen für das Verständnis von Wahrheit. Die Kritik an der steifen Weisheit führt zu einer nicht zu fixierenden Weisheit, die auf einen Entwicklungsprozess setzt. Wer eindeutige begriffliche Bestimmungen will, geht von einem geschlossenen Horizont aus, der in (Lebens-)Spielen mit immer gleichen Regeln erstarrt. Wer spielt, weiß um die Bedeutung des Vorläufigen, nicht Abgeschlossenen.
[11]   Vgl. Michael Hampe: Das vollkommene Leben. Vier Meditationen über das Glück. Darin das 2. Kapitel *Wissenschaftlich-technischer Fortschritt als Abschaffung des Unglücks*. München 2014. S. 43-112.

reit, mit Blick auf eine offene Zukunft risikoreich zu leben. Stört den einen das Ungewisse, das es rational aufzuklären gilt, lockt den anderen das Ungewisse, und es schreckt ihn keineswegs.

Es könnte sein, die soeben vorgestellten Abenteurertypen haben ein unterschiedliches Wirklichkeitsverständnis, dem ein abweichendes Verständnis von Leben und Tod parallel läuft. Der Abenteurer der metaphysischen oder transzendentalen Obdachlosigkeit könnte sich im Gefolge neuzeitlicher Aufklärung und zweckrationaler Vernunft „Leben" im methodologischen Kontext der Naturwissenschaften erklären. Leben beginnt mit der Geburt und endet, wenn die wissenschaftlich ausgewiesenen Körperfunktionen enden. Der horizontorientiert Metaphysische widerspricht der Anwendbarkeit dieses Vernunftbegriffs auf sein Verständnis von „Leben" und „Tod". Beide entziehen sich seinem abschließenden Verständnis, weil die Begriffsverwendung zu Widersprüchlichem führt. Parallel dazu liegt beiden Positionen ein unterschiedliches Verständnis von „Wirklichkeit" und „Wahrheit" zu Grunde. Das eine Wirklichkeitsverständnis umfasst alles, was „mit den Mitteln von Wissenschaft und Technik wahrzunehmen" ist[12]. Die andere Wirklichkeitswahrnehmung beschreibt eine Wirklichkeit, die für den heimatgeprägten, aber sie überschreitenden Horizontwanderer entscheidend ist und die darüber hinaus von einer ästhetisch vermittelten Wahrnehmung ‚des Ganzen' beeinflusst wird. Aus dieser Wirklichkeit zieht der abenteuerorientierte Horizontwanderer die Kraft, das unbekannt Ungewisse wahrnehmen und das Wagnis einer Grenzüberschreitung zu erproben und dabei auf ein Jenseits der Horizontgrenze zu vertrauen. Allerdings sind dies nicht in einem objektivierbaren Sinn zwei Wirklichkeiten, sondern zwei Wahrnehmungen der Wirklichkeit, als einer objektivierten und als einer, die mich umfasst.

Welche der beiden Grundorientierungen man aus welchen Gründen wählt, dürfte in der kaum aufklärbaren Biographie jedes Einzelnen zu suchen sein. Nur aus der Teilnehmerperspektive kann man den Abenteurer der metaphysischen oder transzendentalen Obdachlosigkeit verstehen, der den Sprung ins Unbestimmte wagt. Denn nur in dieser Perspektive vermag man das Vertrauen nachzuvollziehen, das der spielende Springer hat oder: in zweckrationaler Sprechweise „investiert" hat. Wenig plausibel ist, dass es eine rein rationale Entscheidung etwa im Sinne

---

[12] A.M. Klaus Müller: Erfahrungen der Grenze. Von den Herausforderungen am Ende der Neuzeit. München Kaiser 1985. S. 26.

der Wette bei Pascal ist; diese kann allenfalls nach pragmatischen Überlegungen getroffen werden.

Folgt der Sprung ins Abenteuer Regeln? Ich weiß es nicht. Wüsste ich
es, kennte ich die Regeln, nach denen sich „Leben" vollzieht. Die aber
kenne ich nicht. Daher ist das Abenteuerspiel des Lebens der Grenzfall
und daher kein feuilletonistisches Glasperlenspiel, bei dem der Glasper-
lenspieler sich fragen lassen muss,

> „ob der Raum Kastalien nicht groß genug wäre, um viele ihr Leben lang wür-
> dig zu beschäftigen! Glaubet Ihr im Ernst, diesen Raum durchmessen und
> überwunden zu haben?« »O nein«, rief der andre lebhaft, »nie habe ich so
> etwas geglaubt. Wenn ich sage, ich sei an die Grenze dieses Raumes gelangt, so
> meine ich nur: was ich als einzelner und auf meinem Posten hier leisten konnte,
> ist getan. Ich bin seit einer Weile an der Grenze, wo meine Arbeit als Glas-
> perlenspielmeister zur ewigen Wiederholung, zur leeren Übung und Formel
> wird, wo ich sie ohne Freude, ohne Begeisterung tue, manchmal sogar ohne
> Glauben. Es war Zeit, damit aufzuhören.«„[13]

Grenzen verschieben sich im Lauf der Zeit, und daher verändern sich bei
meinem Weg auf und im Bedeutungsgewebe meines Lebens die Grenzen
sowie das, was sie mir bedeuten. Wo früher eine Grenze war, bewege ich
mich jetzt im offenen Feld und Raum. Was früher ein Abenteuer war,
gleitet mit der Zeit ins Alltägliche.

Muss ich mich entscheiden? Ist nur ein risikobereites Leben ein volles
Leben oder sollte ich Pascal folgen? „Wenn ich es mitunter unternom-
men habe, die mannigfache Unruhe der Menschen zu betrachten, sowohl
die Gefahren wie die Mühsale, denen sie sich, sei es bei Hofe oder im
Krieg, aussetzen, woraus so vielerlei Streit, Leidenschaften, kühne und
oft böse Handlungen usw. entspringen, so habe ich oft gesagt, daß nämlich alles Unglück der Menschen einem entstammt, nämlich daß sie unfähig sind, in Ruhe allein in ihrem Zimmer bleiben zu können."„[14]

Grenzerfahrungen begegnen mir im reflektierten Umgang mit mir selber und im Umgang mit Anderen, wenn diese sich mir widersetzen, indem sie meinem Denken und Handeln Grenzen setzen. Die Erfahrung

---

[13] Das Glasperlenspiel. Versuch einer Lebensbeschreibung des Magister Ludi
Josef Knecht samt Knechts hinterlassenen Schriften herausgegeben von Her-
mann Hesse. Frankfurt /M. (Suhrkamp) 1963. S. 446.
[14] Blaise Pascal: Pensées. Über Religion und über einige andere Gegenstände.
Übertragen und herausgegeben von Ewald Wasmuth. 8. Aufl. Heidelberg 1978.
S. 77.

der Grenze formt mein Leben. Verharrte ich in einer einmal gefundenen Form, erstarrte ich zur Schablone. Risse ich alle Grenzen nieder, verlöre ich jede Kontur und alle Ränder und könnte mein Leben nicht in Form bringen.

Wie kann ich diese Denkbewegung vollziehen, d.h. mir als Vollziehender grenzbewusst *sein* und mich gleichzeitig grenzüberschreitend *bewegen*? Ich müsste dann in meiner strukturgebenden Lebensform *sein* und mich gleichzeitig struktur- und grenzüberschreitend auf einen offenen Horizont hin *bewegen*. Kann es mir gelingen, ein ‚Ganzes‘ ahnend, mir einen unbegrenzten Lebensweg im Weglosen zu bahnen?

19. Ich werde gestorben sein

Ich weiß es ja. Irgendwann ist es soweit. Ich sehe es an den anderen. Ich sterbe. Noch ein paar Jahre, eine gefühlte Unendlichkeit, je nachdem. Tröstungsversuche.

Wenn ich mich damit auseinandersetze, dass ich einmal sterben werde, kann mir das zu mancher Weisheit über mein Leben verhelfen. Ich kann es als Geschenk ansehen. Ich kann den Wert dessen, was mich umgibt, schätzen lernen, gerade weil mir die Dinge nicht ewig bleiben. Würde ich unendlich lange leben, wäre alles gleichgültig, alles könnte ich auf morgen verschieben, nichts hätte Wert, eine furchtbare Vorstellung; aber „sehr lange gesund" leben, das könnte mir gut gefallen![1]

Carpe diem! Ich kann meine Tage sinnvoll ausfüllen, ich kann genießen, bewusst leben, das Jetzt schätzen lernen und so vermeiden, allzu häufig an die Zukunft zu denken, für die ich alle meine jetzigen Tage opfere.

Ich kann - denke ich nur an das, was gerade anliegt - auch die Nichtigkeit bestimmter Dinge erkennen, die ich sonst für unermesslich wichtig und bei denen ich meinen Beitrag zu ihnen für unverzichtbar halte: Gelderwerb, Macht, Karriere, Besitztümer, Gier, Eitelkeiten, Leistung. Kurz, die Götzen meines Lebens zeigen sich angesichts des Todes in ihrem midashaften Goldcharakter.

Interessanterweise sehe ich mich, verfolge ich solche „endlichen" Güter, häufig mit den Augen der anderen, ich frage mich, wie „die" mich sehen und bewerten. Die Auseinandersetzung mit dem Tod kann also vor Fremdbestimmung schützen, die als Selbstbestimmung erschien. Mache ich mir das klar, kann ich meinen eigenen Initiativen und Wünschen, aber auch denen anderer leichter folgen.

Trotzdem, stelle ich mir mein Leben in seiner Endlichkeit vor, gelingt mir kein Überblick darüber, was das Leben ausmacht, „worum es darin ginge". Über den Tod erfahre ich ebenfalls nichts, höchstens etwas über mich, und so gesehen kann der Tod, jetzt von mir gedacht, zum Augen-

[1] Vgl. z.B. Simone de Beauvoir *Alle Menschen sind sterblich*. (1946)

blick der Wahrheit werden. Mancher erkennt, wie nichtig er gelebt hat, und ändert das infolge einer schweren Krankheit oder durch gelingende Reflexion. (Und freilich, jeder, der reflektiert, kann wissen: je näher und schmerzvoller der Tod erscheint, umso mehr kann sich die Perspektive verändern, der Horizont wird zum Rand, die Grenze wird, altersmilde, überstiegen.)

Der Tod, an den ich dabei denke, ist jedoch eher der Tod mitten im Leben, eine Abstumpfung. Der Tod selbst bleibt in seiner Fremdheit bestehen, ich kann ihn nicht denken; auch wenn ich naturwissenschaftlich über ihn nachzudenken versuche, sehe ich nur ein Ende, ein Aufhören, Verlöschen, ein Ende der biologischen Lebensfunktionen. Ich kann mir dadurch die Fremdheit des Todes nehmen, aber solches Scheinwissen vom Tod eröffnet nur eine reine Immanenz. Ich weiß dann lediglich, was das Leben biologisch bedeutet, und ich sage mir: Also ist der Tod, von hier aus gedacht, „nichts". Derjenige, der glaubt, alles sei das, wofür er es hält, muss sich für ziemlich großartig halten. Dies gilt besonders dann, wenn man dabei an das denkt, was gerade per se als etwas Anderes definiert ist. Probleme ‚weg-zu-definieren' beruhigt nur scheinbar; bald klopfen sie wieder an.[2] Eine fundierte Ansicht über das Leben kann gerade nicht sagen, was „Nicht-Leben" sein soll.

Kann und sollte ich den Tod als „Nichts" denken, eine Entscheidung, die näher rückt, wenn ich die ärztliche Diagnose „Krebs" erhalte, die fremd und namenlos vor mir steht, wenn ich im Briefkasten die Todesanzeige eines Wegbegleiters finde? Kann ich ihn als „Verwandlung" ansehen? Als was? Kann ich mich einlassen, verstanden als Akzeptieren vorgegebener Grenzen? Anders formuliert: Ein mir Unbekanntes hat mich – ungefragt? – auf die Bretter dieser Welt gestellt. Mit Kierkegaard möchte ich ausrufen: "Wer hat mich in dieses Ganze hineingenarrt? … wo ist da der Dirigent, ich habe eine Bemerkung zu machen."[3] Sollte

---

[2] Es fällt mir zunehmend schwer, einige Gespräche über Kranke oder Sterbende anzuhören: ‚Woran ist jemand gestorben? Ah, hat sich wohl zu ungesund ernährt, zu viel geraucht, zuviel Stress gehabt.' Die Redenden, so sehr auch stimmen mag, was sie sagen, dünken sich so klüger als die Kranken oder Toten, denn jeder Mensch kann plötzlich krank werden und sterben; ich höre dabei die Selbstermächtigung, Einfluss auf die Lebensspanne nehmen zu wollen, einzuschätzen, wann der Tod ‚passte' (mit 50 noch nicht, mit 70? (statistisch auch zu früh), mit 90?, mit 120?). Das Gespräch ist die Grammatik der Angst vor der eigenen Endlichkeit.

[3] Søren Kierkegaard, in: Die Wiederholung. Ein Versuch in der experimentierenden Psychologie von Constantin Constantius. Kopenhagen 1843. Über-

ich mich vom Nachdenken über den Tod abwenden und, mit Goethe, dem Beerdigungsverächter gesprochen, ent-sagen, aus eigener Einsicht mir selbst Grenzen setzend? Aber ich weiß nur zu gut, dass die Fragen bleiben und dass eben solches Ent-sagen auf Unverfügbares weist, dass ich zwar keine Antworten erhalten werde, dass ich aber die Fragen immer wieder zu-lasse, sei es auch nur nachts oder in dunklen Stunden. Und dass die Tatsache, dass ich das tue, mindestens die Chance enthält, mich und die anderen Menschen, die mit mir leben, nicht „nur" als etwas Bekanntes anzusehen. Sei es also versucht.

Zunächst gibt es: das Verschwinden der Leichen. Gut: Dass uralte Menschen aus den Straßen verschwunden sind, das habe ich schon zu akzeptieren gelernt, ich habe mich daran gewöhnt. Die letzte Lebenszeit ist aus dem öffentlichen Leben verschwunden, aber die Toten selbst?

Bei Beerdigungen stelle ich immer eine Diskrepanz fest: Der Tote ist nah, und er ist fort. Er lebt in meiner Vorstellung weiter, und dann blicke ich auf den Sarg (oder die Urne) und weiß: Dort liegt der Leichnam. Diese beiden Vorstellungen bekomme ich niemals zusammen, und das löst diese Ungeheuerlichkeit, die Trauer und die Untröstlichkeit der Tatsache des Todes aus. Meine Vorstellung zerschellt an der Außenperspektive, und um mich dieser zu stellen, möchte ich die Leiche sehen.[4] Um wahrhaben zu können. Ich muss mir Mut abkaufen in dieser Situation, in der Konfrontation mit dem Toten. Es bleibt im Missverhältnis: meine Vorstellung von der Person – die Tatsache, dass sie physisch weg ist – meine Vorstellung von mir selbst und dem Sterben. Ich möchte daran festhalten, dass die Person noch „da" ist, und gerade die Unausweichlichkeit des Abschieds führt mich zu Treue. Die Person bleibt in meinem Herzen, ich möchte ihr Andenken bewahren. ‚Sie war doch eben noch da.' Jeder ist beim Tod ratlos, bemerkt, was er nicht weiß, findet den Tod merkwürdig.

„Der Tod ist groß. / Wir sind die Seinen / lachenden Munds. / Wenn wir uns mitten im Leben meinen, / wagt er zu weinen / mitten in uns." lautet ein berühmtes, oft zu Todesanlässen zitiertes Gedicht von Rainer Maria Rilke. Wir sind immer mitten im Leben, daher können wir den Tod nur körperlich trauernd erahnen, und doch meinen wir nur, mitten

setzt von Liselotte Richter. Werke II. Reinbek 1961, S. 62-63.

4 „Die Wahrheit von der Sterblichkeit der Kreatur ist demzufolge keine einleuchtende Wahrheit, sondern ein dunkles Geschick, das uns jeder tatsächliche Tod neu denken lässt." Vladimir Jankélévitch: Der Tod. Aus dem Französischen von Brigitta Restorff. Frankfurt 2005. S. 21.

im Leben zu sein, und ein plötzlicher Anlass, eine vermutete Krankheit oder ein Sterbefall reißen uns heraus aus dieser Immanenz und konfrontieren uns mit einem unbegreiflichen Abgrund.[5]

Und dann habe ich merkwürdige Erlebnisse oder zumindest von ihnen gehört. Die Sterbenden warten, sagen Angehörige, sie suchen sich den passenden Zeitpunkt aus. Ein Sterbender nimmt Rücksicht auf seine Lieben durch das Aufschieben des Ablebens. Man könne spüren, wie die Seele entschwinde. Es gebe Koinzidenzen, wenn ein naher Mensch sterbe. Man spüre etwas, das man nicht erklären könne. Jemandem wird schwindelig, er fällt um und weiß, dass die Tante gestorben ist. Nahezu gespenstisch können einem solche Erzählungen und Erlebnisse erscheinen.

Sollte ich diesem Gedankenkreis Raum geben? Sollte ich an einen „Ort" glauben, zu dem die Toten gehen? Hindert mich nur ein materielles Paradigma der Wirklichkeit daran? Ich bin gewohnt, alles Vergehen zugleich als einen Neuanfang zu deuten. ‚Stirb und werde', heißt es, jedem Abschied wohne ein Neubeginn inne, immerhin: meine Zellen in mir sterben zu jedem Zeitpunkt und erneuern sich, ich bin doch jetzt schon, materiell gesehen, ein ganz anderer als vor sieben Jahren und vor vierzehn Jahren. Ich stelle mir doch eher Licht hinter einem Tunnel vor – ja, das kann ich mir bildlich vor Augen führen (es könnte aber auch ein vorgefertigtes Klischee sein) -, ich stelle mir gern Weite nach erdrückender Schwere und Enge vor. Ich lasse meine Seele laufen, indem ich meine Vorstellungen von einem „Danach" annehme. Dadurch kann ich mir eher vorstellen, mein Sterben geschehenlassend hinzunehmen.

Während des Schreibens dieses Kapitels bekomme ich eine E-Mail: Ein ehemaliger Kollege hat Lungenkrebs, er schreibt selbst, sein baldiger Tod ist möglich. Schwer. Ich ringe um eine angemessene Antwort, die der Schwere Rechnung trägt. Die einfühlsam ist, ohne den Eindruck zu erwecken, ich verstünde, wie es sei. Denn ich sterbe ja gerade nicht. Taktsuche. Etwa so: ‚Das ist schwer. Gutes für dich in der nächsten Zeit. Ich begleite dich in meinem Herzen.' Oder: ‚Ich bin in Gedanken bei dir.' Weggelassen: ‚Wenn ich etwas für dich tun kann, sag' Bescheid.' Was sollte ich tun können? Anmaßung. Dann plötzlich der Satz im Kopf: ‚Ich werde für dich beten.' Tränen, die sich unmittelbar einstellen, mitten auf einem Weg. Der Ungeheuerlichkeit komme ich dadurch näher - fühle

---

[5]   Rainer Maria Rilke: Schlußstück (1901/1902). In: Ders.: Die Gedichte. Frankfurt/M. (Insel) 1986, S. 423

ich. Mir erscheint Beten dabei nicht wie eine illusionäre Hoffnung, eher wie eine Öffnung, eher so, als würde ich so meinen Gedanken (und Gefühlen) Raum geben.

Wohin begebe ich mich gerne, wenn ich es nicht begreifen kann? Mir fallen Sexualität ein und die Angst vor ihr in jungen Pubertätsjahren (ebenso wie die Sehnsucht und das Gefühl der Neuheit der Begegnung einer jungen Liebe, in die ich mich begebe), Entspannung, Urlaub, vielleicht noch das Springen ins Wasser, rutschen, fliegen, tauchen, fallen, einschlafen (die Angst vor dem Einschlafen als Kind und das Nicht-einschlafen-Können).

Dass es nach dem Tod „weiter geht" (aber man sagt nicht: *im* Tod), kann ebenso eine sehnsuchtsvolle Hoffnung sein, die ich mir in Bildern bekannt machen kann (zum Beispiel als Wiedergeburt, Hölle oder Paradies), wie ein Zulassen unvermeidbarer Vorstellungen und Analogien. Ich kann den Tod offenbar nur als Symbol ansehen. Das bedeutet nicht nur, dass ich ihn immer in das eingemeinde, was mir bekannt erscheint, sondern ebenso, dass er zur Bruchstelle wird.

Ich bin nicht weiter gekommen, der Tod bleibt die Bruchstelle des Lebenswegs. Ich bekomme die Situation des Todes nicht scharf gestellt! Es ist offenbar eine Situation, in der ich mir innewerde, Situationen sind: vorbei. Dadurch, dass ich den Tod nicht scharfgestellt bekomme, bleibt auch mein Leben unvollständig und ein Fragment.

Ist der Tod überhaupt eine Situation?[6] In Ereignisse trage ich mein Wissen hinein, dessen ich mir in einer Situation bewusst werden kann. Wer nichts weiß, kann nicht leben, ich nehme im Handeln ständig das Wissen und Kompetenzen in Anspruch. Mein Zahnarzt weiß hoffentlich, was er zu tun hat, ich weiß hoffentlich, was ich tue, wenn ich ein Haus baue. So habe ich Situationen in diesem Buch die ganze Zeit verstanden. Indem mir ein Ereignis zur Situation wird, merke ich auf, ich stutze, ich werde mir meiner Annahmen bewusst. Ich stelle sie in Frage, ich prüfe, ob es sich überhaupt um Wissen handelte. Daher hat mein Nichtwissen methodische Bedeutung, es ist der Reflexionshintergrund, vor dem ich anfange, nachzudenken, ebenso wie die Reflexion ihren Anfang in (scheinbarem) Wissen nimmt. Das Nichtwissen erweist sich dabei als die

---

[6] Gibt es im Übergang vom Leben zum Tod noch den Unterschied zwischen Ereignis und Situation? Die Frage stellen heißt: sie als absurd und skurril zu erkennen. Mit der Hinfälligkeit des Subjekts vergeht vielleicht nicht jeder Unterschied, jedoch zerfällt in der Vorstellung jede Frage nach irgend einem Unterschied.

Schwester des Wissens, es ist Antreiber des Wissens, und das vorläufige Wissen spornt die Reflexion an und kann zum Wissen des Nichtwissens oder zu neuem, besser begründeten Wissen führen.

Hier aber, beim Versuch, mir den Tod vorzustellen, scheitere ich. Ich werde die Situation nie erklären können. Der andere, Gestorbene, ist: weg. Es ist das Ende der Situationen mit der toten Person gekommen – das weiß ich. Das Mit-Sein ist zerstört. Sieht er mich? denke ich zwar, aber der Blick auf den Sarg belehrt mich eines Besseren. Ich kann nicht mehr sagen: „So ist es" jetzt für den Toten, ich kann aber auch nicht denken, dass die Person „weg" ist. Alle Situationen mit dem Toten verdampfen. Ich renne mit Vorstellungen gegen eine Wand an: die Leiche, die ich sehe (oder im Sarg vermute), aber zugleich ich in den vielen Situationen mit dem Toten.

Ich selbst: kann weg sein. *Wenn* es zu einer Situation kommen sollte, in der der Tod erfahren wird, dann zu einer, die ich nie werde mitteilen können, denn dann sterbe ich ja gerade.

Ich kann das, was geschieht, nicht begrifflich als Situation klären. Es fehlen: Wissen, Begriff, Zugehörigkeit. Sofern mir Begriffe fehlen, stelle ich fest: die Namen, die ich verwende, sind trügerisch, am besten, dem Tod gar keinen Namen zu geben, der Name suggeriert nur eine Scheinsicherheit, das Verfügen über ein Weltbild, wo ich ehrlicherweise zugeben muss, es stellt sich kein Bild ein. Wenn der Tod der Augenblick der Wahrheit ist, dann ist die Wahrheit offenbar nicht im Leben zu finden.

Helmut Schmidt, der ehemalige Bundeskanzler Deutschlands, sagte, hanseatisch bescheiden und kurz vor seinem Tod, er wolle nicht in großen Worten spekulieren, was nach dem Tod komme, daher könne man sagen, da werden die Atome des Toten in die Welt verstreut, Dünger für neue Pflanzen, das, jedenfalls das oder nur das, bleibe. Das ist Bescheidenheit, die kein Denksystem werden kann, denn als solches - ginge jemand davon aus, er wisse, was nach dem Tod von ihm bleibe, nämlich genau die Atome des eigenen Körpers - wäre es Hybris: Es gäbe dem Tod den Anschein einer Sache, über die ich Bescheid wüsste.

Ja, noch schlimmer: Dies ist, wenn schon, dann eine Situation, in der Wissen und Nichtwissen einander zerstören. Meine Meinung, der Tod sei „nichts", zerstört mein Nichtwissen; dann beschränke ich mich auf das, was materiell sichtbar ist, und versuche, den Tod zu ignorieren, besser, alle Begegnung mit Hinfälligen und Sterbenden, ich mache mich stumpf für diese existenzielle Begebenheit. Nichtwissen zerstört aber auch mein Wissen: Denn von dieser Radikalität des Todes aus erweisen sich meine

Verständnisse dessen, was die Welt auszeichnet, als potentiell hinfällig, als Schein, als etwas, das ganz anders sein könnte. Selbst dieses, was ich als mein „Sein" ansehen, kann ich nicht positionieren, kann ich nicht von außen umgrenzen und als ein Etwas festigen.

Ich kann froh sein, wenn ich im Moment des Abschiednehmens nicht das Gefühl habe, etwas gegenüber dem Toten versäumt zu haben. Ich kann es ja nicht mehr korrigieren. Aber ich kann nie sicher sein, dass mich nicht später Schuld überkommt. Denn das Leben des Toten und meines sind nie „ganz" gewesen, sie bleiben immer bruchstückhaft. Wenn ich mich verändere, können mir andere Aspekte des Gestorbenen aufscheinen, und ich werde überraschend denken (oder träumen) können, doch etwas versäumt zu haben. Ich muss diese prinzipielle Schuldmöglichkeit auf mich und das heißt, mein Leben und mein Zusammenleben mit anderen als immer nur begrenzt, als teilweise erfüllt annehmen. Der Andere, Gestorbene bleibt in mir: Sein Tod wirft ein Rücklicht auf mein Leben. Das Ende, das ich nicht begreifen kann, konfrontiert mich mit meinem gänzlichen Nichtwissen, wechselweise werden Wissen und Nichtwissen vernichtet. Nichts weiß ich. Mein Leben besteht, aufs Ganze gesehen, aus Nichtwissen, das ich in seinen Teilen manchmal als Wissen ansehe.

Auch Symbole, sogar die vergehen - ich sollte mir nur einmal die Abrisse alter Gräber anschauen, um das zu realisieren.

Und ich komme aus diesem Teufelskreis nicht heraus. Seinslogisch ist klar: Ich denke, etwas ist oder es ist nicht. Entweder die Person lebt weiter oder sie ist nicht mehr. „Da" und ein nacktes Faktum ist der Tod und „hier" sind meine Vorstellungen als Lebender. Ich denke zwar, ich könnte mich von einem Licht aus der anderen Seite des Horizonts erleuchten lassen, aber dann bleibt eine Kippfigur, ein Vexierbild. Es scheitert, mich von einem Bild aus einem anderen Ort her zu verstehen oder diesen Ort mit den Mitteln meines Denkens als undenkbar zu realisieren. Ich habe keine Position zur Verfügung, vielleicht eine Dis-position, d.h. ich richte mich aus auf ein Größeres.[7]

Näher als diese abstrakte Unterscheidung – „Sein oder Nicht-Sein" – kann ich, ein letzter Versuch, dem Tod durch das Sterben kommen. Es wird wohl von Schmerzen begleitet sein. Der Schmerz ist begriffslos. Im

---

[7] Mit diesem „Größeren" überschreiten wir die argumentative Ebene philosophischen Reflektierens und öffnen für uns eine Ebene, die Buber als „biblischen Schöpfungsglauben" bestimmt, in der die „der Schöpfung latente Gegensätzlichkeit" erfahrbar wird. In: M.B.: Bilder von Gut und Böse. Heidelberg 1986. S. 16.

Schmerz zergehen begriffliche Möglichkeiten. Ereignet sich im Schmerz ein Anderes? Ein Fremdes? Aber auch hier denke ich in Analogien, den Schmerz für Sterben und Tod in Anspruch zu nehmen. Wie kann ich über diese radikale Fremdheit reden? Erfahrungen gibt es ja. Tiefer radikaler Schmerz, eingeengt im Raum bin ich, immer sind meine Schmerzzustände mit räumlichen Vorstellungen verbunden, ich im Schmerz, ich auf der Suche nach Räumen, ich sitze irgendwo, ausgefüllt mit Schmerz, oder mit Glück sitzt der Schmerz woanders, dann geht es gerade noch. Ist das Zergehen der Begriffe im Schmerz ein Übergang zum Tod, zu etwas ganz Anderem?

Für Kant ist der Raum die Bedingung der Möglichkeit der Erfahrung, außerhalb, also in einer „Welt an sich" (was auch immer das heißen sollte) nichts. Oder ist es umgekehrt: Ich räume im Schmerz, ich versuche mir Raum zu schaffen, hier habe ich nur begrenzte Räume, „da", im Zustand nach dem Sterben, habe ich Raum genug, überhaupt Raum? Wieder ein Symbol und wieder die zweiwertige Logik. „Hier-Da" als Grundfigur von außen gedacht. Oder bin ich selbst immer nur außen und versuche, mich in Vorstellungen des Todes einem „Innen" zu nähern? Bin ich außen und die Toten innen? Oder umgekehrt? Ich habe keine zwei Perspektiven und versuche mich doch mit ihnen.

Sackgasse. In dieser Sackgasse gibt es keinen Ausweg, der mich trösten könnte. Trost gibt es dennoch.

> „Es geht darum, sich an etwas zu wenden, das man nur außerhalb jeder Reichweite situieren kann und doch genießt, in einer Art und Weise des Genießens, das weder Besitz noch Recht kennt, und auch nicht mehr Fülle und Befriedigung, sondern die Bejahung eines ‚Sich-Fortgetragen-Wissens' – bis zu dem Moment, in dem man das Leben verliert. Es ist etwas, was zwar nicht über den Tod hinwegzutrösten vermag, aber gleichwohl sich noch in die Trost-Losigkeit einzuschreiben vermag."[8]

Der Trost ist das Mit-Sein mit anderen, wenn ich schon mein Da-Sein und das Sein und das alles nicht verstehen kann. Das Mit-Sein, die Verbundenheit mit anderen, tröstet mich über die Trennung zwischen Leben und Tod, zwischen „Sein und Nichts", zwischen „Hier und Da", zwischen „Subjekt und Objekt" hinweg. Und was habe ich eigentlich gegen Trost? Von anderen und in Gemeinschaft getröstet zu werden, ersetzt

---

[8]   Hans-Joachim Lenger, Georg Christoph Tholen, Unendliche Nähe. Fragen an Jean-Luc Nancy. Hamburg 2014, S. 13.

den illusionären Trost einer fest vorgestellten jenseitigen Welt, in die ich
glatt hinübergleiten könnte, durch den realen Trost eines Miteinanders.
Vielleicht ist das, nicht eine Abwendung von der Auseinandersetzung
mit der eigenen Endlichkeit und dem Tod, sondern die Hinwendung zu
anderen Lebenden, das Leben in liebender Gemeinschaft, mit dem Aus-
spruch Jesus gemeint: „Lass die Toten ihre Toten begraben, du aber folge
mir nach!" (Mt 8,22/Lk 9,60) Oder: „Gott ist nicht der Toten, sondern
der Lebendigen Gott" (Mt 22, 32).

Wenn wir einander angesichts des Todes begegnen, dann, so hat es sich
für mich ergeben, als Nichtwissende. Allerdings stellt sich die Frage, ob
das Nichtwissen, das uns umgibt, wenn wir uns mit dem Tod auseinandersetzen, uns bedrückt – oder sogar heiter stimmen kann. Eine An-
merkung sei zur Farbe erlaubt, die mit dem Tod verknüpft wird, nämlich
zum *Schwarz* der Trauer und der möglichen Schuld, im Leben etwas mit
der Person versäumt zu haben, die gerade gestorben ist. Vorhin habe ich
rekonstruiert, dass solche Trauer und Schuld unvermeidlich sind. Die
emotionalen Färbungen, die anlässlich des Todes mit Trauer und Schuld
verbunden werden und sich in der Wahl der Kleidung niederschlagen,
hängen allerdings meines Empfindens nach damit zusammen, dass hier
das Ende einer Zeit vorgestellt wird, die unwiderruflich und fragmen-
tarisch abgelaufen ist. Der Blickwinkel wird durch diese Vorstellung auf
den Mangel jedweder Zukunft oder auf den Mangel der Vergangenheit
gelenkt. (Ohne es eingemeinden zu wollen: In China ist die Trauerfarbe
Weiß. In Weiß sind alle Farben enthalten.)

Als was *Trauer* (und damit auch ‚Trauerarbeit') angesehen wird, hängt
auf diese Weise mit dem *Weltbild* zusammen und mit unserer Vorstellung von der *Zeit*. Trauer kann das Beklagen dessen sein, was jetzt fehlt
und was nicht mehr möglich ist. Insofern ist die Trauer schwarz, es fehlt
an Farbe. Auch wo diese Trauer zu einer Lernerfahrung gerinnt, etwa
in der Reflexion, durch Gespräche oder eine Therapie, bleibt die Trauer
dunkel, sie wird nur auf dieser Grundlage zur Chance, es künftig anders
zu machen oder sich neuen Ufern zuzuwenden, getreu dem Motto: Nur
wer die Vergangenheit nicht versteht, ist verurteilt, sie zu wiederholen.
Heller wird die Trauer, die sich angesichts des Todes einstellt, wenn sie
auf die Erfüllung und das Glück in der Vergangenheit gerichtet wird; sie
zeigt sich dann als Dankbarkeit darüber, was war, auch wenn sie mit dem
aktuellen Fehlen verknüpft wird. In allen diesen drei Fällen – Beklagen,
Erinnern des Mangels und dankbares Erinnern – richtet sich die Trauer
auf etwas aus, das jetzt nicht ist. Viertens kann Trauer aber auch als ein

Innewerden im Moment der Trauer selbst angesehen werden: Ich sehe jetzt, welche Fülle zwischen mir und dem, den ich betraure, möglich und in meinen Vorstellungen und Gefühlen ‚wahr‘ ist (und auch das kann das traurige Weinen auslösen). So verstanden ist Trauer eine Öffnung: ich sehe jetzt die Erfüllung, die sich zwischen mir und der anderen Person zeigt. Dann ist die Trauer zunächst als Phänomen etwas Helles, und es kommt anschließend darauf an, welcher Perspektive auf zeitliche Richtungen ich den Vorrang gebe: zurück zum Dagewesenen oder zum Mangel, vorwärts zur Lernchance oder zum Verlust, aktuell zum Gewahrwerden und Einlassen der Erfahrung der Fülle in mich. Möglicherweise wird diese Ausrichtung auf die Gegenwart durch die naturwissenschaftliche Vorstellung eines absoluten Endes durch den Tod versperrt, und möglicherweise wird sie durch die Vorstellung eines Weiterlebens einer Seele nach dem Tod beziehungsweise des Todes als eines Wandels begünstigt. Denn es ist leichter, die Erfahrung des Innewerdens einer Fülle in sich aufzunehmen, wenn man ihr eine ‚Seinschance‘ eröffnet, d.h. ihr die Vorstellung gibt, es könne ‚real‘ zwischen mir und der betrauerten Person ‚weitergehen‘. (Das, wohlgemerkt, ist nicht gleichzusetzen mit dem Versuch, in einer Art unrealistischer Verdrängung den Tod und die Trauer nicht wahrzuhaben.)

Ähnlich ist es mit der Schuld – oder mit der Auseinandersetzung mit ihr. Schwarz und düster wird sie, wenn ich die Vergangenheit als die zementierte, unwiderruflich schlechte Vergangenheit ansehe (und als durch mich schlecht gewordene). Sie färbt die Vergangenheit auch dann düster, wenn ich ihr die Lernerfahrung abringe, künftig anders zu handeln. Denn die Vergangenheit bleibt darin das Schlechte. Ich kann die Vergangenheit jedoch auch, das macht sie heller, als notwendigen Weg zu wohltuenderer Zwischenmenschlichkeit ansehen. Dann blitzen in mir die Momente der Vergangenheit auf, die nötig waren, damit ich jetzt meiner Schuld bewusstwerde: die Konflikte, die halben Klärungen, die Versuche der Verständigung. In allen drei Fällen aber bleibt die Vergangenheit das unwiderrruflich nicht in voller Zwischenmenschlichkeit Zugebrachte. (Und ein realistischer Blick zeigt: So ist Vergangenheit immer, nüchtern betrachtet herrscht immer *auch* Mangel zwischen Menschen.) Viertens kann mein Schuldgefühl aber auch, *insofern* ich jetzt gerade das Gefühl habe und zulasse, die Wahrnehmung der Fülle sein, die ich im Zwischenraum, im Zwischenverhältnis zwischen mir und einem anderen, wenn auch ‚jetzt erst‘, bemerke – ich nehme wahr, wie es *auch* sein kann zwischen mir und dem anderen, wenn ich sehe, was ich ihm schulde und gerne für ihn tun kann, weil ich ihn wahrnehme (und möglicherweise, was ich ihm verdanke). Das Schuldgefühl, so verstanden, stellt die Fülle wieder her, die verloren schien und die zwischen Menschen sein kann. Auch hier gilt: Ein Konzept angesichts des Todes, das eine Seele nach dem Sterben zulässt, erleichtert das Gewahrwerden dieses Aspekts der Schuld – der sie zu etwas Hellem werden lässt. Dieses Verständnis der Schuld wäre metanoia – Umdrehung – im besten Sinn des Worts. Denn die Umdrehung findet dann *im* Schuldgefühl statt. Sie könnte anlässlich des Todes (aber auch im Leben) als Weg zur Wahrnehmung von Fülle zwischen Menschen und als Wahrwerdung der Seele (und des Beisammenseins von Menschen) aufgefasst werden (was man natürlich nicht als in einem vollständigen Sinn als möglich ansehen sollte). Ein Konzept des Todes als Wandel begünstigt dieses helle Verständnis von Schuld; der Impuls, dem Gegenüber, dem ich schuldig geworden war, die wahrgenommene Schuld zu bekennen, kann gleichwohl die gewünschte Folge sein – aber nicht erst dieses Bekennen und die (angesichts des Todes unmöglichen) Handlungsperspektiven veränderten das Verhältnis zu meinem Gegenüber, sondern dies fände im Schuldgefühl selbst statt. (Wohl dem, der nicht Rechtfertigungen für seine Taten sucht.)

Unterschiedliche Deutungen der Erfahrungen von Trauer und Schuld können uns nicht nur auf unser Weltbild und unser Verständnis der Zeit aufmerksam machen, sondern auch auf unser Selbstbild. Das sei am Beispiel der Schuld erläutert. Schuld könnte man als eine ich-konstituierende Erfahrung verstehen. Denn im Schuldgefühl werde ich mir bewusst, wer ich im Zusammenleben mit anderen sein will, d.h. wie ich mich auf andere ausrichte. Andererseits – und zutreffender – erweist sich die Ich-Erfahrung gerade in der Schulderfahrung als scheiternde und vergebliche. Denn ich hatte ja damals meine individuellen Gründe und Maßstäbe, aus denen heraus ich das tat, was ich jetzt bereue, weil meine Wahrnehmung erweitert ist. Unsere scheinbare Freiheit, Selbstbestimmung und Selbstverfügung stoßen in der Erfahrung der Schuld an ihre Grenzen, d.h. unser abgeschottetes Ich-Verständnis, das wir in der Moderne gerne als Individualität kennzeichnen. Diese Mangel- und Grenzerfahrung versetzt uns in ein unbegreifbares, weil immer unsicher schwankendes Selbstverhältnis – dafür in ein erfüllteres Verhältnis zu anderen.

Jedenfalls verdeutlichen diese letzten Gedanken, dass auch die Vorstellung einer Sackgasse, in die wir mit dem Lebensende hineinlaufen, eine Metapher ist. Denn ob es einen Ausweg aus der Sackgasse gibt oder das Lebensende gar keine ist, das: warten wir alle ab.

20. An etwas glauben oder glauben

Ich weiß und besitze aufs Ganze gesehen nichts. Ich habe auch nichts, das mir zu einem irgendwie gearteten „Sprung" zum Glauben helfen könnte. Denn es wäre wohl doch ein Sprung, an etwas Festes zu glauben, das nach dem Tod komme, etwas, das mich immer halte, das mir beistehe, meine Einsamkeit überwinden helfen oder etwas, an dem ich mich festhalten könne.

Ein solcher Glaube im Sinn eines Entschlusses oder einer Entscheidung – verdiente er den Namen? Was verstehe ich dabei unter „Glauben": so etwas wie einen Beitritt zu einer Partei? Eine Selbstverpflichtung? Ein selbst auferlegtes Denkverbot? Glauben heißt nicht Gerechtfertigtsein, wie Martin Walser in einem Interview ausführt, das er anlässlich seines Essays „Über Rechtfertigung, eine Versuchung" ausführt.[1] Die Größe des Glaubens, den ein religiöser Mensch habe, könne man, mit Kierkegaard, an der Größe des Unglaubens erkennen. Jemand, der sich durch seinen Glauben in seinem Leben gerechtfertigt sehe, sei ein Höriger, ein Religiöser hingegen ein Wagender. Gauck, der ehemalige deutsche Bundespräsident, sei beispielsweise jemand, der sich gerechtfertigt fühle, wogegen für Nietzsche die Offenbarung ein Geheimnis sei.

Möglicherweise ist ein Glaube an etwas Festes, an das ich mich binde oder hänge, mit Max Scheler gesprochen, ein neuer Götze.

„Es besteht das Wesensgesetz: Jeder endliche Geist glaubt entweder an Gott oder an einen Götzen. Und aus ihm folgt die religionspädagogische Regel: Nicht eine äußere Hinführung des Menschen zur Idee und Realität Gottes (sei es durch sog. Beweise oder durch Überredung) ist der Weg, auf dem der sog. Unglaube zu beseitigen ist, sondern der an dem besonderen Leben jedes Menschen und jeder Klasse solcher Menschen sicher mögliche Nachweis, daß er an die Stelle Gottes, d. h. daß er in die Absolutsphäre seines Gegenstandsreiches, die ihm als Sphäre auf alle Fälle ‚gegeben' ist, ein endliches Gut gesetzt habe – daß er ein solches Gut, wie wir sagen wollen, ‚vergötzt' habe, daß er sich in es ‚vergafft' habe (wie die alten Mystiker sagten).

---

[1] Martin Walser: Über Rechtfertigung, eine Versuchung. Hamburg 2012

Indem wir also einen Menschen zur Enttäuschung über seinen Götzen führen, nachdem wir ihm durch eine Analyse seines Lebens ‚seinen' Götzen aufgewiesen haben, führen wir ihn von selbst zur Realität Gottes. So ist der einzige und erste, die Dispositionen für jedes religiöse Werden der Persönlichkeit erst schaffende Weg der Weg, den ich ‚Zerschmetterung der Götzen' genannt habe. Denn nicht der Glaube an Gott, nicht das Hingerichtetsein des Kernes der geistigen Menschenpersönlichkeit auf das unendliche Sein und Gut im Glauben, Lieben, Hoffen usw. hat eine positive Ursache in der seelischen Geschichte des Menschen; sondern der Unglaube an Gott, besser die dauernd gewordene Täuschung, ein endliches Gut (sei es Staat, Kunst, ein Weib, das Geld, das Wissen usw.) an die Stelle Gottes zu setzen, oder auch es zu behandeln, ‚als wäre es' Gott, hat stets eine besondere Ursache im Leben des Menschen. Wird diese Ursache aufgedeckt, wird dem Menschen der seiner Seele die Gottesidee gleichsam verbergende Schleier hinweggenommen, wird ihm der Götze zerschmettert, den er zwischen Gott und sich gleichsam gestellt hat, wird die irgendwie umgestürzte oder verwirrte Ordnung des Seienden vor der Vernunft und die Ordnung der Werte vor dem Herzen wiederhergestellt, so kehrt der abgelenkte religiöse Akt ‚von selbst' zu dem ihm gemäßen Gegenstande der Gottesidee zurück."[2]

Martin Buber verdeutlicht, dass eine solche Wendung nicht nur die des Austauschs einer ‚Sache' ist, also in der Aufforderung gipfeln könnte: „tausche Götze gegen Gott".

„Diese Auffassung setzt voraus, daß das Verhältnis des Menschen zu den von ihm ‚vergötzten' endlichen Gütern dem zu Gott im Wesen gleich und nur am Gegenstand verschieden sei; denn nur dann könnte die bloße Substitution des rechten Gegenstandes für den falschen den Fehlgehenden erretten.
Aber das Verhältnis eines Menschen zu dem ‚besonderen Etwas', das sich den höchsten Wertthron seines Lebens anmaßt und die Ewigkeit verdrängt, ist stets auf Erfahren und Gebrauchen eines Es, eines Dings, eines Genußobjekts gerichtet. Denn nur dieses Verhältnis kann den Ausblick auf Gott versperren: durch die undurchdringliche Eswelt; die dusagende Beziehung eröffnet ihn immer wieder.
Wer von dem Götzen, den er gewinnen, haben und behalten will, beherrscht, von seinem Besitzenwollen besessen ist, hat keinen Weg zu Gott als die Umkehr, die eine Änderung nicht des Ziels allein, sondern der Bewegungsart ist. Man heilt den Besessenen, indem man ihn zur Verbundenheit erweckt und erzieht, nicht indem man seine Besessenheit auf Gott hinleitet."[3]

[2]   Max Scheler: Vom Ewigen im Menschen. Berlin 1921, S. 261f.
[3]   Martin Buber, Ich und Du (1923), Stuttgart 1995/2001, S. 100-102.

Ist die Formulierung „Ich glaube an etwas bzw. an ein Etwas" eigentlich gut gewählt? Zunächst einmal wäre ein solcher Glaube an ein Etwas als eines Etwas ein reduzierender, denn ich würde das Objekt meines Glaubens im Akt des Bestimmens in meine Begriffswelt hereinholen. Außerdem wird der Übergang zum Glauben wohl nur als Sprung angesehen, wenn und solange ich in einer Subjekt-Objekt-Relation urteile. Die Erschwernis eines solchen Sprungs ergibt sich schon aus der Tatsache, dass ich mit ihm meine Macht zu urteilen aufgebe; es wäre ein Sprung von Macht zu Ohnmacht. Psychisch instabile oder denkfaule Menschen mögen darin einen Halt finden; er bestünde aber nur darin, ein allzu starres Gerüst zu bauen, in dem man Denkschablonen anderer übernimmt. (Ich denke an allzu wörtliche Bibelausleger und einen untertänigen Glauben.) Jedenfalls ist das kein Glauben, in dem jemand mit-machen könnte, jeder würde nur nach-machen, was andere predigen; statt Gesprächen gäbe es Befehle. Würde ich so glauben, wendete ich mich an eine Lebensform, die mein Leben bestimmt.

An etwas Festes zu glauben ist jedoch nicht dasselbe wie, fest im Glauben zu sein – hier wird ein Wert, dort ein Ding gesetzt. Glaube kann ebenso ein Zugang zu anderen als Unverfügbaren sein, oder, anders ausgedrückt, eine Herzensöffnung ohne Gewissheit. Vor dieser Folie kann ich versuchen, mit einer Zwischenbilanz den Gegengedanken zu wagen: Ich weiß und besitze nichts Festes, aber im Reflektieren von Situationen haben sich mir gewisse Einstellungen gezeigt, die ich als erstrebenswert kennzeichnen kann.

Takt, die Wahrung des Miteinanders als einer Begegnung in Verbundenheit und Differenz, die Fähigkeit, selbständig zu sein und sich stimmen zu lassen. Andere Mitmenschen als Unverfügbare anzusehen bzw. als mit Würde Versehene, sich einzulassen, die Erweiterung der Perspektive auf andere zuzulassen, Hoffnung als Teilnehmer zu haben, Anteilnahme zu üben, bescheiden zu sein, sich eingebettet zu finden in ein Geheimnis. Sich selbst, die Wirklichkeit und andere nicht als etwas Reduzierbares, nicht als etwas Bestimmtes anzusehen und sich in dieser Weise offen zu zeigen.

Damit habe ich vielleicht schon alles, was ich benötige, wenn ich ‚Glauben' profilieren will. Um das zu verdeutlichen, nutze ich die Herkunft des Wortes ‚glauben': sein Herz an etwas hängen, etwas trauen, treu sein, groß gesagt: lieben, vertrauen, begehren, lieb haben, das Herz geben, etwas festhalten, aber nicht etwas Festes und nicht etwas, das ganz woanders ist als ich.

Glauben entspricht damit den eben genannten Einstellungen, es ist soviel wie Vertrauen in ein Unbekanntes. Solches Vertrauen benötigen Menschen allenthalben: im Gespräch, im Umgang mit sich selbst, besonders in schwierigen Situationen. Sonst ist keine Entwicklung gemäß dem Motto möglich: Stirb und werde. Und: Das, auf das ich vertraue, ist immer in Teilen unbekannt, sonst handelte es sich nicht um Vertrauen! Vertrauen in etwas Bekanntes hieße, je nur die eigene Rationalität als Maßstab zu setzen. Vertrauen in: andere, mich, zeitliche Entwicklung oder etwas Höheres, Gott, ist immer Vertrauen in irgend etwas Mysteriöses. Das lässt sich am Umgang mit mir selbst und mit meinen Mitmenschen und an meinem Eingestimmtsein in die Wirklichkeit verdeutlichen. Wer Selbstvertrauen hat, lässt sich fallen und glaubt an seine Kräfte, gerade dann, wenn er etwas nicht weiß. Wer seinem Partner nur dann vertraut, wenn dieser tut, was er selbst für richtig hält, vertraut ihm gar nicht, sondern kontrolliert. Wer nur in Bekanntes vertrauen möchte, der wird im Zweifel Besitzansprüche anmelden, seinen Partner einengen oder sich „näher" an irgendeiner Wahrheit dünken als andere. So gesehen erweist sich die heute viel gepriesene Transparenz nicht als Vertrauen; in ihr ist alles ausgeleuchtet und soll alles durchsichtig sein.

Der Glaube ,zu' Gott als Unbekanntem gründet in tiefer Verbundenheit zu anderen und zum Geheimnis der Welt, insofern ist Glauben ,Sich-Ausrichten auf Gott'. Zum Beispiel könnte man Beten als Sich-Öffnen für sich, andere und die mysteriöse Welt ansehen - sich auf eine begrifflich nicht bestimmbare Art inspirieren zu lassen. Der Mensch, der so glaubt, wäre offenbarungsoffen.

Ein Gedankenexperiment: Gott zeigte sich auf eine bestimmte Art, ,so und so, hier bin ich'. Alle Menschen wüssten sofort, wie sie das zu interpretieren hätten, alle würden eine solch bestimmte Offenbarung eingemeinden. Das ist der Weg vom Glauben zum Fanatismus oder mindestens zu Dogmatismus. (Vielleicht zeigt Gott sich deshalb lieber indirekt, un-verfügbar.)

Aber stimmt die Grundüberlegung dieses Kapitels, die ich von Scheler übernommen habe: Jeder glaubt entweder an Gott oder einen Götzen? Es könnte Alternativen geben: Jemand glaubt nicht an Gott, aber auch nicht an einen Götzen. Ich will diese Alternativen durchspielen.

Entweder, so liegt es nahe, die Person glaubt an etwas anderes, oder sie glaubt gar nicht. Worauf gründet die Selbstaussage in beiden alternativen Fällen? Wer von sich selbst sagt, er glaube gar nicht oder an etwas, das weder Gott noch Götze ist, der behauptet, sich selbst zu erkennen und muss sich damit dem Problem stellen, wie er diese Selbstzuschreibung begründen kann. Ein wach und aufmerksam vollzogener Lebensvollzug bedeutet, Fremdem in einem selbst zu begegnen, also in unerwarteten Situationen von sich selbst überrascht zu werden. Eine vollständige Selbsterkenntnis im Sinne einer Selbsttransparenz ist somit nicht möglich. Nun heißt es bei Scheler: „nachdem wir ihm durch eine Analyse seines Lebens ‚seinen‘ Götzen aufgewiesen haben". Es wäre vorstellbar, dass ich mir verschlossen bliebe, dass aber Andere im Sinne einer Fremdzuschreibung zu erkennen meinen, was der – mir verschlossene – Bezugspunkt meiner und anderer Handlungen sei. Allerdings wäre ich auch auf diese Weise nicht für Andere vollständig erkannt, denn kein Mensch ist ein statisches Wesen. Streng genommen, kann ich gar nicht wissen, ob ich einem Gott oder Götzen folge oder an gar nichts glaube, denn eine Selbstperspektive ist eine mir verschlossene Selbstanmaßung. Wenn es keine Selbsttransparenz gibt, weil ich in meiner Lebenszeit immer noch mir Fremdes in mir entdecken und erfahren kann, dann gibt es einen Horizont, den ich zwar verschieben kann, der sich aber jedem Versuch entzieht, ihn zu überschreiten. Es könnte mithin sein, dass ein Mensch an etwas glaubt, ohne davon zu wissen. Und es ist möglich, dass eine Person davon ausgeht, an etwas zu glauben, während es sich in Wirklichkeit anders verhält.

Oder dieser Jemand glaubt gar nicht. Vor diesem Hintergrund wäre Lichtenbergs Aphorismus zu prüfen: „Weder glauben noch leugnen". Zu klären wäre das Verständnis von „Glauben" und „Leugnen". „Leugnen" kann man nur etwas Bestimmtes, „Glauben" dagegen hat vielleicht kein Etwas als Gegenstand. Insofern sind unterschiedliche Bedeutungsebenen angesprochen; etwas Bestimmtes leugnen bezieht sich auf einen definierten Gegenstandsbereich, während Glauben sich möglicherweise gerade dieser Bestimmtheit entzieht. Lichtenbergs Gegenüberstellung verschleiert die angesprochene Problematik, da sich seine Unterscheidung auf unterschiedlichen Reflexionsebenen bewegt. Améry hingegen denkt in seinem Ansatz konsequent, wenn ihn die Frage nach Gott nicht interessiert. Für Améry liegt „die Aussparung der Frage nach Gott [...] mit der Leugnung Gottes [...] beinahe kongruent. Ich fühle mich in diesem Sinne als Atheist *und* Agnostiker".[4]

Wenn die Person alternativ an etwas anderes glaubt: Was kann das sein? (Etwas Endliches kann es nicht ein, es wäre der Zeit und dem Wan-

---

del enthoben.) Vielleicht glaubt sie an eine nicht verendlichte Leitidee des Lebens. Das ist denkbar: Das kann ein Prinzip sein, ein Wert oder ein Ziel. Für mich bleibt dabei mehreres fraglich: Erstens, ob diese Person einen Horizont hat. Denn wenn das, woran die Person glaubt, eine selbstgesetzte Grenze ist, kann sich die Person fragen, weshalb sie sie nicht überschreiten will. Und ist es ein Rand, dann bleibt zu fragen, wie die Person zu der Auffassung gekommen ist, gerade ihre Leitidee sei diejenige, die ihrem Leben Kontur verleiht. Vielleicht endet der Zweifel dieser Person an dieser Grenze oder diesem Rand; vielleicht ist die Person nicht zum Zweifel gekommen oder hält ihn für überflüssig. Und wenn es doch ein Horizont ist, dann frage ich mich, weshalb sie diesem nicht den Namen ,Gott' gibt? (Dieser bewegliche, weil verschiebbare Horizont ist kein Etwas, sondern ein mich überschreitendes, ansprechendes Phänomen.) Zweitens frage ich mich, ob die Leitidee nicht doch ein Götze ist. An eine Leitidee zu glauben heißt, sich von ihr leiten zu lassen. Zwei Möglichkeiten gibt es: Die Person hinterfragt ihre Leitidee nicht – dann muss unentschieden bleiben, ob sie ein endliches Gut oder ein unendliches darstellt -, oder sie hält sie aus Vernunftgründen für tragfähig. In diesem Fall glaubt die Person also außerdem daran, dass ihre eigene Vernunft der taugliche Maßstab für ihre Orientierungen ist. Das ist etwas Endliches. Im Sinne Schelers ist es ein Götze, andernfalls müsste die Person außerdem noch an die Unfehlbarkeit ihrer Vernunft glauben.

Das Wissen um eine uns Menschen verwehrte Selbsttransparenz rät dazu, den Anspruch an die Tragfähigkeit der eigenen Vernunft als Leitidee skeptisch zu begrenzen und nicht einen allgemeingültigen zeitlosen Vernunftanspruch zu erheben. Eine sich selbst begründende und sich nicht auf Endliches beschränkende Vernunft könnte grenz- und horizontüberschreitende Ansprüche erheben. Mit dem Versuch, Aussagen jenseits des Horizontes zu formulieren, verbindet sich die Gefahr, einen menschenmöglichen Anspruch zu transzendieren und eine Vernunft mit diesseitiger Transparenz zu installieren (und diese als ,vernünftig' propagierte Leitidee als allgemeinverpflichtend zu betrachten und durchzusetzen). Das Weiterfragen (und das Verschieben der Horizontlinie) bei angemaßt vergeblicher Selbsttransparenz endet im Grundlosen, weil es keinen letzten tragenden Grund gibt.

Eine dritte Alternative besteht darin, zu glauben, aber nicht *an* etwas Bestimmtes. Bei dieser Möglichkeit ist zu prüfen, worauf sich der Glaube richtet. Sollte man bei einer Leitidee, der man sich verschreibt, prüfen, ob es ein Götze ist, so hier, ob religiöser Gottesglaube gerade einen solchen Glauben kennzeichnet, der kein Glaube an etwas Bestimmtes ist.

Ist es sinnvoll, Glauben im Sinne des Vertrauens als Chance zu profilieren, um den Gedanken der Anerkennung, des Eigensinns und des Verdanktseins zu verstärken? Das wäre zunächst ein gänzlich unbestimmter Glaube, vielleicht im Sinne einer nach innen gerichteten Vertiefung des Wirklichkeitsbezugs. Gott wäre dabei so etwas wie der Grund eines Geheimnisses, und ein Glaube, aus dem fixe Handlungsmaximen abgeleitet werden können oder gar ein fanatisches Verfolgen und Realisieren eigener Auffassungen des Richtigen könnte nicht etabliert werden.

Ich habe einen unbestimmten Glauben im Sinne des Vertrauens einem Glauben „an etwas" entgegengesetzt. Diesen wiederum habe ich gleichgesetzt damit, ‚an etwas als etwas' zu glauben, d.h. mit dem Glauben an ein fixes Etwas, das ich so-und-so ansehe. Wenn ich an Gott glaube, so scheint mir dieser Glaube noch ein Drittes zu sein: Ich kenne Gott nicht, wenn ich an ihn glaube; er scheint mir gerade ‚mehr' als das zu sein, was ich kenne. Und in solcher Erweiterung bzw. Zu-lassung traue ich ihm (und mir) mehr zu. Gleichwohl ist das ein Glaube, in dem ich ‚an' glaube, ich vertraue mich an, ich stelle mich anheim, es ist ein Bezug zu unbekannter Person, ich stehe im personalen Bezug, der keiner zu einem Objekt ist. Und diese Relation, diese Ausrichtung scheint mir auch nicht so ‚glatt' zu ‚haben' zu sein wie ein blindes Vertrauen, in dem ich mich allezeit wiegen könnte. Mein Glaube kann sich sperrig zeigen, bangend, hoffend, bettelnd. Die Relation, in der ich ‚an' Gott glaube, ist weder begrifflich eingemeindend noch ‚angesichtig erkennend', so scheint mir, aber auch nicht die einer durchgängig lichtdurchfluteten Nähe.

21. Gott, Grund eines Geheimnisses

‚Gott', das könnte doch nur eine leere Floskel ohne Bedeutung sein, ein Name, dem weder ein Begriff noch ein Gegenstand entspricht. Wenn ein Begriff eine Unterscheidung markiert, insofern es das gibt, was im Begriff enthalten ist, und das, was außerhalb liegt: Welche Unterscheidung trifft derjenige, der das Wort „Gott" gebraucht? Was soll das außerhalb des Begriffs Liegende sein?

Andererseits suche ich, wenn ich die Gottesfrage stelle, nicht einen Denkgegenstand, der anderen gleicht. Die Frage nach Gott gleicht wohl eher der, ob es Liebe oder ob es einen Horizont gibt, statt dass da irgendwo hinter den Sternen ein Männchen sitzt, das ich leider noch nicht entdeckt habe.

Auch der Horizont ist kein objektiver Gegenstand, er stellt sich ein in je „meiner" Perspektive. Wie (und ob) ich ihn ansehe, hängt davon ab, wie ich mir die Welt auslege, und das ist von den Bedeutungen geprägt, die mich ansprechen, wenn ich meine Horizonte betrachte. Aber umgekehrt wird meine Perspektive auch von meiner Horizonterwartung bestimmt, denn ich wähle und artikuliere meine Perspektive vor dem Hintergrund einer Form der Horizonterwartung. Da es keinen Horizont der Welt ‚insgesamt' gibt, vollzieht sich jede meiner Äußerungen in einer Horizontperspektive.

Die Frage wäre dementsprechend nicht, ob es einen Gott ‚gibt', ob er ‚da ist', sondern, ob der Mensch einen Horizont hat, oder ob er sich mit seinen selbstgemachten Häusern als (s)einer Welt zufrieden geben kann oder vielmehr muss. Denn an der Antwort auf die Frage, wie jemand seinen offenen (Denk-)Horizont einschätzt, scheiden sich (Denk)Wege. So findet Jean Améry es „durchaus erträglich, mein Leben zu verbringen, wissend, daß ich mir niemals die Totalität des Universums werde erklären können.«[1] Kann mir das Wissen um die Grenzen meiner Vernunft gleichgültig sein? In welcher Weise meine ich, dass hinter dieser Grenze ein Horizont aufscheint? Diesseits der Existenzfrage - und was soll das

---

[1] Jean Améry: Provokationen des Atheismus. In: Wer ist das eigentlich – Gott? Hrsg. H.J. Schulz. Frk. 1975 [= st 135], S. 209 – 219.

bloß heißen, Gott ‚existiert'? - verweist mein ganzes Leben darauf, dass ich in einem geheimnisvollen unergründlichen Universum bin, sofern ich nur aufmerke. Selbst die Frage, ob ich Gott als eine „Substanz" (ein Wesen, ein Ding, ein Etwas, ein Denkgegenstand) auffasse, ist zu groß für meinen Verstand. ‚Gott' bedeutet germanisch zunächst das substantivierte Partizip zu ‚anrufen', er wäre also: der Angerufene (aber die Substantivierung wäre wieder eine Instandsetzung eines Dings als eines festen Etwas). Vergleichbar leitet sich das Wort von ‚strahlen' her.

Gott wird, wenn ich auf die Herkunft des germanischen Worts rekurriere, in der Beziehung zu uns Menschen betrachtet. Ich verstehe, ehrlich gesagt, auch gar nicht, was es heißen soll, Gott unabhängig von solcher Beziehung als ein ‚An-sich' zu denken, d.h. unabhängig von mir, der ich nach ihm frage. (In der Mythologie der Azteken und Tolteken wird Tezcatlipoca als ‚Herr des An und Bei', als der ‚Rauchende Spiegel' bezeichnet.)

Langsam. So zergliedere und analysiere ich zwar mögliche Auffassungen von ‚Gott', aber ich rekapituliere damit nur geläufige Verständnisse, um mich vorläufig zu orientieren. Andere Möglichkeit: Ich kann die Frage nach Gott anhand von Situationen betrachten.

In welchen Situationen spielt Gott eine Rolle? In Krisen, wenn ich staune, wenn ich ein Fest begehe, wenn ich rundum glücklich bin, wenn mein Herz hüpft, wenn ich meditiere, wenn ich einsam bin, wenn ich bete, verzweifelt bin, Schmerz und Leid erfahre, keinen Ausweg weiß, wenn mein Leben in Trümmern liegt. Offenbar sind das besonders wichtige Situationen; ich bin versucht zu sagen, *gerade dies* sind Situationen. Denn hier merke ich auf, werde ich mir meines Status „inmitten der Dinge" bewusst, schimmert ohne Begriffe eine gleichsam metaphysische Position auf, die mich physisch bewusst sein lässt. (Ich schreibe das, aber es ist eine merkwürdige Metapher, in der Außen und Innen einander bedingen oder gar vertauschen, ähnlich der Situation vor einer Supermarktkasse, in der ich „eigentlich" nur schnell bezahlen will, wodurch mir wichtige Wahrnehmungen entgehen, vielleicht auch etwas, das ich „eigentlich" jetzt viel lieber tun würde, statt mich über mein Warten zu beschweren - ohne dass ich dadurch sagen könnte, worin ein „eigentlicheres" Leben besteht.)

Im Bewusstwerden der Tatsache: ‚Ich-bin-in-einer-Situation' ist eigentlich das Geheimnisvolle dasjenige, was überhaupt den Übergang von einem Ereignis zu einer Situation kennzeichnet. Etwas wird zu einer Situation, wenn ich mich in einem Ereignis finde, aus ihm herausfalle und mich stattdessen in einem sich mir intentional entziehenden Ganzen finde – wenn ich mich in einem Horizont wahrnehme, der mich dann, danach, an meinen Gewohnheiten zweifeln lassen kann.

Zweifel ist der zweite Schritt. Wenn ich aufmerke, ,erscheint' mir: ,Hier bin ich gerade!', als würde ich einfach und schlicht Achtsamkeit und Bewusstsein entwickeln. Wovon? Das ist zunächst ganz begriffslos, aber ich kann auf Begriffe aufmerken, d.h. über ihre Anwendung meinerseits ,stolpern', und ich kann dieses Aufmerken als Reflexionsanlass nehmen. In dieser Reflexion meines Wissens begegnet mir mein Nichtwissen. Das Wissen des Nichtwissens hinsichtlich der „Totalität des Universums" beunruhigt mich, besonders, wenn ich in Krisen verstrickt bin, und es zwingt mich, weiter zu fragen. Denn das Wort „erträglich" erfasst und beschreibt meine existenzielle Unsicherheit nicht und erkünstelt für mich eine konstruierte Gleichgültigkeit, die mich beunruhigt und verunsichert. Das stellt mich vor die Frage: Wann und wie habe ich mich an einer fingierten Weggabelung entschieden, entweder die „Totalität des Universums" als „erträglich" wahrzunehmen oder dem Gedanken zu folgen „hinter dem Horizont geht's weiter".

Die Erkenntnis der Dinge, eines „Etwas als Etwas", löst sich hier auf, denn ich versuche, wenn ich von „Gott" rede, „das Ganze" oder den „Grund für alles" zu beleuchten oder, weniger begrifflich gesagt, mein Gefühl auszuleuchten, das ich habe, wenn ich mich „in der Welt" fühle. Wenn ich eine Situation durch Reflexion zu erkennen versuche und möglicherweise zu neuen, tragfähigeren Begriffen gelange, dann bleibt dennoch ein „Rest": Das im Bewusstwerden einer Situation auftauchende Gefühl ist nicht gleichzusetzen mit der Erkenntnis der Situation. Das Gefühl des Aufmerkens setzt mich auf eine Spur, die ich jeweils neu angehen und ausdeuten kann, setzt mich in ein Selbstverhältnis und auf einen Weg. Begriffe erfassen Situationen nicht ganz, denn zunächst erfahre ich mein Nichtwissen. Verorte ich die Welt ansonsten in festem Rahmen, ist die Situation ein Stolpern oder Aufblicken.

Das ist mystisch, und es entspricht vollkommen dem, was Wittgenstein im Tractatus Logico-philosophicus formuliert:

„Das Subjekt gehört nicht zur Welt, sondern ist eine Grenze der Welt." (*5.632*)
„Nicht *wie* die Welt ist, ist das Mystische, sondern *daß* sie ist." (*6.44*)
„Die Anschauung der Welt *sub specie aeterni* ist ihre Anschauung als-begrenz-
tes-Ganzes. Das Gefühl der Welt als begrenztes Ganzes ist das mystische. "
(6.45)
„Es gibt allerdings Unaussprechliches. Dies zeigt sich, es ist das Mystische."
(6.522)
„Wovon man nicht sprechen kann, darüber muß man schweigen." (*7*)[2]

In jeder Situation entspricht das Gefühl des Mystischen einem Gefühl
des Bewusstseins einer unerklärlichen Welt, und es wirkt in seiner begrifflichen Unklarheit, die existenziell gerade besonders klar ist. Ich weiß
(ahne) mehr, als ich zu sagen weiß, könnte ich mit Polanyi sagen, aber
dieses Wissen wäre auch kein Gebrauchswissen.

Dem mystischen Gefühl können Namen gegeben werden, Gott, das
Nichts, die Welt als Ganzes. Phänomenologisch taucht vielleicht am
ehesten ein Gefühl der Verbundenheit zu anderen auf, das, merkwürdig,
durch Distanz entsteht (denn ich erfahre mich in einer Situation als herausgefallen aus meinen alltäglichen Verwobenheiten).

Einerseits: Ich sollte diesem Befund wenigstens einen Namen geben,
um ihn nicht zu vergessen. Gleichwohl: Ein Gott lässt sich aber so nicht
zum Leben erwecken. Das Gefühl, in einer Situation zu sein, *kann* so gedeutet werden, dass „Gott" dabei ist, und zwar deshalb, weil ich immer
„im Ganzen" bin (Jaspers spricht vom „Umgreifenden").

Jedoch lässt sich ein Ganzes nicht als Bedingung der Möglichkeit etablieren, gleichsam transzendentalphilosophisch, denn dafür bedürfte es
doch eines bestimmten Blicks von außen auf das Ganze der Welt: Gott
sei die Bedingung der Möglichkeit von Situationen. Gerade die Unmöglichkeit der Bestimmung einer solchen Bedingung als eines Dings kann
als Argument genommen werden, es besser ‚Nichts' zu nennen oder
wenn überhaupt, anders, anzusprechen. Begrifflich-rational ist Gott un-
erkennbar; aufzeigen lässt sich ein Selbstverständnis, in dem man sich
in ein Geheimnis eingebettet sieht, das vom Wissen um das Nichtwissen inspiriert ist. In das Geheimnis zu vertrauen trägt am ehesten meiner
menschlichen Konstitution Rechnung, d.h. dem Gefühl: Ich-bin-in-Situ-
ationen. Die Wirklichkeit ist selbst ein Geheimnis.

---

[2]   Ludwig Wittgenstein: Tractatus logico-philosophicus. (1921). Frankfurt/
Main 1966.

Ist das nicht aber gerade der Gottesbegriff des Christentums? ‚Ich bin der ich bin', sagt Gott zu Moses (2. Mose 3, 14). Genauer gesagt, bedeutet das im Hebräischen ebenso: ‚Ich werde sein, der ich sein werde' wie ‚Ich werde sein, der ich war' usw., alle Zeitformen sind einsetzbar. Die Verweigerung eines Begriffs ist konstitutiv für den alttestamentlichen Gott, dessen Name in der Unaussprechlichkeit des JHWH mündet.

Ein Gottesbeweis ist das nicht. Gottesbeweise kranken an der Schwierigkeit, dass Gott als das Begründende nicht von irgendwoher begründet werden kann; aus dieser Schwierigkeit werden die gängigen Argumente von Gottesbeweisen gewonnen. (‚Alles, was geschieht, hat eine Ursache; es muss eine letzte Ursache geben. Diese wird Gott genannt.' usw.) Außerdem, gäbe es einen alle Menschen überzeugenden oder ewig gültigen Gottesbeweis, folgte die Passivität und Beobachtermentalität der Überzeugten. Das ist wie bei der Liebe: Wer vollständig Gründe für seine Liebe angeben kann, der liebt nicht. Die Liebe, die jemand empfindet, ist größer als er, er ist in ihr, auch wenn er im einzelnen Gründe für seine Liebe angeben und aufweisen kann. Gottesbeweise könnten bestenfalls Gotteshinweise sein, Zeugenschaften eines gläubigen Bezugs statt Überzeugungen. Über-zeugen ist unfruchtbar.[3]

Man könnte jedoch, indem man die Analogie zwischen Gott und Liebe fortführt, ausrufen: ‚Teilnehmer, es liegt an dir! Du kannst lieben, statt die Frage zu stellen, ob es Liebe gibt.' Analog könnte gelten: ‚Du kannst in Gott vertrauen statt zu zweifeln, ob es Gott gibt.' Fragen heißt, sich distanzieren, aus der Situation (des Gefühls der Wahrnehmung eines umgreifenden Ganzen) herausfallen und die Situation analysieren.

Damit würde, was im vorigen Kapitel als Sprung abgewiesen wurde, auf andere Art wieder relevant: nicht ein Sprung zu einem anderen Leben, in dem ich untertänig auf mein Denken verzichten müsste, aber ein Sprung in die Teilnehmerperspektive, ein Sprung in das Vertrauen. Gottvertrauen statt Selbstbewusstsein.

Der schönste Gottesbeweis, der ontologische, ist kein Beweis, aber eine Annäherung durch eine Begriffssprengung. Gott sei dasjenige, so argumentiert Anselm, über das hinaus Größeres nicht gedacht werden könne; wer denke, es *sei* nicht, könne belehrt werden, dass er dann nicht Gott denken würde. Ein nicht seiender Gott sei nämlich nicht dasjenige,

---

[3] Vgl. Walter Benjamin, Für Männer (1928). In: Ders., Einbahnstraße. Frankfurt/Main 1997, S. 12

über das hinaus Größeres *nicht* gedacht werden könne – denn er könne ja, was seine Größe vermehre, auch noch als seiend gedacht werden.[4]

Kant hat diesen Gottesbeweis auf typisch moderne Art trefflich kritisiert, denn tatsächlich wird ein reales, d.h. physikalisches Objekt unseres Denkens quantitativ nicht ‚größer' durch seine Existenz. (Und fraglich bleibt hier außerdem: Was ist das ‚Größte' – das Vollkommene, das Perfekte, Weiseste, Gütigste, Allmächtigste? Ein transzendentes Ideal, eine subjektive Denknotwendigkeit?)

Ebenso tatsächlich wird aber die Trennung von Subjekt und Objekt in diesem Beweis, der als Gebet konzipiert ist, gerade durchbrochen: Wer nicht glaubt, dass Gott ist, denkt Gott tatsächlich nicht vollkommen, d.h. dass er ihn durchfluten könnte, er lässt sich nicht als Teilnehmer darauf ein, sich einen vollkommenen Gott vorzustellen; der sogenannt-vollkommene Gott bleibt ein ihm als Beobachter gegenüberstehender Gegenstand seines Denkens; Glauben an Gott jedoch kann keine Trennung: ‚er da - ich hier' bedeuten. Das lässt sich mit Hilfe des antiken Erkenntnisverständnisses verdeutlichen, das noch Goethe in dem Spruch ‚Wär nicht das Auge sonnenhaft, die Sonne könnt es nie erblicken' verwendet[5]. Für Platon ist Erkenntnis Anschmiegung, Einswerdung, gerade nicht empirische Erkenntnis eines Objekts durch ein Subjekt. Wieder kann die Analogie der Liebe helfen, diesen modernen Menschen fremden Gedanken zu verdeutlichen. Wer liebt, beobachtet nicht von außen, er tritt in Beziehung. Oder, moderner: Wer einen tiefen Gedanken versteht, zum Beispiel wem Missstände offenkundig werden, der fühlt sich dadurch zum Handeln aufgefordert (wenn er den richtigen Weg zu kennen meint); wem gewisse Missstände gleichgültig bleiben, dessen Verständnis ist oberflächlich geblieben oder es endet später in erschrockener Gleichgültigkeit.

Liebe ist christlich gesehen mehr als eine Analogie zu Gott. Liebe kann nicht restringiert werden, sie ist nur dann Liebe, wenn sie unbeschränkt,

---

[4]   Vgl. Anselm von Canterbury, Proslogion (1077/78), Kapitel 2-4. In: Franciscus Salesius Schmitt (Hrsg.): Proslogion. Untersuchungen. Lateinisch-deutsche Ausgabe, Stuttgart-Bad Cannstatt 1962. Mit Anselm lässt sich ergänzen: Wer ‚Das, über das hinaus Größeres nicht gedacht werden kann', nicht denken kann, der ist ein sekundärer Atheist, d.h. er weiß nicht, wovon überhaupt geredet wird und gegen wessen Existenz er sich wendet.

[5]   Johann Wolfgang von Goethe, Zahme Xenien III. In: Johann Wolfgang Goethe: Sämtliche Werke nach Epochen seines Schaffens. München Wien 1992. Münchner Ausgabe, Bd. 13.1, S. 108.

unbegrenzt ist, Liebe durchflutet mich, ich lasse sie zu, ich lasse mich von ihr inspirieren, aber sie bestimmt nicht im einzelnen meine Handlungen. Liebe lässt sich nicht erklären, alle Erklärungen besagen nur: ‚Es ist nichts als …' Erich Fried hat diesem Zusammenhang ein berühmtes Gedicht gewidmet, ‚Was es ist'. ‚Es ist, was es ist, sagt die Liebe'.[6] Das gilt für die Liebe, und es gilt für das, was durch Liebe erfüllt ist und was begegnen kann.

‚Esse incurvatus in se ipsum', so könnte man hingegen mit Luther den Zustand von Menschen charakterisieren. Der Mensch, sündig, lieblos – Sünde, sagt Josef Ratzinger, ist nichts anderes als Verweigerung von Liebe[7] -, ist so sehr in sich selbst verkrümmt, dass er sich ständig auf sich selbst bezieht, statt sich auf andere hin zu öffnen.[8] Er lebt, als Mensch für sich selbst und als ein solches Selbst, in kategorialer Selbstverdorbenheit. Liebend wiederum würde, so Luther, ein Gottesbezug aufschimmern, der besagte, dass Gott in der Verbindung zu anderen bemerklich wird. Das bedeutet nicht, dass ich, wenn ich einen Menschen liebe, auch noch Gott, zusätzlich, liebe, und den Umweg über Gott nehmen müsste, also den anderen gar nicht meinte. Es bedeutet, dass Gott der Grund für ein Weltverhältnis und die Ausrichtung im ‚Ganzen' selbst *ist*. Und es bedeutet mich Menschen als nur beschränkt liebesfähig, der aufgefordert ist, sich mit seinen Lieblosigkeiten auseinanderzusetzen und sich je neu zu öffnen.

„Liebe" ist hier nichts automatisch Romantisches. Im Gegenteil, die hollywoodartige Suche nach romantischer je neu beginnender Liebe könnte gerade das Gottessurrogat heutiger Zeit darstellen, sehnsüchtige Verblendung, die abblendet von Bezügen, Begegnung, Selbsterweiterung oder doch dahin nur den ersten Schritt darstellt, vielleicht den grundlegenden Vertrauensschritt, der den Anfang bildet. Wenn Gott ‚Liebe' ist, dann ist sie vielleicht eher schmerz- oder leidbesetzt. Es wird nicht alles gut, wenn jemand „Gott findet", es wird ein Weg offen, der mit Schmerz, Leid, Opfer und Tod zu tun hat, vielleicht gerade mit der Anerkennung

---

[6] Erich Fried, Es ist was es ist. Liebesgedichte. Angstgedichte. Zorngedichte. Berlin 1983.

[7] Joseph Ratzinger, Im Anfang schuf Gott. Vier Predigten über Schöpfung und Fall, München 1986, S. 55–57.

[8] Luther verwendet diese auf Augustinus zurückgehende Formel im Sinn des sündigen Menschen, der sich Gottes Gnade verschließt. Vgl. Martin Luther, Scholion zu Röm 5,4. Martin Luthers Werke (Weimarer Ausgabe 56 (Römervorlesung 1515/16), 304) Weimar 1883 – 2009, S. 25–29.

dieser dunklen Facetten des Lebens und jedenfalls mit zeitweiliger Ferne. An Gott zu glauben kann man wohl kaum als Lösung aller Lebensfragen ansehen, sondern eher als Weg, als große Aufgabe, die dann erst beginnt, wenn jemand ‚glaubt', als Prozess. Vielleicht ist Entkrümmung des Menschen dasjenige, das einen Bezug zu anderen herstellt. Dabei kann Leid entstehen, denn der Vollzug der Entkrümmung ist kein Sprung, er ist vielmehr deshalb ein leidvoller Prozess, weil er mich zwingt, von bisher für mich Entscheidendem loszulassen. In diesem zugleich Leid und hoffnungsvolle Chance enthaltenden Prozess kann ich mich befreien von dem, was mich bisher ‚unbewusst' einengte. Entkrümmung könnte sich als Perspektive für den Weg in die Freiheit erweisen, jemand kann bemerken, wie verkrümmt und auf sich bezogen er bisher war, er kann bemerken, dass er zu Liebe im Vollsinn nicht in der Lage ist, dass solche Liebe Gott allein vorbehalten ist, aber sein Herz geht in solcher Entkrümmung auf. Interessant ist in dem Zusammenhang, dass ein in sich gekrümmter Mensch paradoxerweise denken kann, er stünde gewissermaßen unmittelbar zu Gott, er bräuchte keine anderen Menschen, über die er sich vielmehr stellt. Der Kontakt, in dem die Person sich zur Wahrheit wähnt, ist in Wirklichkeit eine Selbstbezüglichkeit, sie rekurriert auf ihre Selbstgewissheit statt sich in respektvollen Kontakt zu anderen und in Gesprächen auf die Suche nach Wahrheit zu bewegen.

Ent-krümmung kann wehtun. Der Schmerz hat dabei, von außen reflektiert und im Nachhinein, nicht das letzte Wort, auch wenn er von innen unendlich groß sein kann, so groß, dass jede verständnisheischende Empathie unangemessen und begrifflich verkleinernd, sich vom Leibe haltend erscheinen kann, jedes „ich verstehe dich so gut" fehl am Platze ist, weil nur die individuell raumgreifende Isolation maßgeblich ist. Bilder von Schmerzen sind schmerzfrei, und zwischen einer schmerzfreien und schmerzbesetzten Perspektive steht ein unüberbrückbarer Abgrund, eine existenzielle Asymmetrie.

Und es wäre merkwürdig, Liebe allein als einen immer positiven Kontakt zu anderen Menschen, zu mir und zu Gott als Gläubigkeit zu etablieren. Glauben an Gott ist nicht bloß untertänige Frömmigkeit, diese ist gebrochen durch Unverständnis über das, was geschieht, Glauben ist (wie Liebe) durch Auseinandersetzung gekennzeichnet, gegebenenfalls durch Empörung über das, was Menschen Gott als Ursache zuschreiben. Jakob kämpft eine Nacht lang am Fluss Jabbok mit Gott, ehe er gesegnet wird (Gen (1. Mose) 32, 23-33); ein stabiles Selbst scheint in dieser Erzählung die Basis für eine Auseinandersetzung zu sein.

Auch wenn ich das christliche Gottesverständnis als nicht-gegenständlich und als gehaltvoll für das Zusammenleben von Menschen rekonstruieren kann, ist damit nichts über ein „Sein" eines Gottes ausgesagt; es resultiert begrifflich eine bloß negative Theologie, existenziell resultieren möglicherweise Schuldanerkennung, Leid und Öffnung. Aussagen über Gott können nur mittels Verneinungen getroffen werden: Er ist *kein* Denkgegenstand, sein Sein ist *anders* als unseres, er ist *nicht* von dieser Welt, *nicht* können wir Menschen klar von ihm reden. Diese Negativität hätte Vorteile; sie erlaubt es einerseits, eine einengende Vorstellung von Religion und von Gottesbildern zu überwinden und sie lässt andererseits den Horizont des Menschen und menschlicher Existenz aufscheinen und beschreibt so den Menschen in seiner Begrenztheit.

„In der Tat, wir Philosophen und »freien Geister« fühlen uns bei der Nachricht, daß der »alte Gott tot« ist, wie von einer neuen Morgenröte angestrahlt; unser Herz strömt dabei über von Dankbarkeit, Erstaunen, Ahnung, Erwartung – endlich erscheint uns der Horizont wieder frei, gesetzt selbst, daß er nicht hell ist, endlich dürfen unsre Schiffe wieder auslaufen, auf jede Gefahr hin auslaufen, jedes Wagnis des Erkennenden ist wieder erlaubt, das Meer, *unser* Meer liegt wieder offen da, vielleicht gab es noch niemals ein so »offnes Meer«."[9]

Einen Horizont zu retten, das ist heute vielleicht bereits viel, insofern es den Weg frei macht für dasjenige, was außerhalb menschlicher Absichten und Eingemeindungen liegt.

∗

Bleibt darüber hinaus Schweigen? Wo bleibt das Positive, Herr Kästner? wurde er angesichts kritischer Gedichte gefragt. Einen Horizont retten könnte auch soviel heißen wie, sich bereit zu halten für etwas, das dann – positiv – sich zeigt. Offenbarung ist für denjenigen möglich, der einen offenen Horizont hat; sie wäre eine Gnade, auf die ich keinen Einfluss habe.

Und nun? Gibt es am Ende doch eine Wette, so wie Pascal sie beschrieb?

[9]   Friedrich Nietzsche: Die fröhliche Wissenschaft, Was es mit unserer Heiterkeit auf sich hat. 343. In: F.N.: Sämtliche Werke. Kritische Studienausgabe in 15 Bänden. Hrsg. G. Colli / M. Montinari Bd.3, München (dtv/ de Gruyter) 1980, S. 574.

„Ihr sagt also, daß wir unfähig sind zu erkennen, ob es einen Gott giebt. ...
Aber nach welcher Seite werden wir uns neigen? ... Was wollt ihr wetten?
Nach der Vernunft könnt ihr weder das eine noch das andre behaupten; nach
der Vernunft könnt ihr keins von beiden leugnen. [...]
[E]s muß gewettet werden, das ist nicht freiwillig, ihr seid einmal im Spiel und
nicht wetten, daß Gott ist, heißt wetten, daß er nicht ist. Was wollt ihr also
wählen? [...] Ihr habt zwei Dinge zu verlieren, die Wahrheit und das Glück
und zwei Dinge zu gewinnen, eure Vernunft und euern Willen, eure Erkennt-
niß und eure Seligkeit, und zwei Dinge hat eure Natur zu fliehen, den Irrthum
und das Elend. Wette denn, daß er ist, ohne dich lange zu besinnen, deine Vernunft wird nicht mehr verletzt, wenn du das eine als wenn du das andre wählst,
weil nun doch durchaus gewählt werden muß. Hiemit ist ein Punkt erledigt.
Aber eure Seligkeit? Wir wollen Gewinn und Verlust abwägen, setze du aufs
Glauben, wenn du gewinnst, gewinnst du alles, wenn du verlierst, verlierst du
nichts. Glaube also, wenn du kannst.“[10]

Gibt es Argumente? Man kann nur wenig aufbieten oder in die Waag-
schale werfen. Woraus lebt man? könnte ich fragen. Wie auf die Erfahrung oder das Gefühl eines Ganzen reagieren? Es als „Umgreifendes", als
„Gott" deuten oder als „ozeanisches Gefühl"? Letzteres erinnert mich
an Jean Améry: „Will ich wissen, wer Gott ist? Es tut mir leid: nein."[11]
„Die Frage ist im Grunde keine für mich. Und ich befinde mich in voller
Übereinstimmung mit Claude Levi-Strauss, dem Begründer der struktu-
ralistischen Schule, der einmal erklärt hat: »Persönlich bin ich nicht mit
der Frage nach Gott konfrontiert. Ich finde es durchaus erträglich, mein
Leben zu verbringen, wissend, daß ich mir niemals die Totalität des Universums werde erklären können.«[12] Wie man sich zu diesen Fragen positioniert, hängt u. a. auch davon ab, was unter Vernunft verstanden wird.
Améry fährt fort: «da die modernen theologischen Formulierungen zum
großen Teil für ihn [den Agnostiker] metaphysische Leerformeln sind,
die sich nicht verifizieren, nicht falsifizieren lassen und darum aus der mit

---

[10] Blaise Pascal, Über die Religion und einige andere Gegenstände (Pensées,
1670), Nr. 246f. Übersetzt von Ewald Wasmuth. Heidelberg 1963.
[11] Kann man sich – wie Améry behauptet – „von gewissen religiösen und
metaphysischen Problemen einfach nicht betroffen" fühlen (Jean Améry: Provokationen des Atheismus. In: Wer ist das eigentlich – Gott? Hrsg. H.J. Schulz.
Frk. 1975. [st 135], 210f), oder gilt doch Kant; 1. Vorrede; KdrV: „Es ist nämlich umsonst, Gleichgültigkeit in Ansehung solcher [allerdings metaphysischen]
Nachforschungen erkünsteln zu wollen, deren Gegenstand der menschlichen
Natur *nicht gleichgültig* sein kann."
[12] Ebd., 209.

den Methoden analytischer Vernunft geführten Debatte ausscheiden.»[13] Amérys Beitrag geht von einem Vernunftverständnis aus, das von unseren Überlegungen abweicht.

Nietzsches „Gott ist tot" geht vom Gott der Philosophen aus, und den haben wir modernen Menschen in der Tat getötet; der Gott der Philosophen mag der Gott einer griechisch-europäisch inspirierten auf Einheit der Begriffe setzenden Vernunft sein; das schließt andere Gottesvorstellungen nicht aus.

Was kann mir helfen, mich für oder gegen den Glauben an einen Gott zu entscheiden? Ich könnte soziologisch vorgehen oder psychologisieren und fragen, was für mich besser ist. Ist es, beispielsweise, *eitler*, nicht zu glauben als zu glauben, weil man dann auf die kleinen Endlichkeiten mehr Wert legt, auf das Äußerliche und Vergängliche? Albert Camus rekonstruiert jedoch im *Mythos von Sisyphos* ebenso den diesseitigen Menschen, in Gestalt des Don Juan, als uneitel. „Denn nichts ist für ihn so eitel wie die Hoffnung auf ein anderes Leben."[14] Der diesseitige Mensch erfreut sich schlicht am Dasein, das ihn ausfüllt; „Faust, der stark genug an Gott glaubt, um sich dem Teufel zu verschreiben", erfreut seine Seele nicht und verkauft sie.[15] „Der absurde Mensch trennt sich nicht von der Zeit. ... Don Juan denkt nicht daran, die Frauen zu ‚sammeln'. ... Er kann nicht Bildnisse betrachten."[16]

Kann Sicherheit zum Argument werden? Lebt ein Atheist sicherer, weil er sich nicht an Unsicheres klammert, sondern sich angesichts des Unwissens auf sich selbst verlässt – oder auf seine erworbenen Begriffe? (Was Ausdruck der modernen Verfasstheit westlicher Menschen ist, aber deshalb noch kein Argument.) Oder flieht, wer an Gott glaubt, in die Scheinsicherheit der Annahme eines übergeordneten Wesens, wie Freud, Marx und Feuerbach vermuten?

Aber es geht nicht nur um Eitelkeit, wie ich mich an die Eingangsbemerkungen dieses Kapitels erinnern kann. Es geht darum, sich von einem Horizont umfasst zu fühlen; es geht um eine Haltung, die zwischen den Polen positiver Ausdeutung dieses Horizontes, d.h. begrifflicher Eindeutigkeit, und seiner Negation zu suchen ist.

---

[13] ebd., S. 216.
[14] Albert Camus, Der Mythos von Sisyphos (1942). Reinbek 1959 (=rowohlts deutsche enzyklopädie 90), S. 62
[15] ebd.
[16] ebd., S. 63f.

Daher will ich mir noch einmal die spezifische Art der sprachlichen Annäherung an „Gott" vor Augen führen. In der Welt vernehme ich eine unübersichtliche Fülle von Bedeutungen. Jeder Versuch, ein Bündel von Bedeutungen und Aspekten zu fokussieren, blendet andere Aspekte aus. Denn Sachverhalte, können zu komplex sein, um ihnen einen Namen zu geben. Und es kann keinen Begriff für alle Bedeutungen geben. Gibt es ein Wort / einen Begriff, der ‚alles' bedeutet? Ist ‚Gott' ein Wort mit unendlicher Bedeutung oder ohne Bedeutung? Weder „Nihilierung" des Unbestimmten noch Affirmation eines Etwas scheinen dem Denkproblem „Gott" angemessen.

Wenn es schon um Psychologie oder Soziologie geht: Wird durch das Offenhalten des begrifflichen Status Gottes bzw. der Erkenntnis Gottes oder der Auffassung darüber, wer Gott ist, ein merkwürdig blasser Gott etabliert? Einer, der gut in die heutige Zeit passt mit ihren Anforderungen an begriffliche Eindeutigkeit, an eindeutige Steuerungsmechanismen, an wohlregulierte Prozesse, an Algorithmen, in der die Wünsche nach Unbestimmtem sehr groß sind. Man sehnt sich nach einem Gott, der einem nicht wehtut, der einen in Ruhe lässt und nur ist, als was man ihn ansieht, man sehnt sich eine Nische herbei, die sich den eigenen Selbstbestimmungsavancen gut fügt? Ein solcher Gott verunsichert einen wenigstens nicht und kann abends tief eingeatmet werden, kurz vor dem Cocktail.

Unbestimmtes kann aber durchaus auch auf ganz bestimmte, dezidierte Art wirken, als Nicht-Bestimmtes bestimmend sein, als Unbekanntes mein Leben bestimmen, und diese Bestimmungskraft entfaltet es gerade durch seine Unbestimmtheit, dadurch, dass es nicht *als ein Etwas* angesehen wird, sondern unbekannt belassen wird. Es stärkt so meine Art des Bezugs zu anderen, zu mir selbst, zu meiner Umwelt als Unbekanntem, als Achtung. Menschen „schöpfen" sich gegenseitig durch solche Achtung. Und lassen sich, wenn ich in christliche Terminologie übergehen will, als „Geschöpfe" ansprechen. Gott wäre, sprachlich gesehen, eine bedeutungsträchtige Leerstelle, die etwas füllen kann. „Licht, werde!" könnte eine Übersetzung der Weltentstehung lauten. Es wird etwas angesprochen, das erst durch die Ansprache wird. Der Mensch „wird" in der Ansprache. Gott bekennen könnte heißen, kein Interesse daran zu haben, etwas als etwas anzusehen, und es zugleich personal anzusehen, damit nicht nur Vertrauen, sondern Anvertrauen möglich wird. Personalität der Ansprache wäre schlicht die Figur, die es mir ermöglicht, mich in der Welt angesprochen zu finden. So, indem ich einer Person etwas anheim stelle, einer Heimat, die ein ganz Anderes ist als mein Heim – denn meine Heimat ist mir unbekannt -, gewänne ich einen Ort.

Pascal selbst hatte im Jahre 1654 eine mystische Erfahrung, die er in seinem berühmt gewordenen Mémorial, in einem Erinnerungsblatt beschrieb, auf einem schmalen Pergamentstreifen, den er bis zu seinem Tod immer wieder neu in das Futter seines Rockes einnähte und der nach seinem Tod von einem Diener zufällig entdeckt wurde. *Gott Abrahams, Gott Isaaks, Gott Jakobs, nicht der Philosophen und Gelehrten.* Pascal trug diesen Zettel immer bei sich. Er erinnert daran, dass der Gottesbezug kein denkender oder abstrakter ist.[17]

Neben dem sprachlichen Problem, wie „Gott" dargestellt werden kann, taucht auch das Problem auf, *wie* die Rede über „Gott" gestaltet werden soll, wenn „Gott" mir unbekannt ist.

„Meine vielleicht wichtigste Erfahrung als Romanschriftsteller hat damit zu tun, dass Schreiben eine andere Form des Denkens ist. Mit Betonung auf „andere". In einem Essay wie diesem stütze ich alles auf Argumente und Beispiele, das Ziel ist, so klar und rational wie möglich zu sein; und wenn ich sage, dass

---

[17] Mémorial. // Jahr der Gnade 1654. // Montag, den 23. November, Tag des heiligen Klemens, Papst und Märtyrer, und anderer im Martyrologium. Vorabend des Tages des heiligen Chrysogonos, Märtyrer, und anderer. Seit ungefähr abends zehneinhalb bis ungefähr eine halbe Stunde nach Mitternacht. // Feuer // „Gott Abrahams, Gott Isaaks, Gott Jakobs", nicht der Philosophen und Gelehrten. Gewissheit, Gewissheit, Empfinden: Freude, Friede. // Gott Jesu Christi // Deum meum et Deum vestrum. „Dein Gott wird mein Gott sein" - Ruth - Vergessen von der Welt und von allem, außer Gott. Nur auf den Wegen, die das Evangelium lehrt, ist er zu finden. // Größe der menschlichen Seele // „Gerechter Vater, die Welt kennt dich nicht; ich aber kenne dich." Freude, Freude, Freude und Tränen der Freude. Ich habe mich von ihm getrennt. Dereliquerunt me fontem aquae vivae. // „Mein Gott, warum hast du mich verlassen." Möge ich nicht auf ewig von ihm geschieden sein. // „Das ist aber das ewige Leben, dass sie dich, der du allein wahrer Gott bist, und den du gesandt hast, Jesum Christum, erkennen." // Jesus Christus! Jesus Christus! // Ich habe mich von ihm getrennt, ich habe ihn geflohen, mich losgesagt von ihm, ihn gekreuzigt. // Möge ich nie von ihm geschieden sein. Nur auf den Wegen, die das Evangelium lehrt, kann man ihn bewahren. // Vollkommene und liebevolle Entsagung. Vollkommene und liebevolle Unterwerfung unter Jesus Christus und meinen geistlichen Führer. Ewige Freude für einen Tag geistiger Übung auf Erden. Non obliviscar sermones tuos. // Amen. (Blaise Pascal: Pensées. Über Religion und über einige andere Gegenstände. Übertragen und herausgegeben von Ewald Wasmuth. 8. Aufl. Heidelberg 1978. S.248f.)

ich mir das, was ich zu sagen habe, als eine direkte Kommunikation mit dem Leser wünsche, ist dies natürlich die beste Art und Weise, vorzugehen. Das Problem ist nur, dass ich mich beständig in dem befinde, was ich bereits weiß und was ich bereits gedacht habe. In der Literatur ist es anders."[18]

Fragen über Fragen. Methodische Vorbehalte. Ich verstehe, warum dieses Thema gemieden wird. Man kann sich schnell in die Brennesseln setzen und sich in jeder Richtung angreifbar machen. Ich kann aber durch die vielen Vorbehalte hindurch festhalten: Es geht mir beim Thema „Gott" in mehrfacher Weise um *Öffnung*. Öffnung der Form, Öffnung für einen Horizont, Öffnung für Nichtintentionales, Öffnung des Menschen, Öffnung von Begriffen.

Methodische Vorbehalte. Einstellungsfallgruben. Sprachliche Restriktionen.

„ich kann mich an keinen traum erinnern, in dem ich etwas, das ein gesicht hätte sein können, besaß; keine fläche lag an dieser stelle. und vielleicht malten wir auch, um kein gesicht mehr zu haben und um unsere namen zu verlieren, so, wie wir auch zu sprechen lernten, um von den sprachen nicht ausgesprochen zu werden, vor und nach jeder stimme, vor und nach jedem wort. mein älterer bruder legte sein gesicht in den schnee und er sagte, seine haut würde weiß werden. vielleicht sprechen wir, um an das ende dieser und jeder möglichen sprache zu gelangen, westwärts, achttausendvierhundertdreiundachtzig kilometer, über moskau und berlin und über die routen und kadenzen und abwege der sätze auch, denn es gibt keine geraden und keine gnade in der grammatik; bis zur äußersten bedeutung müssen wir gehen, und nichts werden wir dabei gesagt haben."[19]

*

Jetzt wollen wir Autoren aber etwas riskieren, uns angreifbar machen, wissend, Gott kann nicht positiv behauptet und nicht abgewiesen werden, ohne dass der Bezug zum Unerklärlichen dieser Welt verloren geht und aus dem Horizont verschwindet.

Der Horizont ist eine über Grenzen hinausweisende Linie. Ich erblicke die Horizontlinie und kann schwerlich deuten, was und ob sich

---

[18] Karl Ove Knausgård, Bibelhelfer (2010). In: Das Amerika der Seele. München 2016, S. 289.

[19] Senthiran Varatharajah, Vor der Zunahme der Zeichen. Frankfurt/Main 2016, S. 95.

überhaupt dahinter etwas befindet. Nähere ich mich aber dem Horizont, verschiebt sich die Horizontlinie und offenbart das Aufkommen eines Bereiches, der vorher ‚hinter' dem Horizont lag. Was hinter meinem jeweiligen Horizont liegt, ist immer entzogen, es ist mir ebenso versagt wie ich selbst es bin und andere es mir sind. Gerade durch seinen Entzug übt es eine anziehende Faszination aus - das Licht zieht nicht nur Mücken, sondern auch Denk-Abenteurer an -; vielleicht enthält es sogar einen grenzüberschreitenden Sog. Und, am wichtigsten, der Horizont umfängt mich, fasst und bettet mich in eine offene Welt ein. Der Horizont und das, was dahinter sein mag, ist nicht der Raum, in dem ich lebe; er bildet den Kreis, der dem Raum gibt, was meinen Lebenskreis auszeichnet und was sich über diesen hinaus in jeweils anderer Perspektive anders entzieht und nur in mehreren Perspektiven eine über sich hinausweisende, offene Welt ergibt.

Ein schmaler Grat ist es, über Gott zu schreiben, man läuft Gefahr, beschreibend zu positivieren, um nicht Nichts gelten zu lassen, und zu negieren, wo Bekenntnis als Haltung wichtig sein kann und wo es menschliche Haltung besser markiert. Nicht intentional schreiben, umschreibend, eher literarisch, das jeden von uns Obliegende, Umgreifende aus dem Augenwinkel sehen und in Worte fassen, den Platzhalter. Uns Mut machen wollen wir, mutmaßen, d.h. den Mut als Maß nehmen, und wir nehmen als Ausgangspunkt, uns jeweils angesprochen zu finden von etwas Bedeutungsträchtigem, das kein Denkgegenstand wie andere ist. Oder brauchen wir sogar über alle Maßen Mut und erst das wäre überhaupt Mut zu nennen, so wie die in Uhren gemessene Zeit nur Maß nimmt am immer Gleichen, gleich auf gleiche Art getaktet, aber nie über sich hinaus weisen kann, anders als die Sprache, mit der wir es immer, aber auch immer versuchen. Vorstellbar ist, dass man über seinen eigenen Schatten springen kann; man muss nur mit dem Bein springen, das keinen Schatten wirft, weil es vor dem anderen Teil des Körpers bleibt, der den Schatten erzeugt.[20] Möglicherweise der Weg aus dem Höhlengleichnis der Begrifflichkeit.

„Als ich das erste Mal das Höhlengleichnis las, dachte ich, es sei genau umgekehrt, ich dachte, zuerst würde er die Sonne am leichtesten erkennen und danach ihren Widerschein im Wasser und die Menschen und die anderen Dinge, zuletzt aber ihre Schatten."[21]

[20] Vgl. ebd., S. 85.
[21] ebd., S. 150.

Mit Wittgenstein könnten wir auf den Unterschied hinweisen, der im berühmten Satz 7 des Tractatus auftaucht: *von* etwas sprechen – *über* etwas schweigen. Jacobi sagt, mit Liebe und Beschauung könnten wir von Gott reden – oder sollten wir sagen: *unter ihm? mit ihm? zu ihm?* Im Gebet vielleicht, aber das würde die Anlage dieses Buchs durchbrechen. Gerade Schweigen, weil zu viel Pathos dem Thema nicht gerecht wird und es illusionär und hoffnungsfroh verfehlen würde?

Wenn wir in diesem Buch das Selbst als ein Verhältnis markiert haben, und als eines, in dem die Glieder des Verhältnisses unbekannt sind, dann sind wir ein Gespräch, und unser begriffliches Bewusstsein kann dessen Zeuge sein.[22] Ebenso sind wir mit anderen im Gespräch verbunden, das kein Diskurs werden kann, weil wir die Regeln für Gespräche nicht vor ihrem Stattfinden fixieren können, auch wenn wir in ihrem Rahmen sprechen, um Gesprächsformen zu kultivieren.

Ich tappe doch vorsätzlich im Dunkeln, wenn ich mich in allen meinen Situationen *nicht* als in einem Gespräch befindlich ansehe[23] – noch einmal: ich fühle jetzt, ich lebe, ich fühle jetzt: ich bin hier, ich fühle, etwas stimmt nicht mit meiner Art, die Welt zu deuten, ich fühle mich in einer Welt.

Vielleicht kann ich mit etwas mehr Mut noch einmal in die Situationen hineingehen, in das, was Situationen zu ihnen macht. Und was sie nicht primär zu einem Reflexions-, sondern zu einem Haltungsanlass macht. Wann sind wir in Situationen? (Und es stimmt einfach nicht, was Wittgenstein behauptet: Eine Frage könne man nur stellen, wenn sie auch beantwortet werden könne (Tractatus 6.5), ebenso wenig wie die Welt alles sei, was der Fall oder was sprachlich sei.[24] Eine Frage kann auch

---

[22] Vgl. Friedrich Hölderlin, Friedensfeier. Gedichte 1800 – 1804. Hymnen. In: Sämtliche Werke. 6 Bände, Band 2, Stuttgart 1953, S. 429. Vgl. dagegen H. Schnädelbach: Das Gespräch in der Philosophie. Abschiedsvorlesung. Hrsg. Der Präsident der Humboldt-Universität zu Berlin. Berlin 2003. S. 4.

[23] Vgl. Friedhelm Schneider, Die Wahrnehmung der Wirklichkeit: ein philosophisch-theologischer Essay. Tübingen 1992, S. 294: „Gespräch Gottes mit der Seele, dessen Zeugen wir sind".

[24] So einfach ist es bei existenziellen Fragen nicht. Wittgenstein scheint sich hier auf den einen Ast des Münchhausen-Trilemmas zu stützen, den der Rückführung auf ein erstes Axiom. „Habe ich die Begründungen erschöpft, so bin ich nun auf dem harten Felsen angelangt, und mein Spaten biegt sich zurück. Ich bin dann geneigt zu sagen: »So handle ich eben.«" Ludwig Wittgenstein, Philosophische Untersuchungen 217. In: Ders., Philosophische Untersuchungen. Kritisch-genetische Edition. Herausgegeben von Joachim Schulte. Frankfurt 2001.

einen Raum eröffnen, in dem ich Phänomene anschaue und Ahnungen nachgehe und Gebete richte.)

Wenn es stimmt, dass meine Wahrnehmung davon, in einer Situation zu sein, immer eine Haltung erzeugt und eine Reflexion auslöst, dann erscheint es sinnvoll, meine möglichen Einstellungen dazu zu untersuchen. Ich muss erkunden, welche meiner möglichen Einstellungen mich dazu bewegen, entweder meine Haltung zu ändern und/oder zu reflektieren. Ich kann mit Härte, Stolz, Abblendung oder Borniertheit reagieren, ich kann, dies die der Situation zugewandten Einstellungen, mich auseinandersetzen, mich notgedrungen oder abenteuerlustig stellen, in-Form-bringen und -halten, tapfer, mutig und konsequent betrachten, was sich mir eröffnet. In Unentschiedenheit kann ich süffisant, zynisch, leichtfertig oder leichtsinnig auf die Situation blicken, ich kann mit Ironie, Humor, Spielfreude und Takt feinsinnigen Abstand wahren. Eher mich von der Situation abwendend kann ich mit Angst, Schwäche, Unentschiedenheit, Ausweichen, Feigheit oder Selbstentfremdung reagieren oder miesepetrig und verbittert werden.

Also: Wann sind andere und ich in Situationen? Wenn wir meditieren, wenn wir die Gedanken frei lassen und ihnen ziellosen Raum geben. Das Gefühl für eine Situation kann kurz aufscheinen, aufblitzen, umgebogen werden in Sätze und Erkenntnisse, es kann in Verrat münden, den ich, aller Einschränkungen mich endlich ledig glaubend, nun endlich begehen zu dürfen meine, es kann schmerzen, weil ich mir meiner Einsamkeit inne werde, es kann tief und traurig und himmelhochjauchzend sein, es kann eine plötzliche Freiheit darstellen und von plötzlicher Lust begleitet sein.

Es kann aus einer stillen, strahlenden Freude an den Dingen bestehen, durch einen kleinen, winzigen, klaren Blick eines Nahestehenden oder Fremden ausgelöst sein, der mich berührt, mich zu Tränen rühren kann, wenn ich gerade in Leid und Arbeit verstrickt bin, wenn ich in einer Sackgasse stecke oder mich dort zu befinden meine und mich durch Gedanken und Angst wühle. Ich bin in einer Situation, wenn ich jemanden ziellos oder plötzlich aufmerksam anblicke, wenn ich mich über jemanden wundere, wenn ich als Kind in den Arm von jemandem springe, mich als Erwachsener in den Arm nehmen lasse oder wenn ich mich trösten lasse.

Das, was mich berührt, ist nicht begrifflich erfassbar. Ich bin zu ihm in Beziehung zu etwas Unbekanntem, zu dem ich sonst gerade nicht in Beziehung stehe, welche Beziehungslosigkeit manche als Gottesferne bezeichnen. Es ist Nähe, und ich bemerke in ihr die Ferne, in der ich sonst, vorher, außerhalb von Situationen, zur Welt stand, ich bemerke die Ferne oder gedankenlose Einstimmigkeit, die wohlig sein kann und in der ich eingebettet war.

Ich kann aus meinen Zusammenhängen herausgerissen sein und das Gefühl, in einer Situation zu sein, als von tiefer Angst begleitet erleben, von Panik über den Abgrund der Existenz, ja, das kann den Anfang bilden, das und Todesangst und Herzschmerz, Rasen, Unverständnis, Herzstolpern.

Moment. Wieder innehalten. Das stimmt nicht. In dieser Angst bin ich aus der Situation wieder ausgestiegen, habe sie zerstört. Im Versuch, die Situation nicht allzu bekennend zu rekonstruieren, dunkle ich sie ab, statt sie auszuleuchten, habe ich den Bezug zerstört. Ich traue der Situation dann nicht. Daher (meine ich) das Herzrasen.

Es steckt ebensoviel Weisheit darin, dasjenige, dem gegenüber ich mich im Gespräch finde (und ich merke, wer Situationen nicht so erlebt, mit dem kann ich jetzt nicht weiter im Gespräch bleiben, der ist ausgestiegen oder wir finden nicht zusammen), als Nichts anzusehen, wie es zu personalisieren. Als Nichts ist es das Gegengewicht gegen sonstiges Seiendes und gegen Angewohnheiten, sprachlich zu substantivieren, gegen liebgewordene Gegenstände und das Verfügen über sie, es drückt aus, dass substantivierende Sprache narrt.

Als Person angesehen, adressiere ich die Gefühle, Stimmungen und Gedanken, die mit diesen Situationen begleitet sind, an ein unbekanntes Gegenüber, das durch mein „In-etwas-Sein" als mein Gegenüber sichtbar wird. Freilich, man könnte kritisieren: Dass wir hierbei eine Person imaginieren, liegt daran, dass wir gewohnt sind, Ursachen für Ereignisse Personen zuzuschreiben. Aber, andererseits, Situationen sind so gekennzeichnet, dass gerade kein festes Gegenüber in ihnen vorkommt.

Glauben daran, mich in einer (existenziellen) Situation zu befinden, an eine Person zu adressieren, konzentriert und bündelt meine Gedanken dort, wo ich keine Begriffe in Anwendung bringen kann. Denn ich bin dann in einem Gespräch mit einem Gegenüber. Hinzu kommt, dass die Gefühlslagen, die mit der Wahrnehmung der Wirklichkeit als etwas Unbestimmtes verbunden sind, dadurch einen Wandel erfahren. Staunen beispielsweise kann in Dankbarkeit übergehen. So könnte man anthropomorph sagen. Umgekehrt, wende ich mich an eine Person, bin ich gemeint und kann nur so gemeint sein. Sofern wir Gott nicht mit der Welt gleichsetzen wollen, können wir sagen, Gott ist der Grund eines Geheimnisses. Ich finde mich gemeint, weil mich jemand meint, weil ich nur so in einer prinzipiell und immer wieder eröffnenden Art ein Angesprochener sein kann. Glauben an Gott öffnet eine Tür in meinem Herzen.

Das Gefühl, in einer Situation zu sein, ist leiblich, der Rücken spürt es, das Herz, der Bauch, der Kopf, aber nicht nur der Kopf. Die Bezogenheit auf etwas Positives, weil das Gefühl positiv ist, d.h. *ist* und ernst genommen werden kann, ist eine der begrifflichen Ferne, aber der erlebten Nähe. Gott, wie wieder erinnert, wenn er der Begleiter von Situationen ist, d.h. das in Situationen eingeschrieben Liegende ist, ist nicht irgendwo fern zu suchen, er ist immer schon da. Anders gesagt: Bin ich in einer Situation, ist Gott immer dabei. Der in modernem, erklärenwollendem Erkennen ferne, mysteriöse Gott erscheint anhand dieser Gedanken plötzlich nah und mitten in all deinen und meinen Situationen.

Ein reduziertes Etwas aber, das ich abtue, kann es auch sein, *als* das ich das Gegenüber in meiner Situation ansehe, bloß dann bin ich nicht mehr in einer Situation, sondern in meinen Begriffen. Denn das bedeutet natürlich nicht, das Nichts *als Nichts* anzusehen, aber es bedeutet, nur Dinge gelten zu lassen, die ich *als etwas* ansehen kann.

Wieder bemühe ich eine Analogie. Nähe zu Menschen empfinden andere und ich nicht dann, wenn wir erklären können (und wollen), wer und wie sie sind. In der Nähe erscheinen sie dir und mir gerade als besonders, wir geben uns hin an sie und d.h. an etwas, das wir nicht eingemeinden, sondern in gewisser Weise ebenso als etwas Unergründliches auffassen. Nah sein und unergründlich sein schließen einander nicht aus. Ebenso wie eine Theologie nicht auf etwas bloß Jenseitiges verwiesen sein muss, braucht sie nicht bloß negativ zu sein. (Eine doppelte Verneinung)

Wenn ich glaube, vertraue ich (jetzt traue ich mich, es so zu formulieren), auf Gott wie auf meinen Herzschlag und auf meinen Atem, beides sind elementare Lebensfunktionen, sie sind frei, beide gehören mir nicht und gehören doch zu mir; heute werden sie zwar, in Such- oder Gegenbewegungen, trainiert und reguliert, der Bluthochdruck, der im Alter naturgemäß steigen kann, der Puls, in gottlosen Zeiten, in Zeiten der Beherrschung noch der letzten Dinge, oder in Form gebenden, öffnenden Versuchen, Machtansprüche aufzugeben und spirituelle Erfahrungen zu ermöglichen.

Aber der Brustkorb ist dasjenige, was sich im Takt hebt und senkt und was sich öffnet, der Atem ist und bleibt die Grundfunktion meines Lebens. Das ist die so simple und tiefe Erkenntnis, die in so vielen Psalmen und im Buch Hiob beschworen wird, dass Gott meinen Atem geformt und mich gebildet hat, bevor ich mich kannte. Das Herz mag mehr als ein Symbol sein, es ist die Leiblichkeit meines Gottesbezuges und das, was mich durchströmt, genauer, was meine Adern durchströmt sein lässt. Mein Herzschlag ist elementar, mit Tiefstem verbunden, mein Leben ist ihm verdankt, Atem und Herzschlag leben in gutem Miteinander, sie sind da und tun, was sie wollen, wie die Liebe. Der Takt wäre da gern manchmal vorgegeben. Aber das alles, ich merke es an der letzten ironischen Bemerkung, die mich einhält – ist bereits pathetisch formuliert.

Pathetisch ist vielleicht auch dieser Gedanke, der mir im Moment aber nur die Schlussfolgerung aus allen bisherigen Gedanken zu sein scheint. Indem ich Gott bekenne, bekenne ich mich zur Welt. Die Tür, die mein Bekenntnis in meinem Herzen öffnet, öffnet mich der Welt und entkrümmt mich. Ich habe eine, die entscheidende Bedeutung, die Anerkennung im Sinne des Bekennens eröffnet, nicht berücksichtigt: sich zugewandt zu dem bekennen, was an vorgegebener, vor mir selbst gegebener Nähe zu anderer der Möglichkeit nach da ist. Sie führt in die Mitte dessen, was den Menschen für sich und für andere ausmacht: Sich bekennen geschieht nicht als selbstbestimmter Willensentschluss, sondern als Anerkennung dessen, was einfach ‚da‘ ist, dessen, was man wahrnehmen kann. Man kann sich zu seiner Schuld bekennen, zu seiner Liebe und zu seinen Mitmenschen. Zu seinen Gefühlen und Initiativen bekennt man sich, weil sie da sind und man das, besonders als moderner Mensch, endlich vernimmt. Ein zugewandtes Bekennen ist das, zu etwas Unbekanntem, zu anderen; das und nur das ist die Grundlage aller Moral. Es ist eine Gnade, solches Bekennen zu realisieren und wahrzunehmen, und es kann gnadenlos wehtun, es zu lernen. Denn es erfordert Abschied von meinen Bewertungen, Deutungen oder Absichten. Die Grundfrage des Lebens, vielleicht nicht der Philosophie, lautet nicht, warum es etwas gibt und nicht vielmehr nichts, sondern, wie mir etwas wirklich werden kann, an dem ich teilhabe und zu dessen Teilhabe ich mich bekenne.

Ich habe von Spuren gesprochen. Skifahrer hinterlassen Spuren im Schnee, ein Bild, das Eckart Nordhofen verwendet, um unterschiedliche Möglichkeiten zu etablieren, einen Anblick der Wirklichkeit zu deuten.[25] Welche Spuren setzen mich in ein Selbstverhältnis? Welche setzen mich auf einen Weg? Wie nahe bin ich mir dabei auf meinem Weg? Wie nahe,

---

[25] Vgl. Eckhard Nordhofen, Religion im Philosophieunterricht – Philosophieren im Religionsunterricht. In: Heiner Hastedt u.a. (Hrsg.), Philosophieren mit Kindern. Rostocker Philosophische Manuskripte, Neue Folge, Heft 3, S. 72f.

beispielsweise, lasse ich die Figur des Jesus an mich heran, wie nahe die Idee, dass die Gesetzesreligion des Alten Testaments durch die Liebesreligion des Neuen aufgehoben ist?

Etwas als Spur zu deuten heißt, es nicht namenlos zu lassen, das Wort setzt hier einen Ort, eine Stelle, die nicht leer bleibt, sondern Fülle ermöglicht. Genau umgekehrt wie beim Tod verhält es sich hier. Dort war der Name der Verlust eines Ortes und von Personen, der Verlust einer Situation, hier ist es der Gewinn von mir selbst, von anderen und von meinem Stand in der Wirklichkeit. Der Gewinn von Gott, ja, das auch, aber ich scheue mich, dabei die Metapher des Gewinns zu verwenden. Gott ist zu groß dafür. Und zu klein und beschützenswert.

Ebenso wie Gott in Situationen nahe ist, ist er nicht ein fernes Großes, oder, wie wir gerne attribuieren, Machtvolles, für Gerechtigkeit Sorgendes. Gott ist im Kleinen sichtbar. Das Motto von Hölderlins Hyperion lautet: „Non coerceri maximo contineri minimo / divinum est." (Nicht vom Größten eingeschränkt, - vom Kleinsten gehalten zu werden, ist göttlich.)

Die Macht des Kleinen. Robert Spaemann wurde gefragt, wo Gott in Auschwitz war. Seine Antwort war kurz. Am Kreuz.[26] Zu klein, zu groß, zu gering, zu unbedeutend kann mir Gott erscheinen, als dass ich ihn in meinen Versuchen, Rechtfertigungen zu erzeugen, wahrnehmen kann. Zu fern, wenn ich als Beobachter auf diese Welt blicke, die mir ungerecht scheint. Gegen seine Sichtbarkeit kann ich mich nicht wehren, auch wenn ich wegsehe und auch, wenn ich eine positive Antwort auf die Frage „Gibt es Gott?" nicht formuliere. Ich suche falsch, ich könnte ihn überall sehen.

Mit diesem Gott bin ich verbunden und im Gespräch, auch wenn er nicht antwortet oder scheinbar nicht, ebenso, wie ich im Gespräch mit anderen und mir bin, Glauben ist Mit-Sein, mit etwas, das Spuren zeigt – dafür muss ich wohl einmal radikal einsam gewesen sein. Denn in solcher Einsamkeit zeigen sich die tragenden Gespräche und Verbundenheiten. Dort wie in allen Situationen zeigt sich: Ich bin niemals allein, und ich

---

[26] Robert Spaemann, Interview in: Der SPIEGEL 37/2006 „Wo war Gott? Am Kreuz." http://www.spiegel.de/spiegel/print/d-48826375.html Vgl. Dietrich Bonhoeffer, Brief an Theodor Litt (1939) (Werke Bd. 15, Eberhard Bethge u. a. (Hg.), Gütersloh 1986–1999, S. 113) „Allein weil Gott ein armer, elender, unbekannter, erfolgloser Mensch wurde, und weil Gott sich von nun an allein in dieser Armut, im Kreuz, finden lassen will, darum kommen wir von dem Menschen und von der Welt nicht los, darum lieben wir die Brüder."

brauche andere. (Wer sich allein*gelassen* fühlt, ist immer mit den anderen zusammen, die gerade fortgehen.)

Wer nicht in einem offenen Gespräch begriffen ist, ist in einem Wahn gefangen, sei dieser Wahn modern-szientifisch oder Teil eines religiösen fanatischen Systems.

22. Über den Versuch, sein Leben in Situationen zu reflektieren

In den bisherigen Kapiteln dieses Buchs haben wir Autoren Lebenssituationen reflektiert. Indem wir erzählend Situationen ins Zentrum stellen, möchten wir verhindern, dass die existenziellen Erfahrungen der leiblichen Existenz verloren gehen. Situationsbeschreibungen lesend werden Bilder evoziert, die nicht vollständig in Begriffen dargestellt werden können. Situationen können mit Objekten der Bildenden Kunst verglichen werden: Keine sprachliche Darstellung kann die Phänomenalität der Welt oder Kunst vollständig artikulieren; anknüpfend an Goethe könnte ergänzt werden „Man suche nur nichts hinter den Phänomenen; sie selbst sind die Lehre"[1]; d.h. es mag etwas Unbestimmtes mit den Bildern einhergehen, aber keine zweite, ‚wahre' Welt hinter den Bildern. Anlässlich von Situationen nachzudenken, erdet die Reflexion und bindet das Nachdenken an Narrationen an.

Wir befreien uns mit diesem Verständnis von Nachdenken vom »Cartesianischen Theater« (in deren Kulisse nur solche Figuren auftauchen dürfen, die sich – clare et distincte - als ‚Selbst, als ‚denkende Monade' bzw. als selbstbestimmtes Individuum begreifen – statt als geerdete Menschen, die in Situationen und sozialen Verhältnissen leben) .[2] Das hier dargebotene Verständnis von Welt und Leben erschließt sich erst aus, in und durch (Nach)Denken. Denn Nachdenken ist Objektivierung durch Distanzierung, in dem der situative Bezug zurücktritt. Beim Nach-Denken lebt man nicht nur, sondern man weiß, dass man lebt, allerdings mit zunehmender Unsicherheit wegen der Spaltung Subjekt-Objekt sowie Natur und Geist. Aus dieser Perspektive ergibt sich die These: "Denken lernen, schließt Leben lernen ein."[3]

---

[1] Johann Wolfgang Goethe: Sämtliche Werke nach Epochen seines Schaffens. München Wien 1989. Münchner Ausgabe Bd. 12, S. 306.

[2] Seel, a.a.O., S. 32 (vgl. oben S. 106, Anm. 1)

[3] Kuno Lorenz: Die Wiedervereinigung von theoretischer und praktischer Rationalität in einer dialogischen Philosophie. In: K.L. Dialogischer Konstruktivismus. Walter de Gruyter Berlin 2009. S. 146.

Die Erfahrung des möglichen Ausbruchs aus dem üblichen Alltag im Gespräch kann man als die Entdeckung der Vernunft (in der Lebenswelt) verstehen, als Beginn allen gemeinsamen Nachdenkens über die eigene Situation. Vernunft ist dabei keine Eigenschaft, die ich als Exemplar der Gattung Mensch habe, sondern sie ist eine Fähigkeit, die ich erst im Prozess des denkend aufgegriffenen Situationswiderstandes gemeinsam mit Anderen entwickle. Vernunft ist dialogisch situativ; Vernunft wird damit nicht im kantischen Sinne als transzendentale Vernunft verstanden.

Aus dem Beginn mit Situationen folgt, dass nicht die Erkenntnis der Dinge (Kants theoretische Vernunft) am Beginn steht, sondern das in der sprachlich vermittelten (politischen) Gemeinschaft ablaufende Nachdenken im Dialog – mit sich und den Anderen – über Ziele und Wege menschlichen Handelns. Vor dem Beginn mit dem Erkennen (z.B. Kants Erkenntnistheorie) steht die Vernunftorientierung. Erst wenn diese bereits auf den (unabschließbaren) Weg gebracht ist, kann der zweite Schritt der Entfaltung der theoretischen Vernunft eingeleitet werden.

Mit ihren Überlegungen gehen die Autoren mithin nicht von einem transzendentalen Subjekt aus, das empirisch leider unbekannt ist. Das transzendentale Subjekt ist situationsfrei und damit situationsentlastet und nicht in Praxis und Poiesis eingebunden; es kann daher für die Reflexion von Situationen nicht in Anspruch genommen werden.

Erst das Gespräch mit anderen kann mir aufzeigen, warum dieselbe Situation ganz unterschiedlich erlebt werden kann: das quirlig-bunte Straßenleben mit vielen Menschen auch als laute, konsum- und statusorientierte Selbstdarstellung. Die sich im sokratischen Gespräch ausgestaltende Vernunft könnte die Frage beantworten "Wie können sich Menschen im Gespräch weiterentwickeln?" – Ohne ihnen direkt zu folgen, könnte eine Antwort bei den Romantikern zu finden sein: im unendlichen Gespräch.

Unser Leben ist begrenzt und wir leben nicht im unendlichen Gespräch, sondern im Unvollkommenen, in dem wir vorläufige Orientierungsmarken suchen und brauchen.

»In einer Situation sein« – Zunächst ist es wohl kaum möglich, zwischen mir und dem Ereignis zu unterscheiden; denn ich bin mit meinem Umfeld in einer Weise verwoben, dass ich mich als getrennt von diesem Umfeld gar nicht erleben kann. Vieles, das mir widerfährt, kann ich nicht bedenken, und es bleibt deshalb für mich inexistent, obwohl es ‚objektiv', beispielsweise jemand anderem aufgefallen ist. Erst nachträglich mag es mir erinnernd bewusst werden. Ich bin gleichsam ‚eingehaust' in das Ereignis, ich bin eins mit ihm.

In einem Ereignis widerfahren mir Sinneseindrücke, die ich zunächst in einer diffusen Stimmung als Ganzheitserleben wahrnehme; aber deshalb habe ich die Situation noch nicht erkannt.[4] Dass ich in einer Situation bin, bemerke ich erst, wenn ich Anstoß nehme, wenn ich an einer Unterbrechung des alltäglichen ‚Immer-schon' stolpere. In Situationen (wenn sie als solche erlebt und damit reflektiert werden) wird anderen und mir ihr Alltägliches fragwürdig, weil sie Widerständiges in sich wahrnehmen; etwas in ihnen sperrt sich mit dem Ereignis gegen Widerfahrnisse.

Eine Situation ist der Einbruch der Wirklichkeit, des Singulären, des Jetzt in einem Ereignis. Eine Situation ist vielfach das, was sich Menschen wünschen, wenn sie von der Sehnsucht nach „Echtheit" inspiriert sind, heute besonders ausgeprägt, in Zeiten, in denen die Wirklichkeit durch Bilder überlagert oder mit ihrer Hilfe medial manipuliert wird (aber, frage ich mich dabei, gibt es eine Wirklichkeit hinter den Bildern?), in denen Orte austauschbar und gleich wirken, in denen Gleichheit und Bekanntheit das Kennzeichen aller Orte sind, in der Ortslosigkeit weder Nähe noch Ferne ermöglicht.

In Situationen wird mir deutlich, dass ich einerseits Teil der Welt, mit Heidegger gesprochen, ‚in-der-Welt' bin, andererseits gleichzeitig der Welt gegenüber stehe. Den widersprüchlich-widerstreitenden Gefühlen des Integriertseins oder Gefangenseins auf der einen Seite stehen auf der anderen Seite meine ebenso widersprüchlich-widerstreitenden Gefühle des Ausgeschlossenseins oder Ausbruchswunsches unvermittelbar gegenüber, verbunden mit einem Bewusstsein eines besonderen, einmaligen Augenblicks.

Indem ich mir diese Befindlichkeiten verdeutliche, also in der begrifflichen Verarbeitung, geht ein Teil der Bedeutungsfülle der Situation verloren. Die Singularität der Situation ist vorbei. Der Bedeutungsreichtum der Bilder drängt daher dazu, wechselnde Perspektiven auf meine Klärungs- und Deutungsversuche einzunehmen.

---

[4]   vgl. Martin Seel, Kenntnis und Erkenntnis. Zur Bestimmtheit in Sprache, Welt und Wahrnehmung. In: G.W. Bertram u.a. (Hrsg.), Die Artikulation der Welt. Über die Rolle der Sprache für das menschliche Denken, Wahrnehmen und Erkennen. Frankfurt/M 2006, S. 209-230. Zitiert nach: ders., Aktive Passivität. Über den Spielraum des Denkens, Handelns und anderer Künste. Frankfurt/Main 2014, S. 51.

In der Reflexion von Situationen bin ich und erfahre ich mich immer als Subjekt und Objekt zugleich; dies ist die widersprüchliche Erfahrung, die aus dem Nachdenken erwächst, in dem ich mich als ‚animal rationale' artikuliere: Ich gehöre der Welt an und bin als Teil der Natur – Objekt –; ich kann mich, dies erkennend, aber auch von der Welt distanzieren – als Subjekt. Und ebenso bin ich als Teil der Natur mit ihr verwoben und werde erst zum Objekt, indem ich ‚mich' erkenne. Die Subjekt-Objekt-Spaltung widerfährt mir im Verkehr mit mir selber und im Gespräch mit anderen. Diese Spaltung ist unüberwindbar. Auf der einen Seite bin ich Teil der Welt, auf der anderen Seite stehe ich ihr gegenüber, ich fühle mich ihr ausgeliefert und leiste manchmal Widerstand. Auf diese Spaltung kann ich in unterschiedlicher Weise reagieren, etwa in Zerrissenheit oder Hilflosigkeit, die in Wut, Zorn und Verzweiflung umschlagen.

Das ist paradox: Wer sich in einer Situation erfährt und über sie nachdenkt, ist nicht mehr in ihr; wer nicht über sie nachdenkt, läuft Gefahr, in gar keiner Situation zu sein, sondern im Ereignisstrom des Lebens zu schwimmen. Wer weiß, dass er lebt, weiß auch, er ist in einer Situation, die er nicht vollständig durchschauen kann. Eine Situation ist immer einmalig; typisierte Situationen sind keine Situationen im strengen Sinne mehr, sie sind Gewohnheiten geworden, in denen wir erprobte Unterscheidungsgewohnheiten[5] anwenden. Zugleich ist der, der eine Situation so betrachtet, aus dem Ereignis entschlüpft und hat sich von ihm getrennt; die Situation ist zugänglich und zugleich in ihrer Einmaligkeit verschwunden. Die reflektierte und damit für mich und andere begrifflich artikulierte Situation ist immer die schon vergangene Situation. Über eine Situation nach-denken, heißt, die Situation verlassen zu haben. Nach-denkend nehme ich Abstand. Indem ich eine Situation als Situation wahrnehme, sondere ich sie aus dem alltäglichen Lebenslauf als Ganzem aus und erlebe sie als ein besonderes Ereignis, das mir in der Reflexion zugänglich wird und damit, paradox genug, entschlüpft.

Die Schilderung von Situationen soll dazu einladen, dass Leser an Erfahrungen, also an ihr eigenes biographisch fundiertes Denken anknüpfen können, um so im Text Dargestelltes individuell neu zu erden. Jede Situationsschilderung wird immer abweichend verstanden werden; da jeder in seiner Welt lebt, gibt es allenfalls Verständnis-Annäherungen an die

---

[5]   Begriffe sind "Unterscheidungsgewohnheiten". Arno Ros zit. nach Michael Hampe: Die Lehren der Philosophie. Ein Kritik. Berlin 2014. S. 16. Vgl. dazu die Rezension von Martin Seel: Befreiende Kraft des Denkens. In: Die Zeit 4.9.2014!

Welt, aber nie ein gemeinsam geteiltes Verstehen. Lesende und Autoren können sich dabei allenfalls annäherungsweise verständigen. Wie kann das gelingen?

Es bleibe zunächst offen, ob man mit Hannah Arendt davon ausgehen sollte, dass das "Denken, das Leben selber ist"[6]; oder ob man mit Camus prüft: "Wenn man zu denken anfängt, beginnt man untergraben zu werden"[7]; denn, fährt Camus fort: "Wir gewöhnen uns ans Leben, ehe wir uns ans Denken gewöhnen."[8] Das heißt, zunächst lebt und denkt jemand 'in der Welt' im *Üblichen.* Übliches: das ist etwas Sprachliches, es kann naiv sein, es ist Kultur, es ist aber auch Reflexion, nämlich die gebündelte und teils in Sprichwörtern kondensierte Reflexionserfahrung von Menschen, die vor mir hier gelebt haben. Kultur wiederum, das ist nicht nur etwas Fixes, sondern auch ein Dialogprozess, eine Geschichte, an der wir teilhaben und durch die wir sind, wer wir sind. Übliches, das ist etwas Schillerndes, und zugleich schimmert in ihm und in unseren Unterhaltungen über Üblichkeiten eine Ur-Intuition der Moral auf: Da ist ein anderer, da ist Wechselseitigkeit, da ist Perspektivwechsel; andere und ich leben in einem Geflecht von Anerkennungsverhältnissen.

Der Mensch ist das Lebewesen, dessen Lebensform durch Miteinander-Sprechen bestimmt ist.[9] Der Mensch bedarf der Gemeinschaft, um zu leben, und zwar nicht nur zum bloßen Überleben, sondern auch – und vielmehr – zum gelingenden Leben. Menschen machen sich, der Struktur dieser Gedanken folgend, ihre Lebenssituationen in einem Prozess des gemeinsamen Lebens und Denkens deutlich; das Verständnis von Vernunft, die Art der Gemeinschaft und schließlich auch einhergehende Handlungen in Situationen liegen keinesfalls im Vorhinein fest und prägen eine irgendwie festgesetzte Lebensform. Der Leser aber möge in jedem Fall, so hoffen wir Autoren, anhand der begrifflichen und bildlich-erzählenden Reflexion von Situationen nicht nur zu solchen Begriffen, ihrer Reflexion oder Kritik gelangen, sondern zur Wahrnehmung von eigenen Lebenssituationen.

---

[6]   Hannah Arendt: Denktagebuch. 1950-1973. Erster Band. Tübingen 2002. S. 10.

[7]   Albert Camus: Der Mythos von Sisyphos. Deutsch und mit einem Nachwort von Vincent von Wroblewsky. Reinbek (Rowohlt Taschenbuch Verlag) 2014. S.16.

[8]   ebd. S. 23.

[9]   Vgl. Hannah Arendt; Vita Activa oder Vom tätigen Leben. München 1989. S. 29f.

In dieser Perspektive leben alle Menschen zunächst in einem ihnen vorgegebenen und überlieferten Bedeutungsgewebe, in dem sie sich jeweils am Anfang ihres Lebens vorfinden und das sie zu Beginn ihres Lebens trägt und gebahnte Wege eröffnet. Sie erfahren dieses Gewebe als eine – durch was oder von wem auch immer – ausgerollte Bedeutungslandschaft, in der sie sich nach der Geburt, ihrem Eintritt ins Leben, vorfinden. Einen Überblick zu gewinnen ist – anfangs (nur wann ist 'anfangs'?) – unmöglich, denn wie in einer wirklichen Landschaft ist anderen und mir auf unserer Lebens-Landstraße der Blick durch Erhebungen versperrt: Wir können uns jeweils nicht verlässlich verorten und haben immer nur eine vorläufige Orientierungsmöglichkeit. Auch wenn keine Berge den Weitblick hinderten, eine endlose Ebene böte dem Blick ebenfalls keinen Halt. Berge und Täler begrenzen den Blick, sie zwingen einzuhalten, lassen sich als Anhaltspunkte deuten und laden zu einer Wander-Pause ein. Das, so scheint es, bietet übersichtliche Heimat und Vertrautheit. Aber unvermeidlich führt des Lebens *labyrinthisch irrer Lauf* in andere Täler; dort wird man einiger Illusionen beraubt – oder von ihnen befreit?

Wann und warum streife ich, erwachsen geworden, die von elterlicher und schulischer Erziehung geprägten Üblichkeiten ab, aus denen das Bedeutungsgewebe geflochten ist, in dem ich aufwachse? Mein ‚Dasein' ist kein Da-Sein, sondern ein Prozess des Auf-dem-Weg-Seins in einer zerklüfteten Bedeutungslandschaft. Auch für die anderen bin ich – was ich auch für mich selber bin – ein Bedeutungsgewebe. Die Gewebefalten verrutschen im Gang durch die Zeit, sei es durch eigene Bewegungen, sei es, dass andere – Menschen oder Dinge – am Gewebe ziehen. Bedeutungsgerinnung oder Bedeutungsanreicherung, beides kann das Leben zunächst kaum merklich oder bedeutend verändern, im krassesten Fall durch eine Revolution der Denkungsart; eine Bedeutungsrevolution, die meine Selbst-Positionierung und Orientierung grundlegend verändert. Eine Bedeutungsrevolution kann mir als Bildungsprozess oder gar als Untergang widerfahren; sie führt dazu, dass ich meine begrifflichen Unterscheidungsgewohnheiten nachhaltig verändere.

Im Verlauf der Lebenszeit verdichtet sich das Bedeutungsgewebe teilweise in einem besonderen Ereignis, teilweise lockert sich das Bedeutungsgewebe, an manchen Stellen wird es dünner, Menschen und Ereignisse verblassen oder verschwinden gar vollständig, dann wird der in den Blick kommende Bereich enger, oder es entstehen Löcher, das Bedeutungsgewebe zerreißt, und Erinnerungen werden gelöscht.

Wer das Übliche verlässt, dem wird auch seine Sprache brüchig. Er ist einen Schritt zurückgetreten, hat Distanz zu seiner Lebenswelt genommen und betrachtet sein Leben perspektivisch, ohne aber seine Lebenswelt verlassen zu können. Wie denkt man in der Lebenswelt über seine Lebenswelt nach? Wie ist man gleichzeitig drinnen und draußen? In welchen Lebenslagen, in welchen Situationen steht man vor derartigen Fragen, und wo könnte er Antworten erwarten?

Es erscheint einfacher, eine Antwort darauf zu finden, wann man sich diese Frage nicht stellt: Solange ich mit mir und meinem Umfeld im behaglich-ungestörtem Gleichgewicht lebe, nimmt mich das Geschäft der alltäglichen Besorgungen derart in Anspruch, dass sich diese Fragen gar nicht stellen, so dass diese Anforderungen keine Chance haben, sich in den Vordergrund meines Denkens zu drängen. Diese behaglich erscheinende Sicherheit ist nicht auf Dauer zu stellen, sie zerbricht im Lebenslauf. Man ist in seinem traditionsgesicherten Bedeutungsgewebe nicht mehr zu Hause, die ursprüngliche Heimat wird zunehmend fremder, und man versteht sich selbst nicht mehr.

Welcher Art Fragen sind es, auf die Antworten gesucht werden? Es könnte eine bedrängende Situation sein, in der ich feststelle *Ich weiß nicht mehr weiter*. Bedrängt von Leiden wie Krankheit, Hunger, Unterdrückung … Aber so einschneidend muss es gar nicht sein; es genügt ein Erlebnis in einer zunächst harmlos erscheinenden Situation: *Ich erlebe Widerstand und Widerspruch gegen meine Vorstellungen, ich kann nicht, wie ich will*, kurz: *Ich bin gestolpert, ich verstehe mich selber nicht mehr und bin mir selber fremd geworden.* Aber, worüber bin ich auf meinem Lebensweg gestolpert, was ist und wo liegt in meiner Lebensform der Stein des Anstoßes bzw. wo stoßen sich anderen mir?

Bin ich wie Sisyphos erst einmal gestolpert, habe ich meine ursprünglich sichere Selbstgewissheit verloren, und es bedarf keines besonderen Anstoßes mehr. Ich könnte aber auch eines Morgens mit einem diffusen, nicht begrifflich[10] zu fassenden, allenfalls vage zu beschreibenden Gefühl aufwachen, das mich dann durch den Tag begleitet: *Irgendetwas stimmt nicht, nur was?* Ich fühle es, kann es aber (noch) nicht artikulieren. Gehe ich diesem Gedanken nach, könnte ich den Stein des Anstoßes in mir selber wahrnehmen. In meiner Selbstwahrnehmung erlebe ich im Stol-

---

[10]   Gregor Samsa nimmt die endgültige Zuschreibung als Käfer erst an, als seine Familie ihn so beschreibt.

pern etwas in mir Unbekanntes, das gleichwohl zu mir gehört, mich aber irritiert.

> *Gestrauchelt bin ich hier; denn jeder trägt*
> *Den leid'gen Stein zum Anstoß in sich selbst.*[11]

Liegt der Stein vor mir auf dem Weg, oder bin ich mir selber zum Stein des Anstoßes geworden? Kann ich mir selber zum Stolperstein werden, also an mir selber Anstoß nehmen? Nur: Welches Ich sagt *mir*, dass *ich* gestrauchelt bin?

Wenn der Stein des Anstoßes außer mir liegt, können es Widerstände derart sein, dass andere Menschen meine Handlungsabsichten konterkarieren, dass mir Mittel und Wege fehlen, meine Ziele und Absichten umzusetzen oder mich unterschiedliche Widerfahrnisse bedrängen.

Wenn ich (und nicht nur ich) die Situation als Situation erst dann reflektiere, wenn ich Widerständiges in mir wahrnehme, dann bleibt die Frage, was das in mir ist, das ein Gefühl des Widerständigen in mir hervorruft. Mit Büchner könnten ich nicht nur fragen: »Was ist das, was in uns lügt, hurt, stiehlt und mordet?«[12], sondern auch "Was ist es, das in uns Widerstand leistet und sich gegen was in Situationen sperrt?" Was vernehmen andere und ich, wenn sie in sich hineinhorchen und nachdenken? Nachdenkend erhebe ich den Anspruch, meine Unterscheidungsgewohnheiten *vernünftig* zu prüfen. Damit wird ein weites Feld eröffnet. Denn Vernunft kann mit Herder auch als ein Vernehmen verstanden werden:

> "Theoretisch und praktisch ist Vernunft nichts als etwas Vernommenes, eine gelernte Proportion und Richtung der Ideen und Kräfte, zu welcher der Mensch nach seiner Organisation und Lebensweise gebildet worden. Eine Vernunft der Engel kennen wir nicht: so wenig als wir den inneren Zustand eines tieferen Geschöpfs unter uns innig einsehn; die Vernunft des Menschen ist menschlich [...]. Sie ist ihm nicht angebohren; sondern er hat sie erlangt und nach dem die Eindrücke da waren, die er erlangte [...], nach dem ist auch die Vernunft reich oder arm, krank oder gesund, verwachsen oder wohlerzogen."[13]

---

[11]   Heinrich von Kleist: Der zerbrochene Krug. H.v.K.: Sämtliche Werke und Briefe. Hrsg. von Ilse-Marie Barth, u.a. Deutscher Klassiker Verlag Frankfurt/Main 1991. Bd. 1, S.287.

[12]   Georg Büchner: Dantons Tod. II,5. In: G.B.: Werke und Briefe. Münchner Ausgabe. München 1979, S. 100

[13]   zit. nach: Kuno Lorenz: Einführung in die philosophische Anthropologie. Darmstadt 1990. S. 69

Wahrnehmen als Vernehmen einer diffusen Ganzheitserfahrung? Und in welcher Weise formulieren wir den aus zunächst diffus empfundenen Widerständen hervorgehenden Entwurf aus, auf welche Kräfte bauen und von welchen zehren wir, wenn wir Widerstand leisten?

Abstandnehmen von dem Ereignis bedeutet Widerständiges in der Situation wahrzunehmen und kann daher als eine Erfahrung von Freiheit erlebt werden. Für Blumenberg liegt, "im Nachdenken [...] ein Erlebnis von Freiheit."[14] Dieses dem Nachdenken entspringende Freiheitserlebnis sprengt die Enge und das Eingeschlossen-Sein in die auf Zweckmäßigkeit und Zweckorientierung hin orientierten Rahmenbedingungen des Ereignisses; es eröffnet einen "Spielraum". Spielen liegt jenseits der Funktionalität des Alltäglichen. Für Blumenberg gewährt Zögern "das Erlebnis der Zweckfreiheit": er nennt den Menschen "das Wesen, das zögert." Im Zögern gewinnt man Zeit.[15]

Wie jedes Spiel folgt auch der "Spielraum der Nachdenklichkeit" Regeln; diese Regeln folgen aber nicht dem Gebot rationaler Zweckmäßigkeit. Daher unterscheidet sich Denken vom Nachdenken: "Geregeltes Nachdenken erscheint weit entfernt von bloßer Nachdenklichkeit." (Blumenberg).[16] Das heißt auch: In Ereignissen, die Nachdenkenden zu Situationen geworden sind, erfahren sie Welt, wenn sie offen sind, und sich nicht reduktionistisch verhalten.

Gibt es sich wiederholende Situationen, also typologisch zu Beschreibendes, das sich – das ist nur widersprüchlich und paradox zu formulieren – in Situationsformen kristallisiert? D.h. grundlegende Strukturen oder Situations-Muster, die die immer sich wiederholenden Situationen als Struktur prägen – und dann eine Lebensform bestimmen? In diesem Sinne verweisen Situation und Lebensform auf einander. So könnte z.B. eine Charakteristik eines Menschen auch der Versuch sein, Situationen in einer Lebensform zu verallgemeinern. Lebensformen können als ty-

---

[14] Hans Blumenberg: Nachdenklichkeit. Dankrede zur Verleihung Der *Sigmund-Freud-Preis* für wissenschaftliche Prosa. (1980). https://www.deutscheakademie.de/de/auszeichnungen/sigmund-freud-preis/hans-blumenberg/dankrede (Zuletzt aufgerufen am 3.7.2017)

[15] vgl. Martin Seel: Die Fähigkeit zu überlegen. Elemente einer Philosophie des Geistes. In: Deutsche Zeitschrift für Philosophie 53/2005, Heft 4, S. 551-566. Zitiert nach: ders., Aktive Passivität. Über den Spielraum des Denkens, Handelns und anderer Künste. Frankfurt/Main 2014, S. 35.

[16] Hans Blumenberg, a.a.O.

pologische Orientierungsmarken hilfreich sei, um Historie schreiben zu können, z.B. Lebensformen des Mittelalters.

Können derartige Situationsformen begrifflich erfasst werden, und sind Begriffe typologische Orientierungsmarken?

Was ist eigentlich ein Begriff? (vgl. Kap. 3) Machen Menschen mit Begriffen etwas vorstellig? Es ist für unser Vorhaben nicht erforderlich, sich an einer Diskussion zu beteiligen, um die verschiedenen Möglichkeiten zu erörtern, den Terminus „Begriff" näher zu bestimmen. Für uns formulieren Prinzipien erste nicht begründete Grundsätze (z.B. Satz vom Widerspruch), und Begriffe fassen einen Abstraktionsprozess zusammen, um etwas abstrakt Allgemeines einem konkret Einzelnen zuzusprechen.

Begriffe gehen mit Bildern einher, doch ein Bild wird, je nach Biographie, für eine jeweils unterschiedliche Bestimmung in Anspruch genommen. Begriffe sind in der Sprache – es war eine Illusion der Denker Anfang des 20. Jahrhunderts, zu glauben, es könne eine formalisierte Darstellung mit sprachlich exaktem und also privilegiertem Zugang zur Wirklichkeit geben. Und Begriffe operieren mit Bildern, Begriffe sind in Bilder eingebunden. Damit geht sowohl ein Gefangensein in ihnen einher wie eine Eröffnung von Aspekten der Wirklichkeit. In der Phänomenalität von Bildern erscheint (so wie ein Schein eine Illusion und ein Beschienenes ausdrückt) Wirklichkeit mehrschichtig, ein Bild changiert in sich.

Werden Begriffe klarer definiert, so werden sie zunehmend diskret. Sie sind klarer umgrenzt. Diskretion – das bedeutet in der Mathematik etwas Ganzzahliges, das sozusagen einen festen Punkt ohne ein fließendes Kontinuum setzt. Es bedeutet in der Sprache auch etwas Umgrenztes, das nach außen abgeschirmt wird. Heimlich, so wie im Rotlichtviertel, kann man es dann, reflektiert man, einklammern, um nicht das, was woanders liegt, ausklammern zu müssen.

Diese sprachlichen Möglichkeiten in ähnlicher Richtung bedenkend findet sich eine vergleichbare Bemerkung Fichtes 1795 in einem Brief an Reinhold: "Das was ich mittheilen will, ist etwas, das gar nicht gesagt, und begriffen, sondern nur angeschaut werden kann; was ich sage, soll nichts weiter thun, als den Leser so leiten, daß die begehrte Anschauung sich bei ihm bilde."[17]

---

[17]   Johann Gottlieb Fichte, Brief an Reinhold vom 2.7.1795. Gesamtausgabe Reihe III, 2 (Briefe 1793 – 1795) Stuttgart-Bad Cannstatt 1970, S. 343f.

Begriffe zu vergeben ist tückisch und notwendig, auf sie verzichten kann ich nicht; sie sind Denk- und Bedeutungseinheiten. Man kann sich nicht entscheiden: entweder für Begriffe oder für Wahrnehmung eines Einmaligen. Begrifflichkeit eröffnet Blicke – nicht nur ich benötige Begriffe, um etwas in den Blick zu bekommen –, und sie kann reduzieren. Wahrnehmung kann Einmaligkeit erlebbar machen, und sie kann nebulös nichts mehr sehen oder gar in unreflektiert Begriffe etablierende Ideologie abgleiten. Andere und ich würden uns überheben, uns für eines der beiden zu entscheiden oder es zu bevorzugen.

Aus dem Käfig des Gewebes des Üblichen kann ich mich lösen (ist es wirklich eine Befreiung?), wenn ich Mut und Experimentierfreude habe, mich mit Begriffen aus anderer Perspektive im Bedeutungsgeflecht zu verorten. Die neu oder anders verwendeten Begriffe zeigen ihre situationsaufschließenden Möglichkeiten erst in der Selbstanwendung, wenn ich sie als Hilfe auf dem Weg einer vertieften Selbstwahrnehmung (Selbsterziehung?) nutzen möchte. Selbstanwendung stellt sich dar als Selbstwahrnehmung mit Hilfe eines differenzierteren Bedeutungsgewebes im Kontext der bisher verwendeten Begriffe. Diese Bedeutungserweiterung kann als 'Spiel' einer Überprüfung des bisher Gelebten aus einer anderen Perspektive verstanden werden. Ich kann mit mir selbst experimentieren, mich erproben. Bei diesem 'Spiel' ist Martin Seels Vorgehen der Untersuchung von Tugenden hilfreich: "Jede vermeintliche Tugend und fast jede vermeintliche Untugend wird so lange durchgeführt, bis ihre Zweideutigkeit sichtbar wird."[18]

Berücksichtigt man die Fülle der Bedeutungen und meinen Möglichkeitssinn beim ausdeutenden Verständnis gerate ich in ein 'Spiel', in dem ich das bisher Gelebte aus einer anderen Perspektive neu einordne. Woraus die (schräge) Frage abgeleitet werden mag, ob eine Änderung der Begriffe, mit denen ich meine Lebensform deute – auf Grund sokratischer Gespräche mit Freunden – eine Art Anleitung zur Selbsterziehung[19] sein könnte. Mit der Verwendung anderer Begriffe und deren neuem Bedeutungskontext könnte es mir vielleicht möglich sein, alte Unterscheidungsgewohnheiten (und die damit verbundene Lebensform) teilweise hinter mir zu lassen; so macht es z.B. einen Unterschied in der Selbstwahrnehmung. ob ich mir eine Situation, ein Widerfahrnis mit den Be-

---

[18] Martin Seel: 111 Tugenden, 111 Laster. Eine philosophische Revue. Frankfurt/Main 2012, S. 13.
[19] Paul Rabbow: Seelenführung. Methodik der Exerzitien in der Antike. München 1954.

griffen Zufall, Fortuna, Schicksal[20] oder Gottesfügung verdeutliche. Philosophieren als Tätigkeit, Unterscheidungen zu treffen und zu erproben, kann den Schritt in eine veränderte, neue Lebensform eröffnen. Indem ich eine Situationen anders deute, könnte ich mich neu im Leben und neu in der Welt positionieren.

Um das zu verdeutlichen, noch einmal eine Situation, die ich begrifflich höchst unterschiedlich bewerten kann: *Ich habe Krebs.* Ein furchtbarer Satz, ein Signal und ein Weckruf – er bringt meine Situation auf einen Begriff! Wenn ich ihn mir vorspreche, erstarre ich und bekomme Angst. Ich denke, wie lange noch? Wo sitzt der Krebs? Und je nachdem, wo die Krankheit sich befindet, rechne ich aus, wie viel Zeit mir noch bleibt. Wenn wir die Person kennen, die ihn ausspricht, haben wir Mitleid und denken vielleicht, wie lange noch? Ich habe keinen Krebs. Das heißt, ich weiß es nicht, vielleicht sitzt er irgendwo in mir, und ich habe ihn noch nicht erkannt. Dann bin ich gesund, weil ich nicht weiß, dass ich krank bin. Oder ist es richtiger zu sagen, ich bin gesund, aber ich glaube fälschlicherweise, krank zu sein? Habe ich heimlich gedacht, ich habe Krebs, weil mein Bauch schmerzte? Habe ich diesen Gedanken häufiger, sollte ich zum Arzt gehen? (Nein, ich weiß es ja besser.)

Ich war einmal schwerer krank, als ich es mir ausgemalt hatte. Nach beinahe erfolgter Genesung trieb ich zu allem Überfluss und übermütig Sport. Die Gelenke waren das nicht gewohnt, und ich verletzte mir das Knie. Der Arzt riet zu einer erneuten Operation, ich versuchte zu wandern, das Knie wurde dick. Wie der Zufall es wollte (eine Formulierung, die wie das Wort Krebs zum Nachdenken einlädt), gingen wir in einem Restaurant essen, und der Besitzer stellte sich nach einigen Gesprächen als Heiler Mario vor, der bereits Krebskranke, unheilbar Kranke und Verletzte geheilt habe. Er untersuchte mich, atmete schwer und befühlte mein Knie. Zwischendurch sagte er immer wieder, *ich gebe keine Namen.*

Den Dingen keine Namen zu geben, kann heilsam sein. Gebe ich den Dingen einen Namen – und damit ist hier ein Begriff gemeint, kein Individualname -, be-stimme ich sie, d.h. ich spreche ihnen Eigenschaften zu und andere ab. In meiner Vorstellung kann ich sie mit anderen Dingen verbinden, die den gleichen Namen und teilweise die gleichen Eigenschaften haben. Damit konstruiere ich in einem zügigen Denkakt unzählige Querverbindungen, und alle diese Querverbindungen sind

---

[20]   „Herrscht blind das Schicksal? Lebt kein Gott?" Carl Maria von Weber: Freischütz.

mit meinen Affekten, Assoziationen, Ablehnungen und Zustimmungen verbunden. Dieser Gegenstand, dem wir einen Namen geben, gleicht in vielerlei Hinsicht anderen Gegenständen (ich sehe es als etwas an). Erkennen heißt vergleichen und unterscheiden. Wer alles begriffen und in seinem Denksystem verortet hat, der weiß Bescheid, er hat für alles Namen, Kategorien. Wenn andere Menschen etwas sagen, vergleicht er dies mit seinen Namen und stellt fest, hier gibt es Unterschiede, also hat der andere noch nicht so gute (gut ausdifferenzierte) Namen, er hat es wohl nicht ganz so gut begriffen. Wer so lebt, schätzt gering, staunt wenig und hat eigentlich kaum Anlass, Gespräche zu führen. Dieses Bescheidwissen ist in heutiger Zeit durch Teilhabe an ihren technischen Möglichkeiten noch erleichtert. Denn wir Zeitgenossen produzieren viele Dinge, die einander durch ihre Machart gleichen. Es gibt Autos, Flugzeuge, Stahl, Holz, Snickers, Dreierpackjoghurt, es gibt ersetzbare Dinge. Vielleicht konnte der Heiler heilen, weil er die Dinge in ihrer Einmaligkeit ließ.

Immer noch denke ich über Begriffs-Namen nach. Das Problem ist nicht nur, dass viele meinen, mit den Begriffen nicht nur alles zu erkennen, sondern dass sie es auch bewerten. Und scheinbar bloße Erkenntnisse tragen ihre Bewertungen in sich. *Heute gehen wir in einen Tierpark.* Wirklich? Trifft das die Situation? Heute gehen wir in ein *Tiergefängnis!* Die Tiere leben ja tatsächlich in Gefangenschaft. Wir waren oft im Tierpark. Haben wir die Tiere angesehen?

Habe ich mich einmal für bestimmte Annahmen und mich leitende Begriffe entschieden, dann liegt das Gebiet meines Denkens fest; ich ringe dann nur noch darum, ob ich situationsabhängig meine Position innerhalb dieses Gebietes verändern sollte, um die Grenzen ein wenig zu verschieben. Da ich in dieses selbsthervorgebrachte Bedeutungsgewebe verstrickt bin, zeigt es die Wirklichkeit so ähnlich, wie sie im Legoland erscheint, in einer Art Miniatur, von der ich glaube, sie sei die Wirklichkeit.

Ich kenne einen älteren Menschen, der aus nur einem einzigen Satz besteht (ein zweiter ist erst seit kurzer Zeit hinzugekommen): *Das kenne ich schon.* Vielleicht *die* Krankheit älterer Menschen. Alles, was ich ihm sage, ist für ihn etwas bereits Bekanntes oder längst Verworfenes (mit nach unten abwinkender Handbewegung sagt er den Satz, mit einem Grinsen, das nur an den Augenfalten zu erkennen ist). Meine Absicht liegt beim Erzählen aber nicht darin, zu hören, dass meine Angelegenheiten für ihn kalter Kaffee sind. Ich wollte hören, früher, besonders früher, dass sie ganz neue Gedanken sind, die Unbekanntes aufschließen; ich wollte im

Gefühl begleitet werden: Das auszuprobieren, das zu wollen, ist etwas Begeisterndes, Lohnendes, das zum Mitfiebern einlädt! Ich wollte mit ihm in gemeinsamer Stimmung leben und sie aufleben lassen. Es ist ja immer ein Mensch, der etwas denkt, und dieses Denken ist verknüpft mit Erfahrungen, mit Situationen, und es ist eingegangen in Formen, in mein Leben. Kann man das so sagen: mein Leben? Führe ich mein Leben?

Krebs, und noch intensiver das von diesem Begriff aufgedrängte diffuse und bedrückende Bild sind ein Einbruch in die Wirklichkeit jeweils meines Lebens, verbunden mit Gefühlen der Trennung und der Entfremdung mitten im Leben. Man kämpft, hofft, resigniert und hofft doch wieder, dass es gut ausgeht. [Man stellt es sich so leicht vor, erst Verleugnung, dann Wut, schließlich Trauer und Auflösung. Hollywoodgefühle.]

Ich ging nach dem Essen beim Heiler auf unsicheren Beinen nach Hause und traute mir nicht zu, fest aufzutreten. Aber am nächsten Tag war das Knie nicht mehr geschwollen, ich konnte es wieder benutzen, ich konnte wandern (so wie heute, allerdings leichtfüßiger), und nach dem Urlaub riet der Arzt mir, nach Begutachtung, von einer Operation ab. Die Adresse steckt tief verborgen in meiner Brieftasche, für alle Fälle.

Wer einen Namen vergibt, kennt viele – nicht alle – Eigenschaften eines Gegenstandes. Für ihn sind alle Gegenstände über ihre Eigenschaften (kausal) bestimmt; und diese Kenntnis der Eigenschaften macht im normalen Alltag handlungssicher. Wer sich im aufgespannten Begriffsgewebe dieser Benennungen sicher weiß, lebt in einer methodisch präparierten Wirklichkeit, die ihm zuverlässiges, erfolgreiches Handeln und verlässliches Denken verspricht. Sollte sich der beabsichtigte Erfolg nicht einstellen – und dies ist immer zu erwarten –, wird nach Ursachen gesucht, und die Analysemethode wird verfeinert, denn auch Irrtümer und Fehlschläge sind Erkenntnisse.

Wer keinen Namen vergibt – dem geht diese tendenziell unsichere Sicherheit verloren, denn die Gegenstände stellen sich ihm hinsichtlich der Fülle ihrer Eigenschaften nicht so eindeutig dar. Sie haben immer einen Bedeutungsüberschuss, der Neues zu erwarten oder zu befürchten lässt. *Wer keinen Namen vergibt* kennt sehr wohl einige Eigenschaften, ihm fehlt aber die zupackende, handlungssichere Gewissheit. Meine Erfahrungen mit dieser einmaligen Situation des (Heilungs-)Erlebnisses lassen mich daher zugleich irritiert-unsicher, aber auch erwartungsvoll-staunend zurück. Muss ich mich als nüchtern-vernünftiger Mensch nicht fragen, von welcher Art dieses Erlebnis war und wie ich es verstehen kann? Habe ich mir selbst etwas eingeredet und bin einem Placeboeffekt aufgesessen?

Nicht nur ich lebe in einem Spielraum oder Spannungsfeld, dessen beide Pole von zwei Wirklichkeitsverständnissen aufgespannt wird. Auf dem einen Pol scheint eine allgemein zugängliche Wirklichkeit auf, die andere und ich mit den meisten Menschen teilen; und auf dem anderen Pol eine nur individuell zu erschließende Wirklichkeit. Leben ist nicht statisch, sondern vollzieht sich bildlich gesprochen als unendliche Bewegung in einem ständigen Prozess des Hin und Her zwischen den beiden Polen. Einerseits ist man in einem Alltag geerdet, der zum Teil wissenschaftsbestimmt methodisch-präpariert erschlossen und damit fertig ,zur Hand' ist; andererseits vollzieht jeder seinen Teil seines einmaligen, unwiederholbaren Lebens in einer nur ihm erschlossenen individuellen Wirklichkeitswahrnehmung. In Letzterer ist es schwierig, wenn nicht gar unmöglich, Namen zu geben. *Keinen-Namen geben* macht in nicht bestimmbarer Hinsicht eine uneinholbar individuelle Lebensform aus. Anderen ist jemandes Wirklichkeit allenfalls in Situationen besonderer Nähe zum Teil zugänglich. *Wer einen Namen vergibt* situiert sich während dieser Handlung vor allem in der allgemein zugänglichen Wirklichkeit. Es bleibt individuell (zu entscheiden?), ob man nur die allgemein zugängliche Wirklichkeit ,wirklich' zu nennen vermag oder ob man bereit ist, der Wirklichkeit II einen eigenen Status zuzusprechen. *Keinen-Namen geben* mag als Lob höchster Individualität erlebt werden, kann aber auch ein Leiden an eben dieser Individualität bedeuten. Vielleicht ist doch einsam, wer allein ist.

Ein Spezifikum der nur individuell zugänglichen Wirklichkeit ist die Schwierigkeit, sie zu formulieren, denn ihre situative Einmaligkeit entzieht sie sich einem vollständig beschreibenden Zugriff.

> „Das Ding ist einzig. Das Einzige ist keine Eigenschaft, die das Ding hat, es ist vielmehr ein Name für das Ereignis seines Vorkommens überhaupt, ein Name dafür, daß es ist. Gerade wenn wir uns über seine Wirklichkeit und unsere Erfahrung dieser Wirklichkeit Rechenschaft geben wollen, sprechen wir so von dem Ding: Es ist einzig. Wir sagen das in der Sprache, in der wir auch von den Eigenschaften des Dings sprechen, aber bewegt von seiner Wirklichkeit kann es uns auch geschehen, daß wir die Worte verlieren und auf das, was wir sehen, nur noch zeigen können."[21]

---

[21] Friedhelm Schneider: Die Wahrnehmung der Wirklichkeit. Ein philosophisch-teheologischer Essay. Attempto Verlag Tübingen 1992. S. 18

‚Wirklichkeit' ist nie festgestellt; daher leben wir in unterschiedlichen Wirklichkeitsräumen. Ästhetisch vermittelte Erfahrung vermag die nur mit Eigennamen zu artikulierende Einzigartigkeit der ‚privaten' Wirklichkeit zu konkretisieren. Im Lustspiel (sic!) „Der Schwierige" formuliert der Schwierige:

> „Der Augenblick ist nicht bös, nur das Festhalten-wollen ist unerlaubt. Nur das Sich-festkrampeln an das, was sich nicht halten laßt"[22] – um dann später zu ergänzen: „Durchs Reden kommt ja alles auf der Welt zustande. Allerdings, es ist ein bißl lächerlich, wenn man sich einbildet, durch wohlgesetzte Wörter eine weiß Gott wie große Wirkung auszuüben, in einem Leben, wo doch schließlich alles auf die letzte unaussprechliche Nuance ankommt. Das Reden basiert auf einer indezenten Selbstüberschätzung. (II, 14/ S. 73)»[23]

Wer über ein von ihm selbst konstruiertes Begriffsnetz verfügt, bewegt sich in einer Welt der Dinge und der überschätzt sich selbst, denn er stellt Wirklichkeit ‚fest'. Der Mensch macht sich zum Maß aller Dinge.

Vielleicht hören unsere Leser und wir Autoren (noch einmal) auf Nietzsche und folgen seinem Perspektivwechsel: Wir überheben uns, wenn wir den Dingen Namen geben, die Dinge sprechen zu uns, wir müssten nur bereit sein zu hören.

---

[22] Hugo von Hofmannsthal: Der Schwierige. II, 10, In: H.v.H.: Ausgewählte Werke in zwei Bänden. Bd. 1, 8.-10.Tsd, Frankfurt/M. 1961, S. 480.

[23] Ebd., II,14, S. 492. Vgl. auch Hofmannsthals Chandos: „Zuerst wurde es mir allmählich unmöglich, ein höheres oder allgemeineres Thema zu besprechen und dabei jene Worte in den Mund zu nehmen, deren sich doch alle Menschen ohne Bedenken geläufig zu bedienen pflegen. Ich empfand ein unerklärliches Unbehagen, die Worte »Geist«, »Seele« oder »Körper« nur auszusprechen. Ich fand es innerlich unmöglich, über die Angelegenheiten des Hofes, die Vorkommnisse im Parlament oder was Sie sonst wollen, ein Urtheil herauszubringen. Und dies nicht etwa aus Rücksichten irgendwelcher Art, denn Sie kennen meinen bis zur Leichtfertigkeit gehenden Freimut: sondern die abstrakten Worte, deren sich doch die Zunge naturgemäß bedienen muß, um irgendwelches Urtheil an den Tag zu geben, zerfielen mir im Munde wie modrige Pilze." Hugo von Hofmannsthal: Ein Brief. In: H.v.H.: Ausgewählte Werke in zwei Bänden. Bd. 2, 8.-10.Tsd, Frankfurt/M. 1961, S. 341f.

Sind nicht den Dingen Namen und Töne geschenkt,
dass der Mensch sich an den Dingen erquicke?
Es ist eine schöne Narretei, das Sprechen:
damit tanzt der Mensch über alle Dinge.
(Also sprach Zarathustra)[24]

Wer sagt *Das kenne ich schon*, lebt in einer weitgehend festgefügten Welt, er ist vielleicht nicht mehr hinreichend offen, Neues zu vernehmen; er hat sich selbst ‚eingeschachtelt‘ in seine über Eigenschaften bestimmten Begriffs-Denkschablonen. Dieses eigenschaftsorientierte ‚An-Etwas-Denken‘, ist ein ‚An-Etwas-Festes-Denken‘, denn man hat einen selbst geschaffenen klar unterschiedenen Sachverhalt vor Augen, der eben – weil er sich selbst (klug?) begrenzt –, handlungsfähig macht. Mit dem Schwierigen könnte man dagegen einwenden, wer versucht, sich an etwas Festem zu orientieren, der wird „Sich-festkrampeln an das, was sich nicht halten laßt“. Dem „Sich-festkrampeln“ läuft vielfach eine eingebildete Selbstsicherheit oder Selbstgewissheit parallel, die der Schwierige zutreffend als eine „indezente Selbstüberschätzung“ bezeichnet. Wir könnten sie auch taktlos nennen, weil derjenige sich absolut setzt, denn *Das kenne ich schon* meint doch im Kern „Es gibt (für mich) nichts Neues unter der Sonne.“ Wer die Perspektive eigener Absichten und Ziele zu öffnen vermag, vernimmt vielleicht vielfältigere Töne und Namen der Dinge.

Wer keinen Namen vergibt – könnte sich bewusst dazu entschließen, weil er weiß, dass manche Eigenschaftszuschreibungen widersprüchlich sind: Es gibt Dinge, die lassen sich nicht eingrenzen und auf einen einheitsstiftenden Begriff bringen. Aber es gibt auch den Satz: «Mensch> bleib> bei deinen Leisten» und anerkenne deine Grenzen. Das erinnert an die Aufforderung, beide Inschriften des Tempels zu Delphi zu bedenken: „Erkenne dich selbst“ und «Nichts im Übermaß». Einen Namen geben, kann auch bedeuten, eine Ordnung zu stiften, indem man eine Grenze zieht. Wer Grenzen seines Wissens akzeptiert, bewahrt sich vor abgründigen Grenzüberschreitungen (denn wer alles sehen will, sieht nichts mehr). Im Gespräch zwischen demjenigen, *der einen Namen gibt* und demjenigen, *der keinen Namen gibt,* geht es auch um Verständnis und Akzeptanz der Grenze des Wissens. Ob ich es will oder nicht, meine Lebensform ist auch davon mitbestimmt, wo ich Grenzen ziehe, um u.a.

---

[24] Friedrich Nietzsche: Also sprach Zarathustra.: In: F.N.: Sämtliche Werke. Kritische Studienausgabe in 15 Bänden. Hrsg. G. Colli / M. Montinari, Bd.4, München (dtv/ de Gruyter) 1980, S. 272, in dieser Ausgabe als Prosa.

auch zu entscheiden, was ich meine, noch verantworten zu können und dies im Wissen um meine Fehlbarkeit. Sich-selbst-eine-Grenze-setzen, kann auch befreiend wirken; denn ich muss nicht alles machen, was ich kann (Grenzen des Wachstums).

Auflösen lässt sich diese Schwierigkeit nicht; man muss aber nicht resigniert ins Schweigen verfallen. Da der Sachverhalt artikuliert werden kann, muss man nicht so weit gehen wie Nietzsche und jedes Sprechen als „eine schöne Narretei" zu bezeichnen. Ich möchte unterscheiden zwischen einem Denken als ‚An-Etwas-Festes-Denken' und einem ‚In-Bild-Symbolen-Denken'. Nachdenken ist dann zu verstehen als lebendiger Vollzug in einem Prozess von einem ‚An-Etwas-Festes-Denken' hin zu einem offenen, beweglichen ‚In-Bild-Symbolen-Denken' und – natürlich(!) – zurück.

Die Denkform ‚An-Etwas-Festes-Denken', also *Das kenne ich schon*, weil mir die Welt in viele bekannt benannte Dinge gegliedert ist, wäre weiter zu entwickeln zu *Ich kenne mich nicht aus* und bin offen dafür, Neues zu vernehmen. Dieses Denken vollzieht sich in Bildern und Symbolen; es hat zwar einen Gegenstand, aber verfehlt ihn im selben Moment, in dem es ihn begrifflich fixiert und kann deshalb doch keinen Namen geben. Wahrnehmungsoffenes Denken erprobt sich gleichzeitig im Denken an einen Gegenstand und weiß gleichzeitig um die Bedeutungsfülle der parallel laufenden Bilder und Symbole. „Denn einerseits ist Gott der Gegenstand der Theologie – andererseits hat sie ihren Boden verloren, wo immer Gott ihr zum »Gegenstand« wird."[25]

Das greift einen alten Gedanken auf. Bei Meister Eckhart findet sich die Überlegung:

„Ich habe bisweilen gesagt, es sei eine Kraft im Geiste, die sei allein frei. Bisweilen habe ich gesagt, es sei eine Hut des Geistes; bisweilen habe ich gesagt, es sei ein Licht des Geistes; bisweilen habe ich gesagt, es sei ein Fünklein. Nun aber sage ich: Es ist weder dies noch das; trotzdem ist es ein Etwas, das ist erhabener über dies und das als der Himmel über der Erde. Darum benenne ich

---

[25] Jürgen Ebach: Tags in einer Wolkensäule, nachts in einer Feuersäule. In: Nach Gott fragen. Über das Religiöse. Sonderheft Merkur 1999, S. 787.

es nun auf eine edlere Weise, als ich es je benannte, und doch spottet es sowohl /35 solcher Edelkeit wie der Weise und ist darüber erhaben. Es ist von allen Namen frei und aller Formen bloß, ganz ledig und frei wie Gott ledig und frei ist in sich selbst. Es ist so völlig eins und einfaltig, wie Gott eins und einfaltig ist, so daß man mit keinerlei *Weise* dahinein zu lugen vermag."[26]

Manches entzieht sich dem bestimmen wollenden Zugriff; ich sollte oder muss es in seiner Einmaligkeit hinnehmen. Daher kann ich die prägende Begegnung mit ihm nie verständlich artikulieren, eben weil etwas einmalig ist, – in welchen Worten sollte es auch geschehen? Eine Situation ist weder unvermittelt noch begriffslos zu haben.

Denken bedarf der Sprache, der Begriffe; ohne Begriffe geht es nicht, wenn ich meine Situation für mich artikulieren möchte. Sofort stellt sich die Frage: "gibt es ein Denken, das nicht typisiert?"[27] Keinen Namen zu vergeben - setzt einen Namen geben können voraus und beruht auf ihm. Es ist ein Akt, der darauf ruht, längere Sätze bilden und an Gesprächen teilnehmen zu können und nicht bei kurzen und bei Monologen zu bleiben. Vor diesem Hintergrund wende ich mich noch einmal der Frage zu: Welche Rolle spielen Begriffe beim Betrachten von Situationen? Wenn mich meine Unterscheidungsgewohnheiten bestimmen, versperrt dann das Übliche, das zur Gewohnheit und zu gewohnten Begriffen Geronnene, den Blick auf Neues? Eingehaust im Alltäglichen, kann mir das Mögliche aus dem Blick geraten. Dann bin ich in einer paradoxen Lage: Ich kann mich nur weiter entwickeln, wenn ich einerseits bereit bin, Begriffe fest-zu-stellen, und das schließt ein, ihre Reduktion und Vorurteile (zeitweise) mit zu übernehmen; und sie andererseits zu relativieren in ironischer, spielerischer und humorvoller Artikulation und im Umgang mit ihnen. Zwar gilt: eine über die Zeit festgestellte Identität hat der Mensch nicht, oder sie ist ihm und seinen Mitmenschen jedenfalls nicht zu wünschen, aber zu einer Zeit, während einer Ereignisphase hat sie gleichwohl jeder.

Kann das Allgemeine, können die Denkschemata der Begriffe hinter meinem Rücken einen indirekten Zwang entfalten, so dass es erst des Zufalls eines besonderen Ereignisses bedarf, bis ich mich davon befreien

---

[26] Meister Eckhart: Predigten. Texte und Übersetzungen von Josef Quint. Herausgegeben und kommentiert von Niklaus Largier. Bd. I, S, 33ff. In: Deutscher Klassiker Verlag Bibliothek des Mittelalters. Bd. 20. Frankfurt/ M. 1993
[27] Hannah Arendt: Denktagebuch. 1950-1973. Erster Band. Tübingen 2002. S. 162.

kann? Es muss offen bleiben, ob dieser Befreiungsversuch gelingt (ist es 'wirklich' eine Befreiung?) oder ob mir beim Versuch einer sprachlichen Artikulation (einer Sprachbefreiung) der Situation die Worte wie modrige Pilze im Munde zerfallen?

Begriffe haben ihre Funktion in einem prozessual gedachten Leben und Zusammenleben. In Ereignissen zu leben, in Situationen zu gelangen, sie zu erleben und zu reflektieren, das erscheint wie ein Leben, in dem man wie in einem Strom schwimmt, ähnlich den Schildkröten im Film „Findet Nemo", die sich vom Meeresstrom treiben lassen und sich ab und zu aus ihm herauslösen, in Wahrnehmungsmomenten auftauchen, die zu Reflexionsschleifen werden, für die Begriffe unentbehrlich sind.

In solchen Prozessen erwerben Menschen Begriffe, mit denen sie etwas anschauen können, d.h. mit dem sie sich im Lebensstrom besser treiben lassen können, und die es ihnen ermöglichen, aus Ereignissen Situationen werden zu lassen. Begriffe können dabei so erworben werden, dass Menschen sich einen Aufmerksamkeitsvorbehalt und einen Zweifel bewahren, durch die Ereignisse zu Situationen werden können – sie glauben dann nicht, alles Kommende sei durch ihre Begriffe vorab erklärt und verstanden. In der Reflexion von Situationen spielt die Berücksichtigung anderer Perspektiven eine Rolle, weshalb Gespräche wichtig werden. In der Reflexion werden Begriffe geschreddert, d.h. kritisiert, beschränkt, differenziert, nebeneinander gestellt, aber auch in ihren Zusammenhängen neu verstanden. Dadurch lernen Menschen, genauer wahrzunehmen lernen und staunen zu lernen.

Dieser Prozess kann dazu führen, dass Menschen sich weiter entwickeln, von groben zu differenzierteren Begriffen[28], vom Absolutheitsan-

---

[28]   Wir sollten dabei aufpassen, dass die Begriffe und Urteile, die wir bilden, nicht zu kurz werden (vgl. Stefan Berg, Die Lüge hat kurze Beine, die Wahrheit braucht lange Sätze. In: Der SPIEGEL 52/2016, S. 54 f.: „Ich habe aufgehört, den Tag damit zu beginnen, Nachrichten zu hören. (…) Ich beginne den Tag jetzt immer mit einem Text, der aus langen Sätzen besteht. Bei Thomas Mann finde ich solche Sätze oder bei Stefan Zweig. Es ist eine Übung, wie sie ein Soldat vor dem Ernstfall macht. Ich suche Deckung vor den herumfliegenden Wortfetzen und Worthülsen. Ich suche Unterschlupf zwischen den Kommata von Thomas Mann und Stefan Zweig.

An Grauen hat es in ihrem Leben nicht gemangelt. Aber ihre Sprache war eine Form des Widerstands gegen die des herrschenden Kläffers, den es glücklicherweise noch nicht im Live-Ticker gab. (…)

Wenn ich das Wort Syrien sehe, dann höre ich Putin, selbst wenn der Name nicht fällt. Wenn ich Griechenland höre, dann denke ich nicht mehr an Men-

spruch der Begriffe auf letztgültige Erklärung zum Wissen um ihre Begrenztheit und um die Begrenztheit von Begrifflichkeit überhaupt, von Intentionalität und Fokussierung zur Betrachtung von Rändern der Aufmerksamkeit, aber auch von begrifflicher Diffusion zur Erklärung durch bessere Begriffe. In Bezug auf das Zusammenleben von Menschen kann es ein Weg von der Auflösung von Moral hin zur Etablierung von Sitten und Gesetzen und vom Verbleiben in einer Perspektive zu Gesprächen mit Perspektivwechsel sein.

Dieser Weg begrifflicher Reflexion, in der Reflexion von Begrifflichkeit entsteht, entspricht mit Bezug auf handlungsleitende Prinzipien dem Übergang vom Alten zum neuen Testament der Bibel: von einer Religion des Gesetzes zu einer der Liebe und der Einzelfallentscheidung.

schen, sondern an Geld. Wer nur Überschriften scrollt, kann die Wahrheit nicht finden. (…) Ich werde den Glauben an das Projekt Aufklärung nicht aufgeben.")

23. Philosophie anhand von Themen, Problemen und Situationen

Aus der Geschichte der Philosophie sind einige bekannt, die 'gestolpert' sind: Sokrates, Augustin, Descartes, Montaigne, Kierkegaard oder Wittgenstein – und vielleicht auch Sisyphos. Wer stolpert, dem wird ein Ereignis zu einer Situation; Alltägliches wird ihm fragwürdig, weil er Widerständiges in sich wahrnimmt; etwas in ihm sperrt sich gegen Widerfahrnisse in der Situation. Ohne Stolpersteine würden wir aus unserem Schlaf des Üblichen nicht aufwachen: Stolpern zwingt dazu, aufzuwachen.

Es mag offen bleiben, ob Descartes an Orientierungsproblemen gestolpert ist. Sein sich selbst vorgelegter Stolperstein war die Frage: Was geschieht, wenn ich keine Sicherheiten auf dem Wege eines begründet ausgewiesenen Voranschreitens zur Wahrheitsfindung der Erkenntnisse habe und ich daher stolpere? Er hat sich einem methodisch kontrollierten Selbstversuch unterzogen. Descartes war dreierlei: Gegenstand des Experimentes, Experimentator und Richter, denn er hat das Ergebnis des Experimentes vor dem Richterstuhl seiner eigenen Vernunft geprüft. Das Experiment sollte die von ihm selber vorgelegte Frage beantworten; und er hat diese Frage beantwortet, in dem er so etwas wie 'Die Herkunft des philosophischen Selbstbewusstseins' demonstrierte. Am warmen Kamin sitzend verliert man nur in der Phantasie seinen Halt und kann aufstehend weiterleben. Denn Descartes ist natürlich nicht wirklich gestolpert, sondern nur in seinem Gedankenexperiment. Für ihn war letztendlich entscheidend, dass seine Vernunft nur das einsieht, was sie selber als Entwurf hervorbringt. Er hat für sich gefunden, was er suchte. Wozu verhilft diese Einsicht (anderen)?

Sokrates dagegen ist 'wirklich' gestolpert – nämlich über existenzielle Fragen. Er wurde durch den Spruch der Pythia motiviert, er sei der Weiseste unter den Menschen. Dies war sein Anlass, sich auf den im bestimmten Sinn gotteslästerlichen Weg zu begeben, nämlich den Spruch des Gottes seinem prüfenden Zweifel zu unterziehen. Aber inwiefern stolperte er über diese Aussage? Entscheidend war der Widerspruch zwischen seinem Selbstverständnis und dem von der Pythia überlieferten

Spruch. Er konnte mit sich selbst nicht einstimmig leben (vgl. 15 Selbstachtung), weil er nicht nachvollziehen konnte, der Weiseste der Menschen zu sein. Diese Aussage widersprach seiner Lebensform; der (selbst konstruierte) Widerspruch provozierte ihn.

Im Gegensatz zu Descartes setzte sich Sokrates aber nicht in einen abgeschlossenen Raum, um Aussagen zu prüfen. Sokrates wählte den methodischen Weg des Gesprächs; dies war für ihn der Weg zur Gedankenklärung, auf dem er gemeinsam mit anderen die Wahrheit zu finden hoffte. Über Wahrheitsansprüche kann nicht monologisch entschieden werden, sondern ein Wahrheitsstreben scheint im dialogischen Verfahren auf. Sokrates' Vorgehen – in offenen Gesprächssituationen mit Handwerkern, Künstlern und Politikern Wahrheitsfindung anzustreben – kann zu der Einsicht führen, dass es das von Descartes gesuchte *fundamentum inconcussum* nicht gibt.

Vergleicht man Descartes und Sokrates unter dem Aspekt 'leben in einer Welt' fällt auf, dass das Leben bei der Suche nach dem *fundamentum inconcussum* nur sehr indirekt vermittelt aufscheint. Sokrates hingegen problematisiert das 'wie kann ich in meiner Welt leben?' mit konkreten Gesprächspartnern, und zwar nicht auf der Suche nach einem sicheren Fundament des Wissens – denn er gibt gar nicht vor, zu wissen, was Wissen ist –, sondern fragt zunächst nach dem, was Menschen kennzeichnet.

Während Descartes auf sicheres, d.h. begründetes Wissen zielt, fragt Sokrates nach einer grundlegenden Lebensorientierung.

Apologie

»Ich traf nämlich auf einen Mann, der den Sophisten mehr Geld gezahlt hat als alle übrigen zusammen, Kallias, den Sohn des Hipponikos. Diesen fragte ich also, denn er hat zwei Söhne: "Wenn deine Söhne, Kallias", sprach ich, "Füllen oder Kälber wären, wüßten wir wohl einen Aufseher für sie zu finden oder zu dingen, der sie gut und tüchtig machen würde in der ihnen angemessenen Tugend: es würde nämlich ein Bereiter sein oder ein Landmann; nun sie aber Menschen sind, was für einen Aufseher bist du gesonnen ihnen zu geben? Wer ist wohl in dieser menschlichen und bürgerlichen Tugend ein Sachverständiger? Denn ich glaube doch, du hast darüber nachgedacht, da du Söhne hast. Gibt es einen," sprach ich, "oder nicht?" – "O freilich," sagte er. – "Wer doch," sprach ich, "und von wannen? Und um welchen Preis lehrt er?" – "Euenos der Parier," antwortete er, "für fünf Minen". Da pries ich den Euenos glücklich, wenn er wirklich diese Kunst besäße und so vortrefflich lehrte. Ich also würde gewiß mich recht damit rühmen und großtun, wenn ich dies verstände; aber ich verstehe es eben nicht, ihr Athener.«[1]

Für Sokrates gibt es kein Expertenwissen vom gelingenden Leben[2], er lebt in der Wissensparadoxie, dass wir nichts wissen können; Philosophieren ist geradezu der reflektierte Vollzug dieser Paradoxie. Wer reflektiert, lässt sich auf das (Lebens)Abenteuerspiel des Denkens ein. Picht spricht gar von einem „Weltspiel": „Philosophie kann als Versuch beschrieben werden, das Weltspiel zu *verstehen*.[3]" Das ist ein hochgestecktes Ziel, denn um es zu erreichen, müsste es gelingen, die Spielregeln aufzeigen zu können. Das kann nicht gelingen, und Picht spricht daher nur von einem „Versuch", und Versuche können bekanntlich scheitern.

Wer im Alltag einhalten möchte, wird sich die Frage vorlegen: "Warum lebe ich eigentlich so, wie ich jetzt lebe?" Wir Autoren möchten mit dem Bild vom metaphysischen Abenteuerspiel des Lebens veranschaulichen, auf wie unsicherem Boden sich unsere Überlegungen zum gelingenden Leben, zu Moral, Erkenntnis und Wahrheit bewegen. Als jeweils Distanz nehmender Teilnehmer verlasse ich das Übliche und bemerke, ungefragt in ein Spielfeld gestellt worden zu sein, dessen Regeln mir unbekannt sind. Nehme ich bewusst teil am Abenteuerspiel, treffe ich bei Spielbeginn auf andere Spieler; sie begegnen mir als Mitspieler, und diese Mitspieler verstehen wir als Gesprächspartner. Ich bemühe mich, gemeinsam mit ihnen Regeln zum Weltverständnis zu erschließen, indem wir Hypothesen über mögliche Regeln formulieren. Dabei verwende ich Prinzipien und Begriffe, um mich mit meinen Mitspielern im Unbekannten orientieren zu können. Der Weltlauf zeigt, es gibt viele Orientierungsangebote und -vorschläge, aber keine für alle verbindlichen und die von

---

[1]   Platon: Apologie. 20a. In: Platon: Sämtliche Werke 1. In der Übersetzung von Friedrich Schleiermacher hrsg. V. Walter F. Otto, Ernesto Grassi, Gert Plamböck. Reinbek 64.-70. Tsd. 1965, S. 11.

[2]   Im entfernten Sinne greifen wir damit ein Philosophie-Verständnis auf, in dem Michael Hampe Sokrates als den "Anfang der nichtdoktrinären Philosophie, die bereits auf das Behaupten reagiert" beschreibt; für Hampe "manifestieren sich die Eigentümlichkeiten der nichtbehauptenden Tätigkeiten" in Sokrates. (Michael Hampe: Die Lehren der Philosophie. Ein Kritik. Berlin 2014. S. 30).

[3]   Georg Picht: Von der Zeit. Mit einer Einführung von Kuno Lorenz. Klett-Cotta. Stuttgart 1999. S. 611.

mir und Mitspielern verwendeten Prinzipien und Begriffe müssen überarbeitet werden.

Ich werde (daher) nicht mit jedem Gesprächspartner in ein wirkliches Gespräch eintreten können, weil wir andere Denkgewohnheiten haben, und d.h. von unterschiedlichen Voraussetzungen hinsichtlich der Prinzipien und Begriffe ausgehen. „Gespräch" meint sowohl das konkrete Gespräch mit einem Gegenüber als auch das ‚Gespräch' mit der Tradition. Auch die Tradition eignen wir Nachgeborenen uns nicht monologisch an; dies geschieht in der Auseinandersetzung mit Gesprächspartnern, die ihre Sichtweise tradierter Texte aktualisieren, um mit ihrer Hilfe die gemeinsame Gegenwart zu erschließen. Mit einem Gesprächspartner, dessen Ansichten ich weitgehend teile, wird das Gespräch schnell langweilig, weil wir einander ggf. wechselseitig nur bestätigen; wir haben einander dann nichts mehr zu sagen. Weichen unsere Ansichten sehr weit voneinander ab, tritt das Gleiche ein: wir haben einander nichts mehr zu sagen, weil wir uns hinsichtlich grundlegender Annahmen die Welt zu deuten, nicht einigen können. Entscheidend ist daher, welche Gesprächspartner ich wähle. Diese Wahl wird nie endgültig sein, gleichwohl gilt es, sich im philosophischen Gesprächsraum zu orientieren. Dem Sokrates der *Apologie* folgend verstehen wir Philosophie weder als Wissenschaft[4], noch als Religion, noch als Politik oder Lehren einer philosophischen Schule[5], sondern als das Gebot, die sich einstellenden Gedanken aus jeweils verschiedenen Perspektiven im Dialog mit Anderen immer wieder zu prüfen, mithin als Vollzug eines offenen Denkprozesses.

Bei der Suche nach Gesprächspartnern findet man ein – vielfach auch diffuses – Angebot von flott geschriebenem Lifestyle bis hin zu präzise ausformulierten philosophischen Texten. Der Versuch eines systematisierenden Überblicks in der Abteilung 'Philosophie' ist riskant und muss scheitern, denn eine von allen historischen und gegenwärtigen Dialogpartnern getragene Basis gibt es nicht. Im Wissen darum sei im Folgenden der Versuch gewagt, die für viele philosophische Orientierungsangebote bestimmenden Ränder des abenteuerlichen Denkspielfeldes zu kennzeichnen, auf das wir Autoren die Leserinnen und Leser in den bisherigen Situationsbetrachtungen mitnehmen wollten.

[4]   dazu Geert Keil: Ist Philosophie eine Wissenschaft? In: *Sich im Denken orientieren.* (gemeinsam mit Simone Dietz, Heiner Hastedt und Anke Thyen), Frankfurt am Main 1996. S. 32-51

[5]   Klaus Langebeck, Eberhard Ritz, Friedhelm Schneider: Platons „Apologie des Sokrates". In: ZDPE 3/93, S. 183-190.

Das metaphysische Abenteuerspiel des Lebens ist bildlich aufgespannt zwischen einerseits dem Pol ‚situationsorientiertes Philosophieren' und andererseits dem Pol ‚themenorientiertes Philosophieren'. Man könnte dieses Spannungsfeld auch als Spannungsfeld des einmalig Besonderen und des Allgemeinen verstehen. Das einmalig Besondere scheint als Phänomen in *Situationen* auf, während *Themen* das Allgemeine begrifflich entfalten. Wer dieses Allgemeine formuliert, zielt darauf ab, über viele *situative* Bedingtheiten hinaus *allgemeinere* Geltungsansprüche vorzuschlagen.

Situationsphilosophieren versucht, ausgehend von einem Beispiel ein möglichst anschauliches Bild einer Situation hervorzurufen. Es versteht sich als Angebot an den Leser, sich einzufühlen, d.h. sich die geschilderte Situation parallel zur eigenen Biographie vorzustellen, um dann am Text zu prüfen, was für ihn akzeptabel und nachvollziehbar ist oder nicht. Es geht zunächst weniger um die eine allgemeine Geltung beanspruchende Erkenntnis oder einen allgemeinen Wahrheitsanspruch als um Erkenntnis und Wahrheit für Lesende. Allerdings ist diese Erkenntnis dann auf Allgemeinbegriffe angewiesen, um das Spezifische formulieren zu können. Beim Themenphilosophieren wird das Thema begrifflich entfaltet, und der Leser ist aufgefordert, an Hand der dabei formulierten Hinweise – natürlich auch mit Hilfe von Beispielen – diese Begriffe in seinem Leben zu konkretisieren und anzuwenden. Beim thematischen Zugang stehen der Begriff und seine Explikation im Geflecht anderer Begriffe im Vordergrund. Es geht um einen allgemeinen oder zumindest allgemeineren Wahrheits- und Erkenntnisanspruch als beim situationsorientierten Philosophieren. Als mittlere Position im Spannungsfeld böte sich Problemorientierung in Form einer Frage an, die zumindest viele situative Aspekte wachruft und einen Konkretisierungssog beim Lesenden auslösen könnte. Es ist müßig, allgemein entscheiden zu wollen, ob und wenn ja, welche Position die ‚Richtige' sei. In allen Fällen werden die Autoren darauf abzielen, den Leser in das Denken – ihr Denken – hineinzuziehen

Beide Eckpunkte des Spannungsfeldes verweisen aufeinander und sind denkend nur gemeinsam zu haben. Will ich (m)eine *Situation* beschreiben und mir und anderen verständlich machen, benötige ich (Allgemein-)*Begriffe*. Aber Begriffe ohne Anschauung sind blind. Möchte man die o.a. Frage "Warum lebe ich eigentlich so, wie ich jetzt lebe?" beantworten, wird man seine Denkanregung in dem genannten Spannungsfeld flexibel verorten müssen, denn sowohl ohne geerdete Beispiele (*Situationen*) als auch ohne abstrakt Allgemeines (*Thema und Begriff*) geht es nicht. Geht man von Situationen aus, besteht die Gefahr, das Besondere so konkret herauszustellen, dass das Allgemeine verloren geht; beginnt man beim Thema, besteht die Gefahr, in blutleere Abstraktion abzugleiten, und es muss dem Leser gelingen, die verwendete Begriffswelt für seine Lebenswelt aufzuschließen.

Geht man vor diesem Hintergrund auf die Suche nach Gesprächspartnern im metaphysischen Abenteuerspiel, wäre als eher themen- und begriffsorientierter Einstieg z.b. Markus Gabriel geeignet, dessen erster Satz lautet: „ Das Leben, das Universum und der ganze Rest … vermutlich hat sich jeder schon häufig die Frage gestellt, was das alles eigentlich soll."[6] Überzeugender, weil klar problemorientiert, ist Wilhelm Windelband. Sein Buch versteht sich als „ernsthaftes *Lehrbuch*, welches die Ideen der europäischen Philosophien […] schildern soll." Sein Schwerpunkt ist das, „was im philosophischen Betracht das Wichtigste ist: *die Geschichte der Probleme und Begriffe*".[7] Situationsorientierter formuliert dagegen Peter Bieri. Für ihn ist „"Philosophie … Versuch, begriffliches Licht in wichtige Erfahrungen des menschlichen Lebens zu bringen. … Begriffe erfunden, die uns in gewöhnlichen Zusammenhängen als etwas Selbstverständliches zur Verfügung stehen. … Mein Ziel beim Komponieren des Textes war, den Leser in meine Gedankengänge zu verwickeln und ihn zum Komplizen zu machen im leidenschaftlichen Versuch, Klarheit zu gewinnen. Ich wünschte mir, der Leser würde nicht von dem Gedanken selbst, sondern auch von der Melodie dieses Nachdenkens mitgenommen und verführt."[8] Abgeschlossen sei dieser Überblick mit Martin Seel: "Philosophie hat zwei Aufgaben: die Menschen in Verwirrung zu stürzen und ihnen zur Klarheit zu verhelfen."[9]

Beispielhaft sei auf die Kontroverse Kant – Constant verwiesen. Kants Schrift "Über ein vermeintliches Recht aus Menschenliebe zu lügen" könnte man als Beispiel für ein themenorientiertes Philosophieren in Anspruch genommen und Benjamin Constants Einwände für ein situationsorientiertes. (Andererseits besteht Kants Entgegnung auf Constant

---

[6]   Markus Gabriel: Warum es die Welt nicht gibt. München Ullstein 2015. S. 9.

[7]   Wilhelm Windelband. Lehrbuch der Philosophie. Hrsg. von Heinz Heimsoeth. 15., durchgesehene und ergänzte Auflage. Tübingen 1957. S.VII.

[8]   Peter Bieri *Eine Art zu leben. Über die Vielfalt menschlicher Würde.* Frankfurt 2015. S. 17.

[9]   „Martin Seel: 111 Tugenden und 111 Laster. *Eine philosophische Revue.* Frankfurt 2015. S. 12.

darin, die Situation in ihrem weiteren Verlauf zu betrachten.) Neigt die themenorientierten Seite zum Dogmatismus, weil sie das Allgemeine gegen das Besondere durchsetzen will und die Situationsphilosophie zum Relativismus, indem sie das Besondere hervorhebt? Die Situationsphilosophie (Kierkegaard, Camus) hinterlässt und verursacht im Bedeutungsgewebe Dellen einer zeitlich und räumlich einmaligen Bedeutungssituation, die begrifflich nie zu artikulieren ist. Bei den themenorientierten Philosophen (Platon, Kant, Hegel) ist eine Tendenz zum zeitenthobenen Absoluten zu verzeichnen.

Über sein eigenes Leben zu reflektieren verlangt, sich im Spannungsfeld von Thema und Situation zu bewegen, um dem von der *condition humaine* gestellten Anspruch eines Lebens in der Zeit zu entsprechen. Leben und Denken stellen sich als ein unsicheres Tasten auf schwankendem Bedeutungsgewebe dar. Lässt man sich nieder, besteht die Gefahr, an zeitenthobenen Begriffen (und Denken) zu verharren. Bewegt man sich unaufhörlich, findet man keinen Ort in der Welt. Zwischen ortloser Flüchtigkeit und ortsfester Beharrlichkeit bleibt die Alternative, Begriffe zu nutzen, und zwar im Wissen um ihre Verführbarkeit, zeitloses Wissen zu repräsentieren. Dem steht auf der anderen Seite ein zeitpralles, zeiterfülltes Leben gegenüber, ohne zu wissen, wo man ist, weil orientierende Begriffe fehlen. Der noch offene Weg ist, Begriffe zu schreddern, in einem Tasten zwischen Begriffsverwendung und ihrer Auflösung, im sich selbst begrenzenden Wissen. Es wäre ein Fehler, angesichts der beim Schreddern zurückbleiben Begriffstrümmer hoffnungslos zu verharren. Vielmehr gilt es, in genauer Situationsanalyse neue Unterscheidungen zu treffen und mit veränderten Begriffen weiterzudenken. Es leuchtet ein, wer sich nach vorne tastet (doch wo ist vorn?), kann stolpern. Stolpern muss kein Unfall oder Ungeschicklichkeit sein, sondern kann auch ein Zeichen der Wachheit eines Lebens in der Zeit sein. Im Schreck des Stolperns sind Stolpernde auf sich selbst zurückgeworfen, und zumindest kurzfristig wissen sie nicht weiter. Auf die Nase fallend ist ihnen die Weite des Blicks nach vorn genommen; die überraschende Situation kann sie überwältigen. Dies sollte als Chance eines Neuanfangs verstanden werden.

Die Frage, wie man sich im Spannungsfeld 'Situationsorientierung oder Themenorientierung' philosophisch positionieren sollte, kann nicht kriteriengegründet oder kriterienausgewiesen entschieden werden. Es ist eine Frage der Wahl der Lebensform, und was 'Leben' ist, hängt. von unübersehbaren Faktoren ab; bei vielen steht die Wahl nicht einmal frei:

Geburtszeit, -ort, Eltern usw. Unleugbar sind sie vielfach aufgefordert, sich zu entscheiden – ; aber könnten sie sich einreden, alle Aspekte zu überblicken?

Zu prüfen wäre, ob es überhaupt sinnvoll ist, eine Position im Spannungsfeld einzunehmen. Jede Positionierung stellt etwas in der Zeit fest, und schon das widerspricht der Alltagserfahrung, denn gelebtes Leben steht nie still. Wenn nach Hannah Arendt Denken das Leben ist, dann werden wir Lebenden unser Lebensschiff im Bedeutungsgewebe bewegen müssen, wenn wir unser Leben denkend verstehen wollen. Und das heißt, wir müssen im Spannungsfeld zwischen den Polen pendeln und den Lauf der Zeit ins uns aufnehmen; Denken und Leben stellen sich somit als Prozess dar. In dieser Hinsicht ist es schwerlich möglich, eine der genannten Positionen als für alle und immer geltend auszuweisen.

Diese Einsicht gilt auch für jeden Schreibenden und damit zuerst für die Verfasser. Überdenken sie das Vorliegende, wird ihnen deutlich, man könnte oder sollte noch einmal alles daraufhin prüfen, ob das zum Schluss Herausgearbeitete auch dem anfänglichen Geschriebenen noch genügt. Am Ende eines Buches weiß der Schreiber mehr als zu Beginn. Allein, damit gerieten die Verfasser in die gleiche Situation wie der Maler Pierre Bonnard. Von ihm wird berichtet, dass er im Louvre Hausverbot erhielt, weil er an einem seiner dort hängenden Bilder immer wieder aus seiner Sicht erforderliche Verbesserungen vornahm. Dies ist uns verwehrt; denn entweder setzt man dezisionistisch ein (vorläufiges) Ende oder man schreibt und schreibt und ... Als in der Zeit lebende und denkende Menschen müssen wir anerkennen, dass wir Autoren immer nur an ein vorläufiges Ende gelangen.

Es gehört ins Reich der Phantasie, ob gestolpert ist. Könnte ich mich in Camus' Interpretation des *Mythos von Sisyphos* wiedererkennen? In das „Wir" seines letztenSatzes vermag ich nicht einzustimmen: „Wir müssen uns Sisyphos als einen glücklichen Menschen vorzustellen." Mir vorzustellen, dass ein Einzelner in dieser isolierten Situation glücklich sei, will mir nicht gelingen. Aber wenn ich die Situation erweitere, kann ich dies sehr wohl nachvollziehen. Reflektieren mehrere Menschen und nicht nur einzelne, isolierte Menschen ihre Lebensweise, verändert sich die Situation für alle Beteiligten. In dieser Situation könnten sie gemeinsam beraten, wie sie ihre Lebensweise deuten und wie sie zu bewältigen sei. Sie können gemeinsam ausloten, wie in flexiblen Grenzen zu leben sei, ohne in eine grenzenlose *any-thing-goes-Mentalität* zu verfallen. Sie könnten sich wechselseitig unterstützen, sei es, indem sie einander auf andere

Wege hinweisen, denn Ziele sind ebenfalls auf Umwegen erreichbar; sei es, dass man versucht, ,Steine', also die zu bewältigende Lebenslast zwischenzulagern und sich wechselseitig beim Schieben zu helfen. Vielleicht verständigen sie sich auch darüber, ob jedes selbst gesetzte Ziel erstrebenswert ist. Was immer man unter „Erfolg" im Leben verstehen mag, das vernünftige solidarische Zusammenleben kann als befriedigend und als Teil eines gelingenden Lebens verstanden werden. Camus erkennt, dass Vernunft ihre Grenzen erkennen muss: „Das Absurde ist die hellsichtige Vernunft, die ihre Grenzen feststellt.[10] Vielleicht ist es ja in der Tat so, dass „der Kampf gegen Gipfel [...] ein Menschherz auszufüllen"[11] vermag. Auszufüllen bis zum Ende?

Um das Bild der erweiterten Situation noch weiter auszupinseln: Personen des Mythos sterben nicht; das gilt auch für den Mythos von Sisyphos. Stelle ich mir in erweiterter Fassung Sisyphos nicht als Einzelkämpfer vor, sondern als Mitglied einer Gruppe von Menschen, die ihr Leben gemeinsam zu bewältigen haben, dann ändert sich das Situation. Es drängen sich mir zwei Bilder auf, Lebensende und Tod zu deuten: Im ersten Bild könnte Sisyphos wie alle Menschen eines Tages krank oder kraftlos zusammenbrechen; der Stein rollt nach unten, und sein Umfeld wird feststellen. „Sisyphos ist tot." „Tot" verstanden als wissenschaftlich zu konstatierendes Ende entscheidender Lebensfunktionen. Im zweiten Bild gelingt es (zum Lebensende?), den Stein über den Gipfel zu rollen, und indem dies gelingt, fragen sich die Anderen: „Sind Sisyphos und der Stein verschwunden?" Wäre die Vorstellung gänzlich unvernünftig und bloße Phantasie, sich Lebensende und Tod in diesem Bild zu vergegenwärtigen, in dem sie beide zugleich aufscheinen oder verdampfen und verschwinden?

[10]   Albert Camus: Der Mythos von Sisyphos. (1942). Reinbeck 1956 (=rowohlts deutsche enzyklopädie 90), S. 45
[11]   ebd. S. 101.

24. Nachwort

In diesem Nachwort wollen wir Autoren versuchen, einige der Kern-gedanken des Buchs zusammenzustellen. Dafür ist eine Vorbemerkung nötig. Ebenso nämlich, wie wir davon ausgehen, dass Menschen im Le-ben im einzelnen viel, im Ganzen aber nichts wissen können, so wissen wir auch nicht, ob einige unserer Gedanken „neu" sind, ob sie Leser an-regen können und ob sie ein zusammenhängendes Ganzes sind – denn der u.E. unerfüllbare Anspruch aller Denksysteme, ein Ganzes darstellen zu können, bildete für uns Autoren überhaupt erst den Beginn des ge-meinsamen Nachdenkens und unserer Gespräche.

Ursprünglich haben wir überlegt, dem Buch den Untertitel „Ein Lese-buch" zu geben. Es trüge ihn mit Bedacht. Natürlich, was sollte es an-deres sein: jedes Buch ist ein Lesebuch. In diesem zeigt sich unser Ver-ständnis von Zusammenhängen nach und nach implizit, ohne dass wir glauben, dass es immer hilfreich sei, solche Zusammenhänge kurz und knapp zu skizzieren. Andere Bücher erheben den Anspruch, „auf der Höhe der Zeit" zu sein oder einen Forschungsstand begrifflich möglichst eindeutig nachzuzeichnen und zu erweitern. Diesen Anspruch erheben wir nicht; wir haben dafür bei weitem nicht genügend Bücher und Auf-sätze studiert. Diejenigen, auf die wir uns beziehen, sind teils Autoren, deren Gedankengut sowohl in der westlichen Welt grundlegend als auch uns bekannt ist, teils handelt es sich um Werke, die wir beim Nachden-ken zur Auseinandersetzung oder zum Erhöhen unserer Klarheit hinzu-gezogen haben.[1] Daher ist unser Buch kein wissenschaftliches; eher ist es situativ-narrativ-begriffsreflexiv. Zwar vermuten wir, diese Vorgehens-weise führt besonders gut zum Nachdenken über diejenigen Situationen, Themen und Begriffe, die wir uns vorgelegt haben, aber auch diese Vermutung ist keine, die wir „beweisen" wollten; sie ist Ausdruck des Vorgehens, mehr nicht. Wir stellen auch den Zusammenhang der Begrif-fe, mit denen wir umgehen, die wir benutzen und reflektieren, nicht in

---

[1]   Denkfiguren und Begriffe, bei denen wir davon ausgehen, Leser kennten sie, weil sie in unser übliches Leben und Denken eingegangen sind, weisen wir nicht explizit aus.

einem abgeschlossen definierten System dar; viel eher wollen wir Zusammenhänge aufzeigen und untersuchen, die anregen, sie zu erweitern; damit möchten wir die Leserinnen in das Denken ‚hineinziehen‘, nach dem Motto „Wer widerspricht, nimmt Teil“. Wir benutzen Begriffe amplifizierend, d.h. wir wollen, dass jeder sie in wahrnehmungserweiternder und -eröffnender Weise aufnimmt. So gesehen ist das Buch ebenso wie alle einzelnen Kapitel ein Essay.

In dieser Subjektivität und Einschränkung wollen wir versuchen, Zugang und Position zu den Inhalten des Buchs darzustellen und so für Leserinnen und Leser einen gewissen Überblick zu schaffen. Wir beginnen historisch:

Die Moderne ruht auf einer langen Geschichte, in der sich der Mensch von seiner Umwelt und deren Widrigkeiten emanzipiert, in der er Wahrheiten entdeckt, seine Umgebung gestaltet und seinen eigenen Willen ausbaut.

Die Geschichte der Moderne ist auch die Geschichte der Emanzipation des einzelnen Menschen von seinen Mitmenschen, von Unterdrückung, Einengungen und Prägungen des Bildes seiner selbst und seiner Lebensentwürfe.

Und sie ist, in beidem zusammen, die Emanzipation des einzelnen von der Herrschaft der Götter, von einem Absoluten, dem gegenüber man sich buchstäblich zu Boden wirft und hingibt.

Emanzipation freilich hat, wie Aufklärung, Schattenseiten, die Wahrheit wird im einzelnen selbst gesucht oder als Begriff verworfen, wo sie nicht mehr von außen in ihn dringt, der einzelne löst sich von Gemeinschaften und isoliert sich oder benutzt andere, und er verliert einen Blick auf die Welt als eigensinnige, nichts kann mehr auf ihn zukommen.

Im Laufe der Denkbemühungen, die in dieses Buch mündeten, haben wir den Licht- und Schattenseiten nachgespürt und versucht, eine Orientierung aufzufinden, die die Errungenschaften der Emanzipation mit der Beachtung der Sozialität, des Eigensinns der Wirklichkeit und eines Höheren verbindet.

Das kann nur gelingen, wenn der einzelne in der Art der Sozialität, der Betrachtung der Wirklichkeit und eines Umfassenden in seiner Emanzipation, seiner Freiheit und seinem Eigensinn mitgedacht wird, so dass jeweils nicht zwei feindliche Pole einander gegenüber stehen, deren einer den anderen überwältigt oder eingemeindet.

Ich stehe zu mir selbst in einem Verhältnis, ich stehe zu anderen in einem Bezug, und ich stelle mich auf irgendeine diffuse Art zur Wirklichkeit als Ganzes. In allen diesen drei Relationen sind die Glieder der Relation unbekannt. Ich kenne mich nicht, ich kenne andere nicht, und ich kenne die Welt nicht. Gerade das aber, so denken wir, eröffnet einen interessanten Zugang zu mir selbst, zu anderen und zum Geheimnis der Wirklichkeit. Das ist die Grundfigur des Buchs. Obwohl alle Kapitel sich um Situationen drehen, geht es doch zentral um eine einzige Leitfrage, die in Variationen beantwortet wird: Welche Beziehungen, welche Verhältnisse sind für den Menschen empfehlenswert: zu sich selbst, zu seiner Umwelt, zu seinen Mitmenschen, zum Ganzen der Wirklichkeit?

Weil wir kein System des Zusammenhangs zwischen Mensch, Welt, Mitmenschen und Gott denken können, haben wir versucht, uns den Zusammenhängen situativ zu nähern. Dabei sind manche unserer Wahrheiten, Überzeugungssysteme und Annahmen dekonstruiert und erschüttert worden. Wir glauben inzwischen, dass es Vorteile hat, den Zusammenhang zwischen Menschen und dem, was sie umgibt, als einen des Wechsels zwischen einem vertrauten Bedeutungsgewebe und einem staunenden Nichtwissen zu denken.

Was die Denkwege betrifft, so liegt, wie im Kapitel 22 dargelegt, ein situativer Ansatz im Mittelpunkt. Wir stellen unser Verständnis von Situationen dar, wie wir mit ihnen denkend umgehen, was unserer Einsicht nach den Anlass bietet, über Situationen nachzudenken und welche Erkenntnismöglichkeiten im Betrachten von Situationen liegen. Dabei haben wir im vorigen Kapitel versucht, unser Vorgehen im Vergleich mit anderen philosophischen Vorgehensweisen einzuordnen.

Die Denkinhalte betreffend ist die Reihenfolge der Kapitel grob den kantischen Fragen angelehnt; nach einleitenden Kapiteln folgen zunächst solche, die das Erkennen und seine Begrenztheit betreffen, dann solche, die Handeln und Zusammenleben berühren und schließlich eher existenziell-metaphysische Fragebereiche. Im Zentrum liegt dabei, wie schon bei Kant, die Frage nach dem Menschen, allerdings nicht als Fragebereich, auf den die anderen zulaufen und daher auch nicht als zum Schluss behandelte Frage. Das „Wesen Mensch" wird bei uns nicht bestimmt, es wird nicht definiert, was der Mensch sei. Wir fassen ihn als ein Wesen auf, das weiß, dass es sich selbst ein Geheimnis ist, das im Verhältnis zu anderen, zu sich und zu den Dingen in der Welt sich irgendwie zum ‚Ganzen' verhält, als einen Prozess, nicht als ein festes ‚Etwas', sondern als ein ‚Gespräch'.

Wir hatten zwischenzeitlich überlegt, Passagen einzubauen, die stärker erkenntnistheoretischen Charakter haben. Eine Erkenntnistheorie, d.h. hier eine Theorie des Erkennens der Wirklichkeit, kann es jedoch nicht geben. Jedes Erkennen geschieht vor dem Hintergrund einer unbestimmten Wirklichkeit, in der wir etwas als etwas Bestimmtes beleuchten. Jede Erkenntnis beleuchtet einen Teil und blendet – ineins damit – andere Aspekte aus. Der Preis des Erkennens ist die Reduktion; etwas verstehen heißt immer, anderes unverständlich zu lassen, und in einer Theorie ist kein Platz für Unbestimmtes. Wissen und Wirklichkeit sind nicht in Übereinstimmung zu bringen.

Zentral sind für uns immer die *Zusammenhänge* zwischen Dingen und Menschen, die Verhältnisse des Mit-Seins, in denen wir unsere condition humaine entfalten. Wir glauben, wer in Orientierungssuche über Situationen nachdenkt, gelangt zwar „nur" zu situativen Orientierungen. In diesen aber liegen Grundorientierungen enthalten, in denen wir auffinden können, wie ein gelingendes Verhältnis zu uns selbst, unserer Umwelt, zu unseren Mitmenschen und zu Gott aussieht.

Auch wenn das durch ein Stolpern ausgelöste Nachdenken über Situationen zu Nichtwissen und zu situativen Erkenntnissen führt, so kann man doch gerade in dieser Bekundung des Nichtwissens gewisse wiederkehrende Muster bemerken, die sich aus diesem Denkprozess ergeben. Diese Muster betreffen Zusammenhänge oder Spannungsfelder, in denen wir Menschen uns zu uns, unserer Umgebung, zu unseren Mitmenschen und zu einem Höheren bewegen. Diese Muster gelingenden Lebens in Situationen können wir, wie in den nächsten Absätzen skizziert, darstellen; wir strukturieren dabei so, dass wir lebensweltliches und mythisches Denken von naturwissenschaftlich-modernem, das wiederum von ästhetischem abgrenzen und daraus unsere Auffassung entwickeln. Notwendigerweise nehmen wir dabei Reduktionen und Verkürzungen einer Vielfalt von Denkansätzen vor und in Kauf.

Erstens: Erkenntnis ist nicht allumfassend möglich, sie ist aber auch keine bloße Konstruktion, in der der Mensch eingekapselt ist. Wir argumentieren weder als erkenntnistheoretische Realisten noch als Konstruktivisten. Wir stellen keine Erkenntnistheorie auf oder kritisieren eine solche. Wir teilen die Grundintuitionen beider Ansätze: Wer etwas erkennt, deutet es, er kann es daher nicht „als es selbst" erkennen. Aber es gibt auch eine Wirklichkeit unabhängig von uns, und unser erkennender Bezug zu den Dingen in der Welt „trifft" diese Dinge. Weder ist alles Interpretation noch nehmen wir Dinge einfach passiv so auf, wie sie sind. Es gibt Katzen, und es gibt unsere Deutungen von ihnen. Je nach Situation sind die subjektiven oder kulturellen Deutungen stärker ausgeprägt oder der objektive Anteil der Dinge, die uns begegnen. Vom erkenntnistheoretischen Realismus nehmen wir die These der Eigensinnigkeit der Realität, vom erkenntnistheoretischen Konstruktivismus (oder Idealismus) die These der Prägung aller Erkenntnisse durch das erkennende Subjekt und damit durch Sprache [2]. Wir würden eher sagen, der Realismus spielt bei unseren Wahrnehmungen und nicht-intentionalen Einstellungen eine wichtige Rolle, bei allen Bestimmungen von Dingen fügen wir den Dingen Deutungen und Strukturen an. Daher spielt in unserem Ansatz die Unbestimmtheit dessen, was real ist, und die Frage nach einem sinnvollen Umgang mit ihr – der eingebettet ist in soziale (und sprachliche) Bezüge – eine wichtige Rolle. Beim Bemerken der Unbestimmtheit könnte die Wahrnehmung der Wirklichkeit zur Wahrnehmung eines Geheimnisses werden.

Im einzelnen und für Teile der Wirklichkeit, die uns als Objekte gegenüberstehen, sind wissenschaftlich gegründete, vor allem naturwissenschaftliche Zugänge die bestmöglichen Erkenntnisarten. Die Welt selbst aber ist kein Gegenstand. Was als Gegenstand in der Welt abgegrenzt wird, ist durch eine Leistung des forschenden Subjekts konstituiert.

Die Leistungen der Naturwissenschaften ruhen auf ersten Ansätzen im Mythos, sich zum Ganzen der Wirklichkeit zu verhalten, in bildgestützten Erzählungen, in denen Menschen sich ihre Lebenswelt, aber auch ihren Ort im Ganzen der Wirklichkeit verständlich machen. Subjekt-Objekt-Relationen, die maßgeblich für naturwissenschaftliche Zugänge sind, reduzieren und fokussieren diese Zugänge.

Kennzeichnend für diese naturwissenschaftlichen Zugänge ist die Subjekt-Objekt-Relation, in der das erkennende Subjekt mit der von ihm ge-

---

[2] Vgl. dazu Michael Polanyi, The tacit dimension, Chicago 1966, dt. Implizites Wissen, Frankfurt am Main 1985., S. 21: „[…] werden aufgrund einer Deutungsleistung an sich bedeutungslose Empfindungen in bedeutungsvolle übersetzt und in einigem Abstand von der ursprünglichen Empfindung lokalisiert. […]. Alle Bedeutung tendiert dazu, *sich von uns zu entfernen*, […].“ (kursiv im Original). Hogrebe ergänzt: „Damit vergrößert sich der Bereich des impliziten Wissens, bis ein Äußerstes erreicht ist, das noch über irgendeinen noch so vermittelten Hautkontakt an uns angeschlossen ist. Reißt dieser Kontakt ab, kollabiert ebenso das implizite wie vermutlich / 116 auch das explizite Wissen. Solche Spekulationen bietet Polanyi allerdings nicht mehr. […].Denn auch das explizit Gewußte, beispielhalber das wahrgenommene Ding, enthüllt sich dadurch, daß wir nicht alles über es wissen, daß es mithin und in der Regel epistemisch nicht erschöpft ist, als implizites Ding. Dieser Einschätzung nähert sich auch Polanyi, wenn er bekennt: […]“(A.a.O., vgl. S. 66, Anm. 4).

wählten Perspektive das Verfahren bestimmt, in dem sich ihm Phänomene zeigen. Sich davon absetzend schlägt die Quantenphysikerin Karen Barad in ihren Arbeiten einen in Teilen sehr ungewöhnlich neuen Zugang vor[3]. Sie lehnt den von vielen Naturwissenschaftlern akzeptierten methodologischen Ansatz ab und wendet sich gegen „traditionelle Formen des Realismus, die eine aktive Partizipation seitens der Wissenden leugnen"[4]. Anknüpfend an Überlegungen Niels Bohrs und Arbeiten C. F. v. Weizsäckers schreibt sie: *„Phänomene konstituieren für uns Realität.* Realität setzt sich nicht aus den Dingen-in-sich-selbst oder Dingen-hinter-Phänomenen zusammen, sondern aus Dingen-in-Phänomenen."[5] Ihr Buchtitel „Verschränkungen" ist insofern programmatisch, als Karen Barad Sachverhalte, die ‚normaler Weise' isoliert betrachtet werden, durchgängig in Beziehungen setzt, eben ‚verschränkt'. So heißt es bei ihr: „Ethik ist ein wesentlicher Teil der sedimentierenden Muster des Weltmachens, nicht ein Aufsetzen menschlicher Werte auf den Stoff der Welt"[6]. Naturwissenschaften und Gerechtigkeit sind daher für sie untrennbar. Daraus ergibt sich, „Verschränkungen sind keine Verflechtungen separater Entitäten, sondern vielmehr irreduzible Beziehungen der Verantwortlichkeit. Es gibt keine fixierte Trennlinie zwischen >Selbst> und >Andere<, >Vergangenheit> und >Gegenwart< und >Zukunft<, >Hier< und >Dort<, >Ursache< und >Wirkung<."[7] Karen Barads Überlegungen geben Anlass, das Verständnis von „Realismus" neu zu überdenken. Sie formuliert für sich einen „agentischen Realismus" (von <agency<Wirksamkeit, Wirkmacht); dieser „bedeutet Ganzheit, nicht Auflösung von Grenzen. Im Gegenteil sind Grenzen notwendig, um Bedeutungen zu schaffen."[8] Wir sind in unseren Situationsbetrachtungen immer wieder auf das Unbestimmte verwiesen worden. Die Arbeiten Karen Barads zeigen einen Weg auf, dass wir uns nicht jenseits naturwissenschaftlichen Denkens bewegen müssen, wenn wir auf Unbestimmtes verweisen. Unbestimmtes enthält einen Wink auf Grenzen der Reflexionsmöglichkeiten und fordert gleichzeitig dazu heraus, diese Grenzen zu verschieben. Dies verweist nachdrücklich darauf, Leben und Denken als Prozess zu begreifen,

---

[3] Ein Titel ihrer Aufsätze lautet z.B.: „Die queere Performativität der Natur". Karen Barad: Verschränkungen. Merve Verlag Berlin 2015. S. 115.
[4] Ebd. S. 51.
[5] Ebd. S. 37.
[6] Ebd. S. 183.
[7] Ebd. S. 109.
[8] Ebd. S. 48

in dem wir die schlichte Gegenüberstellung von >Sein< und >Werden< überwinden. Die Unbestimmtheit des Seins und des Werdens verschränken sich in einem nicht aufzuhaltenden Prozess, in dem wir unser Leben erfahren. So nehmen wir die unbestimmte – weil verschwommene – Erinnerung mit in eine offene, weil unbestimmbare Zukunft. Könnte es sein, dass wir uns auch mit den nie endgültig festzustellenden ‚Dingen‘ unseres Lebens verschränken?

Gegenüber naturwissenschaftlichen Erklärungen sind ästhetische Zugänge zur Wirklichkeit offener, sie ruhen auf einer Gestimmtheit statt einer Bestimmung, sie artikulieren die Grundsituation des Menschen, der mit anderen in einer Welt gemeinsam ist. Vergegenwärtigung einer Situation geschieht in diffuser bedeutungsüberschießender Bildlichkeit, in der Staunen und Neugier zentral sind. In solchem Staunen werden Zugänge zur Wirklichkeit, die auf Bestimmtheit ruhen (in denen etwas also definitiv bestimmt, in seiner Identität fixiert und „geklärt" ist), fraglich; sie stehen zur Reflexion zur Verfügung.

Wie könnten wir uns eine Reflexion auf Identität und das sie bestimmende Verständnis von Vernunft vorstellen? These: Diese Art der Reflexion ‚verlangt‘ eine wahrnehmungsoffene, leibvermittelte (vernehmende) Form von Vernunft, die eine Gesprächsbereitschaft des Menschen mit sich selbst voraussetzt.

Was folgt aus einem derartigen Verständnis von Vernunft für das Verständnis von Erkenntnis und Wissen (der Titel unseres Buchs hätte sachlich gesehen auch „Folgen des Nichtwissens" lauten können)?

Situativ gebundene Erkenntnis ist – nur – meine Erkenntnis und – nur – mein Wissen (meine Wahrheit). Methodisch kontrolliert erworbenes Wissen repräsentierte sich dann als ein situationsenthobenes Wissen, das als Schema in vielen Situationen artikuliert und anwendbar ist. Die Artikulation eines Begriffsschemas erfasst aber die letzten Feinheiten einer Situation nie. Von dem, der das Schema anwendet, werden bestimmende und reflektierende Urteilskraft erwartet.

Daher ist eine die Situation wahrnehmende, vernehmende Vernunft sinnvoll, die die bestimmende Vernunft ergänzt. Unterschiedliche Erkenntniskonstellationen perspektivieren Teile der Welt unterschiedlich. Wahrscheinlich gibt es in der vorwissenschaftlichen Lebenswelt gar keine Perspektivität, sie ist erst Folge eines Reflexionsakts. Mit Beginn der Neuzeit konstruiert das menschliche Subjekt seine mathematisch ausgewiesene Zentralperspektive und gründet so erst den Zugang zu Objekten.[9] In ästhetischer Einstellung erscheint das Besondere des einzelnen vor dem Horizont des Ganzen je neu.

Zweitens: Mit den Erkenntniskonstellationen sind ebenso verschiedene Grundfiguren des Miteinanders verbunden. Im Mythos herrscht der „Absolutismus der Wirklichkeit" (mit Blumenberg gesprochen[10]), in empirischen Wissenschaften begegnet der Mensch Gegenständen als begrifflich, d.h. allgemein Bestimmten, die allgemeingültigen Gesetzen gehorchen; die theoretische Philosophie greift das in der so genannten Subjekt-Objekt-Relation auf. In moderner praktischer Philosophie wird dem entsprechend Allgemeingültigkeit gesucht, entweder durch Verweis auf das Wohlbefinden (oder Vorteile), auf das Glück oder auf die Universalisierbarkeit von Handlungsgrundsätzen. In einer ästhetischen Einstellung begegnen uns andere Menschen als jeweils komplex. Wir nähern uns ihnen in überschießender Rede, in einer Darstellung als nicht-begrifflicher Anmutung.

Moralisches Handeln kann unserer Auffassung nach nur zu dem Zweck als Grundlage von Gesetzen verstanden werden, um Menschen durch Regeln zu entlasten oder im kritischen Ausnahmefall als Akt der utilitaristischen oder kantischen Prüfung einer Handlungsentscheidung verstanden werden. Es ist aber auch kein ethischer Relativismus sinnvoll vertretbar, in dem es keine Maßstäbe oder nur willkürliche gäbe. Vielmehr ist moralisches Handeln als soziale Wechselbeziehung von Menschen begreifbar, in der bisweilen die Wahrnehmung unaufhebbarer Differenzen, Takt, Humor, ebenso wie generell Verbundenheit, Liebe, Fürsorge, Zuwendung vorherrschen. Menschen bewegen sich darauf zu, sich als einmalig Besondere zu begegnen – warmherzig staunend.

Zwischenmenschlichkeit und „sich im Zwischenraum" befinden heißt weder, andere zu instrumentalisieren und so gleichsam nur „in meiner Welt" zu leben, noch heißt es, daran glauben zu können, immer so offen für andere und Wahrnehmungen sein zu können, dass ich gleichsam in „der" Welt leben könnte (distanzlos). Es heißt vielmehr, situative Reflexionen und Reflexionsfreiheit zu erwerben. Menschen sind immer auch anfällig für Schuld, Irrtum und Scham.

Drittens: Sich selbst zu verstehen und handelnd in der Welt zu orientieren kann nicht durch Selbstbestimmung geschehen, in der der Mensch

---

[9]   Vgl. Werner Hofmann: Die Moderne im Rückspiegel. Hauptwege der Kunstgeschichte. München 1998. S. 16ff.

[10]   Vgl. Hans Blumenberg, Arbeit am Mythos. Frankfurt/Main 1979, S. 9ff., 143.

seine Leitlinien aus sich selbst schöpfen solle und dadurch von der Mitwelt getrennt wäre. Es ist aber auch nicht sinnvoll, Fremdbestimmung als Weg der Handlungsbestimmung zu etablieren, wenn dies Gewalt oder subtile manipulative Macht implizierte oder geschlossene Gesellschaften. Vielmehr ist ein handelndes Selbstverständnis sinnvoll, in der Orientierung in Gemeinschaft und freier Reflexion an einer Kultur wechselseitiger Achtung geschieht.

Der Begriff des „Selbst" in „Selbstbestimmung" ist selbst problematisch, denn er kann weder als eine über die Zeit gesehen identische Substanz verstanden noch negiert werden. Wir bestimmen das Selbst als etwas, das eine Handlungs- und Reflexionsinstanz ist, in der verschiedene „Stimmen" zum Ausdruck kommen. Damit ist das Selbst eine vom einzelnen Menschen wahrgenommene Antriebsinstanz und ein soziales „Wir" zugleich, denn die Stimmen, mit denen sich jeder Mensch auseinandersetzt, das sind natürlich auch die Stimmen der Mitmenschen. In der Reflexion ist das Selbst ein Verhältnis, insofern ein Mensch sich mit sich selbst auseinandersetzt. Mit Hölderlin formulieren wir: Ein Gespräch sind wir.[11] Das Selbst wird also in der Doppelheit von (zu einer Zeit) identischer Gesamtheit und Verhältnis mehrerer Glieder aufgefasst. In Verbindung mit dem Gedanken, dass wesentliche Teile unserer selbst uns Menschen entzogen sind, sagen wir, der Mensch ist ein unbestimmtes Wesen in Gemeinschaft, das sich die Aufgabe vorlegt, mit einer Stimme zu sprechen und sich als eine Person ansprechen zu lassen.

Welches Verständnis von Freiheit ist damit verbunden? In mythischem Denken ist Freiheit wohl rudimentär, der Mensch sieht sich als Folge vorgegebener Einflüsse. In empirischen Wissenschaften herrscht Methodenfreiheit, und die Freiheit des Menschen ist die Grundlage dafür, sich überhaupt forschend und machtbewusst den Dingen zu nähern und sie zu erkennen zu versuchen, um die Welt gestalten zu können. In der modernen theoretischen Philosophie ist Freiheit ein unlösbares Problem bzw. nicht zu begründen oder nur in der Perspektive der ersten Person („Ich") vorzufinden. In der modernen praktischen Philosophie wird vorwiegend die Selbstbestimmung des einzelnen in der Gesellschaft betont; Kommunitaristen akzentuieren unter Rückgriff auf Aristoteles die Eingebundenheit des einzelnen in die ihm vorgängige Gemeinschaft.[12] In

---

[11] A.a.O., vgl. S. 171, Anm. 14
[12] Axel Honneth (Hrsg.), Kommunitarismus. Eine Debatte über die moralischen Grundlagen moderner Gesellschaften. Frankfurt/M 1993.

ästhetischer Einstellung erlebt sich der einzelne, im Vollzug der poiesis, als Schöpfer einer neuen Welt. Diese ästhetische Freiheit ruht, wie wir mit Schelling und Hogrebe denken, auf einer sanften Freiheit, d.h. auf der Fähigkeit, das, als was wir uns und andere und anderes ansehen, erweitern zu können. Denken wir so, erweist sich grundlose Freiheit als Bedingung für die anderen Freiheits- und Kausalitätsverständnisse.

Viertens: In Bezug auf die Bestimmtheitsansprüche herrscht in mythischen Gesellschaften wohl das Gefühl vor, bestimmt zu werden, durch das, was vorgefunden ist. In empirischem Wissenschaften herrschen Definitionen. Wissen gilt als überprüfbar und ist ständig, jedenfalls potentiell, zu revidieren. In moderner theoretischer Philosophie, soweit wir das aktuell beurteilen können, sind Begriff und Urteil zentral, in einigen Richtungen Formalisierbarkeit und Geltungsansprüche, in anderen Ansprüche an sprachliche Klarheit und begriffliche Unterscheidungen. In moderner praktischer Philosophie ist das Subjekt in seinen Prüfmöglichkeiten relevant. Gesetz, Regel, Prüfverfahren spielen die bestimmende Rolle. Ästhetisch spielen unscharfe Bedeutungen und Kontextualisierungen die zentrale Rolle. Wir gehen in der Reflexion von Situationen von einer Fülle an Bedeutungen aus, die sich in sozialem Miteinander zeigen; das Nichtwissen sehen wir dabei als Bedingung des Denkens an. Insofern könnte jemand versucht sein, die Folgen des Nichtwissens überzuleiten in ein an Erasmus von Rotterdam angelehntes „Lob des Nichtwissens". Situationsorientierung und das Wissen um die Notwendigkeit und Grenzen jeglicher Begriffsbestimmungen leiten uns; ein taktvoller Umgang zwischen Menschen lässt sich schlussfolgern.

Wir benutzen in unseren Überlegungen des Öfteren und an zentralen Stellen die Formulierung „Unbestimmtes". Damit ist kein „Gegenstand" gemeint, der einem „bestimmten" Gegenstand gegenüber stehen könnte; wir etablieren damit keine Zwei-Welten-Theorie. Wir kennzeichnen damit immer wieder die Grundverfasstheit menschlichen Lebens: Einzelnes steht uns bestimmt als Denkgegenstand gegenüber, und im Ganzen sehen wir uns in einer unbestimmten diffusen Wirklichkeit, die wir nicht be-„greifen" können. Diesen zweiten Aspekt betonen wir, und vielleicht ist seine Betonung das Grundanliegen des Buchs. Wir entfalten sie und versuchen, aus ihr Konsequenzen zu ziehen. Das hängt auch mit einer gewissen Einschätzung der Zeit zusammen, in der wir leben, einer Art kleiner „Zeitdiagnose", die wir mit Zygmunt Bauman teilen. In einem Nachruf auf seinen Tod Anfang Januar 2017 formuliert Stephan Lessenich das so:

„Die Angst vor dem Unbestimmten, Unentschiedenen, Unklassifizierbaren wird der Gesellschaft in der Moderne nicht genommen, erklärte Bauman, sondern diese Angst treibt die Gesellschaft in all ihrem Ordnungsdenken und Typisierungswahn, in all ihrer Ausgrenzungswut an."[13]

Fünftens: In mythischen Gesellschaften sind Grenzen konstitutiv für Schutz und Identität. In empirischen Wissenschaften sind Grenzen verschiebbar, Rahmungen können verändert werden. Die moderne theoretische Philosophie begrenzt sich selbst mit begründetem Verweis darauf, dass ein Absolutes undenkbar ist. In moderner praktischer Philosophie wird der andere als grenzsetzend zugrunde gelegt. In der Ästhetik herrscht ein spielerischer Umgang mit Grenzen. Wir denken Grenzen als konstitutiv für Wahrnehmung, Humor und Gegenwärtigkeit. Sie konstituieren Menschlichkeit, in der der Blick für das Leben in Grenzen und die Wahrnehmung von Horizonten auftauchen, in denen wir Wirkungen von Jenseitigem spüren können.

Weder ist es sinnvoll, den Tod zu ignorieren und meine Endlichkeit als Maß der Dinge anzusehen, noch ist es sinnvoll, den Tod angstdurchherrschend als dunkle Wand zu betrachten und mich so vor ihm abzuschotten. Vielmehr ist eine wie auch immer hoffende, mitunter bangende, ängstliche, und mir und anderen in Zuwendung begegnende Bereitschaft zu Wandel und Übergang möglich.

Mit der Unzugänglichkeit des Todes, mit dem wir keine Situation verbinden können, geht die Unerkennbarkeit des Lebens einher. Mythisch als Naturvorgang angesehen, naturwissenschaftlich und theoretisch sich jeder Definition entziehend, eignet sich „Leben" nicht für die wissenschaftliche Praxis, ist aber in Modellierungen in seinen Funktionen biologisch ausleuchtbar. Ästhetisch ist das Leben prall, überwältigend, bildlich. In Situationsreflexionen erfahren wir das Leben „lebend", aber es entzieht sich einem begrifflichen Zugriff, auch wenn wir es als „Dasein" benennen können.

So unklar „Leben" ist, so unbeholfen müssen die Versuche ausfallen, den Tod zu deuten, mythisch erzählend veranschaulicht, als Lebensende definiert, als unerforschbarer Begriff abgewiesen oder an die Existenzphilosophie delegiert, ästhetisch in Symbolen aufgeladen, in der Reflexion ebenfalls unverstehbar und uns vor gänzliches Nichtwissen stellend.

---

[13] Stephan Lessenich, Nachruf Zygmunt Bauman, Süddeutsche Zeitung, 10.01.2017.

Sechstens: Das, was das *ist*, in dem wir leben, wird lebensweltlich als Widerfahrnis nachvollzogen, das nicht vergegenständlicht werden kann. Begrenzungserfahrung und Ausgeliefertsein herrschen vor. In empirischen Wissenschaften wird das, was ist, in Urteilen angesprochen, „ist" als Prädikat verwendet, ein „Sein" als etwas Zugängliches kann nicht vorkommen. In praktischer Philosophie wird infolge dieser Reduktion der Wirklichkeit auf Faktisches die Unabhängigkeit des Sollens vom Sein geschlussfolgert; was sein soll, lässt sich nicht mit Verweis darauf begründen, wie etwas ist. Ästhetisch ist „Sein" kein Zentralbegriff, Zugang wird gesucht durch diverse Darstellungen, Wahrnehmungen und Erzeugungen. Wir denken, was die Welt „ist", geht nicht in Urteilen auf, es schimmert am Horizont auf und ist daher kein Denkgegenstand, aber eine nicht eliminierbare Hintergrundfolie für unsere Urteile, und es ist eine Grenze menschlicher Verfügung. Angesichts dessen, dass die Welt nun einmal „ist", können wir unserer Begrenzung offenbar werden.

Siebtens: Religiöse Abstinenz wird dem menschlichen Erkenntnisvermögen (Vermögen, Geheimnisse im Augenwinkel zu erspähen) nicht gerecht. Aber Glauben kann auch nicht als Entschlossenheit, Dogma oder gar fanatische Überzeugung gedeutet werden. Der Kern von Glauben ist vielmehr Öffnung, Bereitschaft zu Offenbarung und Vertrauen, das von Zweifel, Wissen um Unwissenheit, Melancholie, Resignation und Zuwendung geprägt ist.

Mythisch werden unbekannte Mächte anerkannt und beschworen, demgegenüber sind empirische Wissenschaften durch eine Säkularisierung gekennzeichnet, in der Glauben als wissenschaftliches Phänomen vorkommen kann und als ein im Verhältnis zwischen Menschen und im Menschen auffindbares Phänomen. In der praktischen Philosophie wird Religion oft durch Ethik ersetzt und Glaubensregeln werden als moralische reformuliert. Ästhetisch nähern sich Menschen dem Glauben durch Symbole. Wir deuten Glauben von der Einstellung zu anderen Menschen und vom Menschen zu sich selbst her, als Liebe. Glauben ist für uns das Vertrauen auf Erweiterbarkeit des eigenen Entwicklungsstandes (aber wir wenden uns dagegen, Religion und Glaube auf Moral zu reduzieren). Damit geht Demut einher. Gott wird in einigen mythischen Gemeinschaften als Ablösung vieler Götter entdeckt, empirisch wird er als Gegenstand menschlicher Überzeugungen untersuchbar. In der theoretischen Philosophie gilt er als unerforschbar, oder es gilt die Rede von ihm als sinn- und bedeutungslos; in der praktischen Philosophie ist er entweder ein Störfaktor für Rationalität oder ein subjektives Ideal – infolge dieser beiden Zugänge ist ein Verlust des Glaubens in westlichen Gesellschaften vorzufinden. Ästhetisch kann Gott in Hymnen und Spracherweiterungen angesprochen werden. Wir denken Gott als Grund des Seins und als Grund eines Geheimnisses, als Horizont. Das aufs Ganze besehene Scheitern, die Welt begrifflich zu erfassen, verweist auf ein Unbestimmtes, das uns ansprechen kann.

Diese sieben Begriffe (oder Denkrichtungen) kommen in allen Situationen vor, die die Kapitel des Buchs bilden; wir illustrieren sie in diesem Zusammenhang noch einmal in Kürze und lassen dabei diejenigen weg, die wir hier im Nachwort bereits in den Zusammenhang des Buchs gestellt haben.

Die ersten Kapitel haben einführenden, entwickelnden Charakter. Bond (der Spion den ich liebte) - will sich nicht einfügen. Das sich selbst ermächtigende Selbstbewusstsein macht alles andere – die Welt – zu Objekten, über die es glaubt, verfügen zu können. Moral gibt es dann eigentlich nicht mehr – wozu auch, denn es gibt keine anderen Subjekte. Anders als für Dürers Ritter existiert für Bond der Tod nicht, das Böse kann präzise und als Fremdes bekämpft werden. Bond ist der sich ,eigentlich' nicht bindend wollende ortlose Bürger, dessen moralfreie sozial freischwebende Intelligenz sich – warum eigentlich? – in den Dienst seiner Majestät gestellt hat. Diese Intelligenz definiert für sich Reichweite und Inhalt vernünftiger Selbstbestimmung. Daher ergibt sich Bonds Zielorientierung ex negativo aus denen seiner Feinde. Er bekämpft deren Ziele, ohne dass auf der anderen Seite die Prinzipien deutlich wären, für die er sein Leben einsetzt. Bond steht zwar im Dienst seiner Majestät, kämpft damit aber nicht – um einen aus der Mode gekommen Begriff zu verwenden – für seine Heimat. Freiheit scheint ein übergeordnetes Ziel zu sein. Das Problem ist nur, als autonomes Subjekt nimmt er Freiheit für sich als absoluten Wert in Anspruch und setzt sich damit selbst absolut; worauf sonst könnte sich seine Lizenz zum Töten gründen? Benötigt Ortlosigkeit letztlich doch Bindung?

An einer Supermarktkasse wird zum Schluss abgerechnet - wir erfahren unsere Einschränkung oder wir verweilen; auf dem Spiel stehen unsere Machtansprüche, zweckrationale Lebenseinstellungen und unser Miteinander.

Jemanden kennenzulernen - konfrontiert uns damit, dass wir anderen und uns selbst unbekannt sind und dass gerade das die Bedingung für Begegnung und Nähe ist. Jemanden und etwas erkennen heißt gerade nicht, ihn und es in das eigene mentale Modell einzufügen. (,Einfügen in das mentale Modell' ist eigentlich eine kannibalistische Erkenntnistheorie, die das Erkannte nicht als ein Anderes wahrt. Sie leidet unter einem Weltverlust.)

Im Garten dösend - bin ich ausgeschlossen aus der Natur und gehöre zu ihr, das ist der Beginn einer Situation. Ich weiß mich als Naturobjekt, gehe aber gleichzeitig nicht darin auf. Mir begegnen unterschiedliche Arten, etwas anzusehen und zu erkennen, und manches kann ich nur wahrnehmen, indem ich meine Aufmerksamkeit nicht darauf wie auf ein Objekt richte.

Bin ich ein Typ? - wir haben als Mitglieder einer oder mehrerer Kulturen weder eine feste Identität noch macht es Sinn zu leugnen, dass wir durch Kulturen geprägt sind. Und Kulturen sind nicht wertneutral, heutige Sprachregelungen in linksliberalen Kreisen können angesichts realer Ungerechtigkeiten und zu führender moralischer Auseinandersetzungen blind machen.

Jemanden beraten – angesichts der in Gesprächen auftauchenden Tugenden lässt sich fragen, ob moderne Ethiken gut abbilden, was erstrebenswertes Miteinander ausmacht.

Hirntot durch Deutschland - angesichts der Debatte um den Hirntod als Todeskriterium stellt sich die Frage, wer ich bin: das Gehirn in naturwissenschaftlicher Perspektive als Repräsentant des Menschen? Gibt es eine denkende Substanz (res cogitans)? Lässt sich ein Menschenbild als Grundlage etablieren, Organentnahmen zu befürworten? Mit den Überlegungen zum (Hirn)Tod wird indirekt auch die Grenze zum Leben thematisiert. Die Frage "Wann bin ich tot?" provoziert auch die Frage "Wann lebe ich (noch)?"

Der Handelnde trägt immer Schuld - wenn Selbstbestimmung nur vorläufig eine gute Grundlage zur Beschreibung der Orientierungsambitionen von Menschen ist und wenn Menschen vor Krisen und Schuld prinzipiell nicht gefeit sind, welcher Umgang mit uns und anderen ist dann gut?

Vor dem Spiegel stehend: Wer guckt uns da im Spiegelbild an? - wir sehen jemanden Unbekanntes, an den wir uns gewöhnt haben, wir haben uns selbst objektiviert und lassen uns von anderen objektivieren. Wir stellen fest, dass wir stets zwei sind, dass das Selbst selbst ein Verhältnis ist, ein Gespräch zweier Unbekannter miteinander.

Was ist Differenzfähigkeit? – Die Frage ist, wie ein erstrebenswertes Miteinander aussehen kann, wenn Menschen sich als unterschiedlich erweisen und sich selbst auch nicht recht kennen. Wie können Menschen

zum Aufbau und zur Gestaltung einer inklusiven Welt befähigt werden?
Das Gespräch ist die Grundlage jeder Art, unser Verhältnis zu uns selbst,
zu anderen und zur Welt als Ganzes einigermaßen plausibel zu rekonstruieren.

Das ist eine Frage der Selbstachtung - mit welchem Maßstab messe ich,
mit welchem die anderen mich? Arroganz, ein zu enges Selbstverständnis, in dem sich jemand gegenüber anderen als ehrenvoll darstellen will,
weil er nicht im Gespräch mit sich selbst ist, oder gesundes Selbstvertrauen bzw. die Ausrichtung auf Ideale, die einen Menschen konstituieren und in denen er seine bisherigen Reflexionen ernst nimmt?

Erschrockene Gleichgültigkeit – wer vor seinen eigenen Handlungen und seiner Gleichgültigkeit angesichts wahrgenommenen Leids erschrickt, der versucht, sich selbst rückblickend zu objektivieren. Dem
widerfährt etwas, das ihn in eigene Abgründe und Begrenzungen sehen
lässt. Wie nehme ich etwas wahr? Offenbar nicht nur intentional und
nicht nur das, was mir vor Augen steht.

Sich um den Teufel Sorgen machen? – sind immer nur die anderen
böse? Ist das Böse aus unserer zweckrationalen Lebensweise verbannt?
Wenn ich feststelle, dass das Böse mein Begleiter ist, kann ich mich zu
meinem Status als Teilnehmer in dieser Welt bekennen, der weiß, dass er,
schon deshalb, um nicht böse zu werden, teilnehmend vertraut und sich
in ein Gespräch mit anderen begibt, das nie ganz als Diskurs gekennzeichnet werden kann. Denn das hieße, sich als Wissenden auszugeben.

Abschließend gesagt, ist das Verfassen eines solchen Buchs wie diesem
paradox. Denn durch das Aufschreiben gerinnen die Gedanken in eine
Form, die sich von Gesprächen entfernt, in denen sie entstanden sind;
sie sind notwendigerweise nicht-situativ. Das Aufschreiben dient jedoch
der Prüfung, ob Gesprächsfäden sich über eine gewisse Zeit hinweg als
stabil genug erweisen und wiederum als Gesprächsanlass dienen können.
Möge der Leser sich von den Gedanken zu eigenen Situationen und ihrer
Reflexion anregen lassen.

Quellenangabe

Quellenangaben zu dem Titel des Buchs und zu den Motti auf Seite 5:
  Nicolás Gómez Dávila: Das Leben ist die Guillotine der Wahrheiten.
Ausgewählte Sprengsätze. Frankfurt 2006, Seite 26
  Karl Ove Knausgård: Das Leben in der unendlichen Sphäre der Resig-
nation (2013). In: Ders., Das Amerika der Seele. München 2016, S. 359f.
  Das Titelbild: Paul Klee, Revolution des Viaductes, 1937